BIBLIOTHÈQUE D'HISTOIRE DE LA RENAISSANCE
sous la direction de Denis Crouzet et Nicolas Le Roux
25

Le Prince aux XVIe et XVIIe siècles

L'étape de la prépresse de cette publication a été soutenue
par le Fonds national suisse de la recherche scientifique

Xavier Gendre

Le Prince aux XVIe et XVIIe siècles

Du prince miroir au prince souverain

Préface d'Yves Charles Zarka

PARIS
CLASSIQUES GARNIER
2024

Xavier Gendre est docteur en histoire moderne de l'université de Fribourg (Suisse) et en philosophie politique de l'université Paris Cité. Il est l'auteur d'une thèse en cotutelle internationale. Ses recherches portent sur les théories politiques à l'époque moderne, en lien avec la représentation du pouvoir et de la figure du souverain, dans l'Europe des XVIe et XVIIe siècles.

ISBN 978-2-406-17376-2 (livre broché)
ISBN 978-2-406-17377-9 (livre relié)
ISSN 2262-4309

À Mario Turchetti (†)
et ma famille, pour son soutien indéfectible.

Le souverain comme médiateur entre Dieu et les peuples, et débiteur à tous deux se doit toujours souvenir qu'il est l'image vive, l'officier et lieutenant général du grand Dieu son souverain, et aux peuples un flambeau luisant, un miroir éclairant, un théâtre élevé, auquel tous regardent, [...].
Pierre CHARRON, *De la sagesse* (Livre III, Chap. XVI, par Simon Millanges imprimeur, Bordeaux, 1601, f. 73).

La terre est un théâtre, et même s'il peut être avantageux, y compris pour bien comprendre la pièce, de connaître sa structure exacte, ce sera toujours le drame de l'effort humain qui en sera la clef, avec une passion dominante exprimée par l'action extérieure et allant peut-être à l'aveugle vers le succès ou l'échec, qu'on a d'ailleurs souvent du mal à distinguer l'un de l'autre au début.
Joseph CONRAD, *De la géographie et de quelques explorateurs* (traduit par Jean Granoux, *Geography and Some Explorers*, Published in *Last Essays*, London : J. M. Dent & Sons, 1926, p. 1).

PRÉFACE

Le livre de Xavier Gendre qu'on va lire est remarquable par son objet direct : le passage du prince miroir au prince souverain. Ce passage est en effet l'une des clés fondamentales pour rendre compte de la constitution de la pensée politique renaissante et moderne.

L'ouvrage s'ouvre sur un examen de l'origine de la métaphore du miroir depuis l'Antiquité grecque et sa reprise au Moyen Âge par des auteurs chrétiens qui en reprennent le sens moral et lui donnent un sens doublement politique : à la fois miroir *au* prince de l'idéal qu'il doit atteindre en termes de vertus morales, politiques et religieuses et miroir *du* prince à ses sujets qui doit servir à fournir l'image du bon gouvernement auquel l'obéissance est due. Ce miroir des princes a prévalu dans les théories politiques du haut Moyen Âge au XIVe siècle et même encore au XVe siècle. Mais, il se trouve remis en cause radicalement avec l'œuvre de Machiavel. Celui-ci, dans *Le Prince*, brise ce miroir qu'il tient pour une œuvre de l'imagination et entend revenir à la *vérité effective de la chose politique*. Or, cette vérité effective est absolument opposée au supposé miroir, elle est faite de rapports de forces, de violence, de ruse et même de cruauté. En outre la vertu propre au prince n'a rien à voir avec les vertus morales, elle est de l'ordre de la vaillance, de la capacité à maîtriser la fortune, de la mise en œuvre des procédures et d'actions, même les plus immorales pourvu qu'elles permettent l'acquisition et la conservation du pouvoir. Avec Machiavel le miroir des princes est mis en miettes. Cela ne veut pas dire que le genre qui en relève disparaisse, on le retrouve avec quelques infléchissements chez Érasme, en particulier dans son *Institutio principis christiani*, et plus généralement dans le genre des Institutions qui se développe à sa suite au XVIe siècle, en particulier chez Guillaume Budé et chez d'autres. Mais désormais le miroir relève plus d'un traité d'éducation du prince par la présentation de l'idéal qu'il doit atteindre en tant que prince chrétien. Cependant, une autre rupture intervient dans l'histoire de la pensée politique et en particulier dans la représentation du prince. C'est, en effet, cette fois une théorie juridico-politique de la République. C'est ici la notion de souveraineté, élaborée par Jean Bodin, qui joue un rôle fondamental. Ce qui est en jeu avec l'idée de souveraineté, c'est tout à fait autre chose que les vertus du prince : la structure sans laquelle aucune république ne pourrait subsister. À une théorie des vertus du prince se substitue une considération des droits et des signes de la souveraineté. Ce qui ne veut pas dire que l'idée du bon gouvernement disparaisse mais la conception qu'en donne Bodin se situe sur le plan institutionnel à travers la distinction entre la monarchie royale, la monarchie seigneuriale et la tyrannie.

La théorie bodinienne de la souveraineté est radicalisée par Hobbes. À juste titre Xavier Gendre souligne le fait que la figure du prince disparaît de sa théorie politique (bien que l'on ait à plusieurs reprises cherché à reconnaître Cromwell dans le frontispice du *Léviathan)*. En effet le problème n'est pas tant chez Hobbes le souverain ou le prince que la souveraineté. Le souverain n'est que le porteur de la souveraineté : la distinction entre la personne publique et la personne privée du souverain accorde une place beaucoup plus importante à la première. Certes, il y a encore chez Hobbes la question du moins implicite du bon gouvernement. Mais elle s'élabore à travers une théorie des fonctions du souverain (faire de bonnes lois, c'est-à-dire des lois utiles pour le peuple, ne pas commettre d'actes injustes, c'est-à-dire contraires aux lois de nature, développer l'éducation des citoyens, etc.), mais ce n'est jamais une théorie des vertus. L'essentiel pour le souverain est de connaître et se conformer aux exigences de l'art politique, c'est-à-dire de conduire l'État de telle sorte que celui-ci puisse se maintenir et ne pas sombrer dans la guerre civile.

À la suite de Machiavel, mais sur un autre registre (d'ailleurs complémentaire) Bodin et Hobbes semblent avoir rendu caduque la théorie théologico-politique du miroir des princes. La modernité politique est ainsi ouverte par une considération réaliste de l'exercice du pouvoir et par une définition institutionnelle de l'État. Cependant, il ne faudrait pas croire que la théorie des vertus idéales du prince se soit dissoute, elle se maintient dans un nombre considérable de traités politiques au XVIIe siècle, selon deux courants. Le premier et le plus important est celui de la raison d'État. Il s'agit d'un courant inauguré par le texte de G. Botero dans *Della Ragion di Stato* à la fin du XVIe siècle. Botero n'invente pas l'expression « *ragion di stato* » mais il en constitue un traité à part entière. Il y a un point décisif à noter sur ce plan. Le courant des théories de la raison d'État est un courant de pensée radicalement opposé à Machiavel. L'antimachiavélisme de ce courant est bien souligné par Xavier Gendre. C'est que les doctrines de la raison d'État trouvent leur principe dans le Concile de Trente. Il s'agit en somme de s'opposer à l'antichristianisme de Machiavel. Pour celui-ci le christianisme était une religion d'esclaves, incapable de soutenir la liberté ou de développer le sens de la partie, comme le faisaient les religions antiques. Contre cette thèse insupportable pour l'Église, celle-ci a suscité un courant de pensée politique dans lequel il serait possible de montrer que le catholicisme a une dimension politique, mieux, qu'il est en mesure de permettre aux États non seulement de se préserver des troubles intérieurs (car la religion est le plus sûr fondement de l'obéissance) mais de vaincre ses ennemis, en particulier les Turcs. On voit donc se développer dans les théories de la raison d'État (Ammirato, Bonaventura, et des dizaines d'autres auteurs) une conception des vertus du prince, qui reprend le modèle des miroirs médiévaux et renaissants, mais en change le sens. La dimension théologico-politique demeure : il s'agit pour le prince de se soumettre aux enseignements de l'Église et sa principale vertu doit être de suivre la religion. Mais en même temps, se développe dans ces théories une conception de la rationalité politique qui n'a aucune dimension théologique. À cet égard, les questions concernent centralement la manière de gouverner l'État pour maintenir sa domination sur le peuple. Se trouvent ainsi abordées les questions du développement de l'industrie et du travail, la chasse à l'oisiveté et à l'incroyance, le développement de la population et surtout une théorie de la guerre comme moyen le plus efficace d'empêcher les troubles intérieurs par concentration de l'attention et des moyens contre l'ennemi extérieur. Les doctrines de la raison d'État se distinguent donc des anciennes versions des miroirs, leur part théologico-politique est composée avec un réalisme de la puissance, en vue de la conservation de l'État. C'est en ce sens que la théorie de la prudence, comme vertu politique par excellence, doit être comprise. Il ne s'agit plus de la prudence au sens d'Aristote, c'est-à-dire d'une norme de l'action politique, d'une sagesse pratique, mais d'une technologie politique en vue de l'efficacité politique la plus grande. Le second courant fait suite à l'œuvre d'Érasme à travers tout un nombre de traités sur l'éducation du prince, éducation qui doit lui permettre de bien gouverner.

Dans le livre de Xavier Gendre l'une des parties les plus intéressantes et les plus nouvelles est celle qui concerne les conceptions politiques de Juste Lipse, Pierre Charron, et surtout d'Adam Théveneau et de Nicolas Faret. Ce qui est bien souligné, concernant ces auteurs, c'est à la fois la raison pour lesquelles les miroirs des princes continuent à hanter la politique et les modifications que les théories médiévales subissent.

Ce livre fera sans nul doute date dans les recherches sur l'histoire de la pensée politique.

Yves Charles ZARKA

INTRODUCTION

Dans un article intitulé « Le prince miroir : métaphore optique du prince politique[1] », l'historienne de l'art Diane H. Bodart relevait un fait intéressant. Elle observait, dans un texte du 5 mai 2009 du journal italien l'*Avvenire*, que la Conférence Épiscopale Italienne « dénonçait pour la première fois ouvertement les conséquences politiques de la conduite immorale du président du Conseil italien Silvio Berlusconi[2] ». Pour ce faire, la journaliste qui rédigea l'article utilisait dans sa conclusion une formulation particulière qui, semble-t-il, marqua les esprits. Elle appelait de ses vœux la figure d'un « *presidente che con sobrietà sappia essere specchio – meno deforme – all'anima del Paese*[3] ». Ces mots, que l'on peut traduire par « un président qui sache avec sobriété être un miroir / servir de miroir – le moins difforme – à l'âme du pays », s'inscrivaient dans une tentative de définir l'homme politique idéal. La formulation, reprise par de nombreux médias nationaux, fut toutefois sujette à une modification et devint « *specchio dell'anima del Paese* », « le miroir de l'âme du pays ». L'expression initiale, « un peu désuète, tant commentée, tant critiquée[4] » fut ainsi l'objet d'une méprise lourde de conséquence, mais significative. Comme le précise Bodart, « l'actualisation de la citation opérait en effet une simplification sémantique qui allait ouvrir la porte à bien des contresens, en faisant dire à l'épiscopat italien qu'un chef d'État devait refléter de la façon la moins difforme possible l'âme du pays, c'est-à-dire en offrir une image fidèle[5] ». Cette bévue était en

1 Bodart, Diane H., « Le prince miroir : métaphore optique du corps politique », *Le miroir et l'espace du prince dans l'art italien de la Renaissance*, sous la direction de Philippe Morel, Rennes, PUR, 2012, p. 123-142.

2 *Ibid.*, p. 123.

3 Sisti, Rossana, « *La vicenda Berlusconi-Lario. Politica e discrimine etico* », *Avvenire*, 5 mai 2009, cité in Bodart, Diane H., « Le prince miroir : métaphore optique du corps politique », art. cité, p. 123.

4 Bodart, Diane H., « Le prince miroir : métaphore optique du corps politique », art. cité, p. 124.

5 *Ibid.*

premier lieu la conséquence d'une « compréhension limitée du miroir comme instrument d'optique » et amenait les lecteurs à comprendre que l'homme d'État, en étant le « miroir de l'âme du pays », figurait la « déliquescence de la société italienne parfaitement reflétée par son président du conseil[6] ». De l'expression originale qui signifiait l'attente d'un modèle vertueux reflétant ses qualités sur l'ensemble du pays, la symbolique spéculaire en vint à désigner son contraire : pour le meilleur ou pour le pire, l'homme politique est le reflet du peuple qu'il gouverne.

Ce qui n'aurait pu être qu'un fait divers dénote cependant à merveille la dissolution des attentes placées dans l'homme politique d'aujourd'hui. De l'incompréhension d'une métaphore surgit ainsi un aspect révélateur du monde politique actuel et de la perception que l'on en a. Si pour Bodart, « cette méprise sur le référent du miroir, d'autant plus sidérante qu'elle apparaît généralisée, est symptomatique des dérives populistes de la démocratie en ce début de XXIe siècle[7] », elle reflète également l'incapacité actuelle de concevoir le caractère vertueux dont devrait faire preuve l'homme politique contemporain.

> À force de nivellement par le bas de la figure des représentants politiques, l'idée même que ceux-ci puissent par leurs qualités servir de miroir à la nation, en exprimant ce qu'elle a de meilleur pour l'entraîner dans un cercle vertueux, est apparemment devenue difficile à concevoir. Or c'est bien dans l'ancien sens figuré de modèle, de ce qui renvoie une image idéale, que le terme de miroir est employé dans l'éditorial de l'*Avvenire* : signe des temps, l'absolu de perfection de l'homme d'État exemplaire est ici désigné comme un horizon inatteignable, dont on se contenterait plus modestement que soit approché un degré de moindre difformité[8].

Cette vision pessimiste des attentes placées dans l'homme d'État nous amène à un constat : l'homme contemporain semble résigné à ne plus attendre du dirigeant politique une quelconque volonté ou capacité à tendre vers un idéal vertueux afin de servir de modèle à ses concitoyens. Non seulement le sens figuré du miroir, au travers de la réactivation de « la vieille métaphore politique du prince miroir[9] », est devenu inaccessible à la grande majorité des citoyens mais cette incompréhension signifie

6 *Ibid.*
7 *Ibid.*
8 *Ibid.*
9 *Ibid.*

également son oubli. L'oubli du miroir : voilà le point de départ d'une recherche historique et philosophique sur la signification et l'utilisation de la métaphore spéculaire en politique. Vouloir comprendre les raisons de l'oubli du miroir incite à rechercher l'apparition de la métaphore spéculaire en politique autant que la corruption et la dissolution de la théorie du miroir des princes. Cette démarche engage alors à observer les transformations de l'image du prince et des vertus qui lui sont adjointes.

S'intéresser à la métaphore du miroir amène à se poser la question de l'origine du symbolisme de l'objet-miroir lui-même. Par ses facultés optiques à réfléchir le reflet de celui qui s'y regarde et par ses capacités à révéler ce qui est invisible à l'œil nu, le miroir sert également à représenter les attentes placées dans le chef politique – et ce à tel point que la métaphore du miroir du prince s'est érigée en véritable théorie de représentation de l'idéal politique. Des premières occurrences de l'emploi symbolique du miroir à l'établissement d'un genre littéraire défini par l'emploi de la métaphore spéculaire, il sied ensuite d'observer ce qu'il advient du miroir au moment où la politique s'affranchit de toute spéculation idéelle pour s'inscrire dans la réalité des faits. Il s'agit alors d'un double travail auquel il faut s'atteler. D'une part, nous examinerons les transformations de l'image du prince et des vertus du politique dans des ouvrages prenant en charge leur description, du Moyen Âge au XVIIe siècle. Corrélativement à cette première perspective de recherche, il sera nécessaire d'observer l'altération de l'emploi de la métaphore spéculaire comme outil de représentation de l'idéal vertueux du prince. En effet, la représentation de la figure du prince et l'expression des attentes de son idéalité par le prisme du miroir semblent intimement liées.

Il faut également expliquer le choix de continuité chronologique appliquée au plan de recherche. Il aurait pu paraître pertinent d'étudier les transformations de l'image du prince aux XVIe et XVIIe siècles par thématiques et non de manière chronologique. Deux raisons nous ont amené à conserver un ordre historique : d'une part, les traités politiques s'adressant au pouvoir royal ou définissant la figure du prince, qu'ils en relayent une image traditionnelle ou qu'ils marquent une rupture idéologique en s'imposant comme des moments de bascule de la pensée politique, interagissent les uns avec les autres. De cette manière, miroirs et Institutions[10] du prince

10 Nous utilisons dorénavant le terme « Institution » avec une majuscule lorsqu'il s'agit de mentionner les œuvres appartenant au genre des « Institutions du prince ». Sur les

au XVIe siècle nécessitent, pour leur appréhension, la mobilisation des œuvres médiévales antérieures, ces textes s'écrivant alors « les uns dans les autres, les auteurs s'inscrivant dans une sorte de "généalogie littéraire" ; cette répétition signe la légitimité des textes, qui transmettent souvent plus qu'ils n'inventent, et donne une impression d'immobilité, [...][11] ». De même, il est nécessaire, afin de comprendre l'importance de la rupture engendrée par la pensée machiavélienne, de prendre conscience de la tradition contre laquelle le Florentin s'érige. À son tour, la littérature absolutiste se légitime en citant des auteurs antérieurs, comme Juste Lipse ou Pierre Charron. Pour mieux cerner les enjeux de la transformation de l'image du prince, des vertus morales et politiques ainsi que de la théorie du miroir, la chronologie s'impose alors, à nos yeux, comme le meilleur choix. D'autre part, la continuité historique permet de faire intervenir les textes révélateurs des transformations philosophico-politiques et de les faire entrer en résonance avec les œuvres normatives qui continuent à animer la théorie du miroir des princes. Elle permet ainsi de mieux saisir l'influence de ces œuvres majeures sur une littérature prolongeant la description de l'image du prince et des conditions de l'exercice politique de la souveraineté. De cette manière, la pensée d'un auteur comme Jean Bodin, sans définir les vertus du prince, se retrouve implicitement exposée et opposée dans la théorisation de la raison d'État[12]. De même, Thomas Hobbes, en établissant une théorie contractuelle de l'État, influence un auteur comme Pierre Nicole qui, pourtant, s'intéresse encore à la formation du prince[13]. Conserver un point de vue chronologique permet de mieux cerner les enjeux des transformations de la figure du prince dans la période historique étudiée. Le plan de la recherche dénote cette volonté.

La première partie de la présente étude est essentiellement historique et sert d'introduction générale aux suivantes. Elle a pour premier objectif de retracer l'histoire de l'emploi de la métaphore du miroir. Du symbolisme de l'objet-miroir à la métaphore utilisée en philosophie morale, puis en politique, nous verrons comment le miroir est devenu

---

Institutions du prince, voir infra, deuxième partie. Voir également Flandrois, Isabelle, *L'institution du prince au début du XVIIe siècle*, Paris, PUF, 1992.

11 Lachaud, Frédérique, Scordia, Lydwine, introd. à *Le Prince au miroir de la littérature politique de l'Antiquité aux Lumières*, sous la direction de Frédérique Lachaud et Lydwine Scordia, Publications des Universités de Rouen et du Havre, 2007, p. 15-16.

12 Sur la raison d'État, voir infra, quatrième partie.

13 Sur la figure du prince chez Thomas Hobbes et Pierre Nicole, voir infra, sixième partie.

l'outil d'expression d'un idéal, s'érigeant alors en théorie politique de représentation de la figure du prince et des vertus nécessaires au bon gouvernement. Des premières occurrences de la métaphore chez les orateurs romains aux modèles du genre des miroirs des princes à la fin du Moyen Âge, ce panorama historique permet de mieux saisir la double voie que prendra la représentation de la figure du prince au début du XVIe siècle.

La deuxième partie analyse la voie prise par le miroir dans le mouvement humaniste. Simultanément à la rupture machiavélienne, l'Humanisme, au Nord des Alpes, assimile le miroir en le transformant en Institution. Sur le modèle érasmien de l'*Institutio principis christiani*, ces œuvres forgent l'image d'un prince relayant une figure chrétienne – issue de la pensée médiévale et héritée des miroirs antérieurs – qui se confond avec les modèles historiques et mythologiques d'une Antiquité grecque et latine redécouverte. Le prince chrétien, modèle de vertu, se fond alors avec le prince sage, résurgence d'un idéal philosophique, dans des proportions propres à chaque auteur.

En l'absence de théorie officielle et unique de représentation du pouvoir[14], il existe autant d'images de la figure du prince que d'Institutions. Tout en partageant un socle commun propre aux symboles de la royauté et sur lequel se brodent les particularismes engendrés par les contextes politiques, sociaux et religieux, chaque Institution du prince représente une vision particulière du gouvernant, de sa formation et de l'exercice du pouvoir. Si ces œuvres proposent toutes des conseils tantôt vagues, tantôt précis, en reprenant des idées générales sur la conduite du royaume comme sur la vie privée du prince, elles se retrouvent sur un point : elles défendent le régime politique monarchique et la souveraineté du roi. Durant l'entier de la période des conflits confessionnels au XVIe siècle, les Institutions du prince affirment avec constance l'origine divine du pouvoir et sa légitimité à exercer la souveraineté en des temps où l'autorité du roi est mise à mal.

La troisième partie héberge le lieu de tension où se produit la principale transformation du miroir. Machiavel, dans son opuscule intitulé

14 Céard, Jean, « Les visages de la royauté en France à la Renaissance », *Les Monarchies*, sous la direction d'Emmanuel Le Roy Ladurie, Paris, PUF, 1986, p. 73-89 et « Conceptions de la royauté et institution du prince en France au XVIe siècle », *La formazione del principe in Europa dal Quattrocento al Seicento*, Actes du colloque de Ferrare, 19-20 avril 2002, Roma, Aracne, 2004, p. 59-74.

Le Prince, rompt la théorie du reflet de l'idéalité proposée au prince par la tradition théologico-politique. En le plongeant dans *la vérité effective de la chose*, il annihile toute velléité spéculative dans la représentation du prince et de l'exercice politique. Par le renversement des vertus morales et politiques, qu'il rend nécessaire à la conservation de l'État, il brise le miroir tendu jusqu'alors aux princes de la chrétienté. Il délie une première fois le politique du religieux en rompant la subordination du premier au second.

La quatrième partie interroge le rapport du prince à la souveraineté. Face aux discours normatifs et prescriptifs des Institutions jusqu'au dernier quart du XVIe siècle, l'œuvre politique d'un auteur comme Jean Bodin permettra de théoriser la souveraineté en un concept juridique. Sans s'inscrire dans le corpus des miroirs et des Institutions du prince, la pensée bodinienne permet de saisir les transformations du rapport de la figure du prince à l'exercice politique de la souveraineté. L'exigence d'une figure vertueuse régresse et se dissout dans l'exercice politique d'un concept juridique et stable. En réaction à la rupture machiavélienne comme à la théorie bodinienne de la souveraineté, la théorisation de la rationalité politique trouve un nouvel écho chez un auteur comme Giovanni Botero. En définissant les règles et les normes d'un nouvel art de gouverner, basées sur les conditions nécessaires à la domination politique sur le peuple, la raison d'État botérienne redéfinit une nouvelle figure du prince. En reformant le miroir qui reflétait l'image du prince, Botero instrumentalise les vertus morales et politiques afin de légitimer les moyens mis en œuvre pour la conservation de l'État, sous le voile de la religion chrétienne qui retrouve sa primauté sur le fait politique.

À la fin du XVIe siècle, le modèle du prince vertueux se transforme. La cinquième partie a pour but de mettre en exergue les modifications de la figure du prince et de l'exercice des vertus dans des œuvres qui tentent de proposer une voie médiane, dans l'espoir de formuler une réponse pouvant mettre fin aux conflits confessionnels. Les vertus du prince continuent à être prescrites mais leur exercice se transforme. Ce mouvement fait suite à une revivification du stoïcisme[15], en morale comme en politique, et implique notamment un renchérissement de l'importance de la vertu de

15 Zanta, Léontine, *La renaissance du stoïcisme au XVIe siècle*, Genève, Slatkine, 2007 (1re éd. 1914); Carabin, Denise, *Les idées stoïciennes dans la littérature morale des XVIe et XVIIe siècles (1575-1642)*, Paris, Champion, 2004.

prudence et une adaptation de son utilité et de son utilisation. Le prince *idéal* des Institutions au XVIe siècle – dans toute son irréalisabilité – laisse place à un prince *nécessaire*, de plus en plus réel et réaliste, si ce n'est dans la manière d'être représenté, du moins dans son rapport à l'exercice du pouvoir. Les œuvres dédiées au prince, de la fin du XVIe siècle au premier tiers du XVIIe siècle, s'interrogent de manière plus évidente qu'auparavant sur les arts de gouverner, tout en perpétuant un rapport étroit avec la morale. Le statut royal, avec ses droits et ses devoirs, ne peut et ne doit encore s'en séparer de manière définitive.

Le XVIIe siècle fut le témoin de l'énonciation de la figure du prince par le pouvoir royal lui-même[16]. L'autonomisation du discours sur le pouvoir occupe la sixième et dernière partie. D'une part, la littérature absolutiste reprend la métaphore du miroir pour parvenir à ses fins : en utilisant la théorie du miroir des princes tout en redéfinissant son utilisation, les œuvres faisant l'éloge du pouvoir royal et de sa politique reflètent l'image d'un prince idéal. Pour ce faire, elles ne proposent pas le reflet d'un idéal à atteindre mais la représentation et le portrait vivant du roi. La métaphore du miroir est transcendée et participe de l'instrumentalisation optique d'une littérature politique se confondant entre louange et panégyrique. D'autre part, parallèlement à ce nouvel emploi du miroir des princes, la mise en place d'une réflexion pédagogique se précise : des traités, héritiers des miroirs médiévaux et des Institutions humanistes, introduisent des instructions jugées à même de préparer le roi à sa charge future. En admettant la nature humaine du prince, non plus seulement dans son essence qui le rendait sujet aux vertus comme aux vices, mais également dans ses facultés d'apprentissage, ces traités établissent le programme éducatif nécessaire à l'exercice de la charge royale. Le prince est alors considéré comme un homme commun mais désigné par la providence à une charge particulière, la plus importante du corps politique. Ce rôle nécessitait qu'on en définisse les compétences. Émerge alors une réflexion particulière sur le programme pédagogique, les connaissances nécessaires à l'exercice de la fonction de roi ainsi que la composition de l'équipe chargée du préceptorat[17]. Cette dernière question

16 Marin, Louis, *Le portrait du roi*, Paris, Éditions de Minuit, 1981 ; Ferrier-Caverivière, Nicole, *L'image de Louis XIV dans la littérature française*, Paris, PUF, 1981.

17 Mormiche, Pascale, *Devenir prince. L'école du pouvoir en France (XVIIe-XVIIIe siècles)*, Paris, CNRS, 2009.

ne manque pas d'inspirer de nouvelles vagues d'œuvres, particulièrement en période de régences ou de naissance du dauphin, traduisant le désir personnel de leurs auteurs, par la démonstration de leurs connaissances, d'intégrer la cour et le cercle royal. Plus précisément, l'humanisation de la figure du prince aboutit à la disqualification de l'exigence vertueuse. L'image du prince, chez un auteur comme Pierre Nicole, se confond avec celle d'un État se légitimant par lui-même : la figure du prince n'est plus que l'exécutant d'un pouvoir qui n'exige d'elle qu'un rôle figuratif. Finalement, nous observerons la dissolution définitive du miroir des princes dans l'œuvre bibliographique du secrétaire-bibliothécaire, sous la plume de Gabriel Naudé, en absorbant le reflet vertueux et le conseil du philosophe dans la compilation de l'ensemble d'un savoir politique se formant en une science autonome.

En prenant du recul, l'inscription des miroirs et des Institutions au sein d'une histoire philosophico-politique plus vaste suscite des questions auxquelles il est nécessaire d'apporter des éléments de réponse. Il faut confronter ces textes hétéroclites, pourtant si ressemblants les uns aux autres dans leur discours, aux courants majeurs de la pensée politique qui leurs sont contemporains. Pourquoi continuait-on à écrire la figure du prince et le pouvoir royal selon des modalités morales et politiques si normatives ? Comment ces œuvres, participant d'un genre archaïque qui s'enfermait dans sa propre répétitivité, se sont-elles confrontées aux principales transformations de la pensée politique à une époque déterminante de son évolution ? Il faut alors tenter de comprendre les raisons de la persistance d'un discours se ressassant et dont émergent des œuvres qui paraissent les reliquats d'une vision figée de la figure du prince.

Tenter l'étude du genre littéraire et de la théorie politique du miroir des princes à l'époque moderne contient toutefois en soi une incohérence idéologique qu'il a fallu dépasser. Si l'historiographie, pour une part, continue à nommer ainsi l'ensemble des traités dédiés au pouvoir royal et qui théorisent la normativité de l'être et des actes du souverain, la transformation de la chose politique et du rapport à son exercice, durant la période moderne, les place irrémédiablement dans un état de caducité qui les rend inopérants. C'est pourquoi le caractère paradoxal de l'utilisation du terme « miroirs des princes » au moment de nommer ces œuvres transparaît dès la première moitié du XVIe siècle. La fracture provoquée par l'émergence de la pensée machiavélienne rend ainsi impossible tout effort de concevoir le pouvoir royal comme auparavant. Les Institutions du prince qui lui sont directement consécutives – et d'ailleurs rares sont celles qui portent encore comme titre la traduction de *speculum*[18] – s'orientent vers le désir humaniste de la formation d'un prince parfait, encore vu comme la tête du corps politique. C'est le sens premier qu'il faut chercher à la transformation du miroir médiéval en Institution humaniste apportant un nouveau regard sur la pédagogie et l'*épistémè* occidentales. De même que l'éducation de l'homme devait permettre l'harmonie dans la cité, celle du prince, mêlée de vertu chrétienne et de sagesse antique, devait constituer le rempart principal contre la dérive politique de la monarchie en tyrannie. À la suite de la diffusion de l'*Institutio principis christiani* d'Érasme, modèle du genre à son époque, ses homologues de langue française s'en sont inspirés pour la réalisation du portrait du prince idéal. Elles l'ont adaptée de manière explicite pour défendre un pouvoir royal ébranlé, une unité confessionnelle brisée et, implicitement, pour s'engouffrer dans la critique d'un machiavélisme confondu avec la pensée politique du secrétaire florentin.

Il faut également aborder la question des miroirs des princes à l'époque moderne sous deux angles qui se recoupent. C'est le caractère vague de la définition du genre des miroirs des princes et son application première aux œuvres médiévales qui permettent à l'historiographie de continuer à appeler ainsi les textes parénétiques[19] ou pédagogiques dédiés au prince et postérieurs à la première moitié du XVIe siècle. Au-delà de cette question de terminologie, il faut ensuite déterminer pourquoi et comment les auteurs des traités qui nous occupent continuent à utiliser et à développer la métaphore du miroir à des fins politiques. Si la métaphore littéraire du miroir constitue toujours, aux XVIe et XVIIe siècles, un lieu commun

18 Citons le *Miroir politique* de Guillaume de La Perrière (1555), même si cet ouvrage dépasse le simple cadre du miroir du prince, ou *Le miroüer du prince chrétien* de Jean Helvis de Thillard (1556) comme des exemples de survivance du titre « miroir » en France au XVIe siècle.

19 Parénétique est la forme adjectivale de parénèse, « emprunté, par l'intermédiaire du latin tardif *paraenesis*, du grec *parainesis*, "encouragement", lui-même composé de *para*, "à coté de", et *ainesis*, "louange", et désigne un genre de discours moral exhortant à la vertu ». *Cf.* article « Parénèse », *Dictionnaire de l'Académie française*, Paris, 1986. Sénèque traduit ce terme par « enseignement de préceptes » (*pars praeceptiva philosophiae*) : « Tu me pries de payer comptant ce que j'avais dit devoir s'ajourner, et d'apprendre si cette partie de la philosophie que les Grecs appellent παραινετικήν et nous préceptive, suffit pour faire un sage accompli. ». Sénèque, *Lettres à Lucilius*, XV, 95, 1, *Œuvres complètes*, traduction de J. Baillard, t. second, Paris, 1861.

de la représentation du pouvoir, continue-t-elle pour autant à exprimer, comme elle le faisait lors de ses premières occurrences antiques et médiévales, la possibilité d'un transfert de valeurs et de vertus, d'un traité politique et moral vers le prince qui le lit, puis, enfin, du prince vers l'ensemble du corps politique ? Si ce jeu de reflets métaphoriques n'est plus apte, dès le XVIe siècle, à rendre compte des nécessités qu'imposait un nouveau contexte philosophico-politique, il continue pourtant à être exploité et à représenter, que ce soit consciemment ou par tradition, le lien unissant la tête du corps politique à l'ensemble de l'état organiciste.

C'est enfin en confrontant cette littérature hétérogène, constituée d'une multitude d'œuvres inégales, célèbres ou inconnues – cette petite littérature qui « n'a d'égale que sa pauvreté et que sa monotonie[20] » mais qui pourtant reflète, « et c'est bien le moins, les évolutions politiques, philosophiques et juridiques du pouvoir royal[21] » – à celle qui a su transformer radicalement la conception du pouvoir politique et de la figure qui le représente, qu'il est possible de rendre compte de la place des miroirs et des Institutions du prince. Il convient donc d'observer ce qu'il advient du miroir tendu au prince après les points de bascule que représentent la pensée machiavélienne – ainsi que sa critique –, la théorisation de la raison d'État – et sa reformulation aux normes morales chrétiennes –, et la formation de l'État moderne. Autant que les raisons de son éclatement, il convient enfin de voir ce qui a pu demeurer du miroir.

20 Lacour-Gayet, Georges, *L'éducation politique de Louis XIV*, Paris, Hachette, 1898, p. 23.

21 Lachaud, Frédérique, Scordia, Lydwine, introd. à *Le Prince au miroir de la littérature politique de l'Antiquité aux Lumières*, *op. cit.*, p. 16.

PREMIÈRE PARTIE

ORIGINE ET HISTOIRE DU GENRE DES MIROIRS DES PRINCES

L'un des buts principaux de cette recherche est de confronter une littérature normative – et pourtant hétérogène et disparate – sur la figure représentant le pouvoir royal, aux œuvres qui ont marqué de leur empreinte l'histoire des idées politiques par les ruptures qu'elles ont su imposer dans la définition de l'exercice politique. Formulée en des termes généraux, cette confrontation n'évoque pas, de prime abord, le besoin d'une réflexion terminologique. Tout au plus, s'agirait-il d'un travail taxinomique qui consisterait à classer les différentes œuvres en deux groupes distincts constituant chacun un corpus défini : d'un côté, en un genre particulier, les œuvres qui évoqueraient une vision traditionnelle de la figure du prince et de l'exercice du pouvoir et, de l'autre, celles qui en formuleraient une vision novatrice, souvent en opposition avec les premières, sur de nouvelles bases idéologiques. Or il convient d'admettre que cette simple distinction suscite plus de questions qu'elle n'apporte de réponses. S'il est en effet aisé de distinguer quelles sont les œuvres qui ont su renouveler de manière décisive la réflexion politique à l'époque moderne, grâce à l'importance des idées qu'elles développent et à leur ancrage dans l'histoire de la philosophie politique, il est moins aisé de rassembler celles qui participent d'un discours générique, souvent convenu et répétitif, dans une seule et même masse littéraire.

L'historiographie des idées politiques a désiré classer, au début du XXe siècle, l'ensemble des traités définissant ce que devaient être le bon gouvernement et le bon gouvernant dans un seul grand groupe, sous l'étiquette des « miroirs des princes ». Cette définition semblait d'ailleurs souvent s'utiliser sans réelle conscience des enjeux soulevés par l'application de cette métaphore. Si son emploi peut s'appliquer d'un point de vue idéologique, et à raison, à une portion chronologique de l'histoire de l'écriture du pouvoir royal, allant des premières formulations de l'Antiquité latine de la métaphore du miroir en littérature politique jusqu'au début du XVIe siècle, il nécessite cependant une plus grande attention quand il s'agit de l'appliquer aux œuvres postérieures. Si le terme « miroirs des princes » continue à désigner des ouvrages destinés à la formation morale, intellectuelle ou politique du prince jusqu'au XVIIIe siècle[1], c'est surtout par accoutumance et en raison de la continuité du régime politique qu'il décrit, sans réelle prise en compte de ce que sous-entend l'utilisation de la métaphore spéculaire ainsi que les transformations philosophiques de l'écriture du politique à la période moderne. En somme, pour appréhender l'entière mesure de l'utilisation de cette expression, il convient de regarder ce qui l'a rendue possible, de l'origine de la métaphore spéculaire aux traités médiévaux de morale dont elle dérive, puis ce qui en a épuisé le contenu, en transformant la notion qu'elle recouvrait : d'abord l'emploi de l'objet-miroir comme outil de réflexion d'une image et d'amélioration physique ou morale ; puis sa métaphorisation littéraire qui permit de symboliser le mode de transmission de conseils moraux, du commentateur vers le destinataire ; ensuite sa réutilisation médiévale, en premier lieu dans un cadre moral, pour codifier les comportements laïcs en fonction de préceptes chrétiens ; enfin la dérivation de ce dernier emploi, donnant naissance au genre des « miroirs des princes », dans un cadre politique et temporel qui était indissociable, à cette époque, du religieux et du spirituel.

1 Cottret, Monique, « L'*Institution d'un prince* de Jacques Joseph Duguet (1739). Le dernier miroir ? », *Le Prince au miroir de la littérature politique*, sous la direction de Frédéric Lachaud et Lydwine Scordia, Publications des universités de Rouen et du Havre, 2007, p. 393-403.

DE L'OBJET À LA MÉTAPHORE

Il convient en premier lieu de regarder comment l'objet s'est chargé d'un symbolisme donnant naissance à l'utilisation métaphorique d'une de ses propriétés. L'histoire du miroir, l'outil réflexif, s'est chargée de symboles, au gré des transformations historiques des rapports de l'homme à lui-même, aux autres et à l'objet. De ses premières utilisations naturelles préhistoriques à la création d'un *topos* de la représentation du pouvoir jusqu'au XVIIe siècle, le miroir a ainsi toujours suscité un intérêt particulier. Il a continuellement été la source d'une réflexion qui cherchait à comprendre les causes et les raisons de sa réflexivité, tant par le biais d'une approche scientifique que philosophique. En renvoyant l'image identique mais inversée de celui qui le regarde, tout en pouvant lui faire apparaître également des objets exclus de son champ de vision, il se prêtait à une application métaphorique permettant alors aux philosophes antiques d'exprimer idéalement leur mode de pensée.

Jean Delumeau, dans sa préface au livre de Sabine Melchior-Bonnet[1], a souligné l'importance pour l'homme de l'objet « miroir » et de son utilisation dans les divers domaines qui font appel à lui. Il légitime les interrogations de l'auteure sur « les relations conflictuelles de l'être humain avec le miroir et sur les multiples liens, philosophiques, psychologiques et moraux qui se sont tissés au cours des âges entre, d'un côté, le miroir et, de l'autre, le bien et le mal, Dieu et le diable, l'homme et la femme, moi et mon reflet, l'autoportrait et les confessions[2] ». Il est en effet important de souligner le caractère ambigu du miroir qui n'a pas toujours été considéré comme l'outil privilégié de l'unique reflet d'un soi à améliorer ou du gouvernant idéal. Avant de se figer dans l'expression « miroirs des princes » sous forme métaphorique au Moyen Âge, et même si son utilisation figurée sous-entendait la mise en exergue des vertus à

1 Melchior-Bonnet, Sabine, *Histoire du Miroir*, Paris, Imago, 1994.
2 Delumeau, Jean, introd. à Melchior-Bonnet, Sabine, *Histoire du Miroir*, *op. cit.*, p. 8.

acquérir comme des vices à éviter, le miroir était également l'objet qui permettait au spectateur de voir, d'un côté, le moyen de tendre vers la vertu et le divin et, de l'autre, son propre reflet jusqu'aux dérives que cela pouvait engendrer. L'ambivalence de l'essence même du miroir, le positif et le négatif comme le formule Delumeau, offrait ainsi déjà un double reflet.

Premièrement et « à qui sait le regarder il peut offrir l'image sans tache de la divinité[3] » : il suffit alors de se rappeler la représentation de la déesse romaine *Prudentia*, tenant dans sa main un miroir ou, plus tard encore, les images médiévales de Vierge à l'Enfant faisant appel à la symbolique mariale et représentant un *speculum sine macula*, « miroir sans tache, symbole de la pureté de la Vierge[4] ». Le miroir était alors considéré comme l'objet permettant le lien entre le divin et l'humain. La tradition augustinienne réempruntait déjà, elle aussi, l'image du miroir en faisant de la Bible l'outil permettant à l'homme d'y voir « la splendeur de Dieu et sa propre misère[5] ». Saint Augustin, dans le *De Trinitate*, précise en effet que « l'âme humaine est le miroir qui, éclairé de la lumière de Dieu, en reçoit l'image[6] ». Cette tradition permit finalement d'aboutir à l'emploi du miroir pour définir un type d'ouvrages – et plus tard l'ensemble du genre littéraire – compilant le savoir encyclopédique de l'homme médiéval[7]. Le *speculum* était ainsi établi comme l'outil permettant au lettré de prendre connaissance de la somme compilée des savoirs humains. C'est par glissement qu'une branche de ce genre littéraire, les « miroirs » de la littérature médiévale dont sont issus les « miroirs des princes », se constitua alors en « un genre moralisant où les lecteurs étaient ainsi invités à apercevoir le modèle idéal qui leur était proposé pour leur conduite[8] ».

3 *Ibid.*

4 Borel, France, *Le peintre et son miroir : regards indiscrets*, Tournai, La Renaissance du Livre, 2002, p. 74 ; Melchior-Bonnet, Sabine, *Histoire du Miroir*, *op. cit.*, p. 128.

5 Delumeau, Jean, introd. à Melchior-Bonnet, Sabine, *Histoire du Miroir*, *op. cit.*, p. 8.

6 Augustin, *De la Trinité*, texte établi par Raulx, L. Guérin & Cie, 1868, XV, 8, 14. Cité in Chevalier, Jacques, *Histoire de la pensée*, Paris, Éditions universitaires, 1992, vol. 3 : « De Saint Augustin à Saint Thomas d'Aquin », p. 267.

7 Már Jónsson, Einar, « Le sens du titre *Speculum* aux XIIe et XIIIe siècles et son utilisation par Vincent de Beauvais », *Vincent de Beauvais : intentions et réceptions d'une œuvre encyclopédique au Moyen Âge*, Actes du XIVe colloque de l'Institut d'études médiévales, 27-30 avril 1988, Paris, Vrin, 1990, p. 18-21.

8 Delumeau, Jean, introd. à Melchior-Bonnet, Sabine, *Histoire du Miroir*, *op. cit.*, p. 8.

En contrepartie, le miroir possédait également, par son caractère ambivalent, une face négative qui inspira, de l'Antiquité au XVIIIe siècle, un rapport suspicieux tant envers l'objet qu'envers son emploi métaphorique. Il suffit de penser à Narcisse, au « leurre spéculaire » de son reflet dans l'eau l'entraînant dans sa chute. D'un danger, le miroir pouvait aussi devenir un piège et enseigner aux hommes de cour des XVIIe et XVIIIe siècles l'art de paraître pour aboutir à la création d'une « société du reflet » où « le moi a besoin, pour exister, d'être doublé d'échos[9] ». Cette perversion du regard et du reflet se retrouve ainsi mise en figuration dans les nombreuses vanités baroques, ces tableaux mettant en scène, sous forme d'allégories, la mort, le temps qui passe ainsi que la vacuité des passions humaines et dans lesquelles le miroir trouve une symbolique propre. Enfin le miroir pouvait également se transformer en objet de ruse et de renversement de la réalité : la main droite devenait dans le reflet la main gauche, l'entier de la réalité reflétée se retrouvant alors retournée. Dans l'image renversée qu'il renvoyait se cachait peut-être plus qu'un simple reflet : dans « la duplication se glisse une dissemblance, et peut-être de la duplicité[10] ».

L'histoire de l'objet lui-même, le miroir en tant que morceau de métal poli puis, plus tard, de verre cristallin, est jonchée de jugements de valeur à son égard. Son caractère précieux et rare, jusqu'au XVIIIe siècle – et la mise au point alors d'un procédé de production à plus large échelle – n'est pas sans lien avec l'origine de l'utilisation de sa métaphore, tant en philosophie, en politique qu'en littérature. Si les auteurs médiévaux offraient aux hommes et aux princes un *speculum*, un miroir de morale et de conseils politiques, certainement le nommaient-ils ainsi autant dans un désir de reflet et de vision pratique de la métaphore que dans le don métaphorique de l'objet miroir, symbole de pouvoir, de luxe et de noblesse. Cette polysémie du mot « miroir » incite donc à la réflexion. Comme l'évoque Melchior-Bonnet :

> Le champ sémantique du miroir recouvre des pôles extrêmes, du mythe à l'écriture du moi, du symbole à la littéralité, et les langues parfois se compénètrent ; le miroir relève d'abord de la mystique et donne lieu à un discours moral – durable – qui balise les droits du regard sur soi et développe la dialectique de l'essence et de l'apparence[11].

9 Melchior-Bonnet, Sabine, *Histoire du Miroir*, *op. cit.*, p. 154.
10 *Ibid.*, p. 222.
11 *Ibid.*, p. 12-13.

C'est cette double ascendance de la métaphore du miroir, le caractère mystique de son symbolisme comme le discours moral qui en découle, qui est à la base de son utilisation en littérature et en politique. Le miroir, avant d'être cet outil de convenance et de luxe, était déjà un objet chargé d'une puissante aura mystique. En dépit du caractère imparfait et irrégulier de l'objet, le miroir avait pour l'homme antique le caractère d'un « instrument merveilleux[12] ». Il lui permettait en premier lieu de prendre connaissance de son image et de mieux se connaître. Au-delà de ce premier rapport direct, le miroir lui donnait également « accès, par-delà le visible, à un point de vue invisible[13] ». Durant tout le Moyen Âge, période dont le système conceptuel était fortement marqué par la tradition platonicienne, le sens de la vue était en effet considéré comme un moyen privilégié d'apprentissage et de mode de connaissance[14].

Le miroir, objet aussi merveilleux qu'inquiétant, donnait à voir un reflet qui imposait au spectateur un questionnement quant « aux notions d'image et de ressemblance[15] ». En effet, comme le suggère Melchior-Bonnet, le miroir, dans l'image qu'il figure par le reflet, imite et « renvoie à un original dont il offre une approche exacte et imparfaite[16] ». En plus de ce rapport particulier et double au reflet, la réflexion sur l'image renvoyée questionnait également son rapport à l'espace. Devant les vicissitudes du rapport de l'objet-miroir avec les symbolismes qui lui furent appliqués, il convient de s'arrêter plus en détail sur celui qui permit l'apparition et le développement de la métaphore spéculaire en morale puis en politique et qui aboutit à la naissance d'un genre littéraire propre.

---

12 *Ibid.*, p. 113.

13 *Ibid.*

14 Melchior-Bonnet, Sabine, *Histoire du Miroir*, *op. cit.*, p. 113 ; Már Jónsson, Einar, *Le miroir, naissance d'un genre littéraire*, Paris, Belles Lettres, 1995, p. 85-89.

15 Melchior-Bonnet, Sabine, *Histoire du Miroir*, *op. cit.*, p. 113.

16 *Ibid.*

ORIGINE DE LA MÉTAPHORE SPÉCULAIRE

Il semble impossible de remonter à la naissance de la symbolique du miroir, celle-ci se perdant certainement dans des temps pré-scripturaux. S'il faut se convaincre que l'origine exacte de l'emploi de la notion symbolique du miroir et de son caractère spéculaire nous échappe, il est cependant possible d'en retrouver les premières traces littéraires en remontant à l'Antiquité grecque et latine. C'est en effet pendant l'époque hellénistique et au début de la période romaine que prirent forme les premiers symbolismes associés à l'idée de miroir, en s'exprimant notamment au travers d'une série de *topoï* littéraires comme métaphores ou comparaisons. L'emploi symbolique du miroir put également prendre place dans des textes philosophiques et s'associer de manière significative à des idées fondamentales de systèmes de pensée[1]. C'est plus précisément au Ier siècle de notre ère, lorsque cet emploi s'ancra pleinement dans la tradition littéraire antique, que différentes formes du symbolisme du miroir virent le jour dans les sources.

C'est le cas notamment chez Sénèque le Jeune qui, dans ses *Questions naturelles*, s'intéressa au miroir en tant qu'objet comme à son utilisation dans le discours catoptrique[2]. La portée de l'intérêt de Sénèque pour les miroirs déborde pourtant du simple cadre scientifique. Son texte, qui « n'est ni une dissertation sur la science des miroirs, la catoptrique, ni une diatribe sur l'usage que l'on en fait, mais les deux à la fois[3] », s'intéresse également au rapport moral qu'entretient l'homme avec le miroir. Son approche, « une étude sur le point de rencontre entre la nature véritable des choses et la société humaine telle qu'elle est et

1 Már Jónsson, Einar, *Le miroir, naissance d'un genre littéraire*, *op. cit.*, p. 21.

2 Du grec *katoptrikos*, au XVIIe siècle, « qui concerne les miroirs ». La catoptrique est la partie de l'optique qui étudie la réflexion de la lumière. *Cf. Dictionnaire de l'Académie française*, Paris, 1986.

3 Már Jónsson, Einar, *Le miroir, naissance d'un genre littéraire*, *op. cit.*, p. 32.

telle qu'elle devrait être[4] » aboutit à une théorie sur un double usage du miroir : un premier usage du miroir dans le cadre d'une réflexion philosophique et un second dans son usage social.

La première fonctionnalité du miroir était celle d'un instrument d'observation astronomique qui permettait à l'homme de voir indirectement ce qu'il ne lui était possible de voir seul[5]. À la fin du livre I, Sénèque précise en ces termes quelle doit être l'utilité première du miroir pour l'homme :

> Qu'on rie maintenant des philosophes qui dissertent sur les propriétés du miroir, qui cherchent pourquoi notre figure s'y représente ainsi tournée vers nous ; dans quel but la nature, tout en créant des corps réels, a voulu que nous en vissions encore les simulacres ; pourquoi, enfin, elle a préparé des matières aptes à recevoir l'image des objets. Ce n'était pas certes pour que nous vinssions devant un miroir nous épiler la barbe et la face, et lisser notre visage d'hommes. En aucune chose elle n'a fait de concession à la mollesse ; mais ici qu'a-t-elle voulu d'abord ? Comme nos yeux, trop faibles pour soutenir la vue directe du soleil, auraient ignoré sa vraie forme, elle a, pour nous le montrer, amorti son éclat. Bien qu'en effet il soit possible de le contempler alors qu'il se lève ou se couche, cependant la figure de l'astre lui-même, tel qu'il est, non d'un rouge vif, mais d'un blanc qui éblouit, nous serait inconnue, si à travers un liquide il ne se laissait voir plus net et plus facile à observer. De plus, cette rencontre de la lune et du soleil, qui parfois intercepte le jour, ne serait pour nous ni perceptible, ni explicable, si en nous baissant vers la terre nous ne voyions plus commodément l'image des deux astres[6].

Dans un premier temps, Sénèque désapprouve l'usage esthétique du miroir par les hommes. Il considère en effet que la nature a rendu possible la réflexion des astres afin de permettre aux hommes d'observer des choses impossibles à distinguer avec leurs seuls yeux. Il réfute donc « cette concession à la mollesse », cette application d'embellissement physique rendue possible pour l'homme. Il reconnaît cependant l'utilité de la réflexivité du miroir rendant possible la contemplation de l'homme par lui-même :

> Les miroirs furent inventés pour que l'homme se vît lui-même. De là plusieurs avantages : d'abord la connaissance de sa personne, puis quelquefois d'utiles

4 *Ibid.*

5 *Ibid.*, p. 34.

6 Sénèque, *Questions naturelles*, I, XVII, traduction de Joseph Baillard, vol. 2, Paris, Hachette, 1914, p. 479-480.

> conseils. La beauté fut prévenue d'éviter ce qui déshonore; la laideur, qu'il faut racheter par le mérite les attraits qui lui manquent; la jeunesse, que le printemps de l'âge est la saison de l'étude et des énergiques entreprises; la vieillesse, qu'elle doit renoncer à ce qui messied aux cheveux blancs, et songer quelquefois à la mort. Voilà dans quel but la nature nous a fourni les moyens de nous voir nous-mêmes. Le cristal d'une fontaine, le poli d'une pierre réfléchit à chacun son image[7].

C'est ce second emploi du miroir qui théorisa dans un premier temps le rapport de la symbolique spéculaire à la morale. En effet, Sénèque préconise ici l'utilisation du miroir pour que l'homme apprenne à se connaître en regardant son propre reflet, en reprenant les arguments socratiques de la connaissance de l'homme par lui-même[8]. De ce regard et de cette connaissance devaient surgir des conseils permettant à l'homme de prendre conscience de ses qualités et de ses défauts afin qu'il puisse s'améliorer. Le miroir était ainsi utilisé dans une fonction symbolique devant permettre la progression morale de l'homme qui chercherait, le cas échéant, à prévenir le déshonneur ou à se racheter par le mérite.

Les deux qualités du miroir, ses deux fonctions rendues possibles par la nature, étaient pourtant susceptibles d'être détournées par l'homme. Si Sénèque considérait le miroir comme un « instrument de vision indirecte », permettant à l'homme de bénéficier de la vision de choses impossibles à observer de manière directe, ou alors comme « instrument de la connaissance de soi », permettant à l'homme de voir ce qu'il est et ce qu'il devrait être, il dénonçait également le possible détournement et la perversion de ces emplois[9]. Qu'il s'agisse en effet de transformer la réalité de la vision indirecte purement scientifique en réfléchissant des images déformées à même de pervertir l'homme[10] ou de se transformer

---

7 *Ibid.*, p. 480.

8 Melchior-Bonnet, Sabine, *Histoire du Miroir, op. cit.*, p. 118 ; Már Jónsson Einar, *Le miroir, naissance d'un genre littéraire, op. cit.*, p. 47.

9 Már Jónsson, Einar, *Le miroir, naissance d'un genre littéraire, op. cit.*, p. 33-35. Comme modèle de perversion de l'utilisation de l'objet-miroir, Jónsson cite l'exemple d'Hostius Quadra, mentionné par Sénèque dans ses *Questions naturelles* : « Vient alors l'histoire affreuse de l'abominable Hostius Quadra qui se livrait à des activités sexuelles des plus variées devant toutes sortes de miroirs agrandissants et multipliants. », p. 33. Selon lui, « l'histoire de l'infâme Hostius Quadra expose comment la "vision indirecte" peut être détournée de son but naturel, qui est purement scientifique », p. 35.

10 Sur les miroirs naturels chez Sénèque et leur capacité à déformer la réalité, notamment dans une approche scientifique et météorologique, voir Le Blay, Frédéric, « Nuages et miroirs : à propos des *Questions sur la nature* de Sénèque », *Nues, nuées, nuages. XIV*[es] *Entretiens de*

en objet de luxe et de désir, le miroir se chargeait, dans la pensée antique, de nombreux symbolismes dont la morale devait user avec précaution[11].

La double fonction du miroir, résumée ici par Sénèque, donna lieu à deux formes distinctes de symbolisme qui connurent par la suite divers prolongements. Ces deux symbolismes particuliers ne se fondaient pas sur un phénomène isolé mais participaient au contraire pleinement d'une dualité dans l'idéal antique du savoir. La double fonction du miroir « qui, dans un cas comme dans l'autre, est toujours un moyen de connaissance » s'insérait dans un mouvement scientifique « qui cherche à classer les formes du réel et à découvrir l'ordre rationnel suivant lequel elles se subordonnent les unes aux autres » mais aussi dans une recherche socratique « qui pose comme but la connaissance de soi-même, de sa situation par rapport au monde et de ses pouvoirs[12] ». C'est donc dans un double mouvement de réflexion, scientifique et philosophique, et dans la recherche d'un double idéal, que s'est développé le symbolisme catoptrique durant l'Antiquité.

Einar Már Jónsson, dans son essai sur la naissance du genre littéraire du miroir, distingue ici trois moments historiques faisant suite à l'apparition et à l'affirmation de l'utilisation symbolique du miroir. En premier lieu, il observe la séparation en deux formes distinctes de symbolisme qui se fondent sur les deux fonctions particulières du miroir, comme nous venons de le voir. Deuxièmement, il constate l'élaboration de ces symbolismes différents par le biais de la pensée néo-platonicienne[13]. Enfin, il envisage un troisième et dernier moment de l'application symbolique

---

la Garenne Lemot, sous la direction de Pigeaud Jackie, Rennes, Presses universitaires de Rennes, 2010, p. 57-71. Le Blay, comme Jónsson, mentionne l'exemple d'Hostius Quadra cité par Sénèque, pour expliciter le caractère dévoyé que pouvait prendre l'utilisation du miroir : « [...], les miroirs de Sénèque sont des miroirs déformants ; [...]. Mais l'on doit surtout relire – ou tout simplement lire peut-être – les derniers chapitres du livre I des *Questions sur la nature*, où il n'est plus question de météores mais de la manière dévoyée dont une humanité corrompue par le vice et la débauche use de miroirs, dans leurs propriétés réfléchissantes mais aussi déformantes. Ainsi l'histoire exécrable d'Hostius Quadra qui faisait des miroirs les serviteurs de son obscénité », p. 71.

11 Voir aussi Le Blay, Frédéric, « Miroirs philosophiques : vertus et perversions du reflet de soi », *Miroirs. XVes Entretiens de la Garenne Lemot*, sous la direction de Pigeaud Jackie, Rennes, Presses universitaires de Rennes, 2011, p. 193-203.

12 Már Jónsson, Einar, *Le miroir, naissance d'un genre littéraire*, *op. cit.*, p. 63.

13 Már Jónsson, Einar, *Le miroir, naissance d'un genre littéraire*, *op. cit.*, p. 85-99 ; Már Jónsson, Einar, « Le sens du titre *Speculum* aux XIIe et XIIIe siècles et son utilisation par Vincent de Beauvais », art. cité, p. 15-18.

du miroir dans sa réutilisation par les premiers théologiens chrétiens de la fin de l'Antiquité[14].

La fonction astronomique du miroir et le symbolisme qu'elle inspira furent promis au développement le plus important[15]. Le symbolisme de la seconde fonction, le miroir vu comme outil de perfectionnement moral, se développa au contraire avec moins de clarté et selon des variantes plus hétérogènes[16]. Il est en effet possible de diviser le symbolisme catoptrique du miroir comme outil de connaissance de soi en deux groupes, deux *topoï* distincts, résumés ainsi : le « miroir de l'âme » et le « miroir-modèle[17] ». La métaphore du miroir comme outil pour connaître l'âme se développa mais ne subsista pas. Le second *topos*, au contraire, connut meilleure fortune : le symbolisme catoptrique se recentra et s'appliqua à l'homme lui-même, dans son humanité. Il consista alors à qualifier de « miroirs » des hommes vertueux aux yeux des autres. Au-delà de l'objet réel et de son caractère réflexif, l'utilisation du terme « miroir » subit une double altération : premièrement, il devint un instrument d'embellissement moral et, dans un second temps, il présenta non plus seulement le reflet de l'image réelle à corriger mais aussi et surtout l'image idéale qui permet la correction de l'image réelle et donc l'image de l'homme[18].

C'est bien dans ce dernier sens qu'il faut comprendre l'utilisation symbolique du miroir dans les premiers textes à portée politique contenant explicitement la métaphore spéculaire. Ceux-ci évoquent la capacité, pour le détenteur du pouvoir politique, de transmettre la volonté de s'améliorer moralement et d'acquérir les capacités nécessaires pour le maintien de la paix civile, et ce par l'exemple qu'il représente pour les autres hommes. Les exemples littéraires les plus représentatifs se trouvent notamment chez les orateurs romains. Cicéron écrit ainsi au sujet du choix du dirigeant, à la fin du livre deuxième de son traité *De Republica* :

> LÉLIUS. – Je vois maintenant quelle tâche et quels devoirs vous imposez à cet homme dont j'attendais le portrait.

14 Már Jónsson, Einar, *Le miroir, naissance d'un genre littéraire*, *op. cit.*, p. 101-123. Dans le cas particulier de saint Paul et des premiers auteurs chrétiens en général, voir Hugedé, Norbert, *La métaphore du miroir dans les Épîtres de saint Paul aux Corinthiens*, Neuchâtel, Paris, Delachaux et Niestlé, 1957.

15 Már Jónsson, Einar, *Le miroir, naissance d'un genre littéraire*, *op. cit.*, p. 64-81.

16 *Ibid.*, p. 81.

17 *Ibid.*

18 *Ibid.*, p. 83.

> SCIPION. – À vrai dire, je ne lui impose qu'un seul devoir, car celui-là comprend tout le reste : c'est de s'étudier et se régler constamment lui-même, afin de pouvoir appeler les autres hommes à l'imiter, et de s'offrir lui-même, par l'éclatante pureté de son âme et de sa vie, comme un miroir à ses concitoyens[19].

L'homme politique est considéré, dans cet exemple, comme un modèle pour les citoyens reflétant les vertus qui doivent alors se diffuser parmi les hommes. Il est ainsi le miroir dans lequel ceux-ci doivent regarder et se regarder. Cette nouvelle image du miroir accomplit ainsi un glissement qu'il est possible de transcrire : l'homme d'État, selon Cicéron, se contemple d'abord lui-même puis, par le bénéfice résultant de cette première réflexion, devient un exemple pour les autres, jouant ainsi le rôle d'un miroir, d'un *speculum* pour ses concitoyens. En effet, l'image que reflète le miroir évolue car, si dans ce cas encore l'homme d'État est un miroir pour les autres hommes, « ce n'est pas parce qu'il leur présente leur propre reflet, mais c'est parce qu'il leur offre une image d'après laquelle se corriger[20] ».

L'homme-miroir, en anticipant le prince-miroir, n'est pas encore le miroir au prince. Il faut alors revenir à Sénèque[21]. Dans son traité *De Clementia*, « sorte d'"institution du prince" écrite à l'intention du jeune Néron, qu'il comble d'éloges[22] », Sénèque utilise l'image du miroir dans ce sens nouveau :

> Je me suis proposé, Néron César, d'écrire sur la clémence, pour vous tenir lieu comme d'un miroir qui vous mît en face de vous-même, et vous fît voir à quelle sublime jouissance il vous est donné d'arriver. Bien qu'en effet le véritable fruit des bonnes actions soit de les avoir faites, et qu'en dehors des vertus, il n'y ait aucun prix digne d'elles, il est doux cependant pour une conscience pure de s'examiner, [...][23].

---

19 Cicéron, *De Republica*, II, XLII, *Œuvres complètes*, t. quatrième, sous la direction de M. Nisard, Paris, 1864.

20 Armisen-Marchetti, Mireille, « *SPECVLVM NERONIS* : un mode spécifique de direction de conscience dans le *De Clementia* de Sénèque », *Revue des Études latines*, 84, 2006, p. 197.

21 Sur l'usage de la métaphore du miroir dans le *De Clementia* de Sénèque, voir Armisen-Marchetti, Mireille, « *SPECVLVM NERONIS* : un mode spécifique de direction de conscience dans le *De Clementia* de Sénèque », art. cité, p. 185-201.

22 Turchetti, Mario, *Tyrannie et tyrannicide de l'Antiquité à nos jours*, Paris, PUF, 2001, p. 172.

23 Sénèque, *De Clementia*, I, 1, *Œuvres complètes*, traduction de J. Baillard, t. second, Paris, 1861 (« *Scribere de clementia, Nero Caesar, institui, ut quodam modo* speculi *vice fungerer et te tibi ostenderem perventum ad voluptatem maximam omnium. Quamvis enim recte factorum*

Cette utilisation de la métaphore spéculaire, en ouverture du *De Clementia*, a souvent été commentée par l'historiographie et fait généralement office de point de départ de toute tentative de remonter historiquement à la première occurrence qui définira plus tard le genre des *specula principis*. Cette borne chronologique inscrit donc ce texte comme « l'origine et non l'héritier de cette désignation imagée du rapport entre l'écrivain qui conseille et le prince qui est conseillé[24] ». Il est ainsi permis de penser que l'utilisation par Sénèque de cette image du miroir et du terme *speculum* est à l'origine, probablement, du nom du genre des « miroirs » et de l'expression « miroirs des princes » au Moyen Âge[25]. Les premiers auteurs chrétiens reprirent aux penseurs classiques l'idée du miroir comme outil de perfectionnement moral, en s'adressant pour certains à des figures royales. Cependant, ils n'établirent pas encore en genre littéraire le symbolisme du miroir tendu au prince. Le texte de Sénèque, connu des auteurs médiévaux – contrairement au traité de Cicéron qui fut perdu jusqu'au XIXe siècle – fut une source importante pour les premiers traités de morale à l'époque carolingienne. C'est en effet à cette période seulement, au Moyen Âge, que se fixa véritablement l'emploi de la métaphore spéculaire en s'associant à l'idée même de l'ouvrage la contenant.

---

verus fructus sit fecisse nec ullum virtutum pretium dignum illis extra ipsas sit, iuvat inspicere et circumire bonam conscientiam, [...]. » Nous soulignons).

24 Armisen-Marchetti, Mireille, « *SPECVLVM NERONIS* : un mode spécifique de direction de conscience dans le *De Clementia* de Sénèque », art. cité, p. 188.

25 Hadot, Pierre, « Fürstenspiegel », *Reallexikon für Antike und Christentum*, Stuttgart, Hiersmann, 1972, t. 8, coll. 594 (« *Senecas an Nero gerichtete Schrift De clementia ist, wie wir sahen, möglicherweise der Ursprung des Ausdrucks Fürstenspiegel.* »).

LA LITTÉRATURE PARÉNÉTIQUE ANTIQUE

Au-delà de la question de l'origine de la métaphore spéculaire et de son utilisation dans un cadre politique, il faut réaliser que la littérature antique n'a pas attendu la fixation de l'emploi métaphorique du miroir pour adresser aux gouvernants un discours à portée morale. En effet, une littérature parénétique s'est écrite avant même le développement des symbolismes que le miroir a pu acquérir dans un cadre philosophique. Ce discours exhortatif, qui pouvait notamment s'adresser au dirigeant politique, avait pour but d'encourager son destinataire à une conduite morale vertueuse dans l'espoir de réaliser, le cas échéant, le bonheur du peuple. L'origine d'un tel discours semble remonter à la plus haute Antiquité, corrélativement aux premières réflexions sur les responsabilités qui découlaient de l'administration du régime monarchique. En Égypte et en Mésopotamie, des écrits de différentes formes purent ainsi voir le jour et énumérer les droits et les devoirs du pouvoir royal[1]. Ils établissaient et définissaient le lien qui existait entre un pouvoir d'origine divine et la figure royale, dévoilant au peuple la divinité du roi tout en représentant l'humanité des dieux. Le but était de représenter une image royale à la fois dans sa réalisation divine et dans son humanité.

La tradition judaïque fut, plus tard, profondément marquée par un monothéisme théocratique[2]. Sans être à l'origine de l'idéalisation de la figure du roi, elle eut toutefois une importance majeure : elle influença la future tradition chrétienne en inscrivant dans la représentation de la royauté des caractéristiques divines nouvelles ainsi qu'en instituant une espérance messianique[3]. Plus encore, elle servit à forger « la pensée théologique, juridique et politique de l'Occident en offrant les critères permettant d'évaluer les relations entre la sphère spirituelle et la sphère

1 Hadot, Pierre, « Fürstenspiegel », art. cité, coll. 556-564.

2 Hadot, Pierre, « Fürstenspiegel », art. cité, coll. 564-568 ; Turchetti, Mario, *Tyrannie et tyrannicide*, *op. cit.*, p. 186-204.

3 Hadot, Pierre, « Fürstenspiegel », art. cité, coll. 564.

temporelle, et en fondant les principes doctrinaux du droit divin[4] ». Précisons cependant que la littérature vétérotestamentaire, même si la plupart des auteurs chrétiens s'en inspirèrent, ne participe pas du discours parénétique royal. Certes elle partage avec lui certains éléments – comme l'évocation du comportement du roi et de son rôle en matière de justice – mais ses réflexions s'adressaient tout autant, si ce n'est plus, à l'ensemble des fidèles qu'au pouvoir royal lui-même. Elle affirmait en revanche l'origine divine du pouvoir et mettait en exergue l'importance de l'entourage du roi et des conseillers[5].

Comme nous l'avons vu, la tradition gréco-romaine influença le discours sur le prince notamment par le développement de la métaphore spéculaire en morale mais également dans le cadre d'une réflexion plus générale sur la politique. C'est donc à partir de cette époque que nous pouvons réellement parler de l'idée de miroir du prince. La réflexion sur les différentes formes de régimes politiques ainsi que sur la personne du gouvernant fut importante durant toute l'Antiquité gréco-romaine sans pour autant avoir de véritable incidence sur la pensée des auteurs de la chrétienté médiévale. On retrouve des considérations sur la figure du prince dans la littérature grecque, notamment chez Homère, Théognis, Hésiode et Pindare[6]. La période des cités-états vit également se développer une réflexion importante sur le chef politique idéal. Il faut citer Isocrate, Xénophon et Platon[7]. Ce dernier exerça une influence importante sur le genre des miroirs par sa réflexion sur la théorie des quatre vertus cardinales qu'étaient la prudence, la tempérance, la force et la justice. De plus, il fut à l'origine de l'affirmation du concept du roi-philosophe, idée reprise avec insistance par les auteurs de l'Humanisme qui réinstaurèrent la sagesse comme vertu essentielle. La période romaine ne fut pas plus productive que l'époque hellénistique. Seuls les écrits

4 Turchetti, Mario, *Tyrannie et tyrannicide*, *op. cit.*, p. 204.

5 Hadot, Pierre, « Fürstenspiegel », art. cité, coll. 566.

6 Schulte, J. Manuel, *Speculum regis, Studien zur Fürstenspiegel-literatur in der griechisch-römischen Antike*, Münster, Lit, 2001, p. 22-45 ; Hadot, Pierre, « Fürstenspiegel », art. cité, coll. 569-573. Schulte comme Hadot ont classé les auteurs de la période gréco-romaine selon le même schéma ; Turchetti, Mario, *Tyrannie et tyrannicide*, *op. cit.*, p. 51-56. Voir aussi Born, Lester Kruger, *The education of a christian prince*, New York, Columbia University Press, 1936, p. 44-93.

7 Schulte, J. Manuel, *Speculum regis, Studien zur Fürstenspiegel-literatur in der griechisch-römischen Antike*, *op. cit.*, p. 46-124 ; Hadot, Pierre, « Fürstenspiegel », art. cité, coll. 573-580 ; Turchetti, Mario, *Tyrannie et tyrannicide*, *op. cit.*, p. 66-69, p. 74-96 et p. 111-115.

d'une dizaine d'auteurs, participant au genre parénétique, nous sont en effet parvenus. Nous avons déjà cité Sénèque et Cicéron[8], auxquels il faut ajouter Dion Chrysostome, Plutarque et l'empereur Marc-Aurèle[9].

En dépit du nombre limité de textes parénétiques adressés au gouvernant politique durant la période gréco-romaine, des traits principaux en émergent et continuent à marquer le discours participant du genre des miroirs des princes : premièrement, l'affirmation d'une origine divine du pouvoir, existante mais jusqu'alors discrète ; deuxièmement, l'importance et la prédominance des vertus morales telles que, par exemple, la clémence chez Sénèque ou la justice et la sagesse chez Platon.

À la suite de l'avènement du Christianisme, l'exhortation morale du prince fut en grande partie prise en charge par la littérature patristique. Les principales réflexions sur la figure du prince résidaient dans les écrits néo-testamentaires puis, plus tard, dans la pensée d'auteurs comme Eusèbe de Césarée ou de celles des Pères de l'Église comme Ambroise de Milan et saint Augustin[10]. Eusèbe, dans l'*Éloge à Constantin*, réutilise en effet la métaphore spéculaire antique, en l'adaptant à la philosophie chrétienne. En se basant sur l'*Alcibiade* de Platon[11], il intègre à son discours sur le prince idéal, qui avait pour but de légitimer le pouvoir de l'empereur Constantin, le symbolisme du miroir antique en l'insérant dans une réflexion sur la nécessité de l'amour de Dieu par le roi.

> L'authentique vainqueur est celui qui remporte la victoire sur les passions triomphant de la gent mortelle, qui se fait l'image de l'idée archétypale du grand Roi et qui, grâce aux rayons des vertus qu'elle produit, y forme sa pensée comme dans un miroir et y trouve son accomplissement dans la modération, la bonté, la justice, le courage, la piété et l'amour de Dieu[12].

La réflexion de saint Augustin, notamment dans le *De Civitate Dei*, marqua également profondément la pensée théologico-politique qui

8 Schulte, J. Manuel, *Speculum regis, Studien zur Fürstenspiegel-literatur in der griechisch-römischen Antike*, *op. cit.*, p. 194-207 ; Hadot, Pierre, « Fürstenspiegel », art. cité, coll. 594-595 ; Turchetti, Mario, *Tyrannie et tyrannicide*, *op. cit.*, p. 145-159 et p. 168-176.

9 Schulte, J. Manuel, *Speculum regis, Studien zur Fürstenspiegel-literatur in der griechisch-römischen Antike*, *op. cit.*, p. 208-248 ; Hadot, Pierre, « Fürstenspiegel », art. cité, coll. 596-601.

10 Hadot, Pierre, « Fürstenspiegel », art. cité, coll. 610-621 ; Turchetti, Mario, *Tyrannie et tyrannicide*, *op. cit.*, p. 212-223.

11 Platon, *Alcibiade*, I, 132e-133c.

12 Eusèbe de Césarée, *Éloge à Constantin*, in *Miroirs de prince de l'Empire romain au IVe siècle*, anthologie éditée par Dominic O'Meara et Jacques Schamp, Paris, Cerf, 2006, p. 135.

suivit. Le Livre V de ce traité a été en effet pour les miroirs des princes médiévaux une source dominante et demeura un pilier de la réflexion politique pendant de nombreux siècles[13]. Les œuvres de Grégoire le Grand et d'Isidore de Séville eurent, elles aussi, une influence considérable sur les miroirs médiévaux[14]. La littérature patristique et les réflexions des premiers penseurs du christianisme primitif œuvrèrent à concilier l'influence morale et politique des principaux penseurs gréco-romains avec les préceptes bibliques. Les penseurs chrétiens de l'Antiquité tardive reprirent notamment le concept de l'origine divine du pouvoir royal ainsi que l'exhortation aux vertus morales, tout en insistant sur le devoir du roi de protéger l'Église des premiers siècles, ses représentants et ses fidèles. Ce travail d'assimilation de deux pensées différentes s'explique par le désir et le besoin d'assurer la stabilité d'une Église chrétienne naissante et encore fragile. Il sut trouver, quelques siècles plus tard dans le renouveau du genre des miroirs carolingiens, un écho puissant grâce au nouveau statut et à l'ascendance de l'Église du VIIIe siècle dans la réflexion sur le gouvernement spirituel et temporel des hommes, dans un cadre religieux, politique et social.

---

13 Genet, Jean-Philippe, « L'évolution du genre des miroirs des princes en Occident au Moyen Âge », *Religion et mentalités au Moyen Âge, mélanges en l'honneur d'Hervé Martin*, Rennes, Presses universitaires de Rennes, 2003, p. 531.

14 Turchetti, Mario, *Tyrannie et tyrannicide*, *op. cit.*, p. 239.

LES MIROIRS DES PRINCES MÉDIÉVAUX

L'histoire des miroirs des princes durant le Moyen Âge apparaît, selon l'expression de Jean-Philippe Genet, marquée par des « discontinuités et des ruptures[1] ». Pendant cette période de presque mille ans, se dessinent en effet plusieurs moments durant lesquels la production de miroirs des princes fluctue. Si la chute de l'Empire romain d'Occident signifia l'apparition d'une réflexion considérable sur le rôle du roi, elle n'a en revanche pas abouti à l'écriture de miroir des princes à proprement parler. Une nouvelle conception de la royauté se fit jour, cependant, jusqu'à la renaissance carolingienne.

Ce questionnement sur le rôle du roi fut fortement marqué par la pensée de Grégoire le Grand et d'Isidore de Séville[2]. Saint Augustin, dans le *De Civitate Dei*, servit lui aussi de source à la réflexion politique durant le Moyen Âge et demeura l'une des références principales des miroirs des princes qui lui succédèrent[3]. Cette période, témoin de l'émergence des royaumes barbares puis de la formation de l'empire carolingien, fut propice au développement de nouveaux concepts politiques, juridiques et moraux. Considérée à tort comme pauvre intellectuellement et politiquement, elle vit pourtant s'élaborer de nouvelles conceptions

1 Genet, Jean-Philippe, « L'évolution du genre des miroirs des princes en Occident au Moyen Âge », art. cité, p. 531.

2 Sur la conception de la fonction royale durant les premiers siècles du Moyen Âge, voir Reydellet, Marc, *La royauté dans la littérature latine de Sidoine Apollinaire à Isidore de Séville*, Rome, Bibliothèque de l'École française de Rome, 1981. Notamment p. 441-503 et p. 505-597 ; Turchetti, Mario, *Tyrannie et tyrannicide*, *op. cit.*, p. 217-237.

3 Sur la description du prince chrétien chez saint Augustin : *De Civitate Dei*, V, 24, « En quoi consiste le bonheur des princes chrétiens, et combien ce bonheur est véritable » (« Nous appelons les princes heureux quand ils font régner la justice, quand, au milieu des louanges qu'on leur prodigue ou des respects qu'on leur rend, ils ne s'enorgueillissent pas, mais se souviennent qu'ils sont hommes ; quand ils soumettent leur puissance à la puissance souveraine de Dieu ou la font servir à la propagation du vrai culte, craignant Dieu, [...]. Voilà les princes chrétiens que nous appelons heureux, heureux par l'espérance de ce monde, heureux en réalité quand ce que nous espérons sera accompli. », Augustin, *La Cité de Dieu*, Livre V, chap. 24, texte établi par Raulx, L. Guérin, 1869, p. 114-115).

du pouvoir royal qui marquèrent de manière conséquente jusqu'à la fin du Moyen Âge les œuvres qui s'y intéressaient.

LES MIROIRS CAROLINGIENS

La paix relative qui vit le jour en Occident dès la fin du VIIIe siècle permit une renaissance des arts et de la culture, parallèlement à la réflexion de théoriciens qui s'appliquèrent à préciser la figure du bon prince exerçant son pouvoir temporel en accord avec la papauté. L'apparition d'une stabilité politique, à la suite de l'accession au pouvoir de Charlemagne, permit la mise en place d'une organisation administrative et le développement des conditions politiques et économiques de l'Occident médiéval[4]. Ces apports bénéficièrent également au genre des miroirs des princes : l'affirmation de la construction politique carolingienne entraîna de fait la rédaction de textes dédiés aux gouvernants laïcs[5]. Toujours influencés par la littérature patristique, leurs auteurs reprirent le concept présent chez les premiers penseurs de la chrétienté qui transformait le symbolisme du miroir comme outil et moyen de connaissance de soi en un reflet d'exemplarité et de perfectibilité pour les autres hommes[6]. La reprise de ce symbolisme fut à la base d'une abondante littérature morale et politique participant du genre des miroirs des princes.

D'un point de vue idéologique, les miroirs des princes de la renaissance carolingienne partageaient pour l'essentiel des thèmes communs, témoignant de la forte influence de la tradition patristique. Quatre idées principales en émanaient. Ces œuvres définissaient en premier lieu la place du roi dans le monde des hommes et, dans un deuxième temps, établissaient la place de la royauté avec les autres pouvoirs. Troisièmement, elles énuméraient les droits et les devoirs du roi. Finalement elles décrivaient la conduite idéale du prince[7]. Basées essentiellement sur des

4 Turchetti, Mario, *Tyrannie et tyrannicide*, *op. cit.*, p. 238.

5 Genet, Jean-Philippe, « L'évolution du genre des miroirs des princes en Occident au Moyen Âge », art. cité, p. 532.

6 Dubreucq, Alain, introd. à Jonas d'Orléans, *Le métier de roi (De institutione regia)*, Paris, Cerf, 1995, p. 56.

7 *Ibid.*, p. 58.

considérations morales, elles avaient ainsi en commun une réflexion sur la personne du roi, sur sa place dans la société médiévale ainsi que sur les relations entre pouvoirs temporels et spirituels[8]. Certains de ces traités ont constitué des modèles du genre des miroirs des princes à leur époque. Leur contenu a débordé, pour d'autres, du simple cadre parénétique royal en s'intéressant à l'ensemble des rapports régissant les communautés humaines. Sans les citer de manière exhaustive, il convient cependant de s'arrêter chronologiquement sur les modèles les plus remarquables et d'évoquer les exemples explicitant de manière claire l'emploi de la métaphore spéculaire[9].

C'est au VIIIe siècle que s'initia la réécriture du pouvoir politique. L'un des premiers représentants de ce renouveau fut Alcuin (*circa* 735-804). D'abord maître de l'école épiscopale de York, il rejoignit Charlemagne à Aix-la-Chapelle dans le but d'organiser son école palatine. Clerc proche du pouvoir impérial, il s'intéressa aux liens entre pouvoirs temporels et spirituels. S'il n'est pas l'auteur d'un traité se rapprochant du genre des miroirs des princes, il convient toutefois de le mentionner. En effet, c'est dans sa correspondance que réside sa réflexion sur le pouvoir royal[10]. Il insiste spécifiquement sur le devoir du prince d'obéir à la parole divine : ses recommandations mettent en exergue l'obligation des rois à conformer leur conduite aux principes de vertus chrétiennes[11]. Ses lettres contiennent pour la plupart des principes moraux identiques et établissent la finalité de la fonction royale dans l'amélioration du royaume terrestre de Dieu, dans le respect de l'institution ecclésiastique[12]. Le prince, redevable de son pouvoir envers la puissance divine, doit respecter l'Église ainsi que son clergé. Sa réussite dépend en premier lieu de ses actes. Pour ce faire, il doit également savoir s'entourer de bons conseillers, dont les qualités premières résident dans la crainte divine, le sens de la justice

8 *Ibid.*, p. 60.

9 Pour une vision globale sur les miroirs à l'époque carolingienne, voir Born, Lester Kruger, « The specula principis of the carolingian Renaissance », *Revue belge de Philologie et d'Histoire*, XII, 1933, p. 583-612.

10 Alcuin, « *Alcuini siue Albini epistolae* », *Epistolae, Mon. Germ. Hist.*, *Epistolae* IV, édité par Dümmler Ernst, Berlin, 1895, coll. 1-493.

11 Turchetti, Mario, *Tyrannie et tyrannicide*, *op. cit.*, p. 239.

12 Born, Lester Kruger, « The specula principis of the carolingian Renaissance », art. cité, p. 589-592.

et la piété. Une première liste de vertus propres au gouvernement royal est ainsi exprimée : le roi, suivant l'exemple de ses prédécesseurs, doit notamment être bon, clément et juste. L'éthique royale se définit également en négatif, par l'absence de vices et la mise en garde contre des comportements immoraux. Alcuin prévient en effet le prince des dangers de l'avarice, de la luxure et de l'arrogance[13].

À la suite d'Alcuin, d'autres auteurs continuèrent à établir quelle devait être la conduite du prince. C'est le cas de Smaragde. Proche de la réflexion de son prédécesseur, Smaragde, dans un traité intitulé *Via regia*, désigne cette conduite normative par l'expression « voie royale[14] ». Composée de 32 chapitres, cette œuvre dédiée à Louis le Pieux propose d'édifier la figure du prince sur la base d'une éthique royale et selon des principes sujets à la loi divine, en des termes essentiellement religieux[15]. En agrégeant droit et religion, il souligne l'importance du rôle des évêques, considérés comme de véritables conseillers du roi ayant pour mission de le guider[16]. Dans la préface adressée au roi, le texte établit là aussi un pouvoir royal doté d'une autorité issue de la volonté divine[17]. Le prince doit craindre Dieu et le servir dans un réel souci de piété. La figure du bon prince, guidé par la sagesse divine, se forme sur une base vertueuse : le roi doit se montrer juste, sage, brave et miséricordieux. À ces premières vertus s'ajoutent la patience et la prudence, permettant d'empêcher le prince de succomber à l'arrogance et aux flatteurs[18]. L'œuvre de Smaragde traduit une conception du pouvoir royal imaginé comme un véritable ministère : le roi est perçu comme le vicaire de Dieu sur Terre. Pour réussir, le roi doit s'efforcer de suivre cette « voie royale », caractérisée en premier lieu par l'exercice de vertus comme la justice[19].

---

13 *Ibid.*, p. 590.

14 Smaragdus Abbas, « *Via Regia* », *Documenta Catholica Omnia*, Migne PL, 102, coll. 932-970.

15 Krynen, Jacques, *Idéal du Prince et pouvoir royal en France à la fin du Moyen Âge (1380-1440) : étude de la littérature politique du temps*, Paris, Picard, 1981, n. 5, p. 52 ; Bell, Dora M., *L'idéal éthique de la royauté en France au Moyen Âge*, Paris, Minard, Genève, Droz, 1962, p. 17-19.

16 Turchetti, Mario, *Tyrannie et tyrannicide*, *op. cit.*, p. 239.

17 Smaragdus Abbas, « *Via Regia* », *Documenta Catholica Omnia*, *op. cit.*, coll. 932-933.

18 Born, Lester Kruger, « The specula principis of the carolingian Renaissance », art. cité, p. 594-595.

19 Dubreucq, Alain, introd. à Jonas d'Orléans, *Le métier de roi (De institutione regia)*, *op. cit.*, p. 59.

Par la suite, Jonas d'Orléans écrivit, en 834, le *De institutione regia*. Il dédia son œuvre à Pépin, fils de Louis le Pieux[20]. Ce traité se conçoit comme une anthologie pertinente de passages de saint Augustin et d'Isidore de Séville, agrémentée de références bibliques et mentionnant les événements historiques contemporains[21]. Proche de l'empereur, Jonas décrit sa vision d'un royaume uni par les pouvoirs spirituels et temporels. Les idées que cette œuvre développe partagent toutefois la marque commune aux traités ultérieurs : elle est le témoin des tensions de l'époque entre ces deux pouvoirs. Cette rivalité prit des proportions importantes même si l'autorité papale demeura vigoureusement exercée[22]. Le pouvoir royal était toujours octroyé au roi par Dieu, en reconnaissance de ses vertus et non par la force ou la violence[23]. La réussite du gouvernement se fondait dans la crainte de Dieu, l'humilité et au travers d'actes justes. Un équilibre entre piété et justice devait être trouvé par le roi dans l'exercice politique. Son devoir était de régner avec équité afin de garantir la paix et l'harmonie. Cette harmonie se concevait également dans la défense de l'Église et du clergé, qui n'étaient pourtant pas redevables envers le prince[24]. Piété et amour des sujets participaient ainsi au catalogue de vertus du roi chrétien. En matière de gouvernement, le roi devait accorder une importance particulière au choix des conseillers et des représentants à qui il déléguait une partie de son pouvoir. Il devait rester équitable, punir les impies et aider les miséreux[25]. Le traité de Jonas d'Orléans évite les questions de dogme pour se couvrir, comme les autres traités de son temps, d'un caractère pastoral. Par leurs volontés pratiques, les recommandations de l'auteur forment une éthique religieuse qui devait garantir au roi le salut de son âme. Le salut des sujets dépendait également du comportement du roi et devait être une de ses principales

20 Jonas Aurelianus Episcopus, « *De institutione regis ad Pippinum regem* », *Documenta Catholica Omnia*, *op. cit.*, 106, coll. 280-306. Nous utilisons l'édition moderne du texte *Le métier de roi (De institutione regia)*, *op. cit.*

21 Born, Lester Kruger, « The specula principis of the carolingian Renaissance », art. cité, p. 596.

22 *Ibid.*, p. 597.

23 Dubreucq, Alain, introd. à Jonas d'Orléans, *Le métier de roi (De institutione regia)*, *op. cit.*, p. 217-219.

24 Born, Lester Kruger, « The specula principis of the carolingian Renaissance », art. cité, p. 597.

25 *Ibid.*, p. 598.

préoccupations : « celui des sujets est le souci du roi, celui du roi est avant tout le souci des évêques[26] ».

Hincmar, évêque de Reims, participa lui aussi au travail d'édification du roi. Dans un souci d'harmonie entre pouvoir séculier et Église, il aborda le rôle du pouvoir royal dans plusieurs traités[27]. Le premier fut le *De regis persona et regis ministerio*, rédigé à la demande du roi lui-même[28]. Il écrivit ensuite divers ouvrages à l'intention du fils du roi, Louis II le Bègue, après son accession au trône. Plus tard, vers 882, il rédigea une autre œuvre plus élaborée, considérée comme l'un des plus célèbres traités politiques de l'époque : le *De Ordine Palatii* adressé à Carloman[29]. Hincmar dépasse le seul carcan référentiel biblique en introduisant, comme Jonas d'Orléans avant lui, l'usage de références à l'histoire de son temps[30]. Comme ses prédécesseurs avant lui, il dresse un catalogue de vertus qu'il exige de la fonction royale. C'est la vertu de justice qu'il aborde dans une plus large mesure. Le roi a l'obligation de réaliser la volonté divine sur Terre par l'exercice d'un gouvernement juste et pieux. De même, il souligne la supériorité de l'autorité divine et de l'Église sur le pouvoir séculier.

Par ces exemples, il est possible de prendre conscience des inflexions données à la réflexion sur le pouvoir royal durant la période carolingienne. Par l'affirmation de l'origine divine du pouvoir, les auteurs cléricaux de ces traités à caractère politique tentaient de définir une figure du prince si ce n'est sur un modèle christique du moins sur une base essentiellement chrétienne. Le roi représentait le pouvoir de Dieu sur Terre : il gouvernait

---

26 Dubreucq, Alain, introd. à Jonas d'Orléans, *Le métier de roi (De institutione regia)*, *op. cit.*, p. 60.

27 Krynen, Jacques, *Idéal du Prince et pouvoir royal en France à la fin du Moyen Âge*, *op. cit.*, n. 6, p. 53 (« Les premiers datent de l'époque carolingienne. Outre la *Via regia* de Smaragde, on citera le *De institutione regia* de Jonas d'Orléans, le *Liber exhortationis ad Henricum Forojuliensem* de saint Pauli d'Aquilée (P.L., 99, 197-282), le *Liber de rectoribus christianis* adressé à Lothaire II, roi de Lorraine. Hincmar de Reims, en trois traités, le *De regis persona et regio ministerio*, le *De cavendis viccis et virtutibus* et le *De ordine palatii*, nous fait entrevoir une ébauche sérieuse de ce que seront les miroirs du prince ultérieurs. »).

28 Hincmarus Rhemensis Episcopus, « *De regis persona et regio ministerio ad Carolum Calvum regem* », *Documenta Catholica Omnia*, *op. cit.*, 125, coll. 834-856 ; Born, Lester Kruger, « The specula principis of the carolingian Renaissance », art. cité, p. 604.

29 Hincmarus Rhemensis Episcopus, « *Ad proceres regni, pro instituione Carolomanni regis et de ordine palati* », *Documenta Catholica Omnia*, *op. cit.*, 125, coll. 994-1008 ; Born, Lester Kruger, « The specula principis of the carolingian Renaissance », art. cité, p. 605.

30 Born, Lester Kruger, « The specula principis of the carolingian Renaissance », art. cité, p. 606.

une assemblée de fidèles. Les vertus qu'on l'exhortait à pratiquer étaient issues en premier lieu de la morale théologienne chrétienne. Celle-ci visait à établir sur Terre un gouvernement temporel subordonné au spirituel et à même de réaliser les espérances eschatologiques de cette fin de millénaire. Dans les faits, l'ensemble de ces conseils adressés aux rois consistait en des préceptes qui devaient également définir les limites de l'exercice politique des souverains. Droits et devoirs de la royauté devaient s'exercer ainsi dans un respect des obligations imposées par l'élection divine et le consentement du peuple : le pouvoir royal s'acquittait du respect de la justice et de l'équité envers les sujets et l'Église, pour le salut de leurs âmes mais aussi pour l'intérêt du royaume[31].

Les miroirs des princes, rédigés de la période carolingienne jusqu'au XIIe siècle, ont partagé un autre but commun : ils se sont efforcés de préciser la notion du bon prince « qui exerce le pouvoir en accord avec la papauté » et, par opposition, celle du mauvais prince « qui opprime l'Église et qui gouverne sans respect de la volonté de Dieu[32] ». Cette double représentation, exprimant les deux faces d'une même figure se définissant l'une par rapport à l'autre, participait d'une dialectique qui établissait les conditions nécessaires au bon gouvernement tout en dénonçant la tyrannie. Si le bon prince se définissait dans un catalogue de vertus, le mauvais prince, son exact contraire, était représenté par la figure du tyran, porteur de tous les vices. Dans un cas comme dans l'autre, leur description participait moins d'un « récit forgé par l'imagination littéraire » que d'une « représentation réelle d'une forme de gouvernement bien définie[33] ». On retrouve également dans ces textes des préoccupations communes, comme l'obéissance des sujets aux princes et des princes à Dieu. Leurs auteurs désiraient fixer, dans le cadre d'un rapport entre le pouvoir laïc et le pouvoir ecclésiastique, les prérogatives et les devoirs du gouvernant selon des préceptes religieux[34]. Les auteurs de ces miroirs participaient pleinement des débats ecclésiastiques : leurs idées et leur vocabulaire se répercutaient sur les textes conciliaires et synodaux de cette époque[35]. En dépit de leur importance, à l'exception

31 Turchetti, Mario, *Tyrannie et tyrannicide*, *op. cit.*, p. 242.

32 *Ibid.*, p. 238.

33 *Ibid.*

34 *Ibid.*, p. 239.

35 Genet, Jean-Philippe, « L'évolution du genre des miroirs des princes en Occident au Moyen Âge », art. cité, p. 533.

de l'œuvre de Jonas d'Orléans, ces premiers miroirs des princes virent leur influence s'estomper pour disparaître de la réflexion politique. Il fallut alors attendre plusieurs siècles pour voir réapparaître une réflexion sur l'idéal du pouvoir royal.

Le haut Moyen Âge constitua ainsi une période essentielle de développement pour la réflexion sur la royauté et ses rapports avec l'Église. Cette dernière désirant définir la conduite du prince comme de l'ensemble des fidèles, miroirs politiques et moraux se multiplièrent, sans pour autant réellement aboutir à la détermination d'un genre littéraire. Si les exemples que nous venons d'aborder sont considérés comme des modèles du genre des miroirs des princes, car participant d'une littérature parénétique prenant en charge la définition du bon prince et de sa conduite morale et politique, ils ne font pas obligatoirement référence à la métaphore spéculaire. Ils sont apparentés au genre des miroirs car leur contenu constitue figurativement un miroir dans lequel le prince voit un idéal qu'il doit chercher à atteindre. Les œuvres que nous appelons aujourd'hui miroirs – ou miroirs des princes lorsqu'ils s'adressent à un gouvernant politique en l'exhortant aux vertus dans le cadre de l'exercice du pouvoir – participent plus d'un mode littéraire de transmission de valeurs morales que nécessairement d'une utilisation de l'expression dans leurs titres ou leur contenu. C'est le concept du miroir qu'il faut rechercher, plus que la présence explicite de la métaphore.

Comprenons que si des œuvres peuvent être des miroirs ou des miroirs des princes sans pour autant avoir recours littéralement à l'expression, la période carolingienne n'en fut pas moins un moment important de réutilisation et de fixation de la métaphore spéculaire. L'application de l'objet-miroir, du moins dans le domaine de la catoptrique, comme outil d'embellissement physique et d'élévation morale, trouve bien sa source chez les philosophes grecs, de même que l'emploi de la métaphore spéculaire, en morale comme en politique, voit ses premières occurrences chez les orateurs romains. Puis la métaphore, après être passée dans la littérature patristique, commença à être réexploitée durant la période carolingienne en assumant de manière définitive son sens figuratif permettant l'amalgame du miroir, objet réflexif, avec le support écrit qu'il désignait. Elle figurait ainsi un modèle à observer et à imiter au travers du reflet spéculaire.

Ainsi, des traités utilisaient consciemment la métaphore du miroir, à l'époque carolingienne, dans le sens sur lequel fut fondé le genre littéraire.

Il s'agissait de miroirs moraux, rédigés par des clercs à l'intention de laïcs dans le but de définir leur conduite morale. Ces ouvrages pouvaient également contenir, lorsque le dédicataire était destiné à une fonction étatique importante, des préceptes politiques. Le caractère quelquefois indistinct de ces œuvres – vacillant entre morale et politique, entre gouvernement de soi et des autres – est d'autant plus intelligible à une époque où le spirituel se confondait avec le temporel. Ainsi, dès le IXe siècle, des auteurs s'adressant à de futurs gouvernants utilisèrent à dessein la métaphore du miroir pour désigner, dans un premier temps, le recueil de conseils qu'ils rédigèrent, puis sa capacité à en transmettre le contenu. Cette double vision spéculaire se nourrissait de l'espoir de les rendre aptes au gouvernement tout en leur indiquant une conduite terrestre garantissant leur salut dans l'au-delà. C'est à ce moment que la métaphore du « miroir au prince » fut réutilisée textuellement dans une littérature parénétique qui recherchait toujours à définir la figure du bon gouvernant.

Au IXe siècle, l'utilisation de la métaphore retrouvait donc dans certains écrits la fonction même qui définira plus tard le genre. Un traité préfigure remarquablement le genre par l'absence d'ambiguïté dans la formulation métaphorique du terme. Il s'agit du *Liber manualis*, rédigé entre 841 et 843 à Uzès par Dhuoda, l'épouse du comte Bernard de Septimanie[36]. Il est rendu d'autant plus intéressant par l'identité de son auteure : Dhuoda est une femme laïque et une mère qui s'adresse à son fils. Sur l'ensemble des traités formant le genre des miroirs au Moyen Âge, il est remarquable, voire exceptionnel, qu'une femme noble en soit l'auteure[37]. Ce fait rarissime ajoute à l'œuvre d'autant plus d'intérêt.

Le *Liber manualis*, que la critique moderne a traduit par *Manuel pour mon fils*[38], se révèle être un exemple du genre des miroirs de cette période[39]. Le titre latin confère au recueil un caractère pratique répandu à l'époque. *Liber manualis*, que l'on peut traduire littéralement par « livre que l'on tient dans la main », reprend ainsi dans son titre une expression

36 Meyers, Jean, « Dhuoda et la justice d'après son *Liber Manualis* (IXe siècle) », *Cahiers de recherches médiévales et humanistes*, 25, 2013, p. 451-462.

37 *Ibid.*, p. 451.

38 Dhuoda, *Liber manualis*, introduction, texte critique et notes par Pierre Riché, traduction par Bernard de Vregille et Claude Mondésert, deuxième édition revue et augmentée, Paris, Cerf, 1991.

39 *Ibid.*, introd., p. 12 (« Dans le cas présent, ce Manuel est adressé à un jeune homme et entre alors dans un genre littéraire bien précis, celui des "miroirs". [...] À l'époque carolingienne, "manuel" et "miroir" sont quelquefois synonymes. »).

classique qui désignait couramment les livres médiévaux. Il possède un équivalent grec, *enchiridion*, qui servit auparavant à plusieurs auteurs pour nommer leurs œuvres[40], et plus tard à Érasme pour l'*Enchiridion militis christiani* (1503). L'emploi du livre lui donne donc son nom et sous-entend un ouvrage de taille modeste et pratique, pouvant tenir dans la main du lecteur afin qu'il puisse s'en servir aisément au quotidien. Le rapport à son usage courant présuppose également son caractère portatif : son format devait permettre au lecteur de le transporter facilement sur lui. De fait, l'expression *liber manualis* s'utilisait pour nommer des petits ouvrages de spiritualité ou de morale. Celui de Dhuoda ne déroge pas à la règle. Mieux encore, s'il entendait participer à l'édification morale du lecteur, il se composait également de préceptes qui s'inséraient dans le cadre de l'exercice du pouvoir, au travers notamment de l'exigence de la vertu de justice[41]. C'est pourquoi la tradition historiographique l'a fait entrer dans le genre bien précis des miroirs des princes.

Deux occurrences font ainsi explicitement participer l'œuvre de Dhuoda au genre des miroirs des princes tel que la recherche contemporaine en a défini les contours. Deux références au terme miroir, utilisées dans un sens métaphorique, permettent de faire du *Liber manualis* un exemple particulièrement caractéristique du genre au haut Moyen Âge. Deux citations qui non seulement nous renseignent sur l'utilisation de cette littérature spéculaire mais nous livrent aussi d'intéressantes informations sur la vie intellectuelle et spirituelle nobiliaire au IXe siècle. Dans le prologue, Dhuoda exprime la finalité de son ouvrage :

> Même si tu possèdes de plus en plus de livres, qu'il te plaise de lire souvent mon petit ouvrage : puisses-tu, avec l'aide de Dieu tout-puissant, le comprendre pour ton profit. Tu y trouveras tout ce que tu as envie de connaître, en abrégé ; tu y trouveras aussi un miroir dans lequel tu pourras contempler sans hésitation le salut de ton âme, en sorte que tu puisses en tout plaire non seulement au monde, mais à Celui qui t'a formé du limon de la terre. Cela t'est nécessaire à tout point de vue, mon fils Guillaume pour que tu mènes, sur les deux plans, une vie telle que tu puisses être utile au monde et que tu sois capable de toujours plaire à Dieu en toutes choses[42].

---

40 Nous pensons notamment à saint Augustin et l'*Enchiridion ad Laurentium* (IVe siècle).

41 Meyers, Jean, « Dhuoda et la justice d'après son *Liber Manualis* (IXe siècle) », art. cité, p. 457-462.

42 Dhuoda, *Liber manualis*, *op. cit.*, prologue, 21-22, p. 80-83 (« *Licet sint tibi multa adcrescentium librorum uolumina hoc opusculum meum tibi placeat frequenter legere, et cum adiutorio*

Cette première mention de la métaphore du miroir, présente dès le prologue de l'œuvre, souligne explicitement le lien qu'entretient la métaphore spéculaire avec l'ouvrage lui-même. En effet, le livre dans lequel le destinataire de l'œuvre puise les préceptes nécessaires à son accomplissement sur Terre comme au Ciel est le miroir dans lequel il se contemple pour le réaliser. L'utilisation de la métaphore du miroir nous indique également l'orientation que Dhuoda entend donner à son texte. Si elle y formule aussi des conseils qui peuvent être utiles à son fils dans un cadre politique[43], l'infléchissement général de l'œuvre était de lui signifier les règles morales d'une vie terrestre devant lui garantir le salut de son âme.

Au premier chapitre de l'œuvre, elle fait à nouveau appel à la métaphore spéculaire pour rappeler à son fils l'emploi du traité :

> Dhuoda est toujours là qui t'exhorte, mon fils, et pour le jour où je viendrai à te manquer, ce qui arrivera, tu possèdes là un aide-mémoire, ce petit livre de morale : tu pourras ainsi comme dans le reflet d'un miroir me regarder en lisant avec les yeux du corps et de l'esprit et en priant Dieu ; [...][44].

Sans ambiguïté, Dhuoda fait ici explicitement référence à la métaphore spéculaire telle qu'elle fut consacrée par le genre des miroirs médiévaux. Cependant, les deux emplois ne semblent pas se référer à une application parfaitement identique. Lors de la première référence, celle du prologue, le miroir était entendu au sens métaphorique d'un livre permettant au lecteur de se contempler lui-même, par la lecture, et de se parfaire par la mise en œuvre des conseils prodigués, dans le monde des hommes comme en prévision de l'au-delà. Le sens donné à l'utilisation métaphorique du miroir, lors de la seconde occurrence, paraît sensiblement différent. Si la métaphore se développe sur le même

omnipotentis Dei utiliter ualeas intelligere. Inuenies in eo quidquid in breui cognoscere malis ; inuenies etiam et speculum *in quo salutatem animae tuae indubitander possis conspicere, ut non solum saeculo, se dei per omnia possis placere qui te formauit ex limo : quod tibi per omnia necesse est, fili Wilhelme, ut in utroque negotio talis te exibeas, qualiter possis utilis esse saeculo, et Deo per omnia placere ualeas semper.* » Nous soulignons).

43 Meyers, Jean, « Dhuoda et la justice d'après son *Liber Manualis* (IXᵉ siècle) », art. cité, p. 457-462.

44 Dhuoda, *Liber manualis*, *op. cit.*, I, 7, 18, p. 114-116 (« *Oratrix tua Dhuoda semper adest, fili, et si defuerim deficiens, quod futurum est, habes hic memoriale libellum moralis, et quasi in picturam* speculi, *me mente et corpore legendo et Deum deprecando intueri possis, [...].* » Nous soulignons).

ordre d'idée que lors de la première occurrence, celui d'un livre miroir, le jeu de reflets développe un champ de vision plus profond. Le traité est toujours un miroir permettant au jeune lecteur de prendre connaissance des enseignements qu'on lui dispense mais l'image qu'il peut y voir n'est plus l'unique reflet vers lequel il doit lui-même tendre. Le manuel de morale permet aussi, cette fois, le reflet de l'auteure elle-même et procède peut-être plus encore de l'outil de *memoria* et de transmission d'une mère à son fils. Si les auteurs de miroirs tentaient d'établir, au fil de leur traité, une figure idéale du prince à même de lui permettre de s'en rapprocher par mimétisme, Dhuoda construit également son œuvre autour d'une figure autobiographique. Il s'agit, avant tout, d'un manuel de morale écrit par une mère et dédié à son fils dans l'espoir de lui transmettre l'expérience nécessaire et de le guider dans le monde temporel comme spirituel.

À la suite de la renaissance carolingienne, plusieurs siècles s'écoulèrent sans qu'aucune œuvre s'apparentant au genre des miroirs des princes ne fût rédigée. Ce hiatus de trois siècles s'explique en partie par l'avènement du féodalisme ainsi que par la dissolution du pouvoir et de son exercice des mains du roi à celles de ses vassaux[45]. Ce déplacement de l'exercice réel du pouvoir n'entraîna que peu de réflexion sur le gouvernement politique. À la différence de la renaissance carolingienne qui s'évertua à définir et établir des relations entre le pouvoir politique et l'Église dans une réelle attente de coopération entre princes et papauté, la réforme grégorienne participa au contraire à leur séparation en deux entités distinctes. Le pouvoir séculier chercha alors à s'affranchir du pouvoir spirituel[46]. La séparation ne fut cependant jamais complètement effective et ses limites demeurèrent floues. Le pouvoir du prince resta ainsi toujours subordonné à celui du pape. À une époque où seul le Saint-Empire pouvait prétendre contester l'autorité pontificale[47], peu de traités sur l'exercice politique du pouvoir royal virent le jour. Il fallut ainsi attendre le XIIe siècle et l'apparition de structures politiques d'une puissance et d'une légitimité suffisantes, en France et en Angleterre notamment, pour voir réapparaître des œuvres s'apparentant au genre des miroirs des princes.

---

45 Genet, Jean-Philippe, « L'évolution du genre des miroirs des princes en Occident au Moyen Âge », art. cité, p. 533.

46 *Ibid.*

47 Turchetti, Mario, *Tyrannie et tyrannicide*, *op. cit.*, p. 243-246.

LE *POLICRATICUS* DE JEAN DE SALISBURY

L'une des œuvres les plus marquantes du XIIe siècle est le *Policraticus* de Jean de Salisbury[48]. Même si l'appartenance de cette œuvre au genre des miroirs est sujette à caution et n'est pas admise par l'ensemble de l'historiographie[49], l'importance de sa diffusion et de son influence en a toutefois fait une source capitale pour les miroirs des princes postérieurs. Si elle n'a pas pu bénéficier des traductions latines des œuvres aristotéliciennes redécouvertes au siècle suivant, elle constitue cependant un modèle du renouveau de la réflexion sur le gouvernement politique au XIIe siècle. Rédigée sous le règne d'Henri II Plantagenêt, dédiée au chancelier Thomas Becket et achevée peu après le milieu du XIIe siècle, cette œuvre marqua le point de départ d'une nouvelle réflexion politique sur la royauté.

Si le texte, dans son ensemble, dépeint le portrait idéal d'un roi demeurant soumis au pouvoir ecclésiastique, c'est surtout par le biais de la critique que Jean de Salisbury dresse le portrait de la figure royale. Par l'utilisation d'*exempla* issus des littératures grecques et latines[50], l'auteur dénonce le comportement du roi ainsi que leurs mœurs décadentes à la cour[51]. De cette manière, il faut voir dans le *Policraticus* une œuvre plus vaste qu'un miroir des princes[52]. La réflexion de l'auteur dépasse

48 Joannis Saresberiensis, « *Polycraticus sive de nugis curialum et vestigiis philosophorum* », *Documenta Catholica Omnia*, *op. cit.*, 199, coll. 379-822.

49 Már Jónsson, Einar, « La situation du *Speculum regale* dans la littérature occidentale », art. cité, p. 394-395 (« En guise d'exemple d'œuvre qu'on ne peut pas retenir on peut citer le *Polycraticus* de Jean de Salisbury, qui est adressé non pas à un roi mais au chancelier Thomas Becket et dont le sujet principal est la comparaison entre la vie de cour et la "philosophie" et la démonstration de la supériorité de cette dernière. Même si l'on a pu considérer le *Polycraticus* comme une œuvre-clef dans la tradition des "*Fürstenspiegel*", nous estimons donc qu'il n'en fait pas partie : il est écrit dans une autre situation et en fait il les dépasse de loin. ») ; Genet, Jean-Philippe, « L'évolution du genre des miroirs des princes en Occident au Moyen Âge », art. cité, p. 535 (« Mais ce n'est pas un Miroir au prince : son objet est plus vaste, [...]. »).

50 Genet, Jean-Philippe, « L'évolution du genre des miroirs des princes en Occident au Moyen Âge », art. cité, p. 535.

51 Turchetti, Mario, *Tyrannie et tyrannicide*, *op. cit.*, p. 251-256 ; Born, Lester Kruger, « The perfect prince : a study in thirteenth and fourteenth century ideals », *Speculum*, 1928, p. 471-475.

52 Lachaud, Frédérique, « L'idée de noblesse dans le *Policraticus* de Jean de Salisbury (1159) », *Cahiers de recherches médiévales*, 13, 2006, p. 3-19 ; Hermand-Schebat, Laure, « Pétrarque

en effet l'unique exhortation morale adressée au roi ainsi que le seul établissement du bon gouvernement. L'auteur développe plus en détails les dangers inhérents à la vie de cour, le rôle néfaste des courtisans ainsi qu'une réflexion sur la tyrannie[53]. Si seulement une partie de l'œuvre participe du genre des miroirs des princes, le succès et l'influence du texte furent tels qu'ils marquèrent de manière considérable la conception du pouvoir royal au Moyen Âge. Avant de réapparaître au XIVe siècle sous la forme d'un genre littéraire autonome, les miroirs s'insérèrent souvent au sein d'œuvres au cadre structurel plus élargi. Ils exprimaient toujours des concepts théoriques décrivant le prince idéal, son rôle et les principales vertus morales mais s'inséraient à l'intérieur d'œuvres plus générales dont ils formaient un chapitre autonome[54]. C'est le cas du *Policraticus* de Jean de Salisbury.

LA REDÉCOUVERTE DE LA *POLITIQUE* ET DE L'*ÉTHIQUE*

La seconde moitié du XIIe siècle constitua un moment singulier et particulier du renouvellement de la pensée philosophique. Cette redéfinition du savoir est principalement due à deux faits culturels : d'une part, « la diffusion du recueil de sources chrétiennes, patristiques et canonistes » systématisée par Gratien dans le *Decretum* et, d'autre part, « l'arrivée des textes grecs d'Aristote et de Platon et de leurs commentaires arabes, dont on complète et diffuse les traductions latines[55] ». S'il est, comme le dit justement Mario Turchetti, « difficile d'imaginer le bouleversement intellectuel qu'a provoqué l'étude de ces sources, qui a fait du XIIIe siècle l'époque d'une incomparable renaissance spirituelle dans les domaines les plus divers[56] », il est cependant possible de le percevoir au travers de la réflexion politique des théologiens chrétiens dans des

et Jean de Salisbury : miroir du prince et conceptions politiques », *La bibliothèque de Pétrarque*, Brepols, La Brasca F., 2001, p. 177-195.

53 Turchetti, Mario, *Tyrannie et tyrannicide*, *op. cit.*, p. 251.

54 Born, Lester Kruger, « The perfect prince : a study in thirteenth and fourteenth century ideals », art. cité, p. 470.

55 Turchetti, Mario, *Tyrannie et tyrannicide*, *op. cit.*, p. 261.

56 *Ibid.*

œuvres essentielles. C'est au XIIIe siècle que va se développer et s'affiner le rapport du temporel au spirituel. Les philosophes de la chrétienté vont ainsi revivifier la théorisation qui fonde et subordonne la politique à la religion. À la suite de la redécouverte de l'*Éthique à Nicomaque* et de la *Politique*, qui viennent alors compléter le *corpus Aristotelicum*, le monde intellectuel occidental s'enrichit d'une nouvelle source de savoir qui va renouveler en grande partie la philosophie médiévale et ses conceptions fondamentales[57]. Ces textes vont en effet redynamiser la réflexion politique et éthique de leur époque. Avant même leur reconnaissance par les autorités ecclésiastiques, plus d'un siècle après leur appréhension par les théologiens[58], différents philosophes chrétiens vont reformuler la conception du pouvoir, de son exercice et de la figure qui le représente. C'est à cette époque que vont pouvoir se rédiger des œuvres essentielles pour la représentation du pouvoir royal et de la figure du prince. Elles vont ainsi durablement influencer les œuvres politiques s'intéressant, après elles, au régime politique monarchique et au statut du roi. La tradition historiographique les considère ainsi comme des modèles qui ont influencé et orienté de manière définitive le genre des miroirs des princes.

Sur le plan de l'histoire intellectuelle, le XIIIe siècle fut caractérisé par la réception d'œuvres d'Aristote, conservées jusqu'alors exclusivement par les aires byzantines et arabes. Le XIIe siècle n'avait certes pas complètement ignoré la philosophie aristotélicienne mais n'avait cependant à sa disposition que certains textes. Les traductions de la *Politique* et de *l'Éthique à Nicomaque* vinrent renouveler en grande partie les conceptions fondamentales du droit naturel et de la *civilis philosophia* ainsi qu'enrichir le savoir occidental[59]. Cette redécouverte, élément capital de l'histoire de la pensée politique en Occident, eut également une influence directe sur le genre des miroirs des princes.

57 *Ibid.*, p. 265. Les traductions latines de l'*Éthique à Nicomaque* et de la *Politique* sont l'œuvre de Robert Grosseteste (vers 1245) pour la première et de Guillaume de Moerbeke (vers 1260) pour la seconde. Voir aussi Flüeler, Christoph, *Rezeption und Interpretation der Aristotelischen* Politica *im späten Mittelalter*, 2 vol., Amsterdam, Philadelphie, B. R. Grüner, 1992.

58 Turchetti, Mario, *Tyrannie et tyrannicide*, *op. cit.*, p. 266 (« En dépit du succès que l'aristotélisme rencontre dans les écoles supérieures et dans les universités, une série de condamnations pontificales en interdit partiellement l'étude. [...] Il faudra attendre 1366 pour que ces censures soient levées. »).

59 *Ibid.*, p. 265.

Elle permit en effet une nouvelle conception de la pensée et revivifia de nombreux domaines, dont l'éducation en général et, en conséquence, celle du prince[60].

L'importance de la relecture des textes d'Aristote et l'influence qu'elle a eu sur la pensée médiévale furent telles qu'elles doivent nous inciter, à la suite de Jacques Le Goff et de Jean-Philippe Genet, à classer les œuvres médiévales abordant la question du gouvernement des hommes en deux groupes distincts. En effet, Le Goff sépare les miroirs des princes postcarolingiens en fonction d'un avant et d'un après, ceux rédigés avant la redécouverte et la diffusion de ces nouveaux textes aristotéliciens et ceux qui ont pu, lors de leur rédaction, bénéficier de cette relecture. Il estime alors, lorsqu'il s'intéresse aux œuvres qui ont pu participer à la recherche d'idéalité politique de Saint Louis (1214-1270), que seules celles rédigées avant 1260 ont réellement pu être déterminantes pour l'inspiration politique du roi. S'il admet l'importance des miroirs des princes rédigés sous le règne de ce roi, « à sa demande, à son intention ou dans son entourage », il observe toutefois une « mutation décisive dans l'idéal du prince entre les Miroirs du prince carolingiens et ceux de la période de 1160 environ à 1260, dates rondes, qui portent la marque [pour la première date] du *Policraticus* de Jean de Salisbury[61] ». La perception d'une transformation radicale de la pensée politique occidentale, à la suite de la redécouverte aristotélicienne, l'incite donc, d'une part, à remettre partiellement en question la tentative de définition du genre des miroirs de Jónsson[62], et d'autre part à considérer les œuvres écrites après 1260 comme participant d'un nouveau moment théologico-politique. Cette distinction contredit en effet l'une des caractéristiques du genre des miroirs des princes, développée par Jónsson, qui veut que le genre ne se développe pas dans le temps et que « dans leur diversité ils possèdent une unité qui existe dès leur apparition et qu'on pourrait donc situer

60 Perret, Noëlle-Laetitia, *Les traductions françaises du De regimine principum de Gilles de Rome*, Education and Society in the Middle Ages and Renaissance, vol. 39, Leiden, Boston, Brill, 2011, p. 14. Sur l'influence de la réception des œuvres d'Aristote sur le genre des miroirs des princes, voir Molnar, Peter, « De la morale à la science politique. La transformation du miroir des princes au milieu du XIIIe siècle. », *L'éducation au gouvernement et à la vie. La tradition des « règles des vie » de l'Antiquité au Moyen Âge*, Actes du colloque international, Pise, 18 et 19 mars 2005, Centre d'études byzantines, néo-helléniques et sud-est européennes de l'EHESS, Paris, 2009, p. 181-204.

61 Le Goff, Jacques, *Saint Louis*, Paris, Gallimard, 1996, p. 839-840.

62 Sur la définition du genre des miroirs des princes, voir infra, première partie.

dans la longue durée[63] ». La date de 1260, quant à elle, correspond à la traduction en langue latine par Guillaume de Moerbeke de la *Politique* d'Aristote, à partir des traductions grecques, et marque « un nouveau tournant » pour le genre des miroirs des princes[64]. En effet, les traités postérieurs à cette date, qu'il s'agisse du *De regno* de Thomas d'Aquin ou du *De regimine principum* de Gilles de Rome, sont si « marqués par l'influence aristotélicienne » qu'ils offrent une vision transformée de la théorisation du pouvoir royal[65]. C'est pourquoi c'est en premier lieu sur ceux-ci qu'il faut essentiellement se baser pour comprendre la transformation du genre des miroirs des princes durant la seconde moitié du Moyen Âge. Malgré un rassemblement sous une terminologie commune, les œuvres médiévales considérées comme des miroirs des princes, même si elles partagent bon nombre de caractéristiques, apparaissent ainsi beaucoup plus diverses du point de vue philosophico-politique que leur participation de ce seul genre littéraire ne le laisse penser.

LE *DE REGNO* DE THOMAS D'AQUIN

Le premier texte qui servit de modèle au genre des miroirs des princes au XIIIe siècle est le *De Regno* de saint Thomas d'Aquin. Il s'agit, avec le *De regimine principum* de Gilles de Rome, du traité médiéval sur le gouvernement des hommes qui influença le plus les penseurs politiques jusqu'à l'Humanisme et qui donna une base concrète à la réflexion sur le pouvoir monarchique et le rôle du roi. S'il est communément considéré comme un modèle du genre des miroirs des princes après le XIIIe siècle, il n'y est pourtant fait aucune mention de la métaphore spéculaire. Finissant d'achever, dans l'ensemble de son œuvre philosophique, « le travail d'adaptation de l'aristotélisme à la théologie catholique[66] », Thomas d'Aquin définit et résume dans ce court traité inachevé sa

63 Már Jónsson, Einar, « La situation du *Speculum regale* dans la littérature occidentale », art. cité, p. 398.
64 Le Goff, Jacques, *Saint Louis*, *op. cit.*, p. 840.
65 *Ibid.*
66 Turchetti, Mario, *Tyrannie et tyrannicide*, *op. cit.*, p. 267.

conception du régime monarchique. Traduit et intitulé différemment selon les versions – *De regimine principum*, *De rege et regno* ou simplement *De regno*, traduit par La royauté, Du royaume, Du gouvernement royal ou encore La politique des princes –, le *De Regno*, de son titre traditionnel, est composé entre 1265 et 1267[67].

Thomas d'Aquin y définit avec concision et précision le meilleur régime politique. S'il décrit avec sincérité le bénéfice pour tous du pouvoir d'un seul, il considère également les dérives possibles du régime monarchique. C'est peut-être ici que réside le trait principal qui fait participer cette œuvre de l'Aquinate au genre des miroirs. En effet, s'il aborde en premier lieu la figure positive du gouvernant, il la définit également par son exacte image inverse. La critique de la figure du tyran, au travers de mises en garde, prend ici une place, si ce n'est plus, du moins tout aussi importante que celle du bon prince. Dès le prologue de l'œuvre, l'auteur indique le but de son œuvre :

> [...], il m'était apparu particulièrement opportun d'écrire, pour un roi, à titre d'hommage, un traité sur la royauté, dans lequel j'exposerais diligemment, dans la mesure de mes propres capacités, l'origine de la royauté et l'office qui incombe au roi, en suivant l'autorité de la divine Écriture, les théories des philosophes et les exemples données par les princes de valeur, [...][68].

Si Thomas précise dès les premières lignes quels sont les deux principaux sujets qui vont l'occuper dans son ouvrage, à savoir définir l'origine du gouvernement monarchique et les devoirs afférant à celui qui en exerce l'autorité, il souligne également quelles sont les trois sources sur lesquelles il base sa réflexion. Des références bibliques, des *exempla* historiques de modèles royaux ainsi que les « théories des philosophes », signes du renouveau philosophique s'exerçant dans la pensée politique, sont les références qui vont le guider dans l'élaboration de son traité sur la royauté. Il détermine dès le chapitre premier ce que sont les concepts de roi et de royauté. Pour cela, il utilise dans un premier temps une métaphore qui lui survivra. En considérant le royaume comme un

67 Turchetti, Mario, *Tyrannie et tyrannicide*, *op. cit.*, p. 267 ; Thomas d'Aquin, *Du gouvernement royal*, traduction du *De Regno* par Claude Roguet, Paris, Librairie du Dauphin, 1931, introd., p. II-III. Nous utiliserons pour les citations la dernière traduction francophone : Thomas d'Aquin, *La Royauté*, texte latin introduit, traduit et annoté par D. Carron avec la collaboration de V. Decaix, Philosophies médiévales, Paris, Vrin, 2017.

68 D'Aquin, Thomas, *La Royauté*, *op. cit.*, prologue, p. 79.

« navire, poussé en diverses directions par des vents contraires », il fait du roi l'habile capitaine, seul à même de le « diriger jusqu'au port[69] ». Si l'existence d'un roi est rendue nécessaire pour garantir le bien du royaume et des sujets, Thomas profite de la relecture d'Aristote pour en préciser la nécessité naturelle. Pour l'homme, qui est vu comme un « animal social et politique, vivant en multitude[70] », il est donc logique et naturel, en fonction de la raison qu'il possède et de sa nature, d'être gouverné par un seul :

> S'il est donc naturel à l'homme de vivre dans la société de plusieurs autres, il est nécessaire qu'il y ait parmi tous les hommes quelque chose par laquelle cette multitude est dirigée. En effet, comme il existe une multiplicité d'hommes et que chacun pourvoit à ce qui lui est conforme, la multitude s'éparpillerait en divers sens, s'il n'y avait pas quelque chose qui prît soin de ce qui regarde le bien de la multitude, [...][71].

Puis, plus loin :

> C'est pourquoi, en toutes choses qui sont ordonnées à une fin, on trouve quelque chose qui dirige le reste : dans l'univers des corps, c'est par un corps premier, à savoir céleste, que les autres corps sont dirigés, selon un certain ordre de la providence divine, et tous les corps le sont par une créature rationnelle[72].

Une fois établi le bien-fondé du gouvernement de la multitude par un seul, Thomas n'oublie pas d'en préciser le but premier dans un cadre politique. Seul un roi agissant dans la recherche de la voie droite, la *via recta*, peut être capable d'amener son royaume au bien commun. Sans définir encore les vertus nécessaires à cette finalité, il en précise déjà l'importance :

> Or, il arrive, dans certaines choses ordonnées à une fin, qu'on procède avec rectitude ou sans rectitude ; c'est pourquoi on trouve également dans le gouvernement de la multitude ce qui est droit et ce qui ne l'est pas. [...] Si donc une multitude d'hommes libres est ordonnée par un dirigeant vers le bien commun de la multitude, alors le gouvernement sera droit et juste, [...]. En revanche, si le gouvernement n'est pas ordonné vers le bien commun de la multitude, mais vers le bien privé du dirigeant, le gouvernement sera

69 *Ibid.*, I, 1, p. 81.
70 *Ibid.*, I, 1, p. 83. *Cf.* Aristote, *Les Politiques*, I, 2, 1253a2-3 et 7.
71 *Ibid.*, I, 1, p. 87.
72 *Ibid.*, I, 1, p. 89.

> injuste et corrompu. [...] Si les pasteurs doivent rechercher le bien de leur troupeau, chaque recteur doit également viser le bien de la multitude qui lui est soumise[73].

Il est possible ici d'observer les prémices de la réflexion de l'Aquinate sur les notions de bon gouvernement et de tyrannie[74]. Il développe d'ailleurs, dans les paragraphes suivants, les distinctions propres aux différents types de gouvernement qu'il juge bons ou iniques. Après avoir affirmé la nécessité du gouvernement politique d'un seul, meilleur régime politique permettant l'unité au sein des hommes, il définit celui qui exerce ce pouvoir, le roi, en prenant soin de mêler sources antiques et bibliques :

> C'est pourquoi celui qui régit une communauté parfaite, c'est-à-dire une cité ou une province, est appelé par antonomase roi. Celui qui dirige une maison n'est pas appelé roi, mais père de famille, même s'il possède une similitude avec le roi, et pour cette raison, les rois sont parfois nommés pères des peuples.
>
> De ce qui a été dit, il ressort donc avec évidence que le roi est celui qui dirige seul la multitude d'une cité ou d'une province en vue du bien commun, comme le dit Salomon : Le roi commande tout le territoire qui lui est soumis[75].

La plupart des miroirs des princes de cette époque furent rénovés dans leurs idées et leurs structures par la relecture aristotélicienne[76], même si tous les traités politiques du XIIIe siècle ne s'en inspirèrent pas, à l'instar du *Liber de informatione principum*[77]. Comme le *Policraticus* de Jean de Salisbury avait marqué, un siècle plus tôt, un nouveau point de départ depuis les miroirs de la renaissance carolingienne, l'influence de la redécouverte des textes aristotéliciens entraîna un nouveau moment de transformation dans la littérature parénétique au Moyen Âge. Le *De regno* de Thomas d'Aquin avait ouvert la voie à l'assimilation de la philosophie

---

73 *Ibid.*, I, 1, p. 91. *Cf.* Aristote, *Les Politiques*, III, 6, 1297a17 et *Éthique à Nicomaque*, VIII, 12, 1160a31.

74 Sur la tyrannie dans la pensée de Thomas d'Aquin, voir Turchetti, Mario, *Tyrannie et tyrannicide*, *op. cit.*, p. 267-274.

75 Thomas d'Aquin, *La Royauté*, *op. cit.*, I, 1, p. 95-97. *Cf.* Aristote, *Éthique à Nicomaque*, VIII, 12, 1160b24 et Qo (*Ecclésiaste*), 5,8.

76 Molnar, Peter, « De la morale à la science politique. La transformation du miroir des princes au milieu du XIIIe siècle. », art. cité, p. 182.

77 Berges, Wilhelm, *Die Fürstenspiegel des hohen und späten Mittelalters*, Leipzig, 1938, p. 336-340 ; Born, Lester Kruger, « The perfect prince : a study in thirteenth and fourteenth century ideals », art. cité, p. 493-494.

aristotélicienne en politique mais c'est le *De regimine principum* de Gilles de Rome qui concrétisa sa redécouverte en matière d'éthique royale[78].

LE *DE REGIMINE PRINCIPUM* DE GILLES DE ROME

Se basant de manière systématique sur les œuvres d'Aristote, le *De regimine principum* de Gilles de Rome fit passer le genre des miroirs des princes, un siècle après les autres disciplines, dans le giron de l'aristotélisme. Son influence fut si conséquente que les miroirs qui lui succédèrent se contentèrent de reprendre sa réflexion. Même si leur nombre augmenta durant le XIVe siècle, ceux-ci renoncèrent ainsi à toute originalité[79]. Le *De regimine principum* (*circa* 1279) s'articule en trois chapitres : le premier traite de la morale et de l'éthique, le second de l'économie, de l'éducation et de la famille, alors que le troisième s'intéresse à la politique et à la manière de gouverner[80]. Cette tripartition représente ainsi la figure idéale du prince telle qu'imaginée à la fin du XIIIe siècle. Aux vertus traditionnelles s'ajoutaient de manière inédite – mais toujours sous le prisme de la religion – des considérations économiques ainsi qu'un programme éducatif[81].

Une des particularités de la pensée de Gilles de Rome en matière de gouvernement politique réside dans le rapport qu'il entrevoit entre le roi

78 Perret, Noëlle-Laetitia, *Les traductions françaises du De regimine principum de Gilles de Rome*, *op. cit.*, p. 12-13 ; Turchetti, Mario, *Tyrannie et tyrannicide*, *op. cit.*, p. 274-276 ; Born, Lester Kruger, « The perfect prince : a study in thirteenth and fourteenth century ideals », art. cité, p. 488-491 ; Krynen, Jacques, *L'Empire du roi. Idées et croyances politiques en France, XIIe-XVe siècle*, Paris, Gallimard, 1993, p. 179-187.

79 Krynen, Jacques, *Idéal du Prince et pouvoir royal en France à la fin du Moyen Âge (1380-1440)*, *op. cit.*, p. 53, n. 6 (« Ce traité, composé pour Philippe le Bel, prend modèle sur un ouvrage antérieur écrit en partie par saint Thomas d'Aquin et complété par Ptolémée de Lucques, qui porte le même titre et n'est en vérité qu'un long commentaire de l'Éthique et de la Politique. Au XIVe siècle, le nombre des miroirs augmente considérablement. Mais il semble bien que le genre perde en originalité. Aristote adapté par Gilles Colonna est partout et suffit à tout. »).

80 Perret, Noëlle-Laetitia, *Les traductions françaises du De regimine principum de Gilles de Rome*, *op. cit.*, p. 13-14.

81 Born, Lester Kruger, « The perfect prince : a study in thirteenth and fourteenth century ideals », art. cité, p. 504.

et la loi. Alors même que l'ensemble de la doctrine médiévale établissait la sujétion du pouvoir royal aux lois, Gilles de Rome développe une autre approche. En distinguant le *regimen regale*, « dans lequel le prince gouverne suivant sa propre volonté et ses propres lois », et le *regimen politicum*, « où le prince gouverne suivant le droit positif, c'est-à-dire suivant les lois que les citoyens ont approuvées[82] », il soumet le pouvoir royal au droit naturel mais l'absout du droit positif.

Dans une conception du gouvernement où la volonté de celui qui exerce le pouvoir n'est contrainte que par le droit naturel, et où il se place au-dessus des lois régissant l'ensemble des sujets, le comportement du roi nécessite une attention primordiale. Dans cette recherche d'éthique et de codification de la conduite royale, le *De regimine principum* de Gilles de Rome participe, comme l'ensemble des miroirs des princes depuis le XIIIe siècle dans le cadre défini du gouvernement politique, d'un mouvement plus vaste qui s'étendait à l'ensemble du corps social.

Cette œuvre, comme la majorité des traités de son époque, était celle d'un clerc et participait du phénomène de moralisation et d'acculturation de la société initié par les ordres mendiants dans les milieux urbains[83]. Ce mouvement avait pour finalité première d'éduquer les fidèles en matière de religion mais il participait également d'un désir de codification des règles de morale et de comportement[84]. Il initiait un travail sociétal, entrepris en premier lieu par le clergé, qui se prolongea pendant deux siècles et auquel s'intéressèrent plus tard des laïcs. Ce désir de codifier les mœurs, étendu à l'ensemble de la société humaine, s'intéressa naturellement au représentant le plus important du corps politique, le prince.

Ce besoin de codification des comportements moraux et politiques de la figure royale à l'époque médiévale fut rendu possible par les développements théologiques et politiques que nous venons de voir. Les penseurs médiévaux ont ainsi appliqué cette normalisation de la conduite humaine au champ d'action du gouvernant. L'importance de la codification des

---

82 Turchetti, Mario, *Tyrannie et tyrannicide*, *op. cit.*, p. 275.

83 Perret, Noëlle-Laetitia, *Les traductions françaises du De regimine principum de Gilles de Rome*, *op. cit.*, p. 9.

84 Sur le rôle des miroirs des princes médiévaux dans le processus de codification de la morale et du comportement, voir Schmidt, Hans-Joachim, « Spätmittelalterliche Fürstenspiegel und ihr Gebrauch in unterschiedlichen Kontexten », *Text und Text in lateinischer und volkssprachiger Überlieferung des Mittelalters*, Freibuger Kolloquium 2004, Tübingen, Eckart Conrad Lutz, 2006, p. 377-397.

gestes et de la gestuelle à la fin du Moyen Âge, au travers notamment de son héritage antique et dans son rapport à la religion chrétienne, se recentra ainsi à la gestuelle royale, au sein même de l'exercice politique de la souveraineté. Les miroirs des princes en furent l'un des moyens privilégiés d'expression.

Jean-Claude Schmitt précise en effet, sur la base des exemples du *De regno* de Thomas d'Aquin et du *De regimine principum* de Gilles de Rome, l'importance de la littérature spéculaire dans ce désir normativiste. Pour Schmitt, en effet, « depuis l'Antiquité et le Haut Moyen Âge, les Miroirs des princes n'ont jamais cessé de parler des gestes royaux[85] ». Aux XIIe et XIIIe siècles, moments cruciaux de la réflexion sur le pouvoir royal et de l'affirmation des monarchies en Europe, en France notamment, le genre des miroirs des princes devint le cadre d'un nouveau développement idéologique. En effet, vers le milieu du XIIIe siècle, le genre des miroirs se transforme, « en même temps que se renouvellent les conceptions de la royauté et que sont jetées les bases institutionnelles et idéologiques de l'État moderne[86] ». L'apparition dans le monde intellectuel occidental de cette nouvelle pensée éthique et politique est principalement due à des transformations qui vont « modifier sensiblement la pensée du geste comme manifestation extérieure des réalités cachées, physiques ou spirituelles de l'homme[87] ». Ce qui pouvait dès lors s'appliquer à l'image de l'homme médiéval se recentra et s'appliqua sur la personne du prince. L'image idéale du roi s'en trouva ainsi elle aussi enrichie et renouvelée.

Deux explications permettent de comprendre cette transformation. Nous l'avons vu, cette période a bénéficié de la redécouverte de l'éthique aristotélicienne qui va devenir la base et la norme « de la théologie morale de la scolastique » tout en modifiant en profondeur « la réflexion morale traditionnelle[88] ». La seconde raison demeure dans la transmission par le biais des traductions arabes de la physique, aristotélicienne elle-aussi. Celle-ci a permis à la science de s'affranchir « progressivement des spéculations symboliques anciennes au profit d'une méthode plus

85 Schmitt, Jean-Claude, *La raison des gestes dans l'Occident médiéval*, Paris, Gallimard, 1990, p. 229.

86 *Ibid.*

87 *Ibid.*

88 *Ibid.*

expérimentale[89] ». Cette redécouverte de la pensée aristotélicienne et son actualisation par la philosophie médiévale occidentale créèrent « les conditions d'une nouvelle approche rationnelle du geste, aussitôt accueillie, au bénéfice du souverain, par les Miroirs des princes[90] ».

La littérature de cette époque refléta le désir caractéristique de la mentalité de l'homme médiéval de codifier les comportements individuels et sociaux[91]. Ce processus fut initié au XIIIe siècle mais ce sont les XIVe et XVe siècles qui furent les principaux témoins de l'éclosion de nombreux écrits moraux, didactiques et pédagogiques. Leur but était de formuler une éthique idéale. La figure du prince n'était plus l'objet principal des traités de morale. Le sujet s'étendant à l'ensemble de la société médiévale, des traités adoptant la forme du miroir – des *specula* –, destinés à d'autres ordres sociétaux furent composés. Cette volonté se ressentit également dans la littérature politique et c'est par les miroirs des princes que s'exprima la volonté de codifier l'art de gouverner[92]. Ce désir de présenter au gouvernant, par sa personne et ses actes, l'image d'une figure idéale composa une image figée. Il convient alors de reconnaître que l'ensemble de ces portraits partageaient un caractère normatif et prescriptif issu d'un catalogue séculaire de vertus inhérentes au bon gouvernement. Une fois dépeint, ce portrait du bon prince révélait une figure désincarnée. Il est ainsi difficile de prendre la mesure de la nature réelle du prince dans ces traités tant elle est voilée par le prisme d'un idéal[93]. Comprenons encore que l'intérêt principal des miroirs des princes ne réside pas dans l'actualisation de l'image idéale du prince qu'ils décrivent. Il faut au contraire se rendre compte qu'ils renferment la pensée de leurs auteurs et, plus encore, leur conception de la royauté et les préoccupations de leur temps[94].

89 *Ibid.*

90 *Ibid.*

91 Krynen, Jacques, *Idéal du Prince et pouvoir royal en France à la fin du Moyen Âge (1380-1440)*, *op. cit.*, p. 51.

92 *Ibid.*, p. 52.

93 Quaglioni, Diego, « Il modello del principe critiano. Gli *specula principum* fra Medio Evo e prima Età Moderna », *Modelli nella storia del pensiero politico*, dir. V. I. Comparato, Florence, Olschki, 1987, p. 107-108 ; Krynen, Jacques, *Idéal du Prince et pouvoir royal en France à la fin du Moyen Âge (1380-1440)*, *op. cit.*, p. 54.

94 Krynen, Jacques, *Idéal du Prince et pouvoir royal en France à la fin du Moyen Âge (1380-1440)*, *op. cit.*, p. 54.

Les derniers siècles de l'époque médiévale furent les témoins, en France, d'une transformation de la conception de la royauté, par le pouvoir royal lui-même mais aussi par son cercle proche. Les rois ressentirent la nécessité de définir leur fonction, tout en réaffirmant le caractère sacré de leur personne[95]. Ces transformations, se réalisant de manière concrète par le développement des insignes royaux, influencèrent également un autre aspect de la perception du pouvoir. D'importants progrès en pensée politique contribuèrent en effet à l'extension des prérogatives et à l'accroissement du prestige royal. Une littérature inspirant le pouvoir en agissant sur le gouvernement politique apparut et tendit vers des résultats pratiques[96]. S'entourer de conseillers habiles et vertueux ne suffisait plus. Le prince devait désormais apprendre, savoir, comprendre et juger par lui-même. C'est de cette manière que la fonction royale fut perçue comme une charge réelle et supposa une formation spécifique. Le souverain ne régnait plus uniquement par la seule volonté divine : il devait également savoir gouverner et exercer sa fonction[97].

L'origine des textes définissant le savoir nécessaire au roi débordait de l'entourage intellectuel du pouvoir royal. Les auteurs provinrent d'un cercle plus large : gentilshommes, juristes et universitaires s'engouffrèrent dans un domaine jusque-là réservé aux clercs proches du cercle royal, en voulant formuler par eux-mêmes une réponse aux préoccupations de leurs temps. Les principales œuvres sont, entre autres, celles de Philippe de Mézières – et son allégorie du *Songe du vieil pèlerin*[98] – ou de Christine de Pisan[99]. Chose intéressante également : cette littérature partageait une même inspiration d'idées qui plaçaient le roi au centre du discours et de la réflexion politique, alors qu'en réalité la personne du roi lui-même s'effaçait et que le pouvoir s'affaiblissait[100]. L'emprise de la royauté sur l'esprit des contemporains ainsi que leur intérêt à la conceptualisation

95 *Ibid.*, p. 40.

96 *Ibid.*, p. 41.

97 Sur le savoir du prince au Moyen Âge, voir Boureau, Alain, « Le prince médiéval et la science politique », *Le savoir du prince du Moyen Âge aux Lumières*, sous la direction de Ran Halévi, Paris, Fayard, 2002, p. 25-50.

98 Mézières, Philippe de, *Le Songe du vieil pèlerin*, édité par Coopland G. W., 2 vol., Cambridge, Univ. Press, 1969.

99 Pisan, Christine de, *Le Livre des faits et bonnes mœurs du roi Charles V le Sage*, traduit par Hicks Eric et Moreau Thérèse, Paris, Stock, 1997 ainsi que *Le Livre du corps de policie*, édité par Lucas Robert H., Genève, Droz, 1967.

100 Krynen, Jacques, *L'Empire du roi. Idées et croyances politiques en France*, *op. cit.*, p. 43.

de la monarchie expliquaient l'idéalisation de la figure royale malgré la faiblesse de son pouvoir. Penser la monarchie revenait à « définir une éthique et une pratique du pouvoir susceptibles d'entretenir le loyalisme des sujets tout en guidant efficacement la royauté dans son action[101] ».

Les miroirs des princes étaient également considérés comme un remède préventif contre la tyrannie. Il était en effet nécessaire de moraliser le jeune prince pour prévenir le futur roi. Cette idée devint essentielle : « l'éducation du futur roi prend ainsi une importance capitale puisque le seul obstacle pratique à la tyrannie est l'horreur de la tyrannie qu'on aura su lui inspirer[102] ». Les miroirs reflétèrent ainsi ce besoin et furent même, dans certains cas, rédigés à la demande du roi ou écrits de sa propre main[103]. C'est à la même époque que la métaphore organiciste du corps politique imaginé comme un corps humain se développa[104]. Le prince, figure principale du pouvoir, en représentait la tête. De fait, cette représentation impliquait le conditionnement des autres membres composant le corps, par la santé et le comportement du prince. L'axiome prince-sujets induisait alors que le bonheur des seconds dépendait du degré de perfection du premier[105]. L'éducation du prince prit alors une toute autre importance. Elle devait en effet façonner les qualités du futur roi, seul garant de la pérennité du royaume. Cet intérêt procédait d'une réflexion plus générale sur le rôle de l'éducation, engageant les plus grands esprits de l'époque[106].

Les miroirs de la fin du Moyen Âge exprimèrent ainsi les transformations de la conception du pouvoir royal et reflétèrent l'accroissement des devoirs du souverain. Ils continuaient à partager le même catalogue

---

101 *Ibid.*, p. 48.

102 Guenée, Bernard, *L'Occident aux XIVe et XVe siècles. Les États*, Paris, PUF, 1971, p. 158.

103 Krynen, Jacques, *L'Empire du roi. Idées et croyances politiques en France*, *op. cit.*, p. 225-239 (« III. La réponse des rois »). Dès le XIIIe siècle, saint Louis prit conscience de l'importance de la charge royale et rédigea lui-même un miroir, les *Enseignements* qu'il rédigea pour son fils Philippe. Voir Le Goff, Jacques, *Héros du Moyen Âge, le Saint et le Roi*, Paris, Gallimard, 2004, p. 515-539.

104 Sur la représentation anthropomorphique de l'organisation du pouvoir monarchique, voir la théorie des correspondances développée par Bloch, Ernst, *La philosophie de la Renaissance*, traduit de l'allemand par Pierre Kamnitzer, Paris, Payot, 1994. Au Moyen Âge plus précisément, voir Von Gierke, Otto, *Les théories politiques du Moyen Âge*, Paris, 1914.

105 Krynen, Jacques, *Idéal du Prince et pouvoir royal en France à la fin du Moyen Âge (1380-1440)*, *op. cit.*, p. 73.

106 Krynen, Jacques, *L'Empire du roi. Idées et croyances politiques en France*, *op. cit.*, p. 203.

prescriptif de vertus mais énonçaient également des préceptes dans l'optique de former le roi plus concrètement au gouvernement[107]. L'éducation du prince se composait selon un schéma tripartite : son apprentissage devait en premier lieu relever de la religion. Il devait aussi le former moralement et intellectuellement, tout en relevant également d'une éducation théorique mais aussi pratique[108]. Les miroirs des princes du bas Moyen Âge consacrèrent ainsi l'image d'un prince idéal dans laquelle se dessinait un portrait moral tendant vers une perfection. Les vertus propres à l'homme d'État complétaient les vertus morales telles que piété ou humilité[109]. Les qualités requises par la tradition théologique ne suffisaient plus : le prince devait également faire preuve des qualités nécessaires au gouvernement politique. Déjà prescrites depuis les premiers temps de la littérature parénétique, les vertus de sagesse, prudence et justice devinrent les principales caractéristiques nécessaires à la réalisation du bon gouvernement[110]. Le roi philosophe, issu de la pensée platonicienne, devint alors peu à peu le principal modèle, préparant ainsi la voie à la figure du prince de l'Humanisme.

107 *Ibid.*, p. 187-188.

108 Krynen, Jacques, *Idéal du Prince et pouvoir royal en France à la fin du Moyen Âge (1380-1440)*, *op. cit.*, p. 106.

109 *Ibid.*, p. 118.

110 Krynen, Jacques, « Le droit : une exception aux savoirs du prince », in *Le savoir du prince du Moyen Âge aux Lumières*, *op. cit.*, p. 51-67.

DÉFINITION D'UN GENRE LITTÉRAIRE

Après être remonté jusqu'aux sources de la symbolique du miroir et de la métaphore spéculaire en morale puis en littérature, ainsi qu'après avoir observé historiquement l'apparition d'œuvres littéraires s'appuyant, pour exister, sur cet emploi métaphorique, il convient – afin de plonger une dernière fois dans le miroir avant qu'il ne soit brisé – de se poser la question de l'existence réelle du genre des miroirs des princes. Existe-t-il un genre littéraire des miroirs des princes ? Si oui, selon quels critères peut-on le définir ? Quelles œuvres y participent ? Ou au contraire l'expression « miroir des princes » recouvre-t-elle un ensemble d'œuvres disparates, sans autre lien que l'unique point commun de s'intéresser et de tenter de définir, par prescription, le comportement de celui qui dirige, gouverne ou est appelé à le faire ? Tenter de répondre à ces questions soulève plus d'interrogations que n'apporte de certitudes. Si cette réflexion semble pertinente pour les œuvres de la période médiévale, elle perd toute substance au moment de déterminer l'existence d'un genre des miroirs des princes à l'époque moderne.

Il peut paraître erroné de s'intéresser à la définition d'un genre littéraire après en avoir retrouvé l'origine et retracé l'histoire. Il s'agit d'un parti pris qu'il faut assumer et expliquer. Les chapitres précédents ont pour but de saisir l'essentiel des transformations de l'utilisation de la métaphore spéculaire dans la littérature politique, de l'Antiquité à la fin du Moyen Âge. Les aléas de la symbolique du miroir durant cette longue période anticipent les difficultés qui apparaissent au moment de définir le genre des miroirs des princes. Plus encore, définir le genre a posteriori permet de prendre la pleine mesure de l'importance et de l'irrémédiabilité, pour l'histoire de la tradition théologico-politique, de la rupture qui se fait jour au XVIe siècle.

Depuis le XXe siècle, l'historiographie a établi l'existence du genre littéraire des miroirs des princes sans toutefois réellement le définir. C'est en premier lieu dans l'aire germanophone que des études ont édifié en un genre à part entière un ensemble d'œuvres médiévales ayant pour sujet l'exercice du gouvernement des hommes[1]. L'expression allemande *Fürstenspiegel*, traduction littérale du terme latin *specula principis*, s'imposa alors pour identifier les œuvres médiévales définissant la figure vertueuse du chef politique. Pour ce faire, la dénomination du genre s'établit par emprunt : l'emploi de la métaphore spéculaire, présente explicitement dans certaines œuvres voire dans leur titre même, permit de désigner un ensemble de textes qui avaient pour point commun de définir l'idéal du bon gouvernement et de prescrire au prince un comportement vertueux.

Depuis la fin des années quatre-vingt, la recherche a tenté de résoudre le problème du genre des miroirs des princes. Jónsson a apporté, dans un essai et plusieurs articles déjà cités[2], des éléments de réponse quant à l'existence du genre. En se basant sur des exemples précis, il a tenté, au fil de ses recherches, de déterminer les caractéristiques nécessaires qui feraient participer les traités que l'on considère comme des miroirs des princes en un genre *sui generis*. Voici comment il exprime une première définition :

> Il faut donc commencer par une définition claire et simple du genre littéraire qui nous concerne ici, et nous proposons de la formuler ainsi : *Un « Fürstenspiegel » est un traité écrit pour un prince – et en général dédié à lui d'une façon ou d'une autre – qui a pour objet principal de décrire le prince idéal, son comportement, son rôle et sa situation au monde.* Si cette définition paraît banale, voire simpliste, aux yeux de certains, le fait de l'avoir explicitement formulée aide à clarifier les choses et à faire la démarcation entre les œuvres que l'on peut véritablement classer comme « *Fürstenspiegel* » et toutes sortes de traités politiques, d'œuvres de piété personnelle, etc., qui ne s'adressent pas plus à des rois qu'à d'autres personnes – ou qui ne s'adressent à des rois qu'en tant que chrétiens ordinaires – et que l'on doit donc exclure du *corpus*[3].

---

1 Werminghoff, Albert, « Die Fürstenspiegel der Karolingerzeit », *Historische Zeitschrift*, 89, 1902, p. 193-214 ; Booz, Ernst, *Die Fürstenspiegel des Mittelalters bis zur Scholastik*, Fribourg en Br., Wagner, 1913 ; Berges, Wilhelm, *Die Fürstenspiegel des hohen und späten Mittelalters*, *op. cit.* ; Anton, Hans Hubert, *Fürstenspiegel und Herrscherethos in der Karolingerzeit*, Bonn, Bonner Historische Forschungen, 32, 1968.

2 Már Jónsson, Einar, *Le miroir, naissance d'un genre littéraire*, *op. cit.* ; « La situation du *Speculum regale* dans la littérature occidentale », art. cité, p. 391-408 ; « Le sens du titre *Speculum* aux XIIe et XIIIe siècles et son utilisation par Vincent de Beauvais », art. cité, p. 11-32 ; « Les "miroirs aux princes" sont-ils un genre littéraire ? », *Médiévales*, 51, automne 2006, p. 153-166.

3 Már Jónsson, Einar, « La situation du *Speculum regale* dans la littérature occidentale », art. cité, p. 394.

Le terme « miroir des princes » est depuis fréquemment utilisé pour désigner l'ensemble des œuvres se donnant pour but de définir le prince idéal en l'enjoignant à la pratique du bon gouvernement. Il s'applique indifféremment selon les aires géographiques, culturelles ou religieuses auxquelles cette littérature semble appartenir, au travers de l'historiographie qui lui est propre[4]. S'agit-il d'un seul objet protéiforme, d'un seul grand genre littéraire pouvant alors s'adapter aux spécificités de chaque aire politique, répondant ainsi de manière commode à la tentation de définir en un seul corpus les œuvres s'intéressant aux nécessités morales de l'exercice du pouvoir ? S'agit-il d'une expression « fourre-tout », désignant un corpus mal défini de textes, selon des critères peu clairs et variables ? Le débat de savoir si tel ou tel traité politique peut participer ou non du genre des « miroirs des princes » peut sembler pertinent de prime abord mais bute rapidement sur des problèmes taxinomiques : nécessite-t-il l'utilisation du terme « miroir » dans le titre ou l'utilisation explicite de la métaphore spéculaire ? Ou le terme peut-il simplement désigner toute œuvre ayant pour but de définir la figure exerçant le pouvoir dans un système politique monarchique ?

Pour répondre à ces questions, nous nous en remettons aux recherches de Jónsson : les conclusions de sa réflexion nous font prendre conscience des questions que suscite la définition d'un genre par l'emploi d'une métaphore littéraire dont l'histoire est elle-même difficile à circonscrire. L'ambiguïté autour de la définition du genre des miroirs des princes et des œuvres y participant permet toutefois, par commodité, de regrouper en un grand ensemble les œuvres abordant la figure du prince à travers les époques. Cependant, selon Jónsson, si l'on considère le genre des miroirs « à partir de critères formels, et en même temps programmatiques, [...] il est clair que les "miroirs aux princes" ne forment

4 L'expression « miroir des princes » est également utilisée pour désigner les textes qui abordaient, dans l'empire ottoman et plus généralement dans l'ensemble de l'aire islamique – des Balkans à l'Insulinde –, la question du gouvernement politique et du comportement du gouvernant. Voir notamment Dakhlia, Jocelyne, « Les Miroirs des princes islamiques : une modernité sourde ? », *Annales. Histoire, Sciences sociales*, 57e année, numéro 5, 2002, p. 1191-1206 ; Aigle, Denise, « La conception du pouvoir en islam. Miroirs des princes persans et théories sunnites (XIe-XIVe siècles) », *Perspectives médiévales*, vol. 31, 2007, p. 17-44. Voir plus particulièrement Makram, Abbès, *Islam et politique à l'âge classique*, Paris, PUF, 2009.

pas un genre littéraire[5] ». De même, « si on le définit, d'un point de vue plutôt historique, comme un groupe d'œuvres littéraires dont les auteurs s'inspiraient des mêmes modèles, s'influençaient mutuellement et suivaient les mêmes règles[6] », il est impossible, là aussi, d'établir les miroirs en un genre. Enfin, en adoptant « un critère purement matériel » et en tentant de définir « un genre littéraire comme un groupe d'écrits qui parlent du même sujet, telles que les œuvres historiques, alors les "miroirs aux princes" ne peuvent » pas, là non plus, être définis comme un « genre littéraire homogène[7] ». À l'instar d'Alain Dubreucq, nous considérons en effet que le « seul point qui rattache ces derniers à une tradition est la symbolique du miroir[8] ».

Pour l'époque médiévale, nous rejoignons également l'avis de Jean-Philippe Genet sur le caractère vague et diffus du genre des miroirs des princes. S'il précise que « la désignation de "Miroir au prince" s'applique à des textes qui présentent soit le portrait du prince idéal, soit une série de conseils pour bien gouverner adressés au prince », il reconnaît cependant une certaine inconsistance dans la définition qui permet de « constituer un lignage de textes qui, de l'Antiquité hellénistique jusqu'au XVIe siècle (disons jusqu'à Érasme et Guillaume Budé) semble doué d'une relative autonomie générique[9] ». L'impossibilité apparente d'arrêter une définition nette pour circonscrire l'entier du genre des miroirs des princes demeure une contrainte persistante pour l'historiographie. La diversité formelle des œuvres qui s'apparentent au corpus du genre n'est qu'un écueil de plus. Ce « laxisme dans la définition[10] », qui autorise la dénomination de *miroirs des princes* de façon assez générique, même

---

5 Már Jónsson, Einar, « Les "miroirs aux princes" sont-ils un genre littéraire ? », art. cité, p. 164.

6 *Ibid.*

7 *Ibid.*

8 Dubreucq, Alain, « La littérature des *specula* : délimitation du genre, contenu, destinataires et réception », *Guerriers et moines. Conversion et sainteté aristocratiques dans l'Occident médiéval (IXe-XIIe siècle)*, études réunies par Michel Lauwers, CNRS, Centre d'études Préhistoire, Antiquité et Moyen Âge, Coll. d'études médiévales, vol. 4, Antibes, APDCA, 2002, p. 18.

9 Genet, Jean-Philippe, « L'évolution du genre des Miroirs des princes en Occident au Moyen Âge », art. cité, p. 531.

10 *Ibid.* (Plus loin : « L'intérêt de cette désignation est particulièrement grand pour la période médiévale, puisque, de la fin de l'Antiquité à la redécouverte de la *Politique* d'Aristote et à ses commentaires, elle permet d'isoler la plupart des textes auxquels l'on peut raisonnablement appliquer l'épithète de "politique" sans trop risquer de se tromper [...]. »).

s'il ne doit pas faire oublier les caractéristiques communes des traités qui y participent, doit nous interroger sur l'existence réelle du genre.

Il faut concéder que la définition flottante qu'on associe au genre des miroirs des princes permet d'appréhender plus facilement les œuvres de la période médiévale. En effet, si les miroirs des princes au Moyen Âge, du moins les œuvres considérées comme telles, permettent « de suivre l'évolution des "idées politiques" sans avoir à se lancer dans les corpus plus difficiles d'accès[11] », un consensus général semble se former sur les principaux modèles du genre à cette époque. S'il est ainsi permis d'en extraire une certaine typologie, à partir de ces principaux représentants, qui semble former une continuité intellectuelle entre eux, il convient toutefois de se demander si « la réalité de ce lignage n'est pas fictif[12] ». Nous avons vu que, malgré une apparente homogénéité du genre à l'époque médiévale, son histoire se constitue d'une série de « discontinuités et de ruptures[13] ».

Dérivée d'un symbolisme philosophique ayant amené à considérer l'homme vertueux comme modèle pour les autres, pour ensuite caractériser par translation le traité dédié au prince, l'expression « miroir des princes » pose plus de questions qu'elle n'apporte de réponses. Elle permet toutefois de rassembler des œuvres qui partagent un but commun, sans obligatoirement utiliser la métaphore du miroir : établir ce que devait être et faire le prince, à des degrés divers de réflexion. Nous avons décidé de faire intervenir ici la définition du genre des « miroirs des princes », dans son débat historiographique et avec les contraintes qu'elle engendre, afin de mieux le confronter aux œuvres qui lui succèdent. Si les miroirs des princes continuent à désigner l'ensemble de la littérature tentant de définir l'homme politique idéal de l'Antiquité au XVIIIe siècle, l'emploi de la métaphore spéculaire implique un concept de représentation de la figure du pouvoir politique qui est évacué dès le début du XVIe siècle. Ainsi, à partir du XVIe siècle, plus que l'appartenance d'une œuvre au genre des miroirs des princes ou la recherche d'une unité de celui-ci, c'est la finalité de l'emploi de la métaphore spéculaire ainsi que la transformation du concept théorique du miroir du prince qu'il est nécessaire de rechercher.

---

11 *Ibid.*

12 *Ibid.*

13 *Ibid.*

Les « miroirs des princes » médiévaux s'opposent alors de manière franche avec la littérature politique qui leur a succédé. La fracture instaurée par Machiavel dans les normes éthico-politiques du XVIe siècle naissant a marqué d'une façon irrécusable la fin des miroirs des princes. Certes il ne s'agit pas d'une disparition effective et instantanée de la métaphore du miroir en politique. La rupture machiavélienne rompt cependant avec la tradition théologico-politique de représentation de la figure du prince. Elle fait éclater à la lumière de la *vérité effective de la chose* le reflet idéal du miroir tendu à un prince devenu une chimère irréalisable. Si une partie de l'historiographie continue à désigner des œuvres post-machiavéliennes par l'expression « miroirs des princes », il convient toutefois de prendre conscience des enjeux mis en œuvre par l'emploi de la métaphore du miroir à cette époque.

Il ne s'agit pas de faire l'autopsie des arts de gouverner du Moyen Âge à la fin de l'Ancien Régime. Nous ne saurions réécrire un travail déjà fait par de nombreux philosophes et historiens des idées politiques[14]. Il s'agit au contraire de regarder comment des concepts politiques tels que la figure du prince et les conditions de l'exercice de la souveraineté ont continué à se penser et à s'écrire. Au prisme de ces différents moments de rupture et de bascule à l'intérieur même d'une littérature qui ne cesse de se répéter, il faut alors observer comment celle-ci se maintient ou se transforme en acceptant discrètement des concepts qu'elle critique et dénonce pourtant ostensiblement. Il faut également examiner comment les miroirs des princes médiévaux se sont renouvelés en Institutions humanistes au XVIe siècle et comment un mode de représentation d'un prince idéel s'est achevé, traduisant un idéal spéculatif en actes et un imaginaire en réalité.

C'est en confrontant cette littérature médiévale des miroirs des princes aux œuvres postérieures qu'il est possible de défaire le nœud qui semble contraindre la théorie du miroir à partir du XVIe siècle. C'est en regardant comment des fragments de ce miroir éclaté ont servi, jusqu'au XVIIe siècle, à la multiplicité de la recomposition de l'image du prince, selon des modalités nouvelles et différentes. Il faut enfin voir ce qui est demeuré du miroir dans une littérature politique qui n'a cessé de se réécrire à l'époque moderne.

14 Senellart, Michel, *Les arts de gouverner : du « regimen » médiéval au concept de gouvernement*, Paris, Seuil, 1995.

DEUXIÈME PARTIE

LE MODÈLE DES *INSTITUTIONS DU PRINCE*

Michel Foucault reconnaît, dans son cours au Collège de France du 1er février 1978, qu'il existe avant Machiavel une longue tradition d'écrits parénétiques adressés au prince[1]. En effet, selon lui, « il n'a jamais manqué, et ceci aussi bien au Moyen Âge que dans l'Antiquité gréco-romaine, de ces traités qui se présentaient comme conseils au prince, quant à la manière de se conduire, d'exercer le pouvoir, de se faire accepter ou respecter de ses sujets ; conseils pour aimer Dieu, obéir à Dieu, faire passer dans la cité des hommes la loi de Dieu, etc.[2] ». Il relève également qu'à partir du XVIe et jusqu'au XVIIIe siècle se développe et fleurit « toute une série très considérable de traités qui se donnent non plus exactement comme conseils au prince, qui ne se donnent pas non plus, encore, comme de la science politique, mais qui, entre le conseil au prince et le traité de science politique, se présentent comme arts de gouverner[3] ». Foucault perçoit ici le glissement de la littérature parénétique antique et des miroirs médiévaux vers quelque chose d'autre. Il considère en effet, qu'à partir du XVIe siècle, la littérature sur le gouvernement politique des hommes participe d'une problématique qui dépasse le seul cadre de la représentation du prince idéal et s'interroge sur des questions différentes et multiples. La question du gouvernement se divise alors pour se penser sous de nouveaux aspects.

Cette multiplication de la réflexion sur le gouvernement participe de quatre aspects distincts. Le retour au stoïcisme réactualise la question du gouvernement de soi-même[4]. Le gouvernement des âmes et des conduites se repense, à la suite de la Réforme protestante, dans les questions pastorales catholique et réformée. Le gouvernement des enfants, dans un questionnement revivifié par l'Humanisme au début du

1 Sur les miroirs des princes et Machiavel, voir infra, troisième partie.

2 Foucault, Michel, *Sécurité, territoire, population. Cours au Collège de France (1977-1978)*, édition établie sous la direction de François Ewald et Alessandro Fontana, par Michel Senellart, Paris, Gallimard/Seuil, 2004, p. 91.

3 *Ibid.*, p. 92.

4 Voir Zanta, Léontine, *La renaissance du stoïcisme au XVIe siècle*, *op. cit.* ; *Le Stoïcisme au XVIe et au XVIIe siècle. Le retour des philosophies antiques à l'âge classique*, sous la direction de Pierre-François Moreau, Paris, Albin Michel, 1999 ; Carabin, Denise, *Les idées stoïciennes dans la littérature morale des XVIe et XVIIe siècles : (1575-1642)*, *op. cit.*

XVIe siècle, interpelle les penseurs. Enfin, et « enfin peut-être seulement, [le] gouvernement des États par les princes[5] » devient un sujet récurrent qui s'inscrit dans une littérature propre à elle-même. Pour Foucault, c'est l'ensemble de ces quatre nouveaux axes de réflexion transformant l'entier de la question du gouvernement qui se fait jour au XVIe siècle : « comment se gouverner, comment être gouverné, comment gouverner les autres, par qui doit-on accepter d'être gouverné, comment faire pour être le meilleur gouverneur possible[6] ». La question de la conduite des autres était un thème déjà abordé au Moyen Âge. Représentée alors sous la forme du gouvernement pastoral des fidèles, elle était en effet une des caractéristiques médiévales de l'exercice du pouvoir politique. Toutefois, au XVIe siècle, c'est l'éclatement de la question et l'élargissement du champ de réflexion qui permettent de repenser le gouvernement. Cette multiplicité du questionnement sur le gouvernement de soi-même et des autres, au XVIe siècle, est, selon Foucault, « au point de croisement, [...], de deux mouvements, de deux processus[7] ».

Premièrement, il estime que le développement du concept de gouvernement provient de la transformation des structures féodales s'aménageant en « États territoriaux, administratifs, coloniaux[8] ». Deuxièmement, il perçoit une remise en question de la manière dont l'homme veut être « spirituellement dirigé sur cette terre vers son salut[9] ». Cette seconde cause provient évidemment du séisme de la Réforme et de la réponse catholique de la Contre-Réforme. En effet, l'une comme l'autre, par le biais de l'intervention de la religion dans la réflexion politique, a redéfini, à sa manière, la question du gouvernement des hommes et des âmes. Ce double mouvement, « mouvement, d'une part de concentration étatique » et d'autre part « de dispersion et de dissidence religieuse », explique à raison « l'intensité particulière[10] » de ce questionnement. Une masse importante de traités politiques s'est ainsi penchée sur la question du gouvernement : comment, par qui, dans quels buts et selon quelles méthodes gouverner.

---

5 Foucault, Michel, *Sécurité, territoire, population*, *op. cit.*, p. 92.
6 *Ibid.*
7 *Ibid.*
8 *Ibid.*
9 *Ibid.*
10 *Ibid.*

Cette littérature, s'affranchissant souvent d'un genre formel particulier pour en recouvrir parfois plusieurs, est également, selon Foucault, une littérature immense et monotone[11]. Au contraire de Machiavel, elle ne propose que peu de réflexion innovante sur le gouvernement politique. Elle se place dans les traces d'une tradition en reprenant les codes et les images, afin de légitimer son propos. Ainsi, une frange de cette littérature s'est inscrite, particulièrement en France et en Espagne, dans l'héritage d'un érasmisme religieux et politique – compromis entre réforme et tradition ecclésiastique ainsi que mélange d'évangélisme et d'inspiration antique –, notamment par la reprise du modèle de l'Institution humaniste. En reprenant la figure du prince érasmien forgé sur les modèles du prince chrétien et humaniste – et quelquefois même la métaphore du miroir –, les auteurs de ces œuvres, jusqu'au dernier quart du XVIe siècle, entendaient formuler une image du gouvernant proposant une réponse aux conflits confessionnels. Ces œuvres s'expliquent donc en partie par une nécessité imposée par le contexte. C'est le cas de ces nombreux textes dont le titre indique la filiation qu'ils revendiquent, avant même la lecture du contenu : l'*Institution d'un prince chrestien* de Claude d'Espence (1548), *L'Histoire de Chelidonius Tigurinus sur l'institution des Princes chrestiens* de Pierre Boaistuau (1556), le *Pourparler du Prince* d'Étienne Pasquier (1560), l'*Institution pour l'adoslescence du Roi Treschrestien* de Ronsard (1561), le *Mirouer du prince chrétien* de Jean Helvis de Thillard (1566) ou l'*Institution du prince chrestien* de Jean Talpin (1567), pour n'en citer que les plus connus, sont, à leur manière, les héritiers de l'*Institutio principis christiani* d'Érasme que nous allons aborder par la suite. Concomitamment à ces textes édifiants, d'autres ont également élargi le champ de réflexion au-delà de la figure du prince afin de définir les arts de gouverner selon de nouvelles modalités. C'est le cas d'un auteur comme Guillaume de La Perrière et son *Miroir politique* dont l'influence fut négligeable mais qui, toutefois, proposa une description de la politique à partir de la métaphore spéculaire.

Il est alors possible de prendre conscience de toute la complexité de l'émergence de cette littérature politique au XVIe siècle. Si elle s'oppose en partie, implicitement ou explicitement, à la pensée machiavélienne – ou du moins à l'idée qu'on s'en était faite –, elle est également instiguée

11 *Ibid.*, p. 93.

par le contexte politique et religieux contemporain de sa rédaction. Ainsi, s'il est admis de voir dans *Le Prince* machiavélien le « point de répulsion, par rapport auquel, par opposition auquel et par le rejet duquel se situe[12] » cette masse de littérature sur le gouvernement, il ne faut pas se contenter d'y voir l'unique cause. Sans entrer dans l'histoire de l'antimachiavélisme – qui devint à cette époque un genre en soi–, il convient d'examiner la place d'Érasme, comme celle de Machiavel, dans certaines de ces œuvres.

Ainsi, parallèlement à la rupture instaurée par l'inscription machiavélienne du prince dans la *vérité effective de la chose* – mais également à cause d'elle –, une littérature sur le prince, tournée encore vers la norme et la tradition, continua à être écrite en France, au moins durant les 3 premiers quarts du XVIe siècle. Cette persistance d'une tradition axée sur la définition du prince idéal n'est pas uniquement due à la volonté de s'opposer au machiavélisme, fruit de la critique de la pensée machiavélienne. Mélange de tradition parénétique, d'exhortation aux vertus cardinales et royales et de représentation d'une image idéale de la figure du prince, une littérature prescriptive adressée au pouvoir royal persista. Elle participait d'un désir de poursuite du « continuum théologico-cosmologique[13] » hérité de la pensée médiévale – plus particulièrement du thomisme et de la pensée platonicienne – et d'un besoin de perpétuer une image du pouvoir royal identique à celle fonctionnant avant la Réforme et le début des conflits religieux. Elle cherchait ainsi à légitimer en reformulant – ou plutôt en continuant à formuler – le pouvoir royal en des termes antérieurs à la Réforme et à Machiavel.

Pour cela, les auteurs de ces miroirs surannés ont repris à leurs fins un modèle qui émergea au début du siècle déjà. Sous les effets conjugués d'un Humanisme entraînant la redéfinition de l'*épistèmê* occidentale, de la critique de Machiavel et de la permanence d'une représentation théologico-politique du pouvoir royal, de nombreuses œuvres ont reformulé une vision du gouvernement dans la continuité des miroirs des princes médiévaux et des Institutions humanistes du Quattrocento italien.

Au début du XVIe siècle apparut un modèle lui aussi issu de la tradition des miroirs des princes tout en prenant en charge la réévaluation humaniste des savoirs antiques. Érasme, car c'est de lui dont il s'agit,

12 *Ibid.*

13 *Ibid.*, p. 239.

rédigea, au même moment que Machiavel, une Institution du prince qui eut une influence majeure sur l'ensemble du genre tout au long du XVIe siècle. Il illustre « de manière parlante la continuité spirituelle entre époque médiévale et époque moderne » et fut également l'un des maîtres de l'Humanisme européen en œuvrant, sa vie durant, « pour la concorde civile et religieuse, et pour la paix entre les peuples[14] ».

14 Turchetti, Mario, *Tyrannie et tyrannicide*, *op. cit.*, p. 337.

ÉRASME ET LE PRINCE DE L'*INSTITUTIO PRINCIPIS CHRISTIANI*

Alors que Machiavel synthétisait dans un court traité l'entier de son expérience politique au travers de modèles de princes antiques et contemporains, Érasme livrait simultanément sa vision de la figure politique du prince. Ainsi, au moment même où le Florentin condensait « les conclusions politiques de la Renaissance italienne », se formait, au Nord des Alpes, « une nouvelle conception de l'homme [...], qui s'exprime elle aussi en théories éthico-politiques[1] ». Dans son *Institutio principis christiani*, l'humaniste néerlandais décrit un prince rassemblant, dans sa personne, morale chrétienne et connaissances antiques. Il réalise ainsi au travers de cette image du gouvernant sa « philosophie chrétienne[2] », pour reprendre les mots de Pierre Mesnard, tout en définissant l'éducation du prince nécessaire à la conduite du royaume. Le traité représente ainsi la pensée d'Érasme en mêlant production religieuse et revivification d'œuvres d'auteurs antiques. L'*Institutio* formule parfaitement « la double activité » érasmienne qui cherchait à aboutir à un idéal unique, un Humanisme « porté à sa perfection par l'épanouissement de la religion chrétienne dans la tradition classique[3] ».

Un des traits principaux de l'œuvre du Hollandais réside dans le fait qu'elle s'adresse pour une grande partie aux princes[4]. Attitude fréquente dans l'histoire des doctrines et à une époque où le sort de l'Europe dépend de deux jeunes rois en France et en Angleterre, François Ier et Henry VIII, ainsi que des espoirs placés dans le jeune prince, le futur Charles Quint, à qui est dédiée la première édition de l'*Institutio*. À une période où la figure de l'humaniste lettré, représentant d'une « royauté

1 Mesnard, Pierre, *Essor de la philosophie politique au* XVI*e siècle*, Paris, Boivin, 1936, p. 86.

2 *Ibid.*, p. 87. Voir également du même auteur *Érasme : la philosophie chrétienne*, Paris, Vrin, 1970.

3 *Ibid.*

4 *Ibid.*, p. 90.

spirituelle qui traite au moins d'égale à égale avec l'autre[5] », fait figure d'autorité intellectuelle, il est ainsi de son devoir de conseiller et d'avertir les grands de ce monde des moyens à mettre en œuvre pour la réussite du gouvernement des hommes. Pour ce faire, « l'humaniste chrétien ne peut donc se placer devant les puissants comme un simple courtisan, ni leur exposer comme Machiavel une recette sûre de succès[6] ». Il doit au contraire se faire le héraut d'un idéal : pour Érasme, celui-ci procède d'un évangélisme dont l'action politique se caractérise par un retour aux préceptes de l'Évangile. Il convient en premier lieu d'y convertir les princes, ceux dont le rôle à la tête du corps politique est le plus à même de servir de modèle à l'ensemble de la communauté des hommes. C'est donc à eux qu'il s'adresse et dirige ses conseils afin qu'ils exercent le plus chrétiennement leur ministère. Comme le précise Mesnard, « dès son principe, la *Politique* d'Érasme est pénétrée d'un idéal éthique et religieux » et est « en quelque sorte l'application de cet idéal au gouvernement des hommes, par le truchement des princes[7] ». Enfin, cet idéal éthique et politico-religieux qu'Érasme projette sur tous les princes se construit au travers de l'éducation, une éducation chrétienne – celle-là même qu'il préconise dans plusieurs de ses textes – ainsi que par l'acquisition des « vertus propres à un chef d'État, en utilisant de grands auteurs de l'Antiquité païenne, tels que Platon, Aristote, Cicéron, Sénèque ou Plutarque[8] ».

Érasme base son désir de réussite du gouvernement politique sur les hommes dans le projet éducatif du prince. Le miroir du prince se retrouve ainsi sensiblement modifié. S'il reflète toujours une figure idéale ainsi que les modèles pour y parvenir, il entend également transmettre les clefs pour l'acquisition d'un savoir. Il se transforme en se doublant alors d'un recueil de conseils pédagogiques : le miroir devient une Institution. La réflexion sur le bon prince se retrouve ainsi plongée dans une réflexion humaniste plus globale sur l'éducation de l'homme, en participant au même schéma d'harmonie, de paix et d'organisation dans la Cité. De ce désir humaniste, dans lequel les penseurs du XVIe siècle « placèrent

5 *Ibid.*
6 *Ibid.*, p. 91.
7 *Ibid.*
8 Margolin, Jean-Claude, « Érasme entre Charles Quint et Ferdinand Ier, et le modèle érasmien du prince chrétien », *Mélanges de l'École française de Rome. Moyen Âge, Temps modernes*, t. 99, n. 1, 1987, p. 281.

longtemps tous leurs espoirs de paix, de justice, voire de réformes[9] », naît ainsi une réflexion concevant une formation du prince qui concilie morale et politique. À une époque marquée par les conflits, les penseurs humanistes imaginent l'accomplissement du bien commun, fruit de la réussite du bon gouvernement, par l'institution d'un prince sage et lettré sur la base de préceptes antiques et de vertus chrétiennes[10].

En devenant l'une des conditions premières de la réussite politique, la formation intellectuelle et morale du prince – son institution – en vint à définir les œuvres qui la décrivaient. Ainsi les miroirs des princes devinrent, jusque dans leurs titres, des Institutions du prince. Il convient alors de s'intéresser au mot lui-même. Issu du verbe latin *instituere* – qui signifie chez Cicéron l'action de former quelqu'un, en particulier les *adulescentes* à l'art oratoire[11] – le substantif *institutio* renvoie à la notion de formation, d'instruction et d'éducation[12]. Le terme, repris par les auteurs de la Renaissance et traduit par « institution » en français, va conserver durant tout l'Ancien Régime son sens éducatif. Au premier tiers du XVIIe siècle, l'*Invantaire des deus langues, françoise et latine* indique qu'« instituer, enseigner, instruire » sont synonymes et renvoient au latin *instituere* et *edocere*[13]. À la fin du XVIIe siècle, le *Dictionnaire universel* de Furetière précise encore qu'« instituer signifie aussi enseigner, instruire[14] ». Le *Dictionnaire de l'Académie française* nous en apprend un peu plus sur l'utilisation du mot jusqu'à la fin du XVIIIe siècle. Si dans sa première édition de 1694, il indique qu'« institution » pouvait encore se prendre pour « éducation[15] », l'édition de 1762 précise en revanche que « institution » ne s'entendait plus que « quelquefois pour Éducation » et ne donnait comme seul exemple que « Institution d'un prince[16] ».

---

9 Ménager, Daniel, *Introduction à la vie littéraire au XVIe siècle*, Paris, Dunot, 1997, p. 154.

10 Mesnard, Pierre, *Essor de la philosophie politique au XVIe siècle*, *op. cit.*, Livre premier « Renaissance païenne et humanisme chrétien », p. 17-179.

11 *Dictionnaire Gaffiot*, latin-français, Paris, Hachette, 1934, p. 833. *Cf.* Cicéron, *Pro Caelio*, 34, XVII, *Œuvres complètes*, sous la direction de M. Nisard, Paris, 1864, t. troisième, (*Sic tu instituis adulescentes*).

12 *Ibid. Cf.* Cicéron, *De oratore*, 2, I, *Œuvres complètes*, *op. cit.*, t. premier, (*Crassum non plus attigisse doctrinae, quam quantum prima illa puerili institutione potuisset [...]*).

13 Monet, Philibert, *Invantaire des deux langues, françoise et latine*, Lyon, 1636, p. 481.

14 Furetière, Antoine, *Dictionnaire universel, contenant généralement tous les mots français tant vieux que modernes*, 1690, p. 358.

15 *Dictionnaire de l'Académie française*, chez Coignard, Paris, 1re éd., 1694, p. 504.

16 *Dictionnaire de l'Académie française*, Paris, 1762, p. 939.

Au-delà des aléas linguistiques du terme « institution », il convient encore de préciser que le succès de son emploi dans les titres d'œuvres politiques bénéficia assurément du renouveau pédagogique qui vit le jour au début du XVIe siècle. Grâce à la redécouverte de textes antiques apportant une modification de l'*épistèmê* occidentale ainsi qu'un déplacement de la perception de l'homme « d'un déterminisme astral et physiologique » médiéval vers un « anthropocentrisme revivifié dans l'Antiquité[17] », l'intérêt de ce renouveau pédagogique s'élargit pour ne plus se limiter à la figure du gouvernant. De cette perspective anthropocentrique fleurit un grand nombre d'ouvrages à caractère pédagogique dédiés non plus seulement au prince mais s'adressant aux enfants, aux femmes ainsi qu'aux mariés[18]. Le XVIe siècle profita ainsi de nombreuses traductions ou rééditions d'ouvrages antiques, comme le *De liberis educandis* de Plutarque et plus particulièrement encore de la redécouverte d'un auteur comme Quintilien[19]. L'humaniste espagnol Juan Luis Vivès s'intéressa à l'éducation des femmes et des enfants en publiant le *De ratione studii puerilis* et le *De institutione foemina christianae*[20]. Si Érasme avait déjà publié son *Institutio principis christiani* quelques années auparavant, il s'intéressa également aux autres membres du corps politique et social, toujours dans une conception chrétienne[21]. Il publia, à l'intention des mariés, l'*Institutio christiani matrimonii*. Il rédigea en 1529 le *De pueris* destiné à l'éducation des enfants et traduit en 1537 sous le titre *Déclamation contenant la manière de bien instruire les enfants dès leur commencement*[22].

---

17 Petris, Loris, *La plume et la tribune : Michel de L'Hospital et ses discours (1559-1562)*, Genève, Droz, 2002, p. 79.

18 *Ibid.*, p. 81.

19 *Ibid.* Petris cite notamment Philelphe (*De educatione liberorum*, 1500), Ursin (*Ethologus sive de moribus ad puerorum educationem*, 1532), Sadolet (*De liberis recte ac liberaliter instituenda in Republica juventute*, 1559), Nausea (*De puero litteris instituendo*, 1536), Vallambert (*La Manière de nourrir et gouverner les enfants*, 1565) et Muret (*Institutio puerilis*, 1585).

20 Ibañez, Ricardo Marin, « Juan Luis Vives (1492 ?-1540) », *Perspectives : revue trimestrielle d'éducation comparée*, vol. XXIV, n. 3/4, 1994 (91/92), p. 775-792.

21 Margolin, Jean-Claude, *Érasme précepteur de l'Europe*, Paris, Julliard, 1995. Du même auteur, « Érasme (1467 ?-1536) », *Perspectives : revue trimestrielle d'éducation comparée*, vol. XXIII, numéro 1-2, 1993, p. 337-356.

22 Saliat, Pierre, *Déclamation contenant la manière de bien instruire les enfants des leur commencement. Avec ung petit traicté de la civilité puerile (d'Érasme). Le tout translaté de Latin en François*, Paris, Simon de Colines, 1537. Voir l'édition récente du *De pueris (De l'éducation des enfants)*, traduction de Pierre Saliat, introduction et notes de Bernard Jolibert, Paris, Klincksieck,

Pour Mario Turchetti, l'*Institutio principis christiani* d'Érasme prolonge à sa manière le genre des miroirs des princes. Quand Érasme prépare la première édition de son texte sur la formation morale et politique des princes, au printemps 1516, il la fait accompagner d'autres œuvres se rapportant au même sujet ou s'y apparentant : notamment sa traduction du discours d'Isocrate *Ad Nicoclem regem* (*À Nicoclès*) ainsi que son *Panégyrique* adressé à Philippe le Beau[23]. La volonté de l'humaniste néerlandais de publier son *Institutio* entourée d'un modèle de discours pédagogique antique ainsi que d'un discours laudatif adressé au duc de Bourgogne et déjà publié en 1504 doit nous inciter à penser qu'Érasme avait pleinement conscience « d'inscrire son nouvel ouvrage dans une tradition historiographique reconnue au Moyen Âge et l'époque de la Renaissance[24] », celle des miroirs des princes. Il légitimait ainsi son propos en le faisant entrer en résonnance avec la tradition pédagogique et morale antique. De cette manière, Érasme prolongeait ce « besoin récurrent, pédagogique et politique[25] » de s'assurer de rendre les détenteurs du pouvoir politique conscients de l'importance de leurs devoirs et aptes à les accomplir. Si la rupture machiavélienne brise le miroir tendu au prince et dans lequel se reflétaient les vertus morales et politiques héritées des traditions antiques et médiévales, elle n'a en revanche pas mis fin au désir des humanistes du XVIe siècle de reprendre à leur compte et selon leurs propres idées les conditions de réalisation du bon gouvernement.

Turchetti s'interroge à raison sur les causes de la permanence – ou de la renaissance – du genre littéraire des miroirs jusqu'au XVIe siècle. Comment expliquer la floraison, depuis l'Antiquité, de traités consignant les conditions nécessaires, morales et politiques, de l'exercice du gouvernant ? Pourquoi leurs auteurs éprouvaient-ils ce « besoin de répéter les choses, de réitérer les mêmes recommandations dans l'espoir que les gouvernants finissent par se convaincre de leur bien-fondé[26] » ?

1990 et aussi l'édition de Margolin, Jean-Claude, *Declamatio de pueris statim ac liberaliter instituendis*, traduite et commentée par Jean-Claude Margolin, Travaux d'Humanisme et Renaissance, Genève, Droz, 1966.

23 Sur la datation de la première édition de l'*Institutio* d'Érasme, voir Vincent, Auguste, « Les premières éditions de l'*Institutio principis christiani* d'Érasme », in *Mélanges offerts à M. Marcel Godet*, Berne, 1937, p. 91-96.

24 Turchetti, Mario, introd. à Érasme, *La Formation du prince chrétien*, édité et traduit par Turchetti Mario, Paris, Garnier, 2015, p. 70-71.

25 *Ibid.*, p. 71.

26 *Ibid.*

Turchetti propose une réponse qui permet de comprendre, d'un point de vue général, la survivance du genre parénétique en dépit de la rupture machiavélienne. Selon lui, la « surdité des responsables de la chose publique[27] » aux exhortations des penseurs et auteurs de miroirs explique ce besoin itératif, cette « réitération » inlassable des mêmes conseils. Mais au-delà de la reprise et des rééditions de textes antiques et anciens, du moins sous formes de maximes servant d'exemples, il était nécessaire d'en rédiger de nouveaux « pour actualiser la problématique et redonner à ces conseils destinés au prince la force de préceptes imprescriptibles[28] ». Érasme le dit lui-même : s'il a déjà « donné en latin les préceptes d'Isocrate sur l'administration d'un royaume » et si, « piqué d'émulation[29] », il a également proposé les siens sous forme d'aphorismes, il réactualise son discours au cœur même de sa philosophie chrétienne. La politique évangélique érasmienne n'entend pas former un prince autre que chrétien. Et contrairement aux auteurs antiques, tel Isocrate, qui formaient un prince païen, Érasme s'adresse aux princes de son temps et les éduque dans la norme de la tradition chrétienne : « moi, c'est en théologien que je prends part à l'éducation d'un prince célèbre et très intègre et, en cela, je suis un chrétien qui éduque un autre chrétien[30] ». C'est ce rapport de subordination de la politique à la religion qui sépare principalement l'évangélisme érasmien du réalisme machiavélien, comme nous le verrons plus loin.

Il serait aisé de tomber dans l'écueil de confronter le texte d'Érasme à celui de Machiavel. Si les deux œuvres ont été écrites simultanément – et que celle du Florentin devait circuler en Europe avant sa publication et sa première traduction française au milieu du XVIe siècle –, elles n'ont toutefois pas été rédigées l'une envers l'autre, malgré les oppositions radicales qui les séparent dans leur contenu. En effet, l'œuvre de Machiavel devait demeurer « alors inconnue de l'humaniste néerlandais et absente de son monde intellectuel[31] ».

Ne pas opposer Érasme à Machiavel : tel est le mot d'ordre qui doit être suivi. Les deux humanistes que tant oppose ne se sont pas dressés l'un contre l'autre. En revanche, évaluer et comparer ce qui les distingue

27 *Ibid.*
28 *Ibid.*
29 Érasme, *La Formation du prince chrétien*, *op. cit.*, p. 139.
30 *Ibid.*
31 Turchetti, Mario, introd. à Érasme, *La Formation du prince chrétien*, *op. cit.*, p. 20.

et les sépare : voilà ce qui doit permettre d'observer deux visions opposées mais coexistantes de la figure du prince. Voilà également ce qui doit permettre de saisir ce qui servira plus tard à la reconstruction de la figure du gouvernant dans les Institutions du prince au XVIe siècle. Il s'agit donc de distinguer deux visions distinctes, divulguées au même moment, d'un même objet – la figure du prince – en des termes antagonistes. Gardons ainsi en tête ce qui est dit par le Hollandais afin de jauger la distance qui le sépare du Florentin.

Si la pensée machiavélienne trouve son origine au cœur même de la politique, celle de l'humaniste néerlandais y aboutit en repensant « le problème antique et classique, aussi ancien que la société humaine, du bon gouvernement[32] ». L'un comme l'autre, ainsi, réfléchissent aux conditions nécessaires de la réalisation du bon gouvernement. Et l'un comme l'autre, aussi, la conçoivent dans la réalisation du meilleur prince possible, en des termes toutefois diamétralement différents. C'est pourquoi Érasme ne pouvait pas, lui non plus, « se soustraire à la nécessité de rechercher le meilleur gouvernement des hommes[33] ». Pour reprendre les mots d'Augustin Renaudet, il existe bien une « politique érasmienne », même si elle ne s'inscrit pas aussi directement dans le fait politique que celle de Machiavel. Même objet, autre description peut-on dire : la pensée érasmienne, au moment d'aborder le gouvernement politique des hommes et la figure qui l'exerce, se différencie, tout comme la pensée machiavélienne, des idées des humanistes italiens du Quattrocento. La pensée politique érasmienne « s'inspire et ne s'inspire pas de l'expérience et de la pensée italienne » : pis même, « elle en adopte et en refuse les conclusions[34] ». Dès lors, regardons quel prince idéal a proposé Érasme aux cours d'Europe.

Si, chez Érasme, l'image du miroir n'est pas explicitement présente, on en retrouve cependant le symbolisme dans la dédicace de l'ouvrage. Ce traité doit être un miroir réfléchissant l'image idéale du prince chrétien ainsi que le prince parfait – *optimus princeps* – que le jeune roi doit imiter. C'est en effet en ces termes qu'il s'adresse au futur Charles Quint dans sa dédicace :

> [...], il m'a paru bon de proposer au public l'image du prince parfait, mais sous le couvert de votre nom, afin que ceux qui sont formés pour diriger de

---

32 Renaudet, Augustin, *Érasme et l'Italie*, Genève, Droz, 1998 (1re éd. 1954), p. 309.

33 *Ibid.*

34 *Ibid.*

> grands empires apprennent par votre intermédiaire l'art de gouverner et prennent exemple sur vous ; [...][35].
>
> [...] ce sera aussi un effet de votre gloire, Charles, de ne pas craindre que quelqu'un vous montre, sans aucune flatterie, l'image du prince chrétien intègre et vrai, qu'assumera volontiers le prince parfait et qu'imitera sagement le jeune homme toujours désireux de s'améliorer sans cesse[36].

Malgré l'absence de référence explicite au miroir, le symbolisme spéculaire de l'objet attribué à l'ouvrage est cependant perceptible. Tout est ici aussi question d'image et de reflet. L'expression « *christiani principis simulachrum* », que Turchetti traduit par « image du prince chrétien », est intéressante. Sans avoir recours à la métaphore spéculaire, Érasme construit pourtant son traité sur le même concept symbolique qu'utilisaient les miroirs des princes antérieurs. Il participe pleinement d'une tradition littéraire qu'il connaissait assurément et qu'il a certainement conscience de perpétuer en partie. Ainsi, l'emploi du terme *simulachrum* représente parfaitement le symbolisme que les auteurs d'Institutions humanistes entendaient développer dans leurs œuvres. Il diverge en cela de la *simulatio* que l'on peut traduire par « simulation » et « faux semblant[37] ». Ainsi, il ne s'agissait pas de former une image fausse et simulée du prince, d'en feindre le reflet. On comprend qu'Érasme n'entend pas forger, malgré le caractère idéal qu'il lui apporte, un prince irréel. De plus, le terme *simulachrum* dérive du verbe *simulare* qui, dans sa définition latine, signifie « rendre semblable, reproduire, copier, imiter[38] ». Il est donc toujours question pour le prince, au travers de la figure que l'humaniste propose, de reproduire et d'essayer de se rapprocher de l'image du miroir au travers de l'Institution qu'on lui tendait. Ainsi, si le terme *simulachrum* désignait en premier lieu la « représentation figurée de quelque chose[39] », il pouvait également exprimer un ensemble plus vaste de concepts, proches de la définition première mais sensiblement différents. L'idée de *simulachrum* sous-entendait alors la représentation de l'image et du portrait moral du prince chrétien, en somme le reflet que l'on espérait qu'il devienne.

---

35 Érasme, *La Formation du prince chrétien*, *op. cit.*, p. 137.
36 *Ibid.*, p. 139.
37 *Dictionnaire Latin-Français Gaffiot*, *op. cit.*, p. 1445.
38 *Ibid.*
39 *Ibid.*, p. 1444.

Dès la dédicace de son œuvre, Érasme se place directement dans la tradition spéculaire des traités d'éducation. C'est en effet en invoquant la vertu de sagesse, sans pour autant la définir, qu'il légitime ses attentes pour le prince.

> La sagesse est par elle-même quelque chose d'admirable, ô Charles, le plus grand des princes. Mais en vérité, il n'existe aucune forme de sagesse plus éminente, selon Aristote, que celle qui enseigne au prince à se comporter en bienfaiteur[40].

Cette sagesse – *sapientia* dans le texte latin original –, traduite également dans différentes traductions françaises par « science[41] », s'oriente chez Érasme vers une vertu spéculative permettant l'élévation morale. En reprenant à son compte la tradition aristotélicienne et en se basant également sur Xénophon, il estime que la sagesse attendue du prince réside dans la capacité à savoir commander à des hommes libres tout en relevant « presque du divin[42] ». La sagesse érasmienne est ainsi en premier lieu une réminiscence de la sagesse divine accordée à Salomon. Érasme se place de cette manière pleinement dans la continuité des miroirs des princes médiévaux dont il poursuit alors l'œuvre[43]. Atteindre une sagesse se rapprochant d'une science, par l'élévation morale, telle est la finalité qu'il espère pour son prince. En se plaçant dans cet horizon d'attente vertueux, il estime que « les princes doivent bien sûr chercher à atteindre cette sagesse-là[44] ». La « philosophie chrétienne » érasmienne est ici pleinement déployée : principale qualité du prince, la sagesse se conçoit dans un mélange d'espérance chrétienne se fondant sur des modèles sages de rois bibliques et de désir d'élévation morale s'inscrivant dans la tradition philosophique antique. L'humaniste néerlandais brosse ainsi le portrait d'un prince sage, dont l'inspiration provient de David et Salomon, tout en l'inscrivant dans une conception néo-platonicienne du bon gouvernement[45].

---

40 Érasme, *La Formation du prince chrétien*, *op. cit.*, p. 133.

41 *Ibid.*, n. 1, p. 132.

42 *Ibid.*, p. 133.

43 Sur la vertu de sagesse dans l'œuvre politique et pédagogique érasmienne, voir notamment Rice Jr., Eugene F., *The Renaissance Idea of Wisdom*, Cambridge, Harvard University Press, 1958 et Massing, Jean Michel, *Erasmian wit and proverbial wisdom. An illustrated moral compendium for François I*, London, The Warburg Institute, University of London, 1995.

44 Érasme, *La Formation du prince chrétien*, *op. cit.*, p. 133.

45 *Ibid.*, p. 135.

Le prince érasmien est alors constitué sur un double modèle : il partage les caractéristiques du prince chrétien, se reformant dans le miroir des modèles bibliques, comme du prince philosophe que distingue l'éducation. À la complétude vertueuse des attentes théologiques s'ajoute le besoin d'une formation intellectuelle. L'éducation du prince est d'autant plus importante si celui-ci est établi par succession et non pas élection.

> En ce cas, le principal espoir d'avoir un bon prince réside dans sa formation irréprochable, à laquelle il convient de consacrer le plus grand soin, afin de compenser par la bonne éducation ce qui a été soustrait au droit de choisir[46].

L'on distingue déjà la différence qui peut séparer le prince érasmien de celui que décrit Machiavel à la même époque dans sa campagne toscane. Il ne s'agit pas, pour Érasme, de placer son prince devant les réalités de son temps, devant *la vérité effective*, en l'avisant de la manière la plus efficiente à conserver son État ou à l'accroître. Il ne s'agit pas non plus de le placer dans une technologie du pouvoir lui permettant d'assurer la domination politique sur les hommes. Au contraire, le prince érasmien est transcendé par son institution intellectuelle et morale. Il doit être formé et éduqué dès sa prime jeunesse dans l'espoir d'une complétude vertueuse, seul rempart contre la tyrannie. Le prince d'Érasme est ainsi le prince des vertus qui s'acquièrent, au contraire du prince machiavélien habité par la *virtù*.

Le chapitre premier de l'*Institutio* érasmienne a ainsi pour sujet la « naissance et l'éducation du prince[47] ». Il y traite de l'importance des précepteurs, dont la tâche est la plus digne et s'effectue « en vue non de leur avantage personnel, mais du bien de leur patrie[48] ». Le souci pédagogique qu'Érasme apporte à son traité participe d'un élan général de l'Humanisme pour l'éducation. L'importance qui est apportée au souci de la formation de l'homme s'étend alors à celui dont la charge est la plus importante, le prince. L'intérêt à le former le plus tôt possible[49], de préparer à temps la succession[50], de l'éduquer avant tout pour le bien

46 *Ibid.*, p. 151.
47 *Ibid.*, p. 149.
48 *Ibid.*, p. 153.
49 *Ibid.*
50 *Ibid.*, p. 155.

de la patrie[51] sont autant de sujets qui trouvent place dans la réflexion érasmienne. Érasme la développe jusqu'au possible échec éducatif du prince qui, le cas échéant, peut amener le royaume à sa perte :

> Comme chez la plupart des mortels la nature incline au mal, il n'en existe aucune, même née sous une bonne étoile, qui ne puisse être corrompue par une mauvaise formation[52].

La nature humaine du prince est ici révélée par Érasme. Le prince n'est ainsi pas différent des autres hommes, des autres membres du corps politique. Une éducation morale aboutie est la meilleure façon de prévenir le risque que le prince soit corrompu et sombre dans le vice. Le risque de la tyrannie est ainsi toujours proche et seule une éducation pensée et réfléchie, en toute conscience de son importance pour le bien commun, peut garantir la réussite du bon gouvernement.

L'idéalité, qui teinte l'évangélisme et la « philosophie chrétienne » d'Érasme, semble de prime abord côtoyer l'utopie sans pour autant y être aspirée. Érasme propose certes, pour la réussite du bien commun, la figure d'un prince tendant vers un idéal de vertus morales chrétiennes et de sagesse antique. Il a cependant pleinement conscience de la réalité. En premier lieu, il s'adresse au prince élu, celui choisi par son peuple pour le gouverner. C'est à ce moment précis qu'il fait intervenir l'exigence vertueuse du bon gouvernant, en rappelant la métaphore platonicienne du pilote et la tradition aristotélicienne du choix du chef politique[53] :

> Lorsqu'on navigue, on ne confie pas le gouvernail à celui qui surpasse tous les autres par sa naissance, sa richesse et sa beauté, mais à celui qui l'emporte par son habilité à diriger le navire, par sa vigilance et par la confiance qu'il inspire. De même, il faut de préférence confier le royaume à celui qui dépasse les autres par les dons royaux que sont, bien sûr, la sagesse, la justice, la modération, la prévoyance et le dévouement au bien public[54].

Il projette ainsi son désir d'idéalité du chef politique uniquement lorsqu'il est possible de le choisir. Dans le cas des monarchies héréditaires, il ne peut qu'en constater l'impossibilité. Le prince héréditaire

---

51 *Ibid.*
52 *Ibid.*, p. 157.
53 *Ibid.*, n. 22 et n. 23, p. 150.
54 *Ibid.*, p. 151.

est entièrement tributaire de la nature et de la providence. Seule peut l'aider une éducation dont l'importance se trouve alors pleinement justifiée. L'importance de la tâche dévolue au prince ne permet pas de se contenter de la seule hérédité.

> De tous les arts, le plus élevé est toujours le plus difficile : or il n'y en a pas de plus beau ni de plus difficile que celui de bien gouverner ! Pourquoi refuser une formation à ce seul art, et estimer qu'il suffit d'être né pour le pratiquer[55] ?

Cette perspective éducative du prince érasmien se sépare diamétralement de la volonté machiavélienne de la maîtrise de la *virtù* et de son adaptation aux aléas de la Fortune. La connaissance des conditions dans lesquelles s'exerce l'action politique n'est pas, chez Érasme, la clef de voûte de la réussite du prince. L'éducation de celui-ci, qui doit l'amener à la raison, supplée alors l'expérience que la prudence machiavélienne requérait.

> Aussi faudra-t-il avant tout instruire le prince et garnir son esprit de principes et de maximes, afin qu'il devienne sage en usant de sa raison et non par l'expérience. En outre, les conseils des anciens suppléeront cette expérience de la vie qu'a refusée la jeunesse[56].

L'une des innovations principales de l'*Institutio* érasmienne, par rapport aux miroirs des princes antérieurs, réside dans l'importance qu'il concède à la formation morale et intellectuelle du prince. Toutefois, le discours qu'il élabore sur la place du prince dans le gouvernement des hommes reprend bon nombre de thèmes communs à la tradition parénétique. Ainsi, il continue expressément à développer le caractère chrétien de la figure du prince. De même, il reprend à son compte la symbolique du prince-miroir modèle pour les citoyens. Il participe de fait au prolongement de la conception métaphorique du corps politique où le prince est non seulement la tête mais également le modèle vivant qu'il faut suivre et imiter.

> Votre vie est devant les yeux de tous, vous ne pouvez pas vous cacher. De deux choses l'une : ou vous êtes un bon prince pour le grand bien de tous, ou un mauvais prince pour le grand malheur de tous[57].

55 *Ibid.*, p. 159.
56 *Ibid.*, p. 189.
57 *Ibid.*

Pour Érasme, le rôle du prince est ainsi, en premier lieu, celui d'un modèle pour ses sujets. Alors que Machiavel invalide la théorie de l'imitation des vertus princières par le peuple, Érasme considère toujours le prince comme l'âme politique pouvant assurer la réussite du bien commun. La possibilité de simulation des vertus traditionnelles que recommandait le Florentin ou l'exercice du vice contraire, dans le but de la réussite politique permettant la conservation de l'État sont dénoncés chez l'humaniste néerlandais. Le prince érasmien continue à être le modèle à suivre. Son comportement, agissant toujours à l'intérieur des limites de la morale chrétienne, influe plus que tout autre sur l'ensemble du corps politique. Cette nécessité de perfection se basait alors sur deux qualités du prince : la sagesse acquise par une formation et la bonté inspirée par la religion.

> Dans les affaires humaines, rien n'est plus salutaire qu'un monarque bon et sage, de même que rien n'est plus pernicieux qu'un monarque mauvais et sot. Aucune maladie contagieuse ne se déclare plus vite et ne se répand aussi largement que l'influence d'un mauvais prince. En revanche, il n'y a pas de voie plus brève ni de moyen plus efficace pour corriger les mœurs du peuple que l'exemple de la vie sans tache d'un prince[58].

Le prince doit agir comme un modèle pour son peuple, en pleine conscience et connaissance de l'importance de son rôle. Son comportement exemplaire est conçu comme un devoir. Il doit alors s'appliquer à « être bon, afin de rendre meilleurs tout autant de gens[59] ».

La philosophie chrétienne de l'érasmisme continue également à ériger la figure du bon prince sur un modèle chrétien, notamment par la reprise d'un lieu commun médiéval faisant du prince l'image de Dieu sur Terre. Le prince continue ainsi à être vu comme l'*imago dei*, ou pour reprendre la formulation d'Érasme « *Dei simulacrum*[60] », comme l'image de Dieu sur Terre. Cependant, cette fonction divine associée au rôle du prince ne participe plus de la légitimation du pouvoir royal mais implique, bien au contraire, des devoirs et des risques dont le prince devait prendre conscience.

> Mais vous qui êtes chrétien et aussi prince, lorsque vous entendez ou lisez que vous êtes une image de Dieu, que vous êtes un vicaire de Dieu, gardez-vous de

58 *Ibid.*, p. 191.
59 *Ibid.*, p. 193.
60 *Ibid.*, p. 192.

> vous en gonfler d'orgueil. Faites plutôt en sorte que cet état vous rende plus soucieux de correspondre à votre modèle, certes infiniment beau, mais parvenir à cela est extrêmement difficile, ne pas y parvenir est tout à fait indigne[61].

Le prince est toujours un prince chrétien : il l'est même avant toute chose. Cette condition intrinsèque à la royauté lui impose l'acquisition et la pratique de vertus issues de la tradition chrétienne. Il ne faut pas chercher à distinguer la pensée machiavélienne de la philosophie chrétienne érasmienne sur la base d'une volonté réciproque des deux penseurs de s'opposer l'un à l'autre. Ni Machiavel ni Érasme n'ont écrit leur œuvre en réponse à l'autre. Il nous paraît cependant nécessaire de souligner à quel point les deux visions se différencient. Machiavel a délié le prince de la subordination du politique au religieux. Il l'a libéré du carcan vertueux que représentait le reflet du miroir afin de l'inscrire dans la réalité historique, dans *la vérité effective de la chose.* Il fait volontairement mention de la tradition philosophico-politique contre laquelle il s'oppose. Par la reprise de certains codes formels, en faisant appel à des concepts identiques, il fait mine de perpétuer une tradition éthico-religieuse pour mieux la renverser, et ce au moment même de son énonciation. Être bon et savoir ne pas l'être, être homme et savoir user de la bête, agir dans le respect de la morale et savoir agir par ruse, finesse et secret : le prince machiavélien s'inscrit dans une réalité historique immédiate. Érasme, pour sa part, participe de la même tradition que Machiavel utilise et renverse. Toutefois, à l'opposé du Florentin, il la perpétue en la renouvelant.

Alors que Machiavel délie fondamentalement le prince de tout devoir religieux, évacuant toute morale chrétienne de l'exercice politique du gouvernant ainsi que toute nécessité vertueuse, Érasme décide quant à lui de perpétuer l'attente vertueuse du prince. Celle-ci s'explique en grande partie par le statut de représentant de Dieu sur Terre par le prince, ce dernier devant alors refléter au mieux les vertus chrétiennes.

> La théologie des chrétiens attribue à Dieu trois prérogatives suprêmes : une souveraine puissance, une souveraine sagesse et une souveraine bonté. Vous devez accomplir, dans la mesure de vos forces, toutes les tâches que comporte cette triade, car la puissance sans la bonté est pure tyrannie et, sans la sagesse, est destruction, non pas exercice de l'autorité[62].

61 *Ibid.*, p. 193-195.
62 *Ibid.*, p. 195.

Le prince érasmien, prolongeant la figure d'un prince image de Dieu sur Terre, doit donc s'atteler à représenter au mieux le pouvoir qui lui est octroyé. La recherche de la sagesse devient ainsi un devoir :

> Premièrement donc, puisque le destin vous a donné la puissance, prenez soin d'acquérir toute la sagesse possible, afin que vous puissiez mieux que tout autre percevoir très clairement ce qu'il faut chercher à atteindre et ce qu'il faut éviter[63].

Faisant suite à cette « souveraine sagesse », une « souveraine bonté » est également espérée : s'appliquer « à faire le plus de bien possible à tous, car c'est là le propre de la bonté[64] ». Enfin, la « souveraine puissance » accordée au prince par la providence ne doit s'exercer que « dans la mesure » des possibilités d'agir du prince[65]. Sagesse, bonté et puissance souveraines, qui définissent l'action politique du prince érasmien, s'opposent diamétralement aux conditions d'exercice du pouvoir du prince machiavélien. Il ne s'agit pas, pour Érasme, d'énoncer à son prince les modalités de la réussite de la conservation de l'État. Il s'agit au contraire de dessiner la meilleure figure du souverain, celle permettant la réussite du bien commun dans les limites imposées par la théologie chrétienne.

Toutefois, le prince érasmien n'est plus le prince des miroirs médiévaux. S'il est toujours l'image de Dieu sur Terre ainsi que son représentant exerçant le pouvoir divin, son autorité s'établit sur les sujets dans un rapport inédit. Érasme, dans un langage neuf pour l'époque, considère une autorité du prince établie par le consentement du peuple, selon un pacte scellé entre souverain et sujets :

> Le bon prince évalue toute chose en se référant à l'intérêt public, faute de quoi il ne serait pas même un bon prince. [...] Une bonne partie de l'autorité repose sur le consentement du peuple : c'est ce consentement qui, à l'origine, a créé les rois[66].

Le prince érasmien, dont l'autorité repose ainsi « sur le consentement du peuple », a pour but principal de parvenir au bien commun, dans

63 *Ibid.*
64 *Ibid.*
65 *Ibid.*
66 *Ibid.*, p. 403.

l'intérêt public. Pour Érasme, contrairement à Machiavel, le bien public « doit être l'unique but des rois ainsi que de leurs amis et serviteurs[67] ». Plus encore, il confère au prince « entière légitimité et autorité[68] ». Ainsi, l'autorité du prince chrétien, pour Érasme, s'appuie sur un double principe impliquant une réciprocité : « de la part des sujets, le libre consentement ; de la part du prince, un gouvernement qui ne perd jamais de vue l'intérêt public[69] ».

La figure du prince érasmien se dessine également, dans le traité, à l'aune de celle du tyran. Ainsi, Érasme propose une double image. « Suivant l'habitude des miroirs », il brosse « un portrait du prince idéal et de son opposé, le tyran, offert au prince pour mieux le refléter[70] ». À la manière d'un miroir à double face – d'une empreinte sur laquelle transparaîtrait le positif et le négatif de la figure du prince –, Érasme décrit non seulement la figure idéale de son prince mais aussi celle qui s'en écarte absolument. Si l'autorité du prince se base sur le consentement des sujets comme sur la recherche du bien commun et de l'intérêt public, la menace de la dérive est toujours bien réelle. Le rapport équitable entre le prince et les sujets n'est en aucun cas une garantie contre la tyrannie[71]. À tous moments, le prince peut en abuser. Il doit ainsi apprendre à user de son pouvoir sans emploi excessif, au risque de transformer le bon gouvernement en tyrannie. Érasme met ainsi un point d'honneur à mettre en garde « contre ce danger le prince chrétien, chargé de responsabilités spirituelles[72] ».

C'est en premier lieu le rôle du précepteur de faire prendre conscience au prince du danger de la tyrannie. Il doit mettre sous le regard du prince le double miroir renvoyant d'un côté l'idéal de sa représentation et de l'autre ce qu'il doit prendre en horreur, à savoir la figure monstrueuse du mauvais prince sous la forme du tyran.

> Que le précepteur esquisse donc le portrait d'une sorte de créature céleste, plus semblable à une divinité qu'à un être humain, parfaitement douée de

67 *Ibid.*, p. 139.

68 Turchetti, Mario, *Tyrannie et tyrannicide*, *op. cit.*, p. 337.

69 *Ibid.*, p. 338.

70 Barral-Baron, Marie, « Place et rôle de l'histoire dans l'*Institution du prince chrétien* d'Érasme », *Le Prince au miroir de la littérature politique de l'Antiquité aux Lumières*, *op. cit.*, p. 356.

71 Turchetti, Mario, *Tyrannie et tyrannicide*, *op. cit.*, p. 338.

72 *Ibid.*

> toutes les espèces de vertus, née pour le bien de tous et même offerte par les puissances supérieures pour venir en aide aux mortels, qui pourvoie à tout, qui veille sur tous, pour qui rien ne soit plus important, à qui rien ne soit plus cher que la chose publique ; [...][73].

De même, se reflète de l'autre côté l'image du tyran et de la perversion :

> En face, le précepteur doit mettre devant les yeux du prince une espèce de bête monstrueuse et horrible, tenant du dragon, du loup, du lion, de la vipère, de l'ours et de monstres semblables, pourvue de tous côtés d'une infinité d'yeux et de dents, d'effroyables griffes crochues, d'un ventre insatiable, gavée de viscères humains et ivre de sang humain[74].

Alors que chez Machiavel, la métaphore animalière va fonder la nécessité du prince à savoir user de la force ou de la ruse dans l'unique but de réaliser le besoin nécessaire à la conservation de l'État, elle distingue chez Érasme le revers, l'envers de la figure du bon prince. À une époque où le pouvoir royal était davantage limité par des principes que contrôlé par des institutions, la formation du prince demeurait le principal remède contre la peur de la perversion du gouvernement politique en tyrannie. Ainsi, Érasme participait encore pleinement de ce désir moralisateur à inculquer au jeune prince, qui seul pouvait faire prendre conscience au futur roi de ce danger. Il s'agissait même d'un devoir primordial dans l'éducation du prince.

Si Érasme construit sa représentation du prince à partir du même concept symbolique que les miroirs antérieurs, cela ne signifie pas qu'il le fait dans le but de s'opposer à Machiavel. Nous l'avons vu, les deux œuvres, même si elles s'opposent, ne s'engagent pas dans une critique réciproque. Le modèle du prince érasmien développé au sein de l'*Institutio principis christiani* a pourtant servi de base à certaines œuvres postérieures qui se sont, dans leur cas, construites de manière à participer de l'antimachiavélisme. Si certains auteurs français, durant le XVIe siècle, ont certes défendu la pensée du secrétaire florentin, ils ne participaient pas d'un courant dominant[75]. À l'inverse, une grande

73 Érasme, *La Formation du prince chrétien*, *op. cit.*, p. 205.

74 *Ibid.*, p. 207.

75 Voir par exemple La Taille, Jean de, *Le prince nécessaire*, *Œuvres*, Genève, Slatkine, 1968 (1re éd. 1572-1573) ou Machon, Louis, *Apologie pour Machiavelle, ou plustost La politique des Rois, et la science des souverains en faveur des Princes et des Ministres d'Estat*, Paris, 1643.

partie des auteurs d'Institutions ont continué à reconstruire un prince dont l'image demeurait forgée sur une base augustinienne et thomiste en termes de morale politique, mêlée d'un « humanisme néo-platonicien[76] ». Il s'agissait pour la plupart de ces auteurs mineurs de miroirs des princes, durant la seconde moitié du XVIe siècle, de soutenir le pouvoir royal fébrile et de défendre l'unité du royaume. Il s'agissait aussi, pour ceux proches des milieux catholiques de la Ligue, de formuler une image du prince faisant écho à un pouvoir royal antérieur aux conflits confessionnels et indivisé, dans des œuvres participant de l'idéologie théologico-politique de leurs protecteurs.

76 Bergès, Michel, *Machiavel, un penseur masqué ?*, Bruxelles, Complexe, 2000, p. 229.

LE PRINCE DES *INSTITUTIONS* AU XVIe SIÈCLE

Une multitude de traités, continuant la tradition des miroirs des princes médiévaux sous la forme des Institutions du prince, furent publiés en Europe, et plus particulièrement en France, jusqu'au dernier quart du XVIe siècle[1]. La plupart s'inspira du modèle érasmien de l'*Institutio* dans leur titre comme dans leur contenu. En partie en opposition à Machiavel comme dans l'espoir d'apporter une réponse pouvant mettre un terme aux conflits religieux, les auteurs de ces Institutions reformaient une figure du prince rappelant et ressassant les vertus nécessaires du prince chrétien, figure de proue des monarchies catholiques. Ces miroirs, issus notamment de la volonté tridentine en réponse à la Réforme protestante, ne renouvelaient pas la pensée politique et religieuse de leur époque. Au contraire ils participaient consciemment d'un mouvement conservateur désirant réaffirmer un ordre politique qu'ils espéraient voir se réactualiser.

Jean Céard a montré l'inflexion prise par les ouvrages politiques s'adressant au pouvoir royal en France au XVIe siècle[2]. Il constate, à juste titre, la multiplicité des Institutions du prince qui prolongent à leur manière la tradition des miroirs. Malgré cette multiplicité d'œuvres continuant à proposer une image syncrétique d'un prince de la Renaissance forgée sur un socle chrétien, il faut se demander si ces œuvres ne participent pas d'une quelconque unicité. En effet, elles ont pour finalité première le même but : proposer un prince faisant renaître en lui l'idéal vertueux de la tradition morale chrétienne tout en le formant et le préparant à sa tâche politique. Il convient également d'observer si

1 Céard, Jean, « Conceptions de la royauté et institution du prince en France au XVIe siècle », art. cité, p. 59. Sur le modèle des Institutions du prince au début du XVIIe siècle, voir Flandrois, Isabelle, *L'institution du prince au début du XVIIe siècle*, *op. cit.*

2 *Id.*, « Les visages de la royauté en France, à la Renaissance », art. cité, p. 73-89 et « Conceptions de la royauté et institution du prince en France au XVIe siècle », art. cité, p. 59-73.

l'ensemble des traités participant du genre humaniste des Institutions du prince, dans la France du XVIe siècle, est soumis au même régime idéologique ou propose un discours identique sur le prince.

En l'absence de théorie officielle et unique sur la représentation du pouvoir royal, la littérature politique du XVIe siècle définissant l'image du souverain a essentiellement participé d'un travail d'illustration de la figure du prince[3]. Elle en a ainsi plus « dessiné les visages » que proposé une réelle « élaboration conceptuelle[4] ». Avant la théorisation de la souveraineté par Jean Bodin en un véritable concept juridique[5], il semble en effet que l'essentiel de la littérature politique a continué à représenter le régime monarchique en utilisant une « imagerie » reprise de la pensée médiévale mise au jour par l'Humanisme.

Ainsi une littérature prescriptive adressée au prince a continué à voir le jour. Cette persistance était le fruit de plusieurs facteurs. Ces traités reflétaient l'intérêt revivifié par l'Humanisme pour l'éducation des membres du corps politique, du prince, de l'homme comme de l'enfant. Ils dénotaient plus encore la volonté des penseurs du XVIe siècle de réaliser le bon gouvernement par la figure d'un prince compilant en lui l'entier d'une sagesse antique réappréhendée par la morale chrétienne. Ces Institutions du prince sont nombreuses tout au long du XVIe siècle. À tel point que, comme le dit avec raison Marie-Ange Boitel-Souriac, le « foisonnement de ces traités d'éducation du prince allait de pair avec l'appauvrissement de la forme et l'épuisement du fond caractérisant ces écrits d'un manque d'originalité du sujet et d'une absence de qualité stylistique du texte, pour devenir finalement un support rhétorique du discours adressé aux souverains[6] ». En effet, peu de nouveautés émergent de ces textes qui continuent à se répéter et à développer une image identique et convenue du pouvoir royal. À partir du modèle érasmien, dans sa forme, son contenu et son titre, elles ont poursuivi le

3 *Id.*, « Conceptions de la royauté et institution du prince en France au XVIe siècle », art. cité, p. 59. Sur la représentation du pouvoir royal en France au XVIe siècle, voir Weill, Georges, *Les théories sur le pouvoir royal en France pendant les guerres de Religion*, Genève, Slatkine, 1971 (1re éd. 1891).

4 *Id.*, « Les visages de la royauté en France, à la Renaissance », art. cité, p. 73.

5 Sur la notion de souveraineté chez Bodin, voir infra, quatrième partie.

6 Boitel-Souriac, Marie-Ange, « Quand vertu vient de l'étude des bonnes lettres. L'éducation humaniste des Enfants de France et de François Ier aux derniers Valois », *Revue historique*, Paris, PUF, numéro 645, 1, 2008, p. 35.

même but : former un prince idéal. Tout au long du XVIe siècle, elles ont ainsi continué à énoncer « une exaltation des vertus personnelles d'une figure utopique du prince devant briguer de concert savoir humaniste et valeurs traditionnelles ; [...] qui fait alors tendre ces écrits vers le panégyrique courtisan[7] ».

Le programme éducatif de ces Institutions reste vague. Mélange de rhétorique et de scolastique, il mettait surtout en avant l'importance d'un comportement du prince en adéquation avec la morale chrétienne, dans un cadre privé comme dans l'exercice de la souveraineté. Il ne faut donc pas chercher en eux des « manuels pédagogiques à la seule lumière desquels on pourrait évaluer les méthodes et les objectifs des savoirs attendus et dispensés aux jeunes princes de la Renaissance[8] ». Ils ne reflètent ainsi pas le contenu réel d'apprentissage du prince, encore moins quand l'on prend conscience que, contrairement à bon nombre de traités du XVIIe siècle, ils ne s'adressent pas au dauphin ou à un jeune roi fraîchement couronné. Leur intérêt en matière de conception de la formation intellectuelle et morale du prince est donc à relativiser. En revanche, ils sont les témoins précieux des « inflexions du temps sur l'imaginaire symbolique du prince savant[9] ». Ils sont également des ouvrages de circonstance marquant la volonté de leurs auteurs de défendre une opinion politique.

Jean Céard pose une question importante lorsqu'il examine ces traités : faut-il envisager ces Institutions comme « ressortissant d'un genre soumis à des règles intrinsèques et qui aurait une topique propre et relativement stable[10] » ? En somme, existe-t-il un genre des Institutions du prince, à la manière des miroirs antérieurs ou qui les prolongerait ? Ou au contraire, ces œuvres ne sont-elles pas simplement « très fortement tributaires des conceptions de la royauté qu'elles véhiculent[11] » ? Comprenons par-là que la reprise formelle du modèle de l'Institution du prince, notamment érasmienne, ne serait qu'un prétexte pour formuler et véhiculer les diverses conceptions du pouvoir monarchique.

La question est pertinente au vu du nombre de traités reprenant le titre *Institution du prince* ou *Institution du prince chrétien*. Il serait alors possible

7 *Ibid.*
8 *Ibid.*, p. 37.
9 *Ibid.*
10 *Ibid.*
11 *Ibid.*

d'imaginer ces Institutions du prince comme des œuvres *sui generis* ou, du moins, se plaçant dans le lignage du genre des miroirs des princes tout en possédant des spécificités qui leur sont propres. Ces œuvres partagent en effet entre elles de nombreuses caractéristiques, notamment la réaffirmation de l'origine divine du pouvoir royal ou la description de la figure chrétienne du prince. Toutefois elles se distinguent également l'une de l'autre, en fonction des auteurs et de l'époque de leur rédaction. Elles ne participent pas d'une représentation unique et unie du pouvoir royal. De même, elles ne partagent pas toutes l'entier de la conception de la figure du prince. Elles sont ainsi très fortement imprégnées par le contexte politique et religieux ainsi que par l'obédience idéologique et confessionnelle de l'auteur. En définitive, nous sommes d'avis que l'ensemble de ces traités normatifs, qui semblent de prime abord s'ériger en un genre propre – celui des Institutions du prince –, participe plus de la volonté de leurs auteurs d'exprimer leur conception du pouvoir et de la figure du souverain par le biais formel de l'*Institution du prince* repris du modèle érasmien, que d'un véritable désir de perpétuation d'un genre littéraire.

Le succès de l'œuvre d'Érasme – comme celui de l'*Institution du prince chrétien* de Guillaume Budé parue en 1547 mais déjà présentée sous forme de manuscrit à François Ier entre 1517 et 1519[12] – peut expliquer la volonté des auteurs d'Institutions au XVIe siècle de se placer dans leur lignage. La reprise d'un modèle formel reconnu, dans lequel s'exprimait une conception traditionnelle du pouvoir royal, des arts de gouverner et de la figure du prince, légitimait en partie leurs propos. Ces auteurs s'inscrivaient consciemment dans une tradition littéraire établie, dont les principaux représentants faisaient figures d'autorité morale et intellectuelle, en se plaçant ainsi dans le sillage d'un Érasme ou d'un Budé, figures de proue de l'Humanisme européen.

De ces modèles, les auteurs des Institutions que nous allons voir vont reprendre la double représentation du prince. Dans des mesures propres à chaque auteur, le prince chrétien va cohabiter avec la figure

---

12 Hochner, Nicole, « Le Premier Apôtre du mythe de l'État-mécène : Guillaume Budé », *Francia. Forschungen zur Westeuropäische Geschichte, Frühe Neuzeit, Revolution, Empire, 1500-1815*, Band 29/2 (2002), p. 1-14. Sur la datation du manuscrit de Guillaume Budé donné à François Ier, voir Delaruelle, Louis, *Guillaume Budé. Les origines, les débuts, les idées maîtresses*, Paris, Honoré Champion, 1907, chap. VI « Le Recueil d'Apophtegmes offert à François Ier », p. 199-220.

humaniste du prince sage et philosophe. En fonction de l'orientation qu'entend donner l'auteur à son Institution, certaines œuvres vont plus particulièrement se développer dans un cadre théologico-politique en décrivant une figure du prince essentiellement chrétienne. Dans une période marquée par la division confessionnelle provoquant des troubles internes, ces œuvres se font les outils de défense d'un pouvoir divisé, de la volonté d'un retour à l'unité religieuse ou d'une légitimation des prérogatives royales. D'autres vont décrire, pour leur part, une figure du prince chrétien se diluant dans un Humanisme revivifiant la pensée et les modèles antiques. Ainsi, diverses images de la figure du prince se rejoignent, se complètent ou s'opposent. S'il est toutefois possible de souligner des modèles principaux, il est impossible d'en dégager une unité cohérente. Tous s'accordent certes à faire du modèle du prince chrétien le principal vecteur de l'image du souverain. Peu s'accordent cependant sur l'essence de sa nature humaine : certains font du prince un homme sujet aux vices comme tout un chacun, mettant un accent particulier sur sa formation intellectuelle et morale ; d'autres font du prince un être surhumain placé au-dessus des hommes par la volonté divine.

En premier lieu, c'est la figure du prince chrétien qui transparaît de la lecture des Institutions au XVIe siècle. C'est le cas notamment chez Claude d'Espence qui offrit en 1548 à Henri II son traité intitulé *Institution d'un prince chrétien* et rédigé l'année précédente. Ce traité est un parfait résumé de la revivification de la figure chrétienne du prince par la volonté tridentine. L'œuvre, rédigée par son auteur dès son retour du Concile de Trente, érige la figure du prince chrétien en modèle principal[13]. D'Espence exprime ainsi un idéal politique essentiellement basé sur la primauté de la religion et sur un gouvernement se confondant dans le respect de la morale chrétienne. Le souverain décrit par d'Espence devient ainsi « l'intermédiaire entre la cité céleste, dont provient son pouvoir, et la cité terrestre qu'il doit amener à la connaissance de Dieu[14] ».

---

13 Dubois, Alain, « Claude d'Espence et la figure du prince », *Un autre catholicisme au temps des Réformes ? Claude d'Espence et la théologie humaniste à Paris au XVIe siècle. Études originales, publications d'inédits, catalogue de ses éditions anciennes*, édité par Tallon Alain, Turnhout, Brehpols, 2010, p. 102.

14 *Ibid.* Sur le rapport entre religion et politique chez d'Espence, voir également du même auteur « La place de la religion chez Claude d'Espence », *Revue d'Histoire de l'Église de France*, Société d'Histoire religieuse de la France, Paris, 2006, t. 92, p. 47-71.

En reprenant l'exacte traduction de l'*Institutio principis christiani* d'Érasme, d'Espence exprime sa volonté de s'inscrire dans la lignée humaniste du Hollandais. S'il décrit bien la figure souveraine du prince, il ne fait cependant pas appel à l'ensemble des modalités déployées par Érasme. En effet, il considère la figure du prince essentiellement dans son rapport à la religion sans considérer l'importance de sa formation. Le prince d'Espence décrit dans son *Institution* n'est donc pas entièrement le prince érasmien : il n'est pas attendu de lui qu'il acquiert une sagesse et l'ensemble de vertus nécessaires à la réalisation du bon gouvernement. En effet, il n'est fait aucune mention d'un programme éducatif ou d'un catalogue vertueux. En revanche, il est surtout espéré et attendu du prince qu'il restaure une unité confessionnelle par le biais de son pouvoir politique. Pour ce faire, d'Espence fait appel à des sources vétéro et néo-testamentaires et non pas, comme le faisait Érasme, à un mélange calculé de sources bibliques et antiques. L'origine unique des références sur lesquelles d'Espence se base marque une nette différence avec l'œuvre érasmienne.

Le traité d'Espence, dans son agencement interne, reflète la conception et l'organisation du corps social de l'époque. Les huit chapitres de l'ouvrage divisent le texte à l'image de la hiérarchie et de la structure sociétales : en premier lieu Dieu, puis l'Église, le roi, ses familiers, les gouverneurs politiques puis enfin le peuple. Dans le chapitre premier intitulé « De la dignité de la majesté royale », d'Espence établit l'origine du pouvoir royal en perpétuant la tradition théologico-politique médiévale. Il le légitime par la volonté divine en rappelant le précepte paulinien.

> Il n'y a point de puissance supérieure sinon de Dieu mais principalement la royale est divinement ordonnée, à laquelle qui résiste, il contrevient à l'ordonnance de Dieu car les Princes sont ministres du Royaume de celui-ci s'employant à faire et garder justice, tant à la vengeance des malfaiteurs, que à la louange de ceux qui font bien[15].

Le second chapitre, intitulé « De l'office du roi envers Dieu », établit, à la suite de la mise en exergue de la majesté royale, les devoirs du souverain envers Dieu. Alors qu'Érasme fondait dès l'ouverture de son traité l'importance de la formation du prince, d'Espence atteste d'une

15 Espence, Claude de, *Institution d'un prince chrétien*, Lyon, 1548, f. 7. Nous modernisons l'orthographe.

volonté différente. Le prince, chez d'Espence, est avant tout redevable envers Dieu : son pouvoir lui impose des devoirs.

> Maintenant donc entendez, vous rois [...], soyez instruits vous qui jugez la terre, servez au Seigneur en crainte, recevez discipline, afin qu'il ne se courrouce, car il interrogera vos œuvres, et diligemment enquerra vos pensées[16].

Il doit ainsi, dans la crainte de la colère divine, « abolir les abus, erreurs et hérésie[17] » dans son royaume comme au sein de l'institution ecclésiastique. De cette dernière volonté apparaît l'un des principaux projets élaborés par d'Espence dans son *Institution*. La réutilisation du modèle érasmien lui permet d'exprimer la figure principale du prince qu'il défend : celle du prince de réforme. L'œuvre d'Espence, dans sa globalité, apparaît en effet comme un manifeste pour la réformation de l'Église gallicane. Le désir de l'auteur est de rendre le prince conscient des abus du clergé qui, par suite de la Réforme, ont précipité le royaume dans la division confessionnelle. L'appel d'Espence veut inciter le prince à participer, par son pouvoir politique, à aider une Église incapable de se réformer par elle-même. Les mots que l'auteur formule dans la conclusion de son traité sont sans ambiguïté.

> Et voilà mon souverain Seigneur, une partie de mes méditations, souhaits, désirs et vœux envers votre très sainte et sacrée Majesté, c'est à savoir de l'excellence de la dignité royale, de l'office de celle-ci dans les choses tant divines que humaines, auxquelles s'il plait à votre très chrétienne Majesté diligemment penser, s'exercer, s'y employer, et avant toutes choses honorer Dieu, puis repurger son Église d'infinis scandales, bien traiter vos princes et votre noblesse, ordonner la justice et soulager votre peuple[18].

Ainsi résumés, les devoirs et les attentes du prince font apparaître la volonté d'Espence. Celui-ci utilise le modèle de l'Institution du prince dans le but premier d'appuyer son propos au travers de la reprise de la tradition formelle. Son *Institution* n'est ainsi en aucun cas un prolongement de l'entier de l'œuvre érasmienne. Outre l'absence de toute référence à la nécessité de formation du prince, il n'est fait que peu de mention d'un comportement vertueux. Pour d'Espence, « l'État d'une République

16 *Ibid.*, f. 11.
17 *Ibid.*, chap. III, f. 15.
18 *Ibid.*, f. 73.

dépend de deux vertus, c'est à savoir Religion et Justice[19] ». Le bien du royaume ne procède pas de la prise en compte de l'intérêt commun par un prince sage et institué, comme chez Érasme. D'Espence ne considère la réussite du gouvernement politique que dans l'interdépendance et le respect de la religion et de la justice.

> […], car elles s'entretiennent, et l'une croit par l'accroissement de l'autre, de sorte que la vraie religion a lieu où justice règne, et la République florit bien ordonnée de toutes deux[20].

Le prince d'Espence est ainsi un prince de concorde et de paix civile. L'une comme l'autre est rendue possible par le juste équilibre entre religion et justice au sein du royaume. Cette notion d'équilibre est le cœur même du rôle du prince dans le corps politique. Il doit exercer la justice conformément aux exigences morales de la religion comme il doit protéger la religion grâce à la justice.

L'œuvre de Claude d'Espence doit nous inciter à comprendre que la reprise du modèle de l'Institution du prince au XVIe siècle ne participe pas uniquement du désir humaniste de formuler l'image d'un prince sage et lettré. En effet, la défense du caractère chrétien du prince peut également aboutir à une surexposition : au-delà de l'utilisation du titre *Institution d'un prince* et sans même développer une réflexion sur sa formation, ces traités sont les vecteurs d'une image du prince par un auteur, mettant en exergue un ou plusieurs caractères particuliers mais considérés comme essentiels. Dans le cas précis d'Espence, il s'agissait avant tout du caractère chrétien du prince. L'œuvre d'Espence est fréquemment associée à l'idée du miroir des princes. Ainsi, Alain Dubois estime que « de ce point de vue, les réflexions de Claude d'Espence sont à classer parmi le genre des miroirs des princes, genre fécond en France au XVIe siècle[21] ». S'il est possible, par commodité, d'établir un lien entre la métaphore spéculaire des miroirs médiévaux jusqu'à l'œuvre d'Espence, par le biais du modèle érasmien, il convient cependant d'établir les différences qui les séparent.

Chez d'Espence, deux seules vertus sont évoquées au moment d'établir le bon gouvernement du prince : justice et piété. Toutefois elles ne

19 *Ibid.*, f. 24.
20 *Ibid.*
21 Dubois, Alain, « Claude d'Espence et la figure du prince », art. cité, p. 101.

participent pas de l'image du prince idéal à la manière des miroirs des princes. Elles sont transposées en piliers de l'État dans une conception théologico-politique de la République. L'œuvre d'Espence est ainsi assez particulière en soi pour mériter d'être citée : elle est inscrite par une volonté historiographique dans le genre des miroirs des princes ou, du moins, dans ses descendants que peuvent être les Institutions du prince au XVIe siècle, sans pour autant formuler une pensée philosophico-politique participant du désir vertueux du prince. D'Espence n'invoque pas le symbolisme spéculaire pour exprimer son prince idéal, ni même ne lui propose un discours vertueux. De même, malgré son inspiration du modèle érasmien de l'*Institutio*, il n'exprime aucun intérêt particulier à la formation intellectuelle et morale du prince. Certes Henri II avait presque 30 ans lors de son sacre en 1547 et il était déjà trop tard pour espérer lui prodiguer des conseils éducatifs. La volonté d'Espence résidait donc plus dans l'élaboration d'un programme théologico-politique de soutien envers la religion et l'Église que dans l'expression de l'image d'un prince idéal sur une base humaniste. Cet état de fait doit nous faire réaliser que l'utilisation du modèle de l'Institution, considéré comme le successeur humaniste des miroirs des princes, pouvait servir – dans le cas d'Espence – d'outil formel à l'expression non plus du miroir reflétant le prince idéal mais au contraire à formuler les attentes politiques et religieuses placées en lui.

D'autres œuvres que celle d'Espence représentent mieux, à notre sens, la tentative de certains auteurs du XVIe siècle de réactiver la métaphore spéculaire. C'est le cas, par exemple, de Jean Maugin qui publie en 1556 un *Parangon de vertu*[22] qui prendra le nom, lors de sa réédition en 1573 de *Miroir et Institution du prince*. Cet ouvrage ne développe en aucun cas une pensée politique innovante. Il résume, bien au contraire, l'entier de la tradition théologico-politique médiévale tout en y insérant des considérations humanistes sur la formation du prince et de l'ensemble de la cour. Cet ouvrage est en fait largement et librement inspiré de l'*Institutione del prencipe* de Mambrino Roseo (1549)[23], qui est elle-même une traduction libre du texte espagnol d'Antonio de Guevara *Relox de principes*, publié à Rome en 1543. L'œuvre de Maugin participe ainsi d'un

22 Maugin, Jean, *Le parangon de vertu pour l'institution de tous Princes*, Lyon, 1556.

23 *Ibid.*, f. 1. *Cf.* le titre complet de l'œuvre : *Le parangon de vertu pour l'institution de tous princes et seigneurs crestiens, pris de l'italien de Mambrin de la Rose, et fait françois.*

élan d'intertextualité qui s'établit au sein de cette littérature politique des Institutions.

En 1561, Pierre de Ronsard adressa au roi Charles IX, alors jeune adolescent de treize ans assis sur le trône depuis 1560, une Institution du prince sous forme de poème. Son *Institution pour l'adolescence du roy treschrestien*[24] participait pleinement du désir de soutenir un pouvoir royal remis en question par les dissensions internes. Ce soutien du poète au pouvoir s'exprimait, dans son œuvre, par un souci de visibilité du prince. Ronsard participait ainsi du courant dominant des auteurs de cette époque traitant du pouvoir royal en désirant faire disparaître tous les intermédiaires, « entre celui qui commande et ceux qui obéissent[25] ». Le pouvoir politique, vu par Ronsard comme une représentation théâtrale devant les yeux des hommes, devait s'assurer, pour son maintien, d'une tâche particulière : assurer au mieux la vision du prince. Celle-ci s'exerçait dans deux sens. Elle comprenait non seulement le regard que le prince portait sur ses sujets mais elle se réfléchissait également dans le sens inverse, en lui renvoyant celle que ses sujets avaient de lui. Ce jeu de regards, qui se construisait dans le *voir* et *être vu*, impliquait un principe d'accessibilité du prince.

Selon Daniel Ménager, ce travail de visibilité de la figure du prince, au sein de son *Institution*, s'explique dans la recherche d'un idéal politique et esthétique qui était « sous-tendu par une symbolique de la communication directe qui ne prend tout son sens que si on la met en relation avec le développement de l'appareil d'État et des bureaux[26] ». En ce sens, le discours politique que développe Ronsard au cœur même de son poème se dressait contre les transformations de l'État au milieu du XVIe siècle. Le vrai prince, dissimulé derrière l'appareil étatique qui se formait, trouvait chez Ronsard l'expression d'une figure mystique d'un prince absolu doté « d'un pouvoir presque magique, source de vie pour son peuple[27] ». Dans son texte, le poète y multipliait alors les mentions d'accessibilité et de visibilité pour les sujets, au travers notamment de la thématique de la lumière royale. Prenant alors un caractère quasi-omniscient, le prince ronsardien s'érigeait en une figure

24 Ronsard, Pierre de, *Institution pour l'adolescence du roy treschrestien Charles neufviesme de ce nom*, Lyon, 1563 (1re éd. 1561).

25 Ménager, Daniel, *Ronsard. Le Roi, le Poète et les Hommes*, Genève, Droz, 1979, p. 146.

26 *Ibid.*

27 *Ibid.*

irradiante : placé au-dessus des hommes, le prince était vu par tous et voyait tout. Le motif de la lumière royale constituait, en partie du moins, le prolongement de la symbolique du miroir. Si le reflet des qualités du prince sur ses sujets ne se transmettait plus par l'utilisation de la métaphore spéculaire, il continuait à s'exercer par la métaphore du prince vu comme un soleil éclatant de vertus sur l'ensemble de son royaume. Le prince devenait ainsi l'objet que le peuple regarde. Mieux même, le prince, « objet du peuple », devenait le miroir qui transfère ses qualités extraordinaires à l'ensemble de ses sujets, la « contemplation perpétuelle des rois par leur peuple les [transformant] en modèles pour le meilleur ou le pire[28] ».

Cette reprise de la figure du prince-miroir, celui reflétant ses qualités sur ses sujets, même par le biais d'autres symbolismes, participait d'une « théorie de l'imitation » qui prenait place dans une dialectique de l'autorité du prince[29]. Elle s'inscrivait également dans une critique de la pensée politique machiavélienne qui conseillait au prince l'inspiration de la crainte envers ses sujets au détriment de l'amour. Cette théorie de l'imitation n'était pas le propre de Ronsard même si elle est chez lui exacerbée, le motif de la recherche de l'amour du peuple devenant même une préoccupation commune aux auteurs politiques du XVIe siècle. En effet, l'immense majorité des auteurs d'Institutions du prince au XVIe siècle se sont évertués à conseiller au pouvoir royal l'obtention de l'amour des sujets, en prolongeant la tradition pastorale d'un gouvernant vu comme un pasteur ou un père de famille. La poursuite de la représentation d'un pouvoir royal désireux d'un rapport avec ses sujets se développant dans l'amour et la bienveillance avait ainsi pour but de renforcer dans l'imaginaire une autorité forte. Comme chez Ronsard, l'affirmation de cette tradition participait d'un besoin d'assurer le pouvoir royal, par le biais d'une figure d'un prince qui « cherche à être aimé, l'efficacité de l'amour et l'admiration passant pour supérieure à celle de la crainte[30] ». Ici réside, en plus du rapport du prince à la foi chrétienne, une des oppositions entre la pensée de ces auteurs décrivant le pouvoir royal et celle de Machiavel : l'amour du peuple demeure préférable à l'inspiration de la crainte.

28 *Ibid.*
29 *Ibid.*, p. 147.
30 *Ibid.*

Les nombreuses Institutions dédiées au prince au mitan du XVIe siècle vont ainsi se développer sur deux axes. En premier lieu, il s'agissait de refigurer une image chrétienne et vertueuse du prince en réponse à celle développée par Machiavel. En omettant de le citer mais en réfutant sa pensée, les auteurs de ces œuvres espéraient reformer dans la figure même du prince un idéal brisé. Deuxièmement, il s'agissait d'apporter une image forte de la figure du pouvoir royal. Proches du pouvoir et des milieux conservateurs, leurs auteurs affirment dans leurs œuvres la légitimité du pouvoir royal, utilisant pour cela des conceptions morales, religieuses et politiques héritées de la tradition médiévale des miroirs. La souveraineté s'exerçait au travers d'un gouvernement des hommes conçu dans un mélange de tradition biblique et patristique. La figure du prince se concevait dans le syncrétisme d'une figure chrétienne rassemblant en elle toutes les vertus et d'une figure mythique du héros antique.

Cependant, la formation proposée au prince par un enseignement spécifique et l'exercice même de la souveraineté se trouvaient sensiblement transformés. Après l'Humanisme, il n'était plus possible de proposer au roi un programme identique à celui préconisé au Moyen Âge. Selon Ménager, Ronsard, dans son *Institution*, reprend en grande partie le contenu en matière d'enseignement développé par la tradition des miroirs des princes. S'il s'en inspire, il transforme cependant profondément l'héritage idéologique[31]. Au contraire des miroirs médiévaux qui attendaient du prince des qualités propres à l'origine divine de son pouvoir et à sa nature royale, l'*Institution* de Ronsard ne considérait le prince comme un miroir pour ses sujets seulement s'il rassemblait « en sa personne des perfections qui ont une valeur générale[32] ».

En 1566, Jean Helvis de Thillard écrivit ce qui est, si ce n'est le dernier miroir des princes du moins l'une des dernières Institutions françaises du prince du XVIe siècle. Intitulé *Le miroüer du prince chrétien, posé sur les deux colonnes royales de piété et justice*, son traité représente l'un des ultimes moments de représentation du souverain pastoral. Le titre lui-même indique sans ambiguïté la filiation que l'auteur entend donner à son œuvre. Très peu d'œuvres utilisaient encore au XVIe siècle la métaphore spéculaire, encore moins dans leurs titres. La plupart continuait cependant à s'inspirer du modèle érasmien de l'*Institutio*, l'œuvre de

31 *Ibid.*
32 *Ibid.*, p. 148.

Thillard étant un exemple édifiant de ces traités désirant prolonger une figure normative et conservatrice du prince, par son inscription au sein même d'une tradition littéraire surannée. La dédicace de l'ouvrage permet de comprendre également l'inflexion politique que l'auteur entendait donner à son œuvre. Dédié au jeune Charles Ier de Lorraine, futur duc d'Aumale et âgé alors de onze ans, le traité défendait avant tout les idées du parti catholique proche du pouvoir royal. Rédigé trois ans après l'assassinat de François de Guise, chef des armées d'Henri II et principal représentant de la Ligue durant la première guerre de Religion, il participait en premier lieu de la défense du pouvoir royal et de la religion catholique. C'est donc dans une visée politique que l'auteur s'engouffrait dans la tradition séculaire des miroirs des princes. En obtenant le préceptorat du jeune Charles, appelé lui aussi à devenir un des chefs de la Ligue catholique, Thillard espérait pouvoir influer sur l'éducation morale et religieuse de son jeune élève. En lui présentant ce miroir, il participait dans tous les cas au travail de revivification de la figure chrétienne du prince.

Dans l'épître, l'auteur rappelle la métaphore spéculaire. Il fait référence en premier lieu à la tradition socratique :

> Celui par qui l'oracle d'Apollon fut anciennement jugé le très sage, ayant coutume d'enhorter[33] les jeunes gens en l'amour de vertu, leur mettait un miroir devant les yeux, afin que s'ils se trouvaient de belle taille, doués de quelque rare et singulière beauté, ils fussent honteux de faire chose indigne d'un bien si souverain, que la bonne nature les aurait tant libéralement départis[34].

Si le miroir permettait de prendre conscience des qualités et incitait donc au comportement vertueux, il pouvait aussi présenter les défauts :

> Si on contraire se trouvaient laids, bossus, mal bâtis, contrefais et maussades, qu'ils fassent en sorte que telle difformité fut embellie par les recommandables effets de leurs vertus, afin que par ce moyen chacun fut incité à l'exercice et imitations de celles-ci[35].

Thillard se place volontairement et consciemment dans la tradition du miroir des princes. S'il fait référence en ouverture de son épître à

33 Conseiller au moyen d'exhortations plus ou moins pressantes.

34 Thillard, Jean Helvis de, *Le miroüer du prince chrétien, posé sur les deux colonnes royales de piété et justice*, Paris, 1566, épître, sans pagination. Nous modernisons l'orthographe.

35 *Ibid.*

la tradition socratique de la symbolique spéculaire, il affirme immédiatement après sa volonté de présenter au prince défauts et qualités :

> Je me suis aussi avisé de vous mettre entre mains ce petit Miroir : ou tous Princes et grands Seigneurs seront (comme j'espère) si naïvement représentés, qu'ils auront en extrême horreur le hideux spectacle des malins et pervers, tout ainsi comme en perpétuelle révérence, l'image de la prud'homie, magnanimité et noblesse des bons et vertueux[36].

Dans ce passage, Thillard admet faire référence aux *Apophtegmes* d'Érasme. Il a conscience de la tradition littéraire du genre du miroir des princes, et certainement de l'*Institutio* de l'humaniste néerlandais, et entend également puiser dans l'œuvre pédagogique de ce dernier qui faisait encore référence en matière d'enseignement au prince[37].

L'auteur fait pleinement usage de la symbolique spéculaire et de son utilisation qui définit le traité et le genre littéraire auquel il appartient. Le miroir est ici, par métaphore, le livre lui-même qui permet par sa lecture de prendre en horreur les vices. Une différence semble cependant distinguer le miroir de Thillard de ses prédécesseurs médiévaux et du modèle érasmien de l'*Institutio.* S'il s'agit ici toujours d'un miroir tendu au prince, il ne semble plus refléter l'image de celui-ci. Dans cette dernière occurrence explicite de la métaphore spéculaire, le prince ne prend pas conscience de ses propres qualités ou défauts. Au contraire, il lui est proposé des exemples de princes et seigneurs « si naïvement représentés » qu'ils doivent provoquer l'horreur et le dégoût du lecteur. De même, les modèles bons et vertueux, qu'on lui présente en contrepartie, doivent être pris en révérence. Ainsi paraphrasée, la fonctionnalité du miroir transparaît. Le reflet du prince à qui l'on tend le miroir disparaît. Il ne se voit plus lui-même, il n'y voit que les modèles, bons ou mauvais, qu'on lui propose.

Si la première fonction du miroir, celle de refléter l'image du spectateur, ne semble plus être activée, l'espoir du second reflet développé par le genre des miroirs est présenté. Le miroir ne réfléchit plus le reflet du prince mais uniquement les modèles qui lui servent d'exemples ou de garde-fous. Il transforme le prince lui-même en miroir. La métaphore

---

36 *Ibid.*

37 Ménager, Daniel, « Érasme et ses *Apophtegmes* », *Littératures classiques*, numéro 84, vol. 2, 2014, p. 119-129.

revisitée du miroir, celle du prince-miroir, est ici sous-entendue dans celle du soleil :

> Se montrant la sagesse d'un prince, comme un soleil, qui éclaire tout le monde, donnant occasion au peuple de bien, ou de mal vivre, selon le cours de sa bonne ou mauvaise vie[38].

Le prince est ici représenté comme un modèle pour ses sujets. En fonction de ses actions privées et politiques, il conditionne le reste de son royaume. L'utilisation d'une métaphore naturelle, celle d'un soleil irradiant de la vertu de sagesse le royaume, sous-entend le rapport organiciste du corps politique, l'état et le comportement de la tête influant sur l'ensemble du corps.

En conclusion de l'épître, Thillard insiste sur le caractère particulier du prince qu'il entend dessiner. Il ne s'agit pas de former un prince politique ou efficace. Son prince se forge en premier lieu au travers d'un prisme religieux, dans un assemblage de vertus chrétiennes et par des mises en garde envers les vices.

> Mais la bonne espérance et quasi-assurance que j'ai, que ne forlignerez pas, me fait vous par ouvrir la voie de parvenir au comble d'honneur du bon et Chrétien Prince, que je désire représenter dans ce miroir[39].

Le miroir tendu au prince est aussi un miroir du passé. Les vertus sont montrées au prince par des exemples historiques indiquant « les beaux et authentiques arrêts, résolutions et sentences des Sages, Princes, Rois et Monarques du temps passé[40] ». Thillard utilise certes un genre littéraire désuet et un discours moral abscons, il actualise pourtant son œuvre dans le présent. Les vertus qu'il doit acquérir vont également permettre au jeune lecteur d'être prêt quand il sera appelé au service du roi. Le miroir du passé sert ainsi, dans son utilisation métaphorique, à préparer le futur, en formant le jeune prince à « mieux paraître, si d'aventure [il était] quelque jour appelé au maniement des affaires publiques[41] ».

La métaphore du miroir semble ici poussée à son paroxysme. Outre le titre et de multiples références dans l'épître, la symbolique du miroir

38 Thillard, Jean Helvis de, *Le miroüer du prince chrétien*, *op. cit.*, épître, sans pagination.
39 *Ibid.*
40 *Ibid.*
41 *Ibid.*

des princes ne cesse d'être invoquée. Réutilisée dans un sonnet de l'auteur, puis dans un second poème de Rémy Belleau[42], la symbolique spéculaire est ici surexploitée. Thillard en fait un usage permanent :

> Petit Miroir va t'en, va t'en d'une assurance
> Au coucher et lever des Princes et des Rois :
> Et ne feins d'approcher de leur lit quelque fois,
> Pour les faire œillader de plus près leur semblance.
> Représentant au vif l'image et l'excellence,
> D'un prince droiturier, bénin, doux et cour
> Chéri, prisé, loué, de mille et mille voix, [...][43].

Il en va de même dans le poème de Belleau, qu'il dédie à l'auteur :

> Comme toi, qui l'as su comprendre,
> Et puis doctement nous le rendre
> Dessous la glace d'un miroir,
> Marquant en ce petit ouvrage,
> Toutes les tâches d'un visage,
> Y louant, ce qu'il faut louer.
>
> Comme toi, qui de couleurs vives,
> Et des beautés les plus naïves
> As donné et l'air et le trait,
> Aux princes, afin qu'ils admirent
> Les vertus, et qu'ils se remirent
> Sous la grâce de ce portrait[44].

Comment comprendre cet emploi assidu et résolu de la métaphore spéculaire durant la seconde moitié du XVIe siècle encore ? En premier lieu, il convient de préciser qu'il ne s'agit pas d'auteurs majeurs de la pensée politique de leur époque. Thillard était un lettré engagé pour le préceptorat d'un jeune noble. Belleau était certes un poète reconnu mais aucunement une figure politique. Comme Ronsard quelques années avant eux dans son *Institution pour l'adolescence du roy*

42 Rémy Belleau, poète de la Pléiade, proche de Ronsard et précepteur de Charles, fils de René II de Lorraine-Guise, puis de Charles Ier de Guise, fils d'Henri Ier de Guise.

43 Thillard, Jean Helvis de, « Sonnet du même Helvis à son miroüer du Prince », *Le miroüer du prince chrétien*, *op. cit.*, sans pagination. Nous modernisons l'orthographe.

44 Belleau, Rémy, « A I. Heluïs, [...] sur son Miroüer du Prince Chrétien », in Thillard, Jean Helvis de, *Le miroüer du prince chrétien*, *op. cit.*, sans pagination. Nous modernisons l'orthographe.

treschretien[45], Thillard et Belleau ont pris parti de soutenir, au sortir de la première guerre de Religion, le parti catholique. En réanimant un genre littéraire désuet et en le réactivant pour affirmer leurs propos, Thillard entend défendre la royauté française et l'origine divine du pouvoir en formant une image du prince vacillant entre vertus cardinales et théologales. Il ne s'agit plus ici d'un prince politique : il n'est fait que très peu de mentions de conseils de ce type, tout au plus à la fin du traité.

Les auteurs de ces Institutions du prince, au mitan du XVIe siècle, ne se targuent d'ailleurs jamais de divulguer des préceptes politiques au prince. Ils participent en premier lieu à la défense du pouvoir royal par la mise en avant de son rôle accordé par Dieu. Le plan de l'œuvre de Thillard confirme à elle seule le but qu'elle défend. Sans être d'une quelconque modernité, le miroir de Thillard se dispose ainsi : premièrement, affirmer « qu'un roi est ordonné de Dieu éternel sur la terre, pour y exercer justice et piété, non tyrannie et cruauté[46] ». Pour ce faire, l'auteur fait appel à trois sources distinctes : en premier lieu les histoires sacrées, puis les histoires profanes, entendues sous « les écrits et authentiques arrêts des Sages, Princes, Rois, Empereurs et Philosophes anciens », et enfin les « interprétations et accommodations de la poésie[47] ». À la toute fin de l'œuvre seulement, Thillard aborde d'autres vertus, plus proches de l'exercice politique. Il précise ainsi que « sur la fin, il est particulièrement traité des ornements et autres singularités remarquables et bien séantes à l'autorité et grandeur des bons et sages Princes, comme de prudence, justice, magnanimité, courtoisie, libéralité et de leurs contraires[48] ». L'ensemble de l'œuvre se fonde sur un mélange de références bibliques et antiques, comme les autres Institutions du prince de la même époque. La particularité de celle de Thillard, en plus de ses nombreuses références à la métaphore du miroir, réside dans le caractère prescriptif des vertus qu'il s'ingénie à dispenser.

Un texte en particulier cristallise cette transformation du gouvernement politique tout en empruntant la métaphore spéculaire. Le *Miroir*

45 Ronsard, Pierre de, *Institution pour l'adolescence du roy treschretien*, *op. cit.*

46 Thillard, Jean Helvis de, *Le miroüer du prince chrétien*, *op. cit.*, plan de l'ouvrage, sans pagination.

47 *Ibid.*

48 *Ibid.*

politique[49] de Guillaume de La Perrière trouve son originalité par son positionnement à l'orée de divers genres[50]. En réanimant, par son titre même, la métaphore du miroir des princes, l'œuvre de La Perrière s'inscrit consciemment dans une tradition philosophico-politique classique. L'utilisation du terme « miroir », dans le titre de l'ouvrage, dans une utilisation symbolique de la métaphore spéculaire participe, à notre sens, d'une double volonté. Premièrement, il est difficile de ne pas y déceler une référence au genre antérieur des miroirs des princes. Toutefois, il ne s'agit pas, pour l'auteur, de participer à la transformation des miroirs médiévaux en une Institution humaniste, poursuivant ainsi, comme beaucoup le font, l'œuvre érasmienne. La Perrière ne rédige pas son œuvre dans le but de reformer une figure du prince dans un syncrétisme chrétien et humaniste. De fait, il ne s'attarde pas sur l'exigence vertueuse du prince ou sur la nécessité de sa formation intellectuelle. En effet, le *Miroir* de La Perrière se déploie dans une autre optique. En ce sens, il participe parfaitement de la transformation des traités politiques au XVIe siècle, comme l'a souligné Foucault, et de l'éclatement du problème du gouvernement faisant passer les œuvres prodiguant auparavant des conseils politiques en traité sur les arts de gouverner[51]. Deuxièmement, cette œuvre est également un parfait exemple de cette « littérature implicite qui est en position de démarquage et d'opposition sourde à Machiavel[52] ». Les deux raisons sont intimement liées : Machiavel, en brisant le miroir a profondément rénové la conception de la politique dans l'Europe, dès le mitan du XVIe siècle. Ce bouleversement provoqua alors une double réaction ne s'excluant pas l'une de l'autre. D'une part, les œuvres abordant le gouvernement politique, après Machiavel, se sont directement établies, explicitement ou implicitement, contre la pensée du Florentin. D'autre part, elles ont proposé une conception du gouvernement politique, en réponse parfois à la pensée machiavélienne, s'affranchissant de la tradition théologico-politique.

C'est le cas du *Miroir* que La Perrière tend au prince. En effet, il exprime parfaitement la nouvelle dualité de l'image du miroir dans les

---

49 La Perrière, Guillaume de, *Le miroir politique contenant diverses manières de gouverner et policer*, Paris, 1555.

50 Cazals, Géraldine, *Une civile société. La république selon Guillaume de La Perrière (1499-1554)*, Toulouse, Presses de l'Université des Sciences Sociales de Toulouse, 2008.

51 Foucault, Michel, *Sécurité, territoire, population*, *op. cit.*, p. 92.

52 *Ibid.*, p. 94.

traités politiques au XVIe siècle. Réinvoquée, la métaphore spéculaire s'élargit, s'approfondit pour agrandir le champ de vision. L'image qu'il présente ne se limite plus à la seule figure du prince, à son seul reflet. Au-delà des conseils de morale, il dévoile au prince ce qui se situe derrière lui. Dans sa préface, l'auteur explique alors son but :

> J'ai voulu bailler à mon présent œuvre titre de Miroir Politique : et ce, pour deux principales raisons. L'une est, que comme dans un miroir, celui qui se mire et regarde n'y voit pas tant seulement sa face, mais il y voit par ligne reflexe la plus grande partie de la salle, ou chambre en laquelle il sera. Semblablement, tout administrateur politique, qui se voudra mirer au présent miroir (non point de cristallin, d'argent, de verre ou d'acier, mais de papier) il pourra voir en celui-ci raccourci et sommairement agrégé, tout ce qui lui est nécessaire de voir pour bien [...] exercer son office [...][53].

Cette citation est tout particulièrement intéressante car elle cristallise parfaitement la nouvelle fonction de ces traités politiques à l'époque moderne : le miroir ne présente plus seulement au prince l'idéal vertueux qu'il doit devenir, en lui renvoyant une image parfaite. Plus encore, il ne propose pas l'image du bon prince et du bon gouvernement qui en découle en l'opposant à celle d'un tyran construite en parfaite opposition. Le miroir permet maintenant au prince de prendre conscience de sa situation par rapport au monde, débordant ainsi définitivement du simple cadre pédagogique et vertueux. Le vocabulaire choisi par La Perrière est significatif de cette transformation. S'il perpétue ici l'emploi métaphorique du miroir, transformant son traité « comme un miroir » et permettant de prendre conscience de sa figure comme de l'arrière-fond, il ne s'adresse plus au prince vertueux ou au souverain d'un pouvoir d'ordre divin. La Perrière fait entrer le langage politique dans un réalisme froid, au sein même d'un traité se réclamant de la tradition spéculaire : le miroir n'est plus l'objet aux qualités surnaturelles permettant au prince de voir son reflet idéal et idéel, il est l'outil optique reflétant la réalité. De même, il fait entrer l'exercice politique du prince dans les arts de gouverner. Le prince est ainsi un « administrateur politique ». La Perrière, lecteur de Machiavel, refuse cependant de sacrifier l'éthique à l'efficacité. Il propose un miroir, reflet de la réalité, dont le but est de

53 La Perrière, Guillaume de, *Le miroir politique*, *op. cit.*, préface, sans pagination. Nous modernisons l'orthographe.

présenter de manière froide ce qui est nécessaire pour exercer un office. Mieux encore, il ne voit pas dans le miroir l'horizon d'attente du bon gouvernement au travers de son reflet. Il y voit ce qui lui est nécessaire pour exercer son office et administrer son État.

La réutilisation de la métaphore spéculaire au sein d'un traité définissant les vertus nécessaires au prince pour la réalisation du bon gouvernement, en des termes rappelant ceux des miroirs médiévaux et des premières Institutions humanistes, n'est pas l'unique apanage, en ce dernier tiers de siècle, d'auteurs proches des milieux catholiques. Si ces derniers affirmaient l'espoir d'un retour à l'unité confessionnelle exprimée au travers de la figure d'un roi rassemblant en sa seule personne l'entier des caractéristiques du prince chrétien, d'autres courants désiraient aussi tendre au prince un miroir lui montrant une autre voie. Il n'était plus ici question d'affirmer le besoin d'un pouvoir royal capable de mettre fin aux conflits par l'unique retour à la religion catholique. Il ne s'agissait plus uniquement de formuler l'image d'un prince prolongée dans les conceptions augustiniennes et thomistes du pouvoir politique. La métaphore du miroir trouvait aussi un écho dans le désir de concorde et d'unité que défendait le parti des Politiques. Ainsi, comme le précise Michel Bergès, « des défenseurs de Machiavel s'opposèrent aux idées dominantes, suivis par certains des "politiques" de la fin de ce XVIe siècle tourmenté, tel Jean de La Taille (*Le Prince nécessaire*, 1572) ou Juste-Lipse [...][54] ».

C'est donc le cas de Jean de La Taille, auteur huguenot qui rédigea, au lendemain de la Saint-Barthélemy, un traité sous forme de poème et au titre sans équivoque[55]. Rédigé en 1572 et présenté à Henri de Navarre l'année suivante[56], *Le Prince nécessaire* est une ode à la paix qui entend également proposer au pouvoir royal la figure d'un prince la rendant possible. En effet, au-delà de son caractère littéraire, l'œuvre de

---

54 Bergès, Michel, *Machiavel, un penseur masqué ?*, *op. cit.*, p. 229.

55 Sur l'œuvre littéraire et politique de Jean de La Taille, voir notamment Daley, Tatham Ambersley, *Jean de la Taille (1533-1608). Étude historique et littéraire*, Genève, Slatkine Reprints, 1998 (1re éd. 1934) et Constant, Jean-Marie, « Chapitre XIII. Les idées politiques d'un gentilhomme protestant dans les guerres de Religion : l'exemple de Jean de La Taille », *La noblesse en liberté : XVIe-XVIIe siècles*, Rennes, Presses universitaires de Rennes, 2004, p. 209-216.

56 Maulde, René de, introd. à La Taille, Jean de, *Le prince nécessaire*, *Œuvres*, Genève, Slatkine, 1968 (1re éd. 1572-1573), f. LX.

La Taille se conçoit comme un véritable traité politique « qui comprend les principales maximes de l'art de gouverner, [...] les formules de la conduite du prince en matière de politique proprement dite, de justice, de religion, d'armée et d'administration[57] ». Précisons-le immédiatement, l'importance de l'œuvre de La Taille dans l'histoire de la représentation du pouvoir royal n'a eu aucune incidence. Dédiée au futur Henri IV, l'œuvre est restée au stade de manuscrit et n'a jamais été publiée plus largement avant le XIXe siècle. Œuvre politique, d'inspiration réformée, elle ne trouva pas d'éditeur, peut-être également par faute d'argent, si peu de temps après le massacre de 1572. L'intérêt de cette œuvre réside à notre sens dans le mode de formulation du prince idéal et du pouvoir royal. Si tard dans le XVIe siècle, quelques années seulement avant Bodin ou Lipse, la métaphore spéculaire servait encore à figurer les représentations idéales du prince et du pouvoir royal. Plus que cela, cette œuvre exprimait les inspirations majeures d'une littérature parénétique en fin de cycle.

La Taille, admirateur de Machiavel et sur lequel il se base pour rédiger le livre troisième consacré à la guerre, cite également Érasme et Ronsard. *Le Prince nécessaire* cristallise donc parfaitement les espoirs des penseurs modérés faisant suite à la Saint-Barthélemy. Si la paix pouvait revenir, c'était grâce aux actions d'un prince bon, juste et vertueux mais aussi et surtout par un prince politique, mettant l'unité du royaume au-dessus des considérations religieuses. En ce sens, l'œuvre, par son titre, représente quelles étaient les attentes envers le roi : il fallait un prince nécessaire à la paix dans le royaume et à la prévention de nouveaux troubles. Le caractère préventif dont devait faire preuve le prince ne négligeait cependant pas les questions religieuses mais les subordonnaient au politique. Le pouvoir royal devait ainsi se fonder sur trois piliers, les armes, la justice et la religion[58]. Si le peuple devait être assujetti en premier lieu par les deux derniers, « l'idée du droit et l'idée de Dieu[59] », au sortir du massacre huguenot, ne garantissait pas pour La Taille une sécurité suffisante. Lecteur de Machiavel, La Taille ajouta

57 *Ibid.*, f. LXIV.

58 La Taille, Jean de, *Le prince nécessaire*, *op. cit.*, f. XCIV (« Quels piliers tiennent en son sceptre ainsi fondé, il verra qu'ils sont trois, les Armes, la Justice, puis la Religion et que leur exercice n'est qu'en guerre et qu'en paix. »).

59 *Ibid.*, f. LXXIII.

donc aux deux premiers livres de son œuvre un troisième dédié à l'art de la guerre et à l'usage des armes en période de conflit. Mélange de pensée humaniste et de réalisme politique, *Le Prince nécessaire* aborde dans son livre premier l'éducation du prince, les vertus morales nécessaires, tant en religion, en matière de justice que dans le cadre privé du cercle royal[60]. Le bon prince était toujours celui qui saurait remplir au mieux le catalogue de vertus hérité de la tradition. Le second livre s'intéresse plus en détail au rapport du pouvoir royal dans le cadre public de son exercice, principalement « son rôle vis-à-vis des troubles civils et religieux, l'organisation de l'État[61] ».

La figure du prince que présente ici La Taille est celle du « roi-sauveur[62] » mais elle n'est en tout cas pas celle d'une chimère. L'auteur le dit en clôture de son poème :

> Ne fait qu'ici, Seigneur, un moqueur me réplique
> Que mon prince ainsi feint est un rare phœnix,
> Qu'à peine on le verrait en siècles infinis, [...][63].

Il désire en effet dépeindre un prince réaliste, hors de toute idéalité. Un passage de l'œuvre ressemble en ce point à l'ouverture du chapitre XV du *Prince* de Machiavel :

> Ici comme Platon je ne veux, fantastique,
> Forger d'un Roi l'idée, ou d'une République,
> Ni former comme aucun qui n'y entendent rien
> Un Prince philosophe ou théologien
> Qui peint ou chimère en l'air ne sut rien faire,
> Mais sans art je veux feindre un *Prince nécessaire*[64].

Comme Machiavel, La Taille désire lui aussi forger l'image d'un prince réaliste et politique. Loin des considérations idéelles des philosophes ou des représentations médiévales du prince chrétien, il reprend le modèle machiavélien, du moins dans sa finalité, du prince réel et historique. C'est ici qu'intervient la métaphore spéculaire : le miroir du prince sera

60 *Ibid.*, f. LXXVI.
61 *Ibid.*, f. LXXVII.
62 *Ibid.*, f. LXXIX.
63 *Ibid.*, f. CXLIII.
64 *Ibid.*, f. XCI.

l'histoire. L'apprentissage de l'histoire, plus particulièrement de l'histoire antique permet au prince de conserver son État :

> Je veux qu'il ait toujours son miroir en mémoire
> Ou l'on se voit l'esprit : ce miroir, c'est l'histoire,
> Lequel jamais ne flatte ; et, pour ce, en celui-ci
> Doit façonnant ses mœurs se mirer sur autrui :
> Là verra ses dangers, les jugements horribles
> De Dieu sur les tyrans, le bonheur des paisibles,
> Qu'il n'est grandeur si grande, États si bien bâtis,
> Qu'en face fort hideuse ils ne soient convertis,
> Verra de ses pareils l'erreur qu'il ne doit suivre[65].

Il ne va cependant pas aussi loin que le Florentin quant aux vertus, notamment dans le rapport du prince à la piété. La formation morale, intellectuelle et religieuse du prince reste figée dans un carcan humaniste. Reprenant l'adage développé par Jean de Salisbury dans son *Policraticus*, faisant du prince illettré un âne couronné[66], il préconise pour le prince une formation développée. La Taille avait connaissance de la tradition des miroirs et des Institutions des princes. Il s'en réfère et se place dans la tradition :

> Qu'il ait comme Alexandre à son chevet un livre,
> Comme avait Charles Quint naguère Empereur,
> Philippe de Commine, et comme avaient le leur
> Ceux qui ont été grands ; qu'il honore Moïse,
> Et que non en jeunesse, mais en tout âge il lise,
> Ayant aussi souvent Marc Aurèle en ses mains[67].

Le livre premier du *Prince nécessaire* représente en soi une tentative, propre aux derniers espoirs humanistes du XVIe siècle, de concevoir un prince idéal grâce à une formation morale et intellectuelle mélangeant préceptes chrétiens et antiques. Mais si l'amour des hommes pour le prince était, dans le genre des miroirs puis des Institutions du prince, un lieu commun du rapport entre le pouvoir royal et ses sujets, il n'en va cependant pas de même chez La Taille. La fin du livre premier marque

---

65 *Ibid.*, f. XCIII.

66 *Ibid.*, f. XCII (« Or tout Prince ignorant parle en bœuf plus qu'en homme : et me souviens, voyant un Prince non lettré, d'un âne couronné ou bien d'un bœuf mitré. »).

67 *Ibid.*, f. XCIII.

ainsi une tentative de syncrétisme des idées d'un idéal humaniste avec la pensée machiavélienne. En effet, là encore, La Taille se rapproche très près du *Prince* de Machiavel en conseillant au prince d'être, lorsqu'il le faut, plus craint qu'aimé :

> Tache donc d'être aimé et d'être craint aussi ;
> Mais s'il ne peut les deux, qu'il ait plutôt souci
> D'être plus craint qu'aimé, car vers un populaire
> La crainte fait bien plus que l'amour volontaire.
> Tache aussi d'user plus, or qu'on le dit couard,
> De ruse que de force, en tenant du renard
> Plutôt que du lion ; car tous princes qui rusent
> Feront plus que ceux-là qui, sans plus, de force usent[68].

Le thème des flatteurs, qui traditionnellement s'inscrit dans la critique des courtisans jugés néfastes pour les princes, dénote également la tentative d'actualisation de la littérature parénétique au contexte de la seconde moitié du XVIe siècle. La Taille met à l'évidence en garde le prince contre l'œuvre des flatteurs, qui lui mentent afin d'obtenir des faveurs particulières. Il décrit également quel sera le modèle du courtisan qu'il préconise. À cette fin, c'est le modèle du genre qu'il va recommander :

> Qu'il ait pour courtisan celui que Baltazart
> De Chastillon décrit, qui lui apprenne l'art
> De régner justement, qui ses mœurs lui façonnent,
> Et lui donnent cela qu'un ignorant ne donne ;
> Ce seront mille vertus par qui luira, pareil
> Au vase d'or poli sur qui bat le Soleil[69].

C'est en effet sur le modèle du *Courtisan* de Baldassare Castiglione que La Taille moule celui qu'il entend conseiller au prince. Non seulement le « Courtisan » qu'il décrit ici sera le modèle contraire des flatteurs – que la tradition a perpétuellement critiqués – mais il sera en lui-même un miroir du prince qui l'aidera à régner et à façonner ses mœurs.

Observer ces traités, jusqu'au dernier quart du XVIe siècle, amène à se poser la question des raisons de leur existence après la rupture machiavélienne. Deux interprétations viennent à l'esprit au moment

---

68 *Ibid.*, f. CIII.
69 *Ibid.*, f. CXXXI.

d'expliquer la continuité de textes apparentés au genre des miroirs à cette époque. En premier lieu, les Institutions du prince n'auraient continué à exister que par la force d'inertie engagée par un genre littéraire se ressassant sans cesse et dont seul le caractère itératif aurait permis la continuité. Il s'agirait donc d'un genre en survivance, faisant fi de la rupture machiavélienne en continuant à exposer les idées d'un gouvernement et d'une figure du prince qui prolongeraient une conception aristotélico-thomiste de la politique. Deuxièmement, cette littérature des miroirs à l'époque moderne se serait volontairement entretenue en se positionnant explicitement ou implicitement en opposition à Machiavel. Ainsi, elle aurait trouvé sa raison d'être et de se perpétuer dans la critique machiavélienne elle-même.

Avant toute chose, il convient de rappeler, comme le précise Denis Crouzet, que si « Machiavel a certes inauguré de nouvelles façons de penser le pouvoir », il a surtout été « d'abord un théoricien des usages politiques de son temps, un penseur qui décrit et conceptualise, autant qu'il a cherché à réinventer de manière alternative la quête d'efficacité contemporaine d'une pratique du pouvoir[70] ». Au moment de rechercher les influences politiques du pouvoir royal, notamment chez Catherine de Médicis, il faut alors relativiser l'importance de la pensée du Florentin. Crouzet remarque « qu'au fil des événements, dans le cours de moments qui semblèrent sceller l'échec de l'imaginaire et des pratiques de paix et de sérénité, Catherine de Médicis, expérimentant elle-même le champ des virtualités de la "nécessité", ait pu s'approcher de certaines postures machiavéliennes, les intégrer dans son propre parcours politique[71]… ». Cependant, « dans le quotidien », l'analyse des influences politiques de la reine mère démontre qu'elles ne trouvent pas leur source dans « le jeu cumulé de la ruse et de la force » que développait la pensée machiavélienne[72].

Même en temps de crise aigüe dans le royaume, explicitée par le contexte des guerres de Religion, l'exercice du pouvoir royal, attribué en partie à Catherine de Médicis dans les faits, se rapproche plus d'une conception humaniste mêlée d'efficience, « par l'association de la ruse

70 Crouzet, Denis, *Le haut cœur de Catherine de Médicis. Une raison politique aux temps de la Saint-Barthélemy*, Paris, Albin Michel, 2005, p. 249.

71 *Ibid.*, p. 252.

72 *Ibid.*

à la douceur[73] ». Ainsi, sur des bases proches de la figure du prince et de l'exercice du pouvoir exprimés dans les miroirs humanistes italiens du Quattrocento, de Patrizi à Pontano – en remontant même à Gilles de Rome –, l'exercice du pouvoir se concevait encore, dans l'esprit de ceux qui l'exerçaient, dans un concept humaniste du prince[74]. À cela s'ajoutait une éthique politique « de la mesure » dont les supports idéologiques s'exprimaient par « le néo-platonisme et l'érasmisme[75] ». Ainsi décrite, la politique royale au mitan du XVIe siècle s'inscrivait « dans une culture politique valorisant la finalité de l'autorité politique sous l'angle de l'ordonnancement de la paix et de la justice grâce à l'exercice d'une identité éthique du Prince[76] ». Mieux même, le pouvoir royal continuait à espérer une résolution du conflit confessionnel par le biais d'un idéal atteignable, « un idéalisme du gouvernant omniscient accédant par son savoir à la vertu, un idéalisme s'opposant au réalisme de Machiavel[77] ».

Faire intervenir l'analyse des influences philosophico-politiques du pouvoir royal permet de comprendre la raison d'être de ce discours normatif contenu dans ces nombreuses Institutions du prince à cette époque. Elle permet de comprendre l'existence, après Machiavel, de ce besoin de prolongement d'une épiphanie de la figure royale en des termes perpétuant l'idéalité d'un pouvoir et d'un royaume indivisés d'avant les conflits confessionnels. Au travers de cette revivification du genre des miroirs des princes, ajustée aux contextes intellectuels de l'Humanisme et politiques des conflits confessionnels, les auteurs de ces nombreuses Institutions du prince proposaient un modèle princier capable de conserver en premier lieu la paix du royaume. En effet, comme le précise Olivier Christin, « c'est un des lieux communs de la pensée politique du XVIe siècle, des miroirs du prince et des arts de gouverner que de faire de la préservation de la paix la fin véritable du pouvoir politique et le fondement de sa légitimité[78] ».

La raison de la publication de nombreuses Institutions du prince, rédigées à partir de la seconde moitié du XVIe siècle, peut s'expliquer par

73 *Ibid.*
74 *Ibid.*
75 *Ibid.*, p. 251.
76 *Ibid.*, p. 252.
77 *Ibid.*
78 Christin, Olivier, *La paix de religion. L'autonomisation de la raison politique au XVIe siècle*, Paris, Seuil, 1997, p. 177.

le contexte auquel faisait face le pouvoir royal. Les auteurs de ces traités participent d'un désir de défendre la paix dans le royaume, au travers de l'image d'un prince de concorde, tout en dégageant « les grandes lignes d'une conception cohérente de l'État[79] ». Ils s'insèrent alors dans un mouvement intellectuel et littéraire plus vaste s'exprimant sous différents aspects formels. Comme le relève Christin, les auteurs participant de cette diffusion d'une figure royale propice à la conservation de la paix procèdent d'un double travail : d'un côté, le « caractère théorique et général de leurs ouvrages, qui s'inscrivent à la fois dans des genres particuliers (miroirs du prince, traductions des textes de l'Antiquité classique, traités de droit et commentaires de Justinien) et dans des problématiques bien rodées, ne les empêche en rien d'obéir aussi à des préoccupations politiques concrètes et d'évoquer, plus ou moins directement, les réalités complexes de la situation politico-confessionnelle du moment[80] ». C'est le cas des auteurs d'Institutions du prince qui, tout en reprenant l'image traditionnelle du pouvoir royal, mélange de tradition médiévale et d'érasmisme, actualisent leurs préceptes au contexte confessionnel. Nombreux sont ceux qui font ainsi mention du conflit et du rôle du pouvoir royal dans l'instauration et la conservation de la paix.

Cet aspect se remarque également dans le choix des destinataires et dédicataires de ces ouvrages. Leur choix, en effet, « ne doit rien au hasard mais reflète aussi bien la position spécifique des auteurs que leur ambitions[81] ». Le contenu de ces Institutions du prince s'adapte à l'idéologie politique et religieuse du destinataire. De plus, ces traités peuvent être, pour certains, des œuvres de circonstance qui reflètent l'espoir de l'auteur de recevoir le soutien du dédicataire. Pour reprendre les mots de Christin, ces miroirs du prince au mitan du XVIe siècle doivent être lus, « plus que comme des descriptions des institutions de la monarchie – ce qu'ils ne sont pas – ou que comme des traités théoriques de philosophie politique », au contraire, comme des « programmes, à la fois concrets et utopiques, réalistes et excessifs, propres à leurs auteurs et révélateurs des aspirations de groupes identifiables, de constellations politico-religieuses[82] ».

79 *Ibid.*, p. 175.
80 *Ibid.*
81 *Ibid.*
82 *Ibid.*

TROISIÈME PARTIE

LA RUPTURE MACHIAVÉLIENNE

Les miroirs des princes participent d'un genre littéraire composé de textes au contenu prescriptif et édifiant, exhortant le lecteur aux vertus morales. Ces miroirs, sans former pour autant un corpus défini d'œuvres, prennent leur nom de la métaphore spéculaire issue de l'objet lui-même. Renvoyant depuis l'Antiquité à un besoin d'exigence morale de l'homme, ils s'adressent, par captation, au chef politique. Formée sur un discours parénétique qui s'ingénie à concevoir et espérer le prince idéal, la littérature politique médiévale a trouvé dans l'utilisation de la métaphore du miroir un moyen capable de formuler les attentes suscitées par le bon gouvernement. L'idée symbolique d'un miroir tendu au prince afin de lui faire prendre conscience des qualités à avoir ou à améliorer, puis celle du prince-miroir reflétant la diffusion de ces qualités acquises ou innées à l'ensemble du corps politique, a ainsi permis, jusqu'au XVIe siècle, d'exprimer les conceptions du pouvoir politique et du bon gouvernement.

Ces œuvres, présentes depuis la renaissance carolingienne jusqu'à la fin du Moyen Âge, s'ingéniaient à deux tâches principales : en premier lieu, représenter l'image idéale du chef politique, dévoilant aux princes de la chrétienté un horizon d'attente moral ; puis, définir l'exercice d'un pouvoir monarchique légitimé par la volonté divine. Dans les deux cas, il s'agissait de tendre au prince, le destinataire, un miroir contenant les conditions de la réussite du bon gouvernement, dans l'espoir du bien commun. La réflexion des auteurs de ces ouvrages s'inscrivait dans un cadre théologico-politique normé par la morale chrétienne et s'explicitait au travers d'exemples bibliques. Le haut Moyen Âge fut le témoin du renouveau de la diffusion de cette littérature parénétique. Les œuvres des XIIe et XIIIe siècles furent le lieu de transformations majeures de la conception du pouvoir royal, grâce notamment à la redécouverte et l'apport de nouvelles œuvres du corpus aristotélicien. Durant les siècles suivants, un intérêt particulier se fit jour pour la codification des comportements dans l'ensemble des sociétés médiévales comme dans l'exercice du pouvoir politique. Les premiers humanistes du Quattrocento italien ont ensuite inscrit, en avance sur le Nord des Alpes, la littérature des miroirs des princes dans le mouvement intellectuel de la Renaissance, en proposant une vision syncrétique d'un régime politique monarchique qui se fondait encore dans un cadre théologique chrétien tout en renouvelant et en désacralisant la figure du prince au travers de la revivification de modèles antiques.

Successivement à cette tradition, une seconde voie s'est développée dès la première moitié du XVIe siècle. Ce que Pierre Manent décrit comme un « pressentiment » l'amène à percevoir « deux courants principaux et opposés[1] » gouvernant le fait politique. D'un côté, une perspective scientifique et réaliste, marquant la « sacralisation du fait », faisant face à une perspective morale ou utopique[2]. À cette perspective morale, qui recouvre parfaitement le genre des miroirs des princes empreint d'une théologie politique chrétienne, se voit opposer un courant de pensée qui s'inscrit au cœur même de l'action politique en se réalisant non plus dans l'attente eschatologique du salut de l'âme du prince et des fidèles mais dans l'efficacité par la réussite de l'action dans le monde des hommes. Cette seconde voie, qui s'oppose diamétralement à la première quant à l'appréhension de la nature humaine, a provoqué une rupture épistémologique redéfinissant les conceptions traditionnelles du pouvoir, de son exercice ainsi que de la figure du prince.

Machiavel érigea, en résumant dans un traité l'ensemble de son expérience politique, une image radicalement différente de la figure du prince, de son exercice politique et de l'origine de son pouvoir. C'est cette rupture qui vint briser la représentation traditionnelle du pouvoir politique développée jusqu'alors. Il s'agit ici de prendre la mesure de cette rupture, de sa profondeur dans la pensée politique de son temps comme de son influence et des répercussions qu'elle entraîna. L'œuvre de Machiavel se place en opposition de la pensée politique contenue dans les traités qui participaient jusqu'alors du genre des miroirs des princes. S'il s'érige en premier lieu contre la tradition thomiste, c'est aussi face aux premiers humanistes que le Florentin se dresse. En effet, avec Machiavel, ce qui « vole ainsi en éclats, c'est la substance même de la fonction royale non seulement telle qu'elle était conçue aux XIIIe et XIVe siècles, mais également dans les écrits humanistes[3] ». Face à un

1 Manent, Pierre, *Naissances de la politique moderne. Machiavel, Hobbes, Rousseau*, Paris, Gallimard, 2007, p. 11.

2 *Ibid.*, p. 12-13.

3 Zarka, Yves Charles, « Raison d'État et figure du prince chez Botero », *Raison et déraison d'État*, Paris, PUF, 1994, p. 115.

catalogue vertueux jusqu'alors inhérent à la fonction politique, la pensée machiavélienne va produire, dans un souci d'efficacité, l'éclatement des vertus.

Michel Foucault, dans son cours du 1er février 1978 au Collège de France, aborde la question du gouvernement à l'époque moderne ainsi que la littérature qui en découle[4]. Il évoque l'existence d'une « énorme littérature sur le gouvernement[5] » s'étendant jusqu'à la fin du XVIIIe siècle. S'il concède l'existence durant l'Antiquité et au Moyen Âge de traités prescriptifs adressant au prince des conseils moraux et politiques, c'est face aux traités politiques du XVIe siècle qu'il oppose en premier lieu l'œuvre du Florentin. Il dénote en effet une transformation propre au XVIe siècle qui se répercute au cœur de cette littérature normative : l'éclatement du problème du « gouvernement[6] ». Les traités politiques ne se donnent plus alors uniquement comme de simples livres de conseils adressés au prince. Ils ne participent plus uniquement d'une édification morale. Ils évoluent, par l'éclatement de la réflexion sur le gouvernement, et deviennent à proprement parler des traités d'art de gouverner. Cette mutation engendrée par une réflexion générale sur le gouvernement – gouvernement de soi, des autres, des âmes – a ainsi provoqué la diffusion d'une très large littérature partageant l'idée du gouvernement des autres par le prince au travers des arts de gouverner. Cette littérature qui « s'inaugure donc, ou en tout cas qui éclate, qui explose au milieu du XVIe siècle[7] », cette littérature « immense » et « monotone aussi[8] », se construit également autour de la définition de « gouvernement de l'État ». Et c'est dans ce cadre précis, la définition du gouvernement qui émerge de cette littérature politique, que Foucault fait appel à Machiavel. Foucault décide donc d'opposer « cette masse de littérature sur le gouvernement à un texte qui, du XVIe au XVIIIe siècle, n'a pas cessé de constituer, pour cette littérature du gouvernement, une sorte de point de répulsion, explicite ou implicite[9] ».

Ce qui a entièrement renouvelé, de gré ou de force, l'écriture des concepts du pouvoir politique et de la figure royale n'a toutefois pas

4 Foucault, Michel, *Sécurité, territoire, population*, *op. cit.*, p. 91-118.
5 *Ibid.*, p. 92.
6 *Ibid.*
7 *Ibid.*, p. 92-93.
8 *Ibid.*, p. 93.
9 *Ibid.*

entraîné la disparition totale d'une tradition normative et prescriptive de la figure du prince et de l'exercice politique de la souveraineté[10]. Il s'agit donc de voir ce qu'il reste du miroir au prince après Machiavel, ce qu'il devient et comment il survit. Il s'agit aussi d'observer le véritable enjeu derrière l'opposition entre pensée machiavélienne et traités politiques continuant à définir une image idéale du prince et de l'exercice de son pouvoir. Le véritable objet de cette opposition réside dans les vertus du politique, telles qu'elles sont définies aux XVIe et XVIIe siècles, et dans la figure du prince qu'elles caractérisent ainsi que dans la manière dont elles se sont transformées dans l'écriture du politique à cette période jusqu'à s'effacer et disparaître chez les penseurs de la souveraineté.

10 Sur la question de la souveraineté, voir infra, quatrième partie.

LE PRINCE MACHIAVÉLIEN

Dans une lettre devenue célèbre, adressée à Francesco Vettori, ambassadeur de Florence auprès du pouvoir pontifical, et datée du 10 décembre 1513, Machiavel décrit sa vie quotidienne loin des remous de la politique florentine. Exilé à la campagne, il se plonge dans la lecture des Anciens et dans leurs « antiques cours[1] », lecture dont il tire les préceptes qu'il souhaite introduire dans la politique de son temps. Car « il n'est pas de science sans que l'on retienne ce que l'on a compris », Machiavel note ainsi ce qu'il juge nécessaire, ce dont « il fait son miel », et commence la composition de son « opuscule *De principatibus*[2] ». Ce traité dont il fait ici mention se veut un résumé de son expérience politique en tant que secrétaire du gouvernement florentin, enrichi d'exemples de l'histoire de la Rome antique[3]. Machiavel décrit ainsi son intention :

> [...] je me plonge autant que je le peux dans les cogitations à ce sujet, en disputant de ce qu'est un principat, de quelles espèces ils sont, comment ils s'acquièrent, comment ils se maintiennent, pourquoi ils se perdent. [...]; et un prince, surtout un prince nouveau, devrait l'apprécier; [...][4].

Ici réside le projet principal de Machiavel. Il entend offrir aux hommes politiques de son temps un outil leur permettant de connaître les moyens d'acquérir et de conserver leurs États, comme ce qui les conduit à leur perte. L'intérêt particulier qu'il porte au nouveau prince fraîchement établi par la Fortune se ressent non seulement dans ses propos mais

1 Machiavel, « Lettre de Machiavel à Francesco Vettori (10 décembre 1513), *Le Prince*, introduction, traduction, postface, commentaire et notes de Jean-Louis Fournel et Jean-Claude Zancarini, Paris, PUF, 2000, p. 531.

2 *Ibid.*

3 *Ibid.*, p. 533 (« [...] quant à cette chose, si on la lisait, on verrait que pendant les quinze ans où j'ai fait mon apprentissage dans le métier de l'état, je n'ai ni dormi ni joué; et chacun devrait avoir envie de se servir de quelqu'un qui, aux dépens d'autrui, est riche d'expérience. »).

4 *Ibid.*, p. 531-533.

également dans le titre original de l'œuvre. Dans le *De principatibus*, au pluriel – que l'on pourrait traduire par « Des principautés » –, Machiavel ne traite pas d'un principat ou d'un État en particulier, ni ne s'adresse aux seuls princes exerçant déjà le pouvoir. Au contraire de nombreux miroirs reprenant la classification aristotélicienne des régimes politiques, il ne s'intéresse ainsi qu'aux seuls principats. Sa volonté n'est pas d'établir théoriquement la supériorité de la monarchie sur les autres régimes politiques, par le biais d'exemples, comme le faisait depuis longtemps la tradition aristotélico-thomiste. Son propos est net et clair et ne s'inspire que des faits. Selon lui, « tous les états, toutes les seigneuries qui ont eu et ont commandement sur les hommes, ont été et sont soit des républiques soit des principats[5] ». La langue machiavélienne tranche avec celle des miroirs antérieurs : dès l'incipit du chapitre premier, il est déjà possible de pressentir la césure dont procédera le propos machiavélien. Machiavel ne légitime pas le gouvernement du prince en établissant l'origine divine de son pouvoir : il ne rapporte que ce qu'il constate. Ainsi, il ne s'intéresse qu'aux principats dont il distingue deux sortes : ils sont « soit héréditaires, quand leurs princes ont été depuis longtemps du sang de leur seigneur, soit nouveaux[6] ». De ces derniers, il en conçoit deux sortes également : « les nouveaux sont soit nouveaux en tout, [...] soit ils sont comme des membres ajoutés à l'état héréditaire du prince qui les acquiert[7] ».

Machiavel ne parle que peu des principats héréditaires. Ceux-ci ne sont pas d'un grand intérêt pour celui qui entend parler des manières d'acquérir un nouveau principat et de le conserver. Alors que les miroirs médiévaux s'unissaient pour prodiguer les meilleurs conseils moraux au souverain par la figure d'un prince idéalisé, Machiavel élude toute exigence morale pour la conservation du pouvoir héréditaire :

> [...], dans les états héréditaires, accoutumés à des princes du même sang, il y a bien moindres difficultés à se maintenir que dans les nouveaux, parce qu'il leur suffit seulement de ne pas sortir des ordres de leurs ancêtres et puis de temporiser avec les événements[8].

5 *Id.*, *Le Prince*, *op. cit.*, p. 45.
6 *Ibid.*
7 *Ibid.*
8 *Ibid.*, p. 47.

Suffit-il au prince héréditaire de conserver les lois de ses prédécesseurs et d'asseoir son pouvoir sur l'ancienneté de la tradition ? C'est ce que semble indiquer Machiavel. Il élargit le spectre du conseil aux diverses manières d'acquisition et de conservation du pouvoir. Son propos, au contraire des miroirs des princes avant lui, est plus universel puisqu'il ne considère pas uniquement les seules monarchies héréditaires. Ce qui provoque cette universalité du propos, paradoxalement, l'insère plus profondément dans le réel. Car avant même qu'il ne brise le miroir, Machiavel actualise sa pensée en s'adressant aux princes de son temps, qu'importent leurs origines et la façon dont ils obtiennent le pouvoir ou en héritent.

La correspondance machiavélienne, sans être indispensable à la complète appréhension de la pensée de l'auteur, éclaire cependant ses volontés d'une lumière utile. Sans vouloir trancher dans le débat initié par Claude Lefort sur l'ordre chronologique de l'écriture des œuvres de Machiavel[9], il convient cependant de réaliser que les origines du *Prince* trouvent des prémices dans une ébauche de lettre antérieure à l'achèvement de la rédaction du traité en 1513. Dans ce brouillon daté de septembre 1506[10], Machiavel développe déjà des thèmes identiques qui vont traverser quelques années plus tard son résumé compendieux du gouvernement politique des hommes. Il s'étonne déjà de la variabilité des conditions imposées par la Fortune et constate que des gouvernements politiques obtiennent les mêmes résultats en employant des moyens différents ou, a contrario, n'arrivent pas aux mêmes fins en ayant pourtant recours aux mêmes moyens. Cet étonnement, qu'il partage avec les humanistes italiens qui l'ont précédé, est formulé ainsi :

> On a vu et on voit tous les susdits, et un nombre infini d'autres que l'on pourrait alléguer en semblable matière, acquérir des royaumes ou les dompter, ou chuter selon les accidents ; et parfois cette façon de procéder qui est louée quand on acquiert est blâmée quand on perd, et parfois après une longue prospérité, quand on perd, on ne l'impute à aucune faute personnelle mais on en accuse le ciel et la disponibilité des destins. Mais d'où naît que, quelquefois, des actes différents profitent également ou nuisent également, moi je ne le sais pas mais je désirerais bien le savoir ; [...][11].

9 Lefort, Claude, *Le travail de l'œuvre. Machiavel*, Paris, Gallimard, 1972, p. 315-327.

10 Machiavel, « Caprices à Soderini. Lettre de Machiavel à [Giovan Battista] Soderini », *Le Prince*, *op. cit.*, p. 511-517.

11 *Ibid.*, p. 513.

Ce que Machiavel recherche, ce qu'il ne savait pas encore à ce moment mais qu'il voulait tant connaître, il le condensera et le résumera par écrit quelques années plus tard. De cette lettre, en 1506, à la fin de l'écriture du *Prince* en 1513, une partie des questions que se pose Machiavel trouve des réponses. L'œuvre conjointe de la Fortune, de la variation des temps et de la nature des hommes trouve déjà chez le Florentin une place importante dans cette première interrogation sur le gouvernement des hommes. En quelques phrases il annonce une part centrale des conseils qu'il offrira plus tard aux princes :

> Je crois, moi, que, tout comme la nature a fait aux hommes des visages différents, de même elle les a faits d'entendements différents et de fantaisies différentes. De ceci naît que chacun se gouverne selon son entendement et sa fantaisie. Et puisque, par ailleurs, les temps sont variés et que les ordres des choses sont différents, ses désirs sont exaucés *ad votum* et il est heureux celui dont la façon de procéder rencontre le temps, et à l'opposé, il est malheureux celui dont les actions divergent par rapport aux temps et à l'ordre des choses. D'où il peut très bien se faire que deux hommes, en œuvrant différemment, atteignent une même fin parce que chacun d'eux peut se conformer à ce qu'il rencontre puisqu'il y a autant d'ordres des choses qu'il y a de provinces et d'états. Mais, puisque les temps et les choses changent souvent, universellement et particulièrement, et que les hommes ne changent pas leurs fantaisies et leurs façons de procéder, il advient que quelqu'un a, un temps une fortune bonne et, un temps, une méchante. Et vraiment celui qui serait assez sage pour connaître les temps et l'ordre des choses, et qui s'y adapterait, aurait toujours une fortune bonne ou se garderait toujours de la méchante et il finirait par être vrai que le sage commande aux étoiles et aux destins[12].

Ainsi résumées, les conditions de l'action humaine, déterminées par la Fortune et la variabilité des choses, se cristallisent sur celles du prince, plus précises. Ce prince, surtout s'il est nouvellement instauré dans son pouvoir, doit en premier lieu rechercher la réputation qui lui permettra de consolider et de conserver son État. Prémices là aussi du *Prince*, Machiavel ne réalise non pas encore le renversement complet des valeurs et des vertus politiques mais n'en détermine pas moins les moyens nécessaires au résultat politique.

> Pour donner de la réputation à un maître nouveau, la cruauté, la perfidie et l'irreligion ne sont pas moins utiles dans telles province où l'humanité,

12 *Ibid.*, p. 513-515.

> la foi et la religion ont longtemps abondé que ne sont utiles l'humanité, la foi et la religion là où la cruauté, la perfidie et l'irreligion ont régné un bon moment ; [...][13].

On retrouve dans la lettre de Machiavel l'ébauche du renversement des vertus politiques qu'il achèvera dans *Le Prince.* Il ne brise pas encore le miroir mais il en montre déjà le revers : deux faces d'un même conseil adressé au prince et applicable en fonction des conditions particulières. Machiavel n'énonce pas ici ce que l'on reprochera plus tard au machiavélisme, faussement forgé sur sa pensée, à savoir l'effacement de toute morale en politique. Au contraire, il considère deux moyens différents d'aboutir au résultat désiré, dans toute l'actualisation politique de son temps, en prenant en compte la nature des hommes et les conditions d'exécution de l'action politique.

Pour comprendre les raisons de la rupture machiavélienne, ainsi que la façon dont elle s'opère, il est important de revenir sur deux notions qui parcourent l'œuvre du Florentin. L'originalité de Machiavel ne réside pas dans l'innovation ou la définition de concepts politiques ou théologiques nouveaux. Au contraire, il se sert de la tradition, s'en nourrit, afin de mieux s'y opposer. C'est donc en reprenant des notions connues, déjà présentes dans la pensée de ses prédécesseurs antiques, médiévaux et humanistes, et en les redéfinissant, qu'il se démarque. Ainsi, les notions de Fortune et de *virtù*, présentes dans la pensée machiavélienne, ont une origine plus ancienne et sont reprises du courant humaniste du Quattrocento. Leur réemploi, leur redéfinition et la transformation de leur champ d'action, dans la pensée de Machiavel, permettent de saisir les raisons intrinsèques de l'éclatement des vertus au cœur même de la définition de l'action politique du prince. C'est en partie par la réactualisation de la notion de Fortune et sa déchristianisation – reprise et déjà entamée par les humanistes italiens – que Machiavel bouleverse la tradition philosophico-politique de son temps[14].

Le thème de la Fortune est présent depuis l'Antiquité dans le discours politique. Sous les traits de la déesse *Fortuna*, déesse de la fertilité et de la prospérité, la Fortune personnifiait la chance et le hasard. Elle présidait alors, sous le signe de sa corne d'abondance, à la distribution

---

13 *Ibid.*, p. 515.

14 Cassirer, Ernst, *Le mythe de l'État*, traduit de l'anglais par Bertrand Vergely, Paris, Gallimard, 1993 (1re éd. 1946), p. 214-222.

des biens entre les hommes mais aussi des maux qui venaient à frapper leurs existences. Elle servait à expliquer et donner une origine aux aléas et aux caprices qui marquaient les destinées des hommes sur Terre. Reprise par le christianisme et assimilée à la Providence, elle se vit cependant réinvoquée par les auteurs humanistes italiens dans une volonté de laïcisation[15]. Elle désignait alors la part d'impondérables prenant place dans la vie des hommes. Cette Fortune humaniste fut reprise par Machiavel et se trouva associée à la *virtù*. Ainsi, dans les *Discours sur la première décade de Tite-Live*, Machiavel reconnaît déjà son importance dans le cadre même de l'exercice politique :

> À considérer attentivement la marche des choses humaines on voit qu'il est des événements auxquels le ciel même semble signifier aux hommes qu'ils n'ont pas à se soustraire ; or, si cela s'est vu à Rome, où régnaient tant de vertu, tant de religion et tant de discipline, ce n'est pas merveille de le revoir en des cités et des nations qui en sont dépourvues. [...] Aussi les hommes qui vivent habilement dans les grandes prospérités ou les grands malheurs méritent moins qu'on ne pense la louange ou le blâme. On les verra la plupart du temps précipités dans la ruine ou dans la grandeur par une irrésistible facilité que leur accorde le ciel, soit qu'il leur ôte, soit qu'il leur offre l'occasion d'employer leur *virtù*.
>
> Telle est la marche de la fortune : quand elle veut conduire un grand projet à bien, elle choisit un homme d'esprit et d'une *virtù* tels qu'ils lui permettent de reconnaître l'occasion ainsi offerte. De même lorsqu'elle prépare le bouleversement d'un empire, elle place à sa tête des hommes capables d'en hâter la chute. Existe-t-il quelqu'un d'assez fort pour l'arrêter, elle le fait massacrer ou lui ôte tous les moyens de rien opérer d'utile[16].

La Fortune, chez Machiavel, est invoquée dans une finalité entièrement différente de la notion antique qui a été reprise plus tard par les humanistes italiens du Quattrocento. De même, elle s'éloigne irrémédiablement du providentialisme chrétien auquel Machiavel s'oppose. Dans une volonté de laïcisation de la notion de Fortune, il lui concède une part d'irrémédiabilité mais souligne également la capacité de l'homme, et du prince, à pouvoir agir de manière à en dévier le cours. Le

15 Sur l'usage de l'allégorie de la Fortune par les humanistes en politique, voir Buttay, Florence, *Fortuna : usages politiques d'une allégorie morale à la Renaissance*, Paris, Presses de l'Université de Paris-Sorbonne, 2008.

16 Machiavel, *Discours sur la première décade de Tite-Live*, *Œuvres complètes*, introduction par Jean Giono, texte présenté et annoté par Edmond Barincou, Paris, Gallimard, La Pléiade, 1952, p. 595-597.

chapitre XXV du *Prince* est en cela le lieu de la laïcisation de la Fortune machiavélienne. Machiavel admet en premier lieu avoir connaissance que « beaucoup ont été et sont d'opinion que les choses du monde sont gouvernées de telle façon, par la fortune et par Dieu » et que « les hommes, avec leur prudence, ne peuvent les corriger, ni d'ailleurs y trouver aucun remède[17] ». Il rappelle ainsi la tradition antique puis la tradition chrétienne providentialiste amenant les hommes à ne pas « se donner du mal dans les choses mais à se laisser gouverner par le sort[18] ». Cependant, l'expérience machiavélienne, acquise par l'observation des hommes, l'incite à penser le contraire et à considérer les capacités humaines, si ce n'est à maîtriser la Fortune, du moins à influer sur son cours. Il estime « qu'il peut être vrai que la fortune soit l'arbitre de la moitié de nos actions, mais que *etiam* elle nous laisse en gouverner l'autre moitié, ou à peu près[19] ». C'est précisément dans le cadre de cette moitié-ci, laissée à la disposition de la volonté et des capacités humaines, que peut s'exercer la *virtù* machiavélienne.

Pour expliciter son propos, Machiavel a recours à une métaphore naturelle. Dans le chapitre XXV du *Prince*, dédié à la notion de Fortune et intitulé « Combien peut la Fortune dans les choses humaines et de quelle façon on peut lui tenir tête[20] », Machiavel la compare à « l'un de ces fleuves furieux qui, lorsqu'ils se mettent en colère, inondent les plaines, abattent arbres et édifices, [...][21] ». La furie de ces fleuves, Machiavel estime pourtant que l'homme peut la maîtriser en l'endiguant et en prévenant, par temps calme, son incontrôlabilité. Pour Machiavel, la Fortune se comporte ainsi :

> Il en va semblablement de la fortune, qui montre sa puissance là où il n'est pas de vertu ordonnée pour lui résister : et elle tourne ses assauts là où elle sait qu'on n'a fait aucune digue ni rempart pour la contenir[22].

Comme le rappelle Cassirer, il s'agit là « d'une façon de parler purement métaphorique, poétique et mythique » mais qui permet cependant d'appréhender « la tendance qui détermine et parcourt toute la pensée

17 *Id.*, *Le Prince*, *op. cit.*, p. 197.
18 *Ibid.*
19 *Ibid.*, p. 199.
20 *Ibid.*, p. 197.
21 *Ibid.*, p. 199.
22 *Ibid.*

de Machiavel[23] ». Ce dernier, en usant de cette métaphore naturelle, produit la sécularisation de la notion et du symbole de Fortune. En rejetant le providentialisme chrétien ainsi que l'astrologie divinatoire de la Renaissance, il cherche à comprendre le rôle majeur de la Fortune dans les affaires des hommes ainsi que la part qu'elle y joue[24]. Cette part, la moitié « ou à peu près » des actions des hommes, est laissée aux aléas et à la volonté de la Fortune. L'autre moitié est alors vouée à la volonté humaine. Machiavel reconnaît ainsi la capacité de l'homme à « tenir tête » à la Fortune, en anticipant ses actions et en agissant en fonction des conditions qu'elle induit. Mais pour cela, seul un homme vertueux – dans le cas des actions politiques, un prince –, soit un homme possédant la *virtù*, est en mesure d'y parvenir.

L'un des principaux points de rupture entre les pensées politiques du Moyen Âge et de l'Humanisme italien avec celle de Machiavel réside dans le traitement réservé aux vertus morales et politiques. Celles-ci étaient jusqu'alors jugées nécessaires à la réussite de l'exercice politique du prince. Elles étaient, de fait, inhérentes à la figure idéale du prince décrite dans les traités politiques. Machiavel, pour sa part, rassemble l'entier du caractère vertueux de son prince dans la seule *virtù*. La *virtù* machiavélienne ne recouvre cependant pas les vertus anciennes et modernes acceptées par le sens commun, c'est-à-dire par leur opposition aux vices, commandées par le souci du bien[25]. Elle nomme au contraire, pour celui qui la possède, la faculté d'avoir une plus grande force pour résister aux épreuves de la Fortune et de s'assurer le plus grand pouvoir d'agir. Ainsi, la vertu, comprenons la *virtù* machiavélienne, peut signifier également la maîtrise du prince dans l'art de la guerre. Cet art, à considérer comme un métier, est le seul « qui convienne à celui qui commande[26] ». De même, cette maîtrise des choses des armes « a une telle vertu que non seulement elle maintient ceux qui sont nés princes, mais elle a, maintes fois, fait s'élever à ce rang des hommes de condition privée[27] ». En ce sens, la *virtù* machiavélienne se distingue définitivement des vertus princières. Elle n'est pas seulement l'apanage du prince. De surcroît, elle n'implique pas une idéalité morale et intellectuelle, au contraire des

23 Cassirer, Ernst, *Le mythe de l'État*, *op. cit.*, p. 219.
24 *Ibid.*, p. 216.
25 Lefort, Claude, *Écrire. À l'épreuve du politique*, Paris, Calmann-Lévy, 1992, p. 146.
26 Machiavel, *Le Prince*, *op. cit.*, p. 131.
27 *Ibid.*

vertus théologico-politiques médiévales. Enfin, la *virtù* machiavélienne ne dépend pas de l'origine et de l'extraction de l'homme ou du prince. Elle s'affranchit de la figure vertueuse décrite jusqu'alors dans les miroirs des princes pour ne considérer que la capacité d'agir de l'homme ou du prince.

Ainsi, seule la *virtù* permet à l'homme de contenir, en partie du moins, l'impondérabilité de la Fortune. Elle ne recouvre donc pas une vertu morale ou politique telle que décrite jusqu'alors dans les miroirs des princes. Elle n'en résume pas non plus l'entier du catalogue vertueux. L'on saisit alors où va se situer la rupture machiavélienne : le prince machiavélien n'est pas le parangon vertueux des miroirs des princes. En revanche, il est celui qui sait faire preuve de *virtù*, celui qui la possède, à la manière des anciens Romains, celui qui sait prendre la mesure du monde, du temps et des hommes, et qui agit en fonction de l'imprévisibilité de la Fortune. Le prince machiavélien n'a plus à être bon et à ne pas être mauvais. Il doit être l'un ou l'autre, en fonction de la nécessité exigée par la conservation de l'État. Le prince machiavélien est celui qui s'adapte au temps et résiste à la Fortune.

> [...], je dis que l'on voit aujourd'hui tel prince être heureux et demain aller à sa ruine, sans avoir vu changer en lui sa nature ou l'une quelconque de ses qualités ; [...], à savoir que ce prince qui s'appuie en tout sur la fortune va à sa ruine quand celle-ci varie. Je crois aussi qu'est heureux celui dont la façon de procéder rencontre la qualité des temps et que, semblablement, est malheureux celui dont les procédés ne s'accordent pas avec les temps[28].

Il ne s'agit plus de tenter une « conversion politique[29] » du prince, à la manière des miroirs des princes. Toute volonté de le rendre apte au gouvernement par le biais des vertus traditionnelles est rejetée par Machiavel, puisque son texte « déroge grandement aux objectifs épidictiques qui désignent le genre du *Miroir des Princes*[30] ». Les vertus reflétées par le miroir du prince sont rendues inopérantes par un exercice politique dépendant de la Fortune. De même, la *virtù* machiavélienne ne peut s'enseigner. Ainsi, le miroir que pourrait tendre Machiavel ne vient « pas refléter les traits du prince envisageable, mais vient dessiner les traits du prince impossible[31] ».

28 *Ibid.*, p. 199.
29 Sfez, Gérald, *Machiavel, Le Prince sans qualités*, Paris, Kimé, 1998, p. 52.
30 *Ibid.*
31 *Ibid.*

LE MIROIR BRISÉ DES VERTUS

Dans son traité *De principatibus*, traduit traditionnellement en langues vernaculaires par *Le Prince* ou *Il Principe*, Machiavel rénove entièrement les arts de gouverner au début du XVIe siècle. Il y redéfinit, dans le contexte des guerres d'Italie, la conduite politique et morale du prince selon des modalités provoquant une rupture avec la tradition éthico-religieuse. Le passage dans lequel il avance les raisons de sa reformulation de l'exercice politique a été érigé en point de bascule de la philosophie politique à l'époque moderne. Si ce passage est certes l'un des plus cités, la concision de la langue machiavélienne impose sa retranscription. Dès les premières lignes du chapitre XV, intitulé « Des choses pour lesquelles les hommes, et surtout les princes, sont loués ou blâmés[1] », Machiavel exprime ainsi son projet :

> Il reste maintenant à voir quels doivent être les façons et les gouvernements d'un prince envers ses sujets ou ses amis. Et, parce que je sais que beaucoup ont écrit à ce propos, je crains, en écrivant moi aussi, d'être tenu pour présomptueux d'autant que je m'écarte, en disputant de cette matière, de l'ordre des choses. Mais puisque mon intention est d'écrire chose utile à qui l'entend, il m'est apparu plus convenable de suivre la vérité effective de la chose que l'image qu'on en a. Et beaucoup se sont imaginé républiques et principats dont on n'a jamais vu ni su qu'ils existaient vraiment. En effet, il y a si loin de la façon dont on vit à celle dont on devrait vivre que celui qui laisse ce que l'on fait pour ce qu'on devrait faire apprend plutôt sa ruine que sa conservation : car un homme qui voudrait en tout point faire profession d'homme bon, il faut bien qu'il aille à sa ruine, parmi tant d'autres qui ne sont pas bons. Aussi est-il nécessaire à un prince, s'il veut se maintenir, d'apprendre à pouvoir ne pas être bon, et d'en user et de n'en user pas selon la nécessité[2].

Il est communément reconnu que Machiavel réalise ici, dans ce passage du *Prince*, la rupture la plus totale avec la tradition médiévale

1 Machiavel, *Le Prince*, *op. cit.*, p. 137-139.
2 *Ibid.*, p. 137.

et humaniste du Quattrocento italien de la représentation du pouvoir royal, de la figure du prince et de l'exercice politique du pouvoir. Ainsi Yves Charles Zarka considère que Machiavel a « brisé le miroir des princes où la royauté s'est réfléchie, selon des modalités évidemment diverses, au cours du Moyen Âge et de la Renaissance humaniste, dans l'image exemplaire et idéalisée du prince parfait et à travers une homologie entre le gouvernement du monde, le gouvernement de soi, le gouvernement domestique et le gouvernement de la communauté politique[3] ». Cette rupture du miroir, cette consumation du concept spéculaire de représentation du prince et du pouvoir, entraîna diverses conséquences. Comme le dit Zarka, « on cherchera certes, après Machiavel, à recoller des morceaux du miroir brisé[4] ». C'est le cas notamment des théoriciens de la raison d'État, qui tentèrent de reconfigurer à nouveau une image du prince sur des bases vertueuses mais en l'insérant dans une nouvelle technologie du pouvoir[5]. De fait, Zarka estime « qu'il n'est plus possible de penser, après Machiavel, une théorie de l'art de gouverner dans les termes qui prévalaient avant lui[6] ».

Le chapitre XV marque une rupture au sein même de l'œuvre, dès ses premières lignes, puisqu'il « paraît s'ouvrir par une réorientation explicite du propos machiavélien[7] ». Alors que les chapitres précédents s'interrogeaient sur les moyens de conquête du pouvoir ainsi que sa conservation et sa défense, ce chapitre prolonge la réflexion en envisageant les conditions de la pérennisation d'un pouvoir établi[8]. Suite logique du raisonnement machiavélien qui, une fois les adversaires vaincus et le pouvoir acquis, entend apporter au prince les moyens d'affirmation de la domination sur les hommes. Les « façons et les gouvernements d'un prince envers ses sujets ou ses amis », selon les termes du Florentin, recouvrent une problématique ressemblant à celle des miroirs des princes médiévaux et humanistes. Cependant, Machiavel, là encore, s'inscrit dans la tradition pour mieux s'y opposer. S'il s'intéressait jusqu'alors à l'acquisition du pouvoir et à la conservation qui s'en suivait, il place ici

3 Zarka, Yves Charles, « Raison d'État et figure du prince chez Botero », art. cité, p. 104.
4 *Ibid.*
5 Sur la raison d'État, voir infra, quatrième partie.
6 Zarka, Yves Charles, « Raison d'État et figure du prince chez Botero », art. cité, p. 104.
7 Ménissier, Thierry, « Chapitre XV du *Prince*. La vérité effective de la politique et les qualités du Prince. », *Machiavel.* Le Prince *ou le nouvel art politique*, Paris, PUF, 2001, p. 105.
8 *Ibid.*

son discours face à une tradition dont il a connaissance et qu'il entend renverser. En s'intéressant à la pratique politique d'un pouvoir établi, il fait ainsi succéder, à l'analyse de sa conquête, « la problématique de l'art de gouverner[9] ».

En premier lieu, il rompt avec la tradition de l'origine divine du pouvoir politique. Comme le rappelle Cassirer, la tradition philosophico-politique médiévale n'avait « cessé de rappeler la parole de saint Paul disant que tout pouvoir vient de Dieu », consacrant de fait l'origine divine de l'État[10]. Ce principe demeura, comme nous l'avons vu, dans les Institutions du prince rédigées jusqu'au dernier quart XVIe siècle. Même les théoriciens de la souveraineté et les défenseurs de l'indépendance du pouvoir temporel sur le spirituel n'osèrent « pas rejeter ce principe théocratique[11] ». Machiavel lui-même ne le nie pas. Son originalité réside dans le fait de passer sous silence l'origine du pouvoir, feignant ainsi de l'ignorer. En premier lieu, il exclut toute considération religieuse en matière de politique. S'il aborde le rapport du prince avec la religion chrétienne, c'est uniquement pour conseiller au prince de *paraître* pieux. Ce qui le distingue de la tradition des miroirs des princes, c'est la radicalisation de son discours concernant le rapport qu'entretenaient jusqu'alors politique et religion. Si la vertu de piété, considérée comme une vertu essentielle au bon gouvernement par la tradition chrétienne, est toujours présente dans le discours machiavélien, sa pratique ne se fait que dans le cadre d'une nécessité simulée, imposée par les conditions. De même, la crainte de la colère divine ne participe plus, chez Machiavel, d'une norme infléchissant le comportement et les actions du prince, en politique comme dans un cercle privé. C'est sur cet écart à la vertu de piété, que Machiavel ne considère plus comme une condition nécessaire à la figure du bon gouvernant, qu'il sera essentiellement attaqué. Et si l'impiété reprochée à Machiavel constitua le point crucial de répulsion de sa pensée par la critique, l'évacuation de la recherche de l'amour des sujets continua également à être un point de discorde avec les auteurs d'Institutions du prince jusqu'après la seconde moitié du XVIe siècle[12].

---

9 *Ibid.*

10 Cassirer, Ernst, *Le mythe de l'État*, *op. cit.*, p. 189. Voir Saint Paul, *Épitre aux Romains*, 13, 1 (« Que chacun soit soumis aux autorités supérieures, car il n'y a d'autorité qu'en dépendance de Dieu, et celles qui existent sont établies sous la dépendance de Dieu. »).

11 *Ibid.*

12 Sur la recherche de l'amour des sujets dans les Institutions des princes, voir infra, deuxième partie.

Rompant avec plusieurs siècles de tradition théologico-politique qui instauraient un pouvoir royal d'origine divine, impliquant pour le roi une participation active et sincère à l'ensemble des vertus morales, le discours machiavélien provoque chez la grande majorité de ses commentateurs un sentiment d'impiété. En évacuant toute nécessité religieuse de son discours politique, il forge une nouvelle figure du prince sur des modèles historiques, issus de la tradition antique et contemporaine. Ainsi, autant qu'une actualisation du discours politique, Machiavel participe à sa laïcisation. Plus précisément encore, en reformant une nouvelle image du prince, c'est le discours parénétique qu'il reconfigure en le laïcisant. Le terme parénétique est ici volontairement réutilisé : si jusqu'alors la parénèse désignait un discours moral, adressé dans ce cas précis à la figure du pouvoir politique en l'exhortant à la pratique des vertus, la pensée machiavélienne n'agit en ce sens pas sur un plan différent. Machiavel, comme les auteurs de miroirs et d'Institutions du prince avant et après lui, s'intéresse aux vertus dans le cadre précis de l'exercice politique du gouvernement du prince. Ce qui le distingue radicalement, ce sont la nature et l'emploi de ces vertus ainsi que le rapport que le gouvernant entretient avec elles, comme la manière et la sincérité dont il s'en sert.

Nous l'avons vu, la rupture engendrée par la pensée machiavélienne s'énonce en premier lieu dans le premier paragraphe du chapitre XV du *Prince*. L'exigence vertueuse du prince y est rendue caduque. L'homme qui est bon court à sa perte face à tant d'hommes mauvais. Face à ce constat pessimiste de la nature humaine, Machiavel considère qu'il est nécessaire pour le prince « d'apprendre à pouvoir ne pas être bon[13] ». Pis encore, la redéfinition de la figure du prince par Machiavel remet en question « à la fois le cadre cosmo-théologique et le contenu éthico-politique dans lequel étaient pensées les vertus du prince et l'art de gouverner[14] » jusqu'alors. Le remplacement des vertus traditionnelles du prince par les notions interdépendantes de *virtù*, de fortune et de nécessité renverse radicalement l'image présentée jusqu'ici dans les miroirs. La pensée machiavélienne produit ainsi un réel renversement, sur le plan politique, de la « valeur des vertus traditionnellement requise du prince[15] ». En « laissant donc de côté les choses imaginées à propos

13 Machiavel, *Le Prince*, *op. cit.*, p. 137.

14 Zarka, Yves Charles, « Raison d'État et figure du prince chez Botero », art. cité, p. 115.

15 *Ibid.*

d'un prince et examinant celles qui sont vraies[16] », Machiavel reconsidère entièrement le rapport des hommes, et plus particulièrement des princes, avec les vertus. Il exprime l'impossibilité et l'incapacité du prince de rassembler en lui l'ensemble des vertus décrites et attendues par les miroirs des princes.

> Et je sais que chacun confessera que ce serait chose très louable que l'on trouvât chez un prince, parmi toutes les qualités susdites, celles qui sont tenues pour bonnes. Mais comme on ne peut les avoir ni les observer entièrement, car les conditions humaines ne le permettent pas, il lui est nécessaire d'être assez prudent pour savoir fuir l'infamie de celles qui lui ôteraient son état et, quant à celles qui ne le lui ôtent pas, pour savoir s'en garder, si cela lui est possible ; [...]. [...] ; en effet, tout bien considéré, on trouvera quelque chose qui paraît une vertu et, s'il la suit, il irait à sa ruine, et quelque autre qui paraît un vice et, s'il la suit, il en naît pour lui sûreté et bien-être[17].

Non seulement la nature humaine du prince rend impossible tout désir de posséder ou de pratiquer l'ensemble de ces vertus mais ces dernières rendent également dangereux l'exercice politique du prince. Pris dans la variabilité des choses et face à l'inconstance de la nature humaine, une action du prince pourrait, malgré son caractère vertueux, le conduire à sa ruine. De même, un comportement jugé vicié par la morale traditionnelle pourrait participer à sa réussite.

En opposition à la tradition des miroirs des princes médiévaux et des Institutions humanistes du Quattrocento, Machiavel réfute également l'idée d'une théorie de l'imitation par le peuple des vertus princières. C'est ici qu'il brise définitivement le miroir tendu au prince, dans ce refus de la théorie de l'imitation qui prend place au cœur d'une dialectique de l'autorité. Les vertus princières, chez Machiavel, ne participent plus inéluctablement de la réussite politique du prince. Le politique, délié des contraintes morales religieuses, n'a plus pour finalité la réussite sur Terre du royaume de Dieu. La fonction du prince, déliée elle-aussi de toute contingence religieuse, n'est plus d'assurer le bien commun et le salut de son âme et de celles de ses sujets, au travers de son exemple. La figure du prince machiavélien ne se construit plus sur des vertus morales et sur leur exercice. Tout au plus, s'il ne les pratique pas, peut-il *prétendre* les exercer. La piété peut ainsi être feinte, tant qu'elle lui assure le soutien

16 Machiavel, *Le Prince*, *op. cit.*, p. 137.
17 *Ibid.*, p. 139.

des sujets. Le prince ne doit plus inévitablement chercher l'amour de ses sujets, la crainte qu'il inspire lui assurant les meilleures conditions de conservation de son État. La symbolique du miroir est alors rompue dans cette technologie du pouvoir. Non seulement il n'est plus question d'instituer le prince aux mêmes vertus que les philosophes antiques et médiévaux ont répétées depuis des siècles, mais il n'est plus nécessaire d'en construire une figure idéale.

La quête d'idéalité est ainsi remplacée par un critère d'utilité qui « motive explicitement l'écriture machiavélienne de la politique[18] ». Machiavel exprime son intention en l'inscrivant au sein même de la rupture qu'il provoque : « écrire chose utile à qui l'entend[19] ». L'utilité, qui caractérise, selon ses propres mots, le conseil politique de Machiavel, participe d'un désir qui s'affranchit de la tradition des miroirs des princes. Il ne s'agit plus, pour Machiavel, d'exhorter le prince à un comportement vertueux, dans l'attente de la réussite du bon gouvernement conduisant au bien commun. Il s'agit au contraire d'expliciter la visée de l'utile par la nécessité en inscrivant le propos « dans une certaine tradition de l'historiographie politique, qui revendique elle-même le critère de l'efficacité[20] ». L'utilité et la nécessité, exprimées dans *Le Prince* et sous-tendant l'entier du propos politique machiavélien, sont légitimées par les auteurs anciens desquels le Florentin se réclame. Rompant avec la tradition philosophico-politique chrétienne qui le précède, Machiavel ne fait appel à aucune source biblique ou patristique. Au contraire, il fonde sa pensée dans la revivification des modèles antiques passés, décrits chez Cicéron, Thucydide, Salluste, Tacite ou Tite-Live. Ces historiens romains, ces historiens de « l'utile », sont ceux chez qui, au contraire de ceux qui se prévalent de l'honnêteté, il faut chercher les figures historiques qui doivent servir d'exemples pour le prince. En effet, ils sont les plus à même de faire prendre conscience au prince les « conditions extrêmes qui sont parfois propres à l'action politique[21] ».

En basant son propos à l'opposé des modèles de vertu et de sagesse qu'édifiaient auparavant les miroirs des princes, Machiavel présente à

18 Ménissier, Thierry, « Chapitre XV du *Prince*. La vérité effective de la politique et les qualités du Prince. », art. cité, p. 110.

19 Machiavel, *Le Prince*, *op. cit.*, p. 137.

20 Ménissier, Thierry, « Chapitre XV du *Prince*. La vérité effective de la politique et les qualités du Prince. », art. cité, p. 112.

21 *Ibid.*, p. 114.

son prince des modèles historiques d'utilité et d'efficacité au travers d'exemples réels. En inscrivant son conseil dans la réalité de la chose politique, il prend le risque de se départir de la tradition des miroirs en rapportant à son prince des actions efficaces mais contrevenant, dans certains cas, à la morale. Les références aux historiens de « l'utilité » lui permettent de révéler objectivement « les tours étonnants que peut prendre la logique des passions[22] ». Ainsi, en rapportant des faits et des actions anciennes « incompréhensibles sinon moralement injustifiables[23] » du point de vue de la tradition morale antique et chrétienne, Machiavel entend inscrire son conseil au cœur même de la *vérité effective*. Derrière le recours à l'utilité et à la nécessité, et « derrière la logique des faits rapportés », Machiavel décrit la réalité des comportements de la nature humaine, dans toute leur véracité, et se refuse à réciter ce que « ces comportements devraient être[24] ». C'est ce que Thierry Ménissier nomme « l'exigence du réalisme[25] », que Machiavel attend et revendique pour son prince en se départant de la tradition spéculaire à laquelle il renonce.

Le miroir que brise Machiavel est celui des vertus du prince. Il rompt ainsi totalement avec la tradition politique et morale de la philosophie classique et de la pensée chrétienne, « pour se rabattre sur des vérités positives, la fameuse *verita effetuale*[26] ». Machiavel renonce à toute tentative de proposer aux princes, à son prince, une image fabriquée sur des modèles qui, construits les uns avec les autres, proposeraient le reflet du prince idéal. Il a conscience de la tradition qui le précède et entend s'en éloigner totalement. Il ne désire plus proposer les reflets d'une idéalité que personne n'a atteint. Au contraire, il inscrit son prince dans la réalité, la vérité effective de la *chose* politique. Tout est matière de savoir être ce qu'il faut être, au moment opportun, ou de savoir ne pas l'être. Les chapitres qui font suite au moment de la rupture du chapitre XV abordent les conditions d'exercice des qualités du prince machiavélien, qualités qui, pour la plupart, sont celles du prince des miroirs antérieurs mais dont la pratique diverge fondamentalement.

Il en va ainsi de la libéralité et de la parcimonie au chapitre XVI. Si Machiavel indique en premier au prince « que ce serait bien d'être

22 *Ibid.*
23 *Ibid.*
24 *Ibid.*
25 *Ibid.*
26 Lefort, Claude, *Écrire. À l'épreuve du politique*, *op. cit.*, p. 146.

tenu pour libéral[27] », il précise pourtant qu'il ne doit pas en user vertueusement. La libéralité, exercée telle que prescrite par la morale des miroirs des princes, à savoir « vertueusement et comme on doit en user », n'a pas les effets permettant au prince d'être reconnu comme tel ni de provoquer « l'infamie de la qualité contraire[28] ». La libéralité, telle que conçue par les miroirs, force le prince, s'il « veut maintenir parmi les hommes le renom d'être libéral », à ne négliger aucune « somptuosité », l'amenant alors à consumer toutes ses facultés[29]. Ainsi, pour conserver un caractère libéral et généreux, il est amené à imposer ses sujets « de façon extraordinaire[30] ». Ce besoin d'argent rend alors le prince « odieux à ses sujets ou à le faire peu estimer de chacun[31] ». Le pragmatisme machiavélien retourne la vertu de libéralité telle qu'elle était jusqu'alors prescrite au prince. Pour Machiavel, elle doit dorénavant s'exercer de la manière suivante :

> Un prince, donc, ne pouvant user de cette vertu de libéralité de façon à ce qu'elle soit connue sans dommage pour lui, il doit, s'il est prudent, ne pas se soucier du renom de ladre [...]. De telle sorte qu'il en vient à user de libéralité envers tous ceux à qui il n'enlève rien – qui sont en nombre infini – et de ladrerie envers tous ceux à qui il ne donne pas – qui sont peu[32].

Au chapitre XVII, Machiavel renverse également le rapport du prince à la cruauté et à la pitié. Là encore, Machiavel continue à s'inscrire, dans un premier temps, dans la continuité de la tradition morale : il affirme lui aussi que le « prince doit désirer être tenu pour pitoyable et non pour cruel[33] ». Cependant, il place par la suite son propos sur un autre ordre d'idée et met en garde le prince de ne « pas mal user de cette pitié[34] ». En prenant exemple sur César Borgia, il conseille au prince « de ne pas se soucier du nom infâme de cruel » si cela lui permet de conserver unis sujets et fidèles[35]. Machiavel, ici, reprend un thème développé depuis longtemps dans les miroirs des princes antérieurs – et

27 Machiavel, *Le Prince*, *op. cit.*, p. 139.
28 *Ibid.*
29 *Ibid.*
30 *Ibid.*
31 *Ibid.*, p. 141.
32 *Ibid.*
33 *Ibid.*, p. 143.
34 *Ibid.*
35 *Ibid.*, p. 145.

maintenu plus tard –, un lieu commun du rapport entre souverain et sujets. Si les miroirs des princes affirmaient sans ambiguïté la nécessité pour le prince d'entretenir un rapport d'amour avec les sujets, dans la crainte constante d'être haï, Machiavel retourne une fois de plus cette morale traditionnelle. Il a pleinement conscience du débat qu'il provoque : « De là naît une dispute : s'il vaut mieux être aimé que craint ou *e converso*[36] ». Sa réponse est sans appel :

> On répond qu'il faudrait être l'un et l'autre ; mais puisqu'il est difficile de les accoler, il est beaucoup plus sûr d'être craint qu'aimé, dès lors qu'il faudrait manquer de l'un de deux[37].

Contrairement au machiavélisme qui lui sera reproché, Machiavel ne déconseille pas au prince la pratique des vertus morales traditionnelles. Au contraire, il actualise leur exercice. Ainsi, *Le Prince*, s'il est « tout sauf un traité de morale ou pédagogique », n'est pas non plus un « ouvrage immoral[38] ». Certes, Machiavel ne propose pas au prince des règles de comportement à la manière des miroirs antérieurs. Il n'opère pas de distinction morale entre le mal et le bien. Il entend faire comprendre au prince ce qui est utile et inutile. De cette manière, le traité « ne contient pas plus de prescriptions morales adressées au souverain qu'il ne l'invite à commettre des crimes ou des infamies[39] ». Ainsi, pour reprendre les mots de Robert Damien, Machiavel propose, par son opuscule, un « outil et son mode d'emploi pédagogique pour trouver dans chaque situation l'instrument adapté aux exigences de la domination et transformer la fonction établie en réalité effective[40] ».

Comme le précisent Fournel et Zancarini, le renversement des valeurs opéré par Machiavel « est lié à la définition d'un lieu et d'un temps propres au politique[41] ». Machiavel met en garde le prince contre leur mauvais usage. S'il est ainsi préférable pour le prince de demeurer vertueux, il lui est également nécessaire d'agir contrairement à la morale si celle-ci peut mener, dans une situation précise, le prince et l'État à leur perte.

36 *Ibid.*
37 *Ibid.*
38 Cassirer, Ernst, *Le mythe de l'État*, *op. cit.*, p. 210.
39 *Ibid.*
40 Damien, Robert, « Chapitre XXIII du *Prince*. Machiavel et le miroir brisé du conseil », *Machiavel.* Le Prince *ou le nouvel art politique*, *op. cit.*, p. 203.
41 Machiavel, *Le Prince*, *op. cit.*, p. 414.

De fait, cruauté et pitié « n'ont de valeur qu'insérées dans un moment historique, en fonction des enjeux qui correspondent à ce dernier[42] ».

Il en va de même pour la vertu de loyauté, au chapitre XVIII intitulé « De quelle façon les princes doivent garder leur foi[43] ». Le rapport du prince à cette vertu, conseillé par Machiavel, a certainement été le principal objet des attaques qui lui furent adressées. Si dans un premier temps Machiavel aborde le respect de la « foi » dans un sens laïc, à savoir le respect de la parole donnée, il aborde plus loin le respect à la piété et à la foi dans un sens religieux. C'est ce dernier point, et la manière qu'a Machiavel de le conseiller au prince, qui sera la source première des critiques dirigées contre lui. Comme auparavant, Machiavel affirme rhétoriquement le bien-fondé du respect de la vertu en question. Il est, pour lui, « louable, pour un prince, de garder sa foi et de vivre avec intégrité et non avec ruse », comme « chacun l'entend[44] ». Néanmoins, Machiavel actualise l'exercice de la vertu de loyauté et l'inscrit, ici aussi, dans un cadre historique dépendant des conditions du politique et de la nature humaine :

> On voit par expérience, de notre temps, que ces princes ont fait de grandes choses qui ont peu tenu compte de leur foi et qui ont su, par la ruse, circonvenir les esprits des hommes ; et à la fin ils l'ont emporté sur ceux qui se sont fondés sur la loyauté[45].

De fait, Machiavel exprime une double conception de l'action politique : par les lois, manière qu'il considère propre à l'homme, ou par la force, laissée aux « bêtes[46] ». En considérant, comme souvent, qu'agir en respect des lois ne suffit pas à garantir la réussite de l'action du prince, il préconise le recours à la seconde : « de ce fait, il est nécessaire à un prince de bien savoir user de la bête et de l'homme[47] ». Pour ce faire, Machiavel reprend un lieu commun des miroirs des princes, à savoir l'éducation d'Achille par le centaure Chiron. Mais là où les miroirs inscrivaient la formation du prince dans un idéalisme antique, Machiavel profite de la double nature de l'être mythologique pour légitimer le

42 *Ibid.*
43 *Ibid.*, p. 149-154.
44 *Ibid.*, p. 149.
45 *Ibid.*
46 *Ibid.*
47 *Ibid.*, p. 149-151.

recours à la force. En effet, pour Machiavel, « cela – avoir un précepteur mi-homme, mi-bête – ne veut rien dire d'autre, si ce n'est qu'un prince doit savoir user de l'une et de l'autre nature ; et l'une sans l'autre n'est pas durable[48] ». Cette « autre nature », celle des bêtes, dont l'emploi s'inscrit dans un besoin de conservation et de nécessité, participe une fois de plus d'un renversement par Machiavel d'un thème récurrent de l'action politique. Par l'emploi de la métaphore du lion et du renard, Machiavel plonge le prince dans un nouvel ordre moral. Cette reprise métaphorique permet à Machiavel de s'inscrire là encore dans une tradition, non pas cette fois théologico-politique, mais antique, dont il a à cœur de détourner et renverser le sens moral de l'analogie. Pour Machiavel, il en va de la nécessité :

> Puisqu'il est donc nécessaire qu'un prince sache bien user de la bête, il doit, parmi celles-ci, prendre le renard et le lion, car le lion ne sait pas se défendre des rets et le renard ne sait pas se défendre des loups ; il faut donc être renard pour connaître les rets, et lion pour effrayer les loups : ceux qui se contentent de faire le lion ne s'y entendent pas[49].

Cette métaphore, reprise d'auteurs classiques, prend chez Machiavel le sens de la justification de l'emploi de la force et de la ruse. Cependant, comme l'affirme Pierre Manent, il ne faut pas voir ici le « développement rhétorique d'une métaphore léguée par les Anciens[50] ». Machiavel, fin connaisseur des auteurs antiques, se place, par la reprise de cette analogie, dans la lignée de Cicéron ou de Pindare[51]. Cicéron, dans son *Traité sur les devoirs*, utilise cette métaphore pour condamner l'action injuste provoquée par l'emploi de la force et de la ruse :

> [...] il y a deux façons de commettre une action injuste, la force et la ruse, et qu'on peut être lion ou renard, ajoutons que ces deux façons sont l'une et l'autre très contraires à la nature humaine mais que l'action frauduleuse est la plus haïssable[52].

Claude Lefort a proposé l'une des réflexions les plus intéressantes sur la fracture engendrée par Machiavel dans l'histoire des idées politiques. Il

48 *Ibid.*, p. 151.
49 *Ibid.*
50 Manent, Pierre, *Naissances de la politique moderne. Machiavel, Hobbes, Rousseau*, *op. cit.*, p. 21.
51 Bergès, Michel, *Machiavel, un penseur masqué ?*, *op. cit.*, p. 71-79.
52 Cicéron, *De officiis*, I, XIII, traduction de Charles Appuhn, Paris, Garnier, 1933.

n'a eu de cesse de distinguer et de souligner l'importance et l'originalité de la pensée machiavélienne dans l'histoire du politique. Il remarque pourtant que Machiavel n'a pas attendu la rédaction du *Prince* pour proposer une pensée innovante. Ainsi, avant même de compiler la somme de son expérience politique dans son œuvre la plus célèbre, Machiavel affirmait déjà, dans ses *Discours sur la première décade de Tite-Live*, sa volonté de ne plus se placer dans la continuité d'une pensée politique émergeant de la période médiévale et de ses devanciers de l'Humanisme italien. En ce sens, la rupture machiavélienne s'inscrit plus profondément encore, non seulement dans le temps, mais s'illustre également par la volonté du Florentin de reconfigurer la politique de son temps. Dans l'avant-propos du premier livre des *Discours*, et en des termes rappelant ceux plus tardifs du chapitre XV du *Prince*, il se propose d'aborder la politique en se dévoyant de la voie traditionnelle.

> Je n'ignore pas que le naturel envieux des hommes, rend toute découverte [aussi] périlleuse pour son auteur [que l'est pour le navigateur la recherche des eaux et des terres inconnues]. Cependant, animé de ce désir qui me porte sans cesse à faire ce qui peut tourner à l'avantage commun à tous, je me suis déterminé à ouvrir une route nouvelle, où j'aurai bien de la peine à marcher sans doute. [...] Si de trop faibles moyens, trop peu d'expérience du présent et d'étude du passé, rendaient mes efforts infructueux, j'aurai du moins montré le chemin à d'autres qui, avec plus de *virtù*, d'éloquence et de jugement, pourront mieux que moi remplir mes vues[53].

En se comparant à un navigateur partant à la découverte de terres inconnues, Machiavel énonce son but premier : s'élancer dans une route que personne n'a encore ouverte. Cette nouvelle voie, offerte par Machiavel, peut paraître paradoxale en soi. Il désire en effet, en discourant sur les récits de l'historien romain Tite-Live, introduire dans la politique de son temps les modèles de l'histoire de la Rome antique. Surprenant désir du penseur florentin qui, tout en ayant « conscience d'innover absolument et dont la postérité jugea en effet qu'il avait ouvert une voie nouvelle à la pensée politique[54] », souhaitait ériger en modèle l'Antiquité. Machiavel énonce là déjà des propos qui préfigurent la rupture à venir. Le recours aux modèles antiques qu'il affirme ici désirer s'inscrit non seulement dans l'action politique des gouvernants de son

53 Machiavel, *Discours sur la première décade de Tite-Live*, *Œuvres complètes*, *op. cit.*, p. 377.
54 Lefort, Claude, *Écrire. À l'épreuve du politique*, *op. cit.*, p. 141.

temps mais dans les figures mêmes qui les représentent. En inscrivant sa pensée politique qu'il désire innovante dans le sillage des modèles des Anciens, il préfigure dans la dédicace des *Discours* ce qu'il proposera plus tard dans *Le Prince*.

> [...] je crois rompre de la sorte avec l'usage courant de tous les écrivains : ils ne manquent jamais d'adresser leurs ouvrages à quelque prince et de lui décerner, aveuglés comme ils le sont par l'ambition et la cupidité, le mérite de toutes les vertus quand ils devraient le blâmer de toutes les plus honteuses faiblesses[55].

Il est difficile de ne pas sentir les prémices de la rupture. Le miroir semble ici déjà fêlé. Machiavel a pleinement conscience, là encore, de s'opposer à la coutume et à « l'usage », à une tradition littéraire qui le précède depuis longtemps. Ce sentier vulgairement battu et cette effusion de louanges banales qu'il dénonce ne sont plus à même de proposer une figure efficace du gouvernant. Avant même *Le Prince*, Machiavel en propose une nouvelle image : il ne s'agit plus de tendre au prince un miroir lui prodiguant « toutes les vertus » mais bien de lui proposer une théorie de l'imitation basée, non pas sur des vertus, mais sur des modèles antiques. Cette théorie de l'imitation, pourtant déjà présente à sa façon dans les miroirs des princes antérieurs, s'applique ici d'une manière différente. Nous l'avons vu, Machiavel refuse le caractère spéculaire du prince imaginé comme un miroir par ses vertus et son comportement se réfléchissant sur les autres hommes. Il rejette ainsi la théorie de l'imitation des vertus princières par les sujets. Et s'il reconnaît la possibilité d'observer et d'imiter des modèles passés ou contemporains de réussite politique, il ne le conseille plus aux princes mais à ceux qui possèdent la *virtù* et les qualités pour le devenir.

> C'est pourquoi, ne voulant pas commettre cette erreur, j'ai choisi non pas ceux qui sont princes, mais ceux qui, de par tant de qualités, mériteraient de l'être ; non pas ceux qui pourraient me combler de charges, d'honneurs et de richesses, mais ceux qui ne le pouvant pas, voudraient le faire. Si nous jugeons droitement, nous devons notre estime aux êtres qui sont généreux et non à ceux qui ont les moyens de l'être ; à ceux d'entre les hommes qui savent et non à ceux qui, sans rien savoir, ont la chance de gouverner un État[56].

---

55 Machiavel, *Discours sur la première décade de Tite-Live*, *Œuvres complètes*, *op. cit.*, p. 376.
56 *Ibid.*

En s'opposant à « cette erreur » commune qui consiste à dédier à un prince un texte de louanges prodiguant inlassablement le même catalogue de vertus, Machiavel élargit le champ d'horizon de son discours. Il ne s'adresse plus, ou plus uniquement, aux princes placés à la tête d'un État sans posséder les compétences humaines nécessaires. Il désire, en faisant appel à la vertu de l'homme antique, distinguer ceux qui mériteraient d'être prince, ceux qui sauraient gouverner. Il coupe ainsi court, d'une autre manière encore, à la tradition antérieure des miroirs des princes qui ne s'interrogeaient pas sur la légitimité et les capacités du souverain. Les miroirs des princes médiévaux ne remettaient en effet pas en question la légitimité de celui à qui avait échu la volonté divine d'exercer la souveraineté. Ils s'évertuaient à le confirmer à la tête du corps politique en lui adressant un discours espérant le rendre le plus apte à sa tâche.

Il est désormais entendu que Machiavel a brisé le miroir tendu jusqu'alors au prince. En prenant conscience de l'utilité et de la nécessité définissant l'écriture machiavélienne, il est ainsi possible d'appréhender la rupture engendrée par l'insertion de la figure du prince au cœur même de la réalité politique et historique. Cette rupture, dont Machiavel revendique la paternité, trouve son essence dans l'opposition à une tradition politique antérieure. Il convient alors de regarder dans le miroir quels sont ceux contre lesquels le secrétaire s'érige. Cette question, qui est certainement l'une des plus discutées de l'ouvrage par la critique contemporaine, ne peut pas être tranchée avec certitude, tant Machiavel s'ingénie à brouiller les pistes. S'oppose-t-il, comme le propose John Najemy[57], à ses amis avec lesquels il communique et échange au sujet des malheurs politiques de son temps ? S'oppose-t-il plutôt à ses prédécesseurs les plus directs, les humanistes italiens du Quattrocento qui, épris d'imagination, ont traité de gouvernements et de républiques imaginaires[58] ? Ou s'agit-il, enfin, dans une visée plus large, de tout un pan de la tradition philosophico-politique s'étendant d'Aristote à Thomas d'Aquin ?

Machiavel avait pleinement conscience de la tradition contre laquelle il entendait s'opposer. S'il reste discret sur l'identité précise des auteurs

57 Najemy, John, *Between Friends. Discourses of Power and Desire in the Machiavelli-Vettori Letters of 1513-1515*, Princeton, Princeton University Press, 1993.

58 Skinner, Quentin, *Machiavel*, traduction de l'anglais et postface par Michel Plon, Paris, Seuil, 1989, p. 70-71.

décrivant des « républiques et des principats dont on n'a jamais vu ni su qu'ils existaient vraiment[59] », se contentant d'en mentionner deux fois l'existence par une forme proche de l'ellipse[60], il ne fait cependant aucun doute qu'il s'y oppose en proposant une nouvelle forme de discours politique. De même, il ne fait aucun doute qu'en formulant « la dénonciation de l'imagination, comme moyen de présentation de formes politiques inouïes », il s'adresse à l'ensemble d'une littérature qui continuait à définir et à tendre au prince « une image idéalisée de lui-même, afin qu'il corrige la réalité par l'idéal, dans une sorte de réflexion critique[61] ». Ainsi, il est permis de penser que la critique qu'émet Machiavel vise des auteurs antérieurs à ses propres contemporains. De même, il semble impossible de limiter son adresse aux seuls humanistes italiens, tels Francesco Patrizi et son *De Regno et regis institutione*[62] (1481-1484) ou Giovanni Pontano et son *De principe*[63] (1490). Enfin, son propos, s'il s'oppose également à la tradition philosophico-classique, de l'Antiquité au Moyen Âge, ne saurait ne pas prendre en compte les auteurs de cet Humanisme renaissant ainsi que les commentateurs contemporains de la politique.

L'appel au refus de l'imaginaire nous semble donc le meilleur marqueur : la *vérité effective de la chose* politique ne saurait pouvoir prendre en compte la virtualité d'un prince et d'une république exprimée par l'idéalité. Cette « réfutation du critère de l'imagination » sous-entendrait que Machiavel s'adresse en premier lieu à la tradition

---

59 Machiavel, *Le Prince*, *op. cit.*, p. 137.

60 *Ibid.* Machiavel utilise deux fois la même construction grammaticale pour mentionner ceux qui, avant lui, ont discouru sur le prince et les gouvernements : « beaucoup ont écrit à ce propos » (*molti di questo hanno scripto*) et « beaucoup se sont imaginés » (*molti si sono immaginati*).

61 Ménissier, Thierry, « Chapitre XV du *Prince*. La vérité effective de la politique et les qualités du Prince. », art. cité, p. 115.

62 Patrizi, Francesco, *De regno et regis institutione*, 1484. Voir Tinelli, Elisa, « *Introduction to the critical edition of* De regno et regis institutione *by Francesco Patrizi from Siena* », *Critica Letteraria*, 47, 2019, p. 113-134.

63 Pontano, Giovanni, *De principe*, 1490. Voir Finzi, Claudio, « *Il principe e l'obbedienza. I primi scritti politici di Giovanni Pontano* », *Théologie et droit dans la science politique de l'État moderne*, Actes de la table ronde de Rome (12-14 novembre 1987), Rome, École Française de Rome, 1991, p. 263-279 ; Falvo, Giuseppe, « *The Art of Human Composition in Giovanni Pontano's* 'De Principe Liber' », *Modern Language Notes*, vol. 129, no. 3S, The Johns Hopkins University Press, 2014, p. 21–34 ; Casanova-Robin, Hélène, « La Rhétorique de La Légitimité : Droits et Devoirs Du Prince Dans Le *de Principe* de Pontano. », *Rhetorica : A Journal of the History of Rhetoric*, vol. 32, no. 4, 2014, p. 348-61.

humaniste[64]. Cependant, comme le propose Thierry Ménissier, il est possible d'adopter une voie médiane en fonction de la manière de lire *Le Prince* : soit en rapport au destinataire, Laurent de Médicis, et donc trancher pour la tradition humaniste ; soit en rapport de la portée de la rupture engendrée par le discours machiavélien et donc valider l'entier de la tradition philosophico-politique antérieure[65]. Cette solution permet de concilier la rupture idéologique machiavélienne avec celle symbolique de la métaphore spéculaire. En refusant tout recours à un imaginaire exprimant l'idéalité, Machiavel s'inscrit, à notre sens, en opposition à une tradition plus large que ne le permettrait une segmentation chronologique des auteurs qu'il réfute. Il s'oppose ainsi à l'ensemble de ceux, qui avant lui et contemporainement à lui, ont proposé et continuent à proposer une édification morale du prince selon un catalogue vertueux participant d'une recherche d'idéal inatteignable, hors de toute réalité. L'un des moyens d'énoncer cette figure du prince s'exprimait au travers de la métaphore spéculaire. Il reste donc à voir si Machiavel, en brisant le miroir vertueux tendu au prince, avait conscience de s'opposer non seulement à la tradition philosophico-politique mais également au symbolisme exprimé par l'objet.

Nous avons vu qu'il précise, dans l'avant-propos des *Discours* comme dans le premier paragraphe du chapitre XV du *Prince*, s'aventurer dans une nouvelle voie, en s'écartant « de l'ordre des autres[66] » et de la tradition théologico-politique. Cette tradition s'arrimait jusqu'alors dans le genre des miroirs des princes grâce à l'utilisation de la métaphore spéculaire permettant une représentation symbolique de la diffusion du pouvoir et des vertus, de Dieu vers le prince. Cette métaphore du miroir permet aux commentateurs de Machiavel, par sa transformation de la représentation du politique, d'imager à raison cette rupture : Machiavel a brisé le miroir que l'on tendait au prince. Cependant, avait-il conscience, en rompant avec la tradition, de s'opposer à la métaphore elle-même ? Quelques mentions et utilisations de la métaphore dans le texte machiavélien permettent de se forger une idée, sans pour autant aboutir à une certitude.

64 Ménissier, Thierry, « Chapitre XV du *Prince*. La vérité effective de la politique et les qualités du Prince. », art. cité, p. 117.

65 *Ibid.*, p. 117-118.

66 Machiavel, *Le Prince*, *op. cit.*, p. 137.

En premier lieu, il ne faut pas s'étonner de la présence du terme « miroir », *specchio* en italien, dans le texte machiavélien. Son utilisation, même dans le cadre d'un discours politique, ne signifie pas forcément un usage de la symbolique de l'objet par la métaphore spéculaire. En prenant conscience de l'importance du champ lexical du sens de la vue au cœur même de la dialectique du secrétaire, il faut en effet relativiser l'importance des occurrences du terme miroir et ne pas y voir obligatoirement un possible lien ténu qui permettrait de rapprocher Machiavel au genre des miroirs des princes. Fournel et Zancarini ont montré, en étudiant la langue machiavélienne dans le *Prince*, l'importance que donnait le Florentin à la vue. Plus de soixante-dix occurrences font mentions au verbe « voir », *videre*[67]. Selon eux, l'utilisation d'un discours faisant appel au sens de la vue « concerne le plus souvent soit une vérité d'expérience soit une articulation nécessaire avec le constat [...] et l'analyse[68] ». Il est possible de penser que Machiavel fait volontairement appel au lexique de la vue afin de rendre sensible sa pensée politique et de l'inscrire dans un rapport d'efficacité préfiguré par l'efficience du caractère visuel de sa formulation.

Cependant, plusieurs mentions du terme et même de la métaphore du miroir doivent nous inciter à considérer, si ce n'est l'inscription de la pensée machiavélienne dans la tradition spéculaire de la représentation du pouvoir, du moins la connaissance par le Florentin de ce mode de représentation. Plus qu'envers un genre littéraire qui tirait son nom de la métaphore utilisée pour légitimer le pouvoir monarchique, Machiavel se dressait contre la charge vertueuse et morale reflétée sur la figure du prince et qu'impliquait le symbolisme du miroir au prince.

Dans les *Discours*, au chapitre v du Livre troisième intitulé « Quelles fautes font perdre le trône à un roi qui en jouit par succession », Machiavel recommande aux princes d'agir avec modération. Il leur conseille pour cela de prendre pour modèles différents rois antiques. La formule utilisée dénote cependant, parallèlement à la rédaction du *Prince*, l'assentiment de Machiavel pour la transmission spéculaire des vertus des princes.

> Les rois qui voudront s'instruire de la manière de bien gouverner n'auront que la peine de prendre pour modèle la conduite des bons princes, tels que

67 *Ibid.*, postface, p. 590.
68 *Ibid.*

> Timoléon de Corinthe, Aratus de Sicyone et plusieurs autres, dans l'exemple desquels ils trouveront autant de sécurité, de tranquillité et de bonheur pour celui qui gouverne que pour celui qui obéit ; or la facilité de les imiter leur en inspirera l'envie[69].

Ce que le texte français traduit ici par « prendre pour modèle la conduite de bons princes », et que d'autres traductions, plus littérales, traduisent par « prendre pour miroir de leur conduite la vie des grands hommes[70] », peut constituer une indication de la connaissance par Machiavel de la tradition de la métaphore spéculaire en politique. Le texte italien original, qui utilise précisément le terme « miroir », *per lo specchio la vita de' principi buoni*, indique sans ambiguïté l'utilisation par Machiavel de la métaphore spéculaire en l'insérant dans une théorie de l'imitation des modèles antiques. Ici, précisément, Machiavel conseille aux princes héréditaires qui désirent conserver leur État, de prendre pour modèles des princes ayant gouverné avec modération, sans avoir violé les lois ou s'être écartés des anciennes institutions. Il leur conseille ainsi, pour « bien gouverner », de regarder et d'observer ces miroirs reflétant la « conduite des bons princes ». À l'évidence, cette utilisation ne permet pas d'inscrire l'œuvre machiavélienne dans la tradition littéraire des miroirs des princes. Que ce soit dans les *Discours* ou dans *Le Prince*, la mention du rapport aux vertus politiques et morales traditionnellement recommandées au prince n'invalide pas le fait que Machiavel brise le miroir des princes. Ce que nous entendons souligner, au contraire, c'est sa volonté consciente, par l'utilisation volontaire de la métaphore spéculaire, de s'opposer à une tradition littéraire et politique qui se définissait par le reflet des vertus du miroir vers le prince. Cette occurrence de la métaphore dans le corpus machiavélien n'est pas la seule à laisser penser que le Florentin s'opposait non seulement aux concepts traditionnels de représentation du pouvoir politique mais réfutait aussi consciemment jusqu'aux moyens d'expression de l'idéalité du prince sous-entendus par la métaphore spéculaire.

Dans l'ébauche d'une lettre à Giovan Battista Soderini, datée de septembre 1506[71], Machiavel s'adresse au destinataire ainsi :

---

69 Machiavel, *Discours sur la première décade de Tite-Live*, *Œuvres complètes*, *op. cit.*, p. 616-617.

70 Machiavel, *Discours sur la première décade de Tite-Live*, traduction de Jean Vincent Périès, texte établi par Ch. Louandre, Charpentier, 1855, p. 436.

71 Machiavel, « Notes sur les *Ghiribizzi al Soderini* », *Le Prince*, *op. cit.*, p. 519.

> Je vous connais, vous et la boussole de votre navigation ; et quand bien même elle pourrait être condamnée – et elle ne peut l'être – je ne la condamnerais pas en voyant à quels ports elle vous a conduit, et de quels espoirs elle peut vous nourrir. D'où je crois – non dans votre *miroir*, où l'on ne voit que prudence, mais par celui des plus nombreux – que l'on doit, dans les choses, voir la fin et non les moyens ; surtout quand on voit des gouvernements variés faire advenir une même chose et qu'on peut obtenir une même fin en œuvrant différemment ; [...][72].

Si Machiavel ne fait pas explicitement référence, par l'emploi du terme « miroir » (*non con lo spechio vostro*), au genre des miroirs des princes, il a, à l'évidence, connaissance de l'utilisation traditionnelle de la symbolique du miroir comme outil moral de réflexion des vertus. Au-delà de cet emploi, Machiavel insère le symbolisme du miroir dans une autre dimension. Le miroir n'est plus uniquement l'objet permettant la connaissance de soi et des vertus mais il devient aussi l'objet qui permet de voir s'y réfléchir les actions de l'homme. Ainsi, le miroir n'est plus seulement l'objet représentant le portrait immobile de celui qui s'y regarde. Au contraire, il révèle un mouvement : il permet de voir ce vers quoi les actions permettent de tendre, ce qu'elles permettent d'atteindre. Ainsi, le « miroir machiavélien » ne représente plus l'idéal d'une figure et les moyens permettant de réaliser l'action désirée – dans le cas de l'homme politique le bon gouvernement – mais bien au contraire la fin de toute action, le but vers lequel elle tend. Machiavel n'entend pas instruire son destinataire : le miroir de celui-ci ne reflète que prudence. Cette prudence qui, chez Machiavel, est une vertu pleinement pratique, se résume en l'art et la maîtrise de saisir les situations singulières, en résistant à l'imprévisibilité et l'impondérabilité de la Fortune. Il veut en revanche montrer « aux plus nombreux » que leurs miroirs ne doivent révéler, dans les choses qu'ils reflètent, que le but qu'ils essaient d'atteindre et non pas les moyens qui permettent d'y parvenir.

Enfin, dans la lettre adressée à Francesco Vettori en 1513 et déjà citée, une dernière expression permet de soupçonner la connaissance du symbolisme du miroir par Machiavel. En parlant de l'opuscule qu'il en train de rédiger, à savoir le *De principatibus*, il admet au destinataire

---

72 *Id.*, « Caprices à Soderini. Lettre de Machiavel à [Giovan Battista] Soderini », *Le Prince*, *op. cit.*, p. 511-512. Nous soulignons.

qu'il « continue toujours à l'engraisser et à le polir[73] ». Le verbe *ripolire*, que Fournel et Zancarini traduisent ici par polir et qui peut également signifier « nettoyer », renvoie à l'objet, le texte, le livre lui-même. À l'évidence, impossible ici d'affirmer que Machiavel rédigeait un miroir à la manière des humanistes avant lui. De même, impossible d'affirmer qu'il utilise le terme « polir » dans une volonté cachée de s'inscrire dans la tradition des miroirs pour mieux s'en affranchir. Il est cependant permis de penser qu'il avait pleinement connaissance de la tradition du symbolisme spéculaire et, qu'en écrivant le *De principatibus*, il entendait ainsi s'y opposer de manière consciente.

Il convient enfin d'observer l'originalité de Machiavel en comparaison de la masse des traités politiques adressés au prince à la même époque et durant les décennies suivantes. Car si Machiavel a effectivement redéfini le mode de représentation traditionnelle du gouvernant, notamment en brisant le miroir des vertus princières, il a également, et peut-être avant tout, redéfini les arts de gouverner eux-mêmes. Dans les miroirs des princes antérieurs à la rupture machiavélienne, le gouvernement des hommes par le prince s'inscrivait encore dans une conception pastorale de la politique. En effet, le prince, souvent considéré comme un berger menant son troupeau, gouvernait en premier lieu sur des êtres dont il avait la charge. Cette charge sous-entendait non seulement une gouvernance de leurs destinées sur Terre, en leur assurant protection et bonheur, mais elle impliquait également une direction spirituelle, dans le respect de la religion et l'assurance d'une vie dans l'au-delà. Machiavel, en déliant la politique de la religion et en l'inscrivant dans la *vérité effective de la chose*, développe un rapport totalement novateur entre le prince et l'exercice de son pouvoir. Il faut ainsi regarder ce qui distingue Machiavel de cette masse de textes qui continua à être rédigée jusqu'au XVIIIe siècle et à aborder la question du gouvernement des hommes par le prince.

Parallèlement à la rédaction de ces textes qui continuaient à établir l'autorité du pouvoir par une volonté divine et l'exercice de la souveraineté en termes théologico-politiques, d'autres auteurs, en réaction aux guerres de Religion qui embrasaient l'Europe de cette fin de XVIe siècle, ont cherché une réponse à ces maux au-delà de la figure du prince. Que

73 *Id.*, « Lettre de Machiavel à Francesco Vettori (10 décembre 1513) », *Le Prince*, *op. cit.*, p. 533 (« *ancor che tuttavolta io l'ingrasso et ripulisco* »).

ce soit par Bodin, en théorisant juridiquement un nouveau concept de souveraineté ou par Botero, en réaffirmant – en réponse à Machiavel – une nouvelle norme de l'exercice politique basée sur le concept de domination d'un prince aux vertus réinvoquées et réorientées, de nouvelles conceptions politiques émergèrent et redéfinirent à leurs manières la figure du prince.

QUATRIÈME PARTIE

SOUVERAINETÉ ET RAISON D'ÉTAT

La théorisation du concept de souveraineté en des termes juridiques, par Jean Bodin, a marqué un tournant dans la réflexion politique de la fin du XVIe siècle ainsi qu'au siècle suivant. En posant les fondements théoriques d'une monarchie absolue, non pas en termes d'absolutisme mais de souveraineté absolue[1], Bodin a défini les premières notions juridiques de l'établissement de l'État moderne. Il est également à l'origine de la première distinction précise des concepts d'État et de gouvernement. En s'intéressant au concept de souveraineté, Bodin n'a toutefois pu faire l'impasse sur la figure de l'exercice de la puissance souveraine, le prince. En réponse, d'une part, aux monarchomaques[2] s'élevant contre la montée absolutiste du pouvoir comme, d'autre part, aux défenseurs de la politique royale, il a élaboré une définition juridico-politique de la souveraineté, la transformant en un concept stable. De cette stabilité juridique a émané une figure souveraine inane : le prince bodinien n'était plus que la figure représentative d'une souveraineté s'établissant et s'organisant hors de lui. De fait, l'exigence vertueuse du prince, jusqu'alors nécessaire pour l'exercice politique, s'est retrouvée révoquée. En ce sens, la notion de prince, dans la théorie bodinienne, a régressé. Cependant, parallèlement à la réflexion bodinienne, d'autres auteurs, participant de courants philosophico-politiques différents, continuèrent à exprimer une vision traditionnelle du prince et de l'exercice du pouvoir.

Les troubles confessionnels qui marquèrent profondément la France durant la seconde moitié du XVIe siècle eurent pour conséquence, si ce n'est de bouleverser la réflexion politique traditionnelle, du moins de la revivifier. Sans être renouvelée, la question du gouvernement s'inscrivit dans l'œuvre de nombreux penseurs. Certains prirent la défense du pouvoir royal, notamment par la reprise du genre des Institutions, en continuant à proposer une image du prince semblable à celle d'avant la division religieuse du royaume, tout en actualisant les devoirs et les

1 Turchetti, Mario, « Jean Bodin théoricien de la souveraineté, non de l'absolutisme », *Chiesa cattolica e mondo moderno*, Bologne, Il Mulino, 2007, p. 437-455.

2 Mellet, Paul-Alexis, *Les traités monarchomaques. Confusion des temps, résistance armée et monarchie parfaite (1560-1600)*, Travaux d'Humanisme et Renaissance, CDXXXIV, Genève, Droz, 2007.

droits du souverain avec le contexte politique. C'est le cas d'auteurs comme Jean de La Madeleine, avocat au Parlement, qui composa en 1575 un *Discours de l'Estat et office d'un roy*[3] et dans lequel il récapitule l'essentiel du discours théologico-politique hérité de l'époque médiévale. Il y réaffirme l'origine divine de l'établissement du pouvoir royal. Le roi y est encore perçu comme l'*imago Dei* sur Terre, représentant et exerçant le pouvoir divin parmi les hommes. Pour cet auteur, « la domination qui est baillée aux rois est un vrai don de Dieu, lequel, comme le père des hommes adopte peculièrement pour ses enfants ceux auxquels il donne puissance de régner, lesquels représentent l'autorité et majesté de Dieu en la terre[4] ». De même, le prince est, par la volonté divine, « excellent et admirable par-dessus tous ses sujets, comme étant choisi de Dieu pour les régir et gouverner[5] ». Si la figure du prince idéal et vertueux est réinvoquée par plusieurs de ces œuvres, elles ne le font plus uniquement dans l'espérance de la complétude morale du prince permettant le bon gouvernement. Elles actualisent l'image du prince parfait pour légitimer le pouvoir royal autant que sa politique. D'autres, comme Claude d'Espence ou Michel de L'Hospital[6], prirent le parti de proposer l'image d'un prince de concorde, capable de mettre fin au conflit et de restaurer la paix. D'autres encore s'engagèrent dans la critique de la politique royale, en l'associant à l'idée que l'on se faisait de la pensée machiavélienne – souvent à tort – par le biais de l'antimachiavélisme.

En effet, comme le précise Zarka, l'antimachiavélisme semble être un « phénomène singulier » qui participe plus de la critique de la réception de l'œuvre de Machiavel, et plus encore des opinions reçues que l'on en avait, que de la pensée réelle du Florentin[7]. Ainsi, « certaines formes d'antimachiavélisme n'ont qu'un rapport de seconde, voire de troisième main » avec les textes originaux du secrétaire[8]. C'est le

3 La Madeleine, Jean de, *Discours de l'Estat et office d'un roy, prince ou monarque, pour bien et heureusement régner sur la terre, et pour garder et maintenir les sujets en paix, union et obéissance*, Paris, 1575.

4 *Ibid.*, f. 4.

5 *Ibid.*, f. 5.

6 Sur la conception du prince chez Michel de L'Hospital, voir notamment Crouzet, Denis, *La sagesse et le malheur. Michel de L'Hospital chancelier de France*, Paris, Champ Vallon, 1998 et Petris, Loris, *La plume et la tribune : Michel de L'Hospital et ses discours (1559-1562)*, *op. cit.*

7 Zarka, Yves Charles, *Philosophie et politique à l'âge classique*, Paris, PUF, 1998, chap. IX « Singularité de l'antimachiavélisme », p. 161.

8 *Ibid.*

cas, par exemple, de l'*Instruction aux princes pour garder la foy promise* de Coignet, publié en 1584[9], qui défend une politique dénuée de tout mensonge, subordonnée à une philosophie chrétienne, et qui se dresse contre l'impiété supposée et reprochée à Machiavel.

C'est le cas plus encore du traité d'Innocent Gentillet publié en 1576, communément appelé l'*Anti-Machiavel*[10], considéré comme l'un des premiers textes s'opposant explicitement au secrétaire[11]. Cet anti-machiavélisme « ne peut être compris que resitué dans le contexte des suites de la Saint-Barthélemy » car il diffusait en premier lieu l'opinion que Machiavel et plus largement les Italiens proches du pouvoir royal « étaient responsables des malheurs de la France[12] ». Ainsi, Gentillet proposait une pensée qui avait pour but principal de « défendre un ordre politique ancien, une aristocratie seigneuriale[13] ». En ce sens, la volonté qu'exprimait Gentillet était celle partagée par de nombreux auteurs d'Institutions du prince. En effet, Gentillet, de la même manière que ceux-ci avant lui, perpétuait l'idée d'un gouvernement politique du prince subordonné à la morale chrétienne. Il continuait à diffuser une doctrine politique traditionnelle fondant le gouvernement politique du prince sur le respect des lois fondamentales, du droit naturel, de la religion et de la morale chrétienne. Ainsi, des auteurs catholiques défendant le pouvoir royal autant que des auteurs protestants le critiquant – comme Gentillet –, utilisèrent à leurs fins une rhétorique semblable, basée sur une réminiscence de la tradition philosophico-politique médiévale. Deux volontés différentes s'exprimaient ainsi, d'une part par une critique implicite ou explicite de la pensée machiavélienne et, d'autre part, par la réaffirmation de l'idéalité de la figure du prince.

Cette littérature de l'antimachiavélisme, comme celle des traités sur les arts de gouverner, jusqu'au dernier quart du XVIe siècle, ne s'interrogeaient que très peu sur la légitimité du prince à exercer son pouvoir. Toute réflexion sur la souveraineté semble ainsi presque absente

---

9 Coignet, Matthieu, *Instruction aux princes pour garder la foy promise, contenant un sommaire de la philosophie chrestienne et morale, et devoir d'un homme de bien*, Paris, 1584.

10 Gentillet, Innocent, *Discours sur les moyens de bien gouverner et maintenir en bonne paix un royaume ou autre principauté. [...]. Contre Nicolas Machiavel Florentin*, 1576.

11 Foucault, Michel, *Sécurité, territoire, population*, *op. cit.*, p. 94.

12 Zarka, Yves Charles, *Philosophie et politique à l'âge classique*, *op. cit.*, p. 162.

13 *Ibid.* *Cf.* Meinecke, Friedrich, *L'idée de la raison d'État dans l'histoire des Temps modernes*, traduit de l'allemand par M. Chevallier, Genève, Droz, 1973.

des miroirs et des Institutions des princes durant le XVIe siècle. Le concept de souveraineté était sous-entendu dans l'origine divine du pouvoir du prince et se formulait en des termes d'immuabilité. Si peu d'œuvres de notre corpus proposent une réelle réflexion sur la légitimité du pouvoir royal à exercer la souveraineté, il convient cependant de voir sur quelles sources elles basaient la légitimé du prince à régner. Nous n'avons pas la prétention de retracer ici l'histoire de la souveraineté. Celle-ci a déjà été l'objet de nombreuses réflexions, animées de questions et de débats qui dépassent le simple cadre de notre recherche[14]. En revanche, il apparaît nécessaire d'aborder le lien que cette notion complexe a entretenu aux XVIe et XVIIe siècles – sous diverses appellations signifiant sa transformation – avec les œuvres qui participent de notre corpus. Plus encore, il s'agit de comprendre pourquoi, en réaction au massacre de la Saint-Barthélemy, un auteur comme Jean Bodin prit le parti de théoriser le concept de souveraineté en des termes juridiques qui influencèrent, après lui, des œuvres qui continuaient à proposer une image vertueuse du prince.

14 Nous nous reportons, pour une vision générale de la souveraineté à la période médiévale, à l'étude de David, Marcel, *La souveraineté et les limites juridiques du pouvoir monarchique du IXe au XVe siècle*, Paris, Dalloz, 1954. Voir aussi *Penser la souveraineté à l'époque moderne et contemporaine*, Gian Mario Cazzaniga et Yves Charles Zarka (sld), Pise, ETS, Paris, Vrin, 2001.

JEAN BODIN ET LA SOUVERAINETÉ

Héritée de la *superioritas* médiévale, du moins jusqu'à sa théorisation par Jean Bodin, la notion de souveraineté, associée au pouvoir royal, était une condition intrinsèque à l'exercice politique du prince. Elle se définissait alors, dans la littérature prescriptive adressée au roi, en rappelant ce qui la légitimait ainsi que les droits et devoirs qu'elle instituait. Si le mot « souveraineté » semble absent du vocabulaire du haut Moyen Âge, les auteurs de cette époque exprimaient déjà des concepts qui s'en rapprochaient et qui tendirent à se transformer au fil des siècles.

La pensée médiévale, dès saint Augustin, distinguait deux notions. La première, le *regere*, instaurait le droit du prince à régir et à gouverner un peuple. Il s'entendait par son contraire, la *dominatio*, qui représentait sa dérive et l'action du tyran. La dualité du concept fut à la base de la conception médiévale de l'exercice politique du roi : le droit du roi à gouverner son peuple, établi en devoir, s'opposait à la domination du tyran, en dehors d'un cadre juridique définissant la souveraineté. Le concept de gouvernement médiéval, le *regimen*, était en premier lieu entendu dans un rapport qui subordonnait cet exercice du pouvoir temporel à l'autorité spirituelle ecclésiastique. C'est alors dans le cadre de cette subordination qu'allait pouvoir se développer une théorie de la souveraineté du pouvoir royal.

À partir du dernier tiers du XIIIe siècle, les mots « souveraineté » et « souverain » apparurent. Ils devinrent même fréquents, dès la seconde moitié du XIVe siècle, lorsque la langue française permit de « servir de véhicule aux idées politiques et juridiques[1] ». Encore loin de son concept moderne, la souveraineté médiévale sert à exprimer en français des notions propres aux conceptions politiques du Moyen Âge. Ainsi, elle peut exprimer l'*auctoritas* qui regroupe l'idée d'une autorité suprême

1 David, Marcel, *La souveraineté et les limites juridiques du pouvoir monarchique du IXe au XVe siècle*, *op. cit.*, p. 14.

et le « refus de tout ingérence d'un supérieur au niveau d'une puissance reconnue légitime[2] ». Elle est également utilisée pour formuler la *potestas* qui représentait la puissance publique. Hérités du droit romain, ces deux termes servent alors à distinguer explicitement l'autorité suprême, l'*auctoritas* du souverain, de la *potestas* publique et permettent ainsi d'isoler plus aisément ces deux éléments constitutifs du pouvoir.

La « souveraineté », à l'époque médiévale, se basait également sur la notion de « constitution » qui reposait sur deux structures. La première, une structure interne, instaurait un « principe constitutionnaliste » qui sous-entendait un consentement réciproque entre le roi et les états concernant les décisions politiques essentielles[3]. La seconde structure, externe cette fois-ci, se fondait sur l'existence d'une *Respublica christiana* « témoignant de la domination de l'Église sur les royaumes[4] ». Chez Thomas d'Aquin, la notion qui se rapprochait le plus de la souveraineté politique était celle de *plenitudo potestatis*. Comme nous l'avons vu, Thomas d'Aquin, dans son *De regno*, établissait la supériorité monarchique sur les autres régimes politiques[5]. Pour ce faire, il ouvrait son traité en définissant quel était le rôle du roi[6]. Associée au pouvoir du prince temporel, la *plenitudo potestatis* s'entendait comme l'autorité exclusive du roi dans la monarchie[7].

Selon Olivier Beaud, deux thèses s'affrontent quand on en vient à essayer de retrouver l'origine historique de l'État et de la souveraineté. La première thèse défend l'existence, avant la théorisation juridique de la souveraineté durant la seconde moitié du XVIe siècle, d'une souveraineté ou d'un État « en tant que *fait* » dès le XIVe siècle. Ainsi, des royaumes médiévaux auraient possédé les « caractéristiques de la souveraineté (indépendance extérieure et suprématie interne) » qui ont constitué plus tard les conditions de son existence[8]. En somme, la souveraineté en tant que concept aurait existé avant le mot lui-même. Au contraire,

2 *Ibid.*, p. 17.
3 Beaud, Olivier, *La puissance de l'État*, Paris, PUF, 1994, p. 43.
4 *Ibid.*
5 Sur le *De regno* de Thomas d'Aquin, voir infra, première partie.
6 Molnar, Peter, « Saint Thomas d'Aquin et les traditions de la pensée politique », *Archives d'histoire doctrinale et littéraire du Moyen Âge*, Paris, Vrin, vol. 69, 1, 2002, p. 78.
7 Sur l'argumentation politique du pouvoir monarchique de Thomas d'Aquin dans le *De Regno*, voir *Ibid.*, p. 77-81.
8 Beaud, Olivier, *La puissance de l'État*, *op. cit.*, p. 35.

la seconde thèse émet l'idée que le mot précède la chose : l'origine de la souveraineté se fixerait donc à sa théorisation par Jean Bodin à la fin du XVIe siècle. Deux thèses qui s'opposent donc en fonction du point de vue.

La souveraineté à l'époque moderne peut se définir ainsi : c'est un « pouvoir suprême de l'État sur les personnes qui entrent dans le cercle de sa domination[9] ». Formulée en ces termes, elle s'oppose diamétralement à son équivalent médiéval. Comme le rappellent Cazzaniga et Zarka, l'idée de souveraineté, depuis l'époque moderne, est également intimement liée à la formation de l'État moderne[10]. Sa formulation originale se constituait sur un principe fondamental : la souveraineté désignait « la maîtrise du destin d'un peuple[11] ».

Parmi les premiers auteurs du XVIe siècle à s'être intéressés au concept de souveraineté, il faut citer Claude de Seyssel et la *Grand Monarchie de France*[12]. Publiée en 1519, l'œuvre du juriste français, devenu plus tard archevêque de Turin, faisait entrer la notion de souveraineté dans l'époque moderne en rénovant le concept. Il proposait une réflexion sur le pouvoir politique du prince tout en s'efforçant d'en définir les limites. Il faisait ainsi « l'éloge de la royauté, mais en précisant les bornes que le pouvoir absolu ne doit pas dépasser[13] ». Seyssel, « en dissertant de manière élégante sur la puissance absolue », élabora une théorie de modération du pouvoir du prince[14].

L'originalité de Seyssel réside dans la description de freins à la puissance absolue. Ainsi, « tout en affirmant la supériorité de la monarchie[15] » sur les autres régimes politiques, Seyssel établit trois moyens de modérer la puissance du gouvernement monarchique. Dans cette théorie des trois freins, la religion vient en premier. Elle est en effet « d'abord condition de l'ordre, c'est-à-dire qu'elle empêche, d'une part toute dérive tyrannique du pouvoir et que, d'autre part, elle procure au prince la faveur, l'obéissance et la révérence des sujets[16] ». Le second frein, la justice (et l'ensemble de son administration) participe également de la limitation

9 *Ibid.*, p. 42.
10 *Penser la souveraineté à l'époque moderne et contemporaine*, *op. cit.*, avant-propos, p. 1.
11 *Ibid.*
12 Seyssel, Claude de, *La Grand Monarchie de France*, Paris, 1519.
13 Turchetti, Mario, *Tyrannie et tyrannicide*, *op. cit.*, p. 443.
14 *Ibid.*
15 *Ibid.*, p. 444.
16 Zarka, Yves Charles, *Philosophie et politique à l'âge classique*, *op. cit.*, p. 117.

du pouvoir politique. Enfin, le troisième frein, la police ou les ordonnances faites par les rois eux-mêmes, garantissent également au pouvoir, par leur ancienneté, de s'exercer dans des normes lui garantissant la conservation du royaume. Ainsi, Seyssel établit, en fixant des limites constitutionnelles, une « théorie de la restriction de la puissance absolue des rois[17] ». Enfin, l'œuvre de Seyssel représente la « meilleure description de la monarchie modérée, telle qu'on la concevait dans la France de la première moitié du XVIe siècle[18] ». Comme le souligne Turchetti, elle se voulait « une institution et une instruction du prince » se révélant être également et surtout « un traité contre la tendance absolutiste de la puissance royale[19] ». Elle s'inscrit ainsi dans la lignée des Institutions du Prince publiées tour à tour par Érasme, Guillaume Budé et Claude d'Espence, durant la première moitié du XVIe siècle[20], au contraire des Institutions de la seconde moitié du XVIe et du début du XVIIe siècle qui, quant à elles, défendent avec vigueur le caractère absolu de la monarchie française.

En effet, si des auteurs comme Érasme, Budé ou d'Espence formulaient dans leurs traités une vision modérée de la monarchie, en s'inspirant pour certains de la pensée de Seyssel, ce n'était plus le cas des œuvres s'inspirant et reprenant plus tard elles-aussi, dès la seconde moitié du XVIe siècle et le début des conflits religieux, le modèle des Institutions. Le prince de concorde se retrouvait transformé alors en prince absolu, figure aux qualités et aux vertus surhumaines. Le massacre de la Saint-Barthélemy fit office, pour certains, d'amorce à une redéfinition du pouvoir politique du prince. C'est ainsi qu'un auteur comme Jean Bodin, en réponse à cette littérature absolutiste, érigea la souveraineté en un concept juridique, expurgeant ainsi hors de la figure du prince la légitimité du souverain à gouverner. Ce faisant, il établit une nouvelle image du prince vidée de l'essentiel de son caractère vertueux.

---

17 *Ibid.*

18 Turchetti, Mario, *Tyrannie et tyrannicide*, *op. cit.*, p. 445.

19 *Ibid.*

20 *Ibid.*, p. 445-446.

LE CONCEPT BODINIEN DE SOUVERAINETÉ

En 1576, soit 4 ans après le massacre de la Saint-Barthélemy, Jean Bodin publie son œuvre majeure, *Les Six Livres de la République*[21]. Bodin, « l'un des plus grands juristes et penseurs politiques de la France du XVIe siècle[22] », y décrit les institutions françaises, leurs systèmes et leur histoire. Il n'est ni l'auteur d'un miroir ou d'une Institution du prince : si sa réflexion politique aborde l'exercice de la souveraineté du prince, il ne le fait pas dans le cadre d'un discours prescriptif qui définirait le bon prince et son comportement. Au contraire, il place l'exercice de la souveraineté par le prince dans un rapport institutionnel. De fait, il appartient à ce que l'histoire des idées politiques appelle les théoriciens de la souveraineté[23]. Cependant, l'importance des concepts juridico-politiques qu'il a développés nous oblige à observer, au sein même de la littérature normative adressée au prince, son influence sur la conception de l'exercice politique dès le dernier quart du XVIe siècle. Il ne s'agit pas là d'une rupture – comme la pensée machiavélienne a pu l'être – de la représentation traditionnelle du prince et des vertus nécessaires à l'exercice de la souveraineté. En effet, une littérature normative et prescriptive a continué à être rédigée et adressée au prince durant tout le XVIe siècle. L'apparition de la pensée bodinienne dans la réflexion politique a certes eu un écho important mais elle ne représenta pas, au contraire de Machiavel, la raison d'une inflexion de la littérature normative adressée au prince en une critique de la pensée bodinienne. Autrement dit, les traités abordant le thème des vertus du prince, dès le dernier quart du XVIe siècle, ne s'érigèrent pas directement contre les théories politiques de Bodin ainsi que sa définition du concept de souveraineté. Au contraire, nous verrons que des penseurs du pouvoir royal à la fin du XVIe siècle, comme Pierre Charron, ont introduit les concepts juridico-politiques bodiniens au sein même de leurs œuvres qui tentaient de redéfinir, selon de nouvelles

21 Bodin, Jean, *Les Six Livres de la République*, 1re éd. 1576. Nous nous référerons désormais à l'édition de Mario Turchetti : Bodin, Jean, *Les Six Livres de la République*, Bibliothèque d'Histoire de la Renaissance, Paris, Garnier, 2013. Sans autre précision de date, nous utilisons cette édition.

22 Turchetti, Mario, *Tyrannie et tyrannicide*, *op. cit.*, p. 452.

23 *Id.*, « Jean Bodin théoricien de la souveraineté, non de l'absolutisme », art. cité.

modalités, les vertus morales et politiques nécessaires au prince[24]. Ainsi, il s'agit de voir sur quels points particuliers la pensée bodinienne a pu permettre de reformuler, au cœur même de la littérature définissant l'exercice politique du prince, des notions essentielles.

Jusqu'au dernier quart du XVIe siècle, la souveraineté du pouvoir royal se fondait sur son origine divine ainsi que sur l'ensemble des vertus rassemblées dans la seule personne du prince. Certes Machiavel renversa ce rapport vertueux à la morale mais il n'en demeura pas moins qu'il continua à établir, en partie, les conditions de l'exercice politique sur les qualités, réelles ou feintes, du prince. Bodin, quant à lui, s'ingénia à définir et fixer les conditions nécessaires à la transposition de la souveraineté, de la figure du prince en un concept institutionnel. Ce déplacement de la souveraineté, de ce qui était jusqu'alors la figure de son unique représentant en une idée juridico-politique pleine, participait au travail de différenciation entre État et gouvernement.

Bodin définit la notion de « souveraineté » au chapitre VIII du premier des *Six Livres de la République*. Il entend non seulement combler un vide mais aussi apporter une réponse au débat de son temps sur l'autorité et la légitimé du pouvoir royal. Il la formule en ces termes :

> La souveraineté est la puissance absolue et perpétuelle d'une République [...]. Il est ici besoin de former la définition de souveraineté, par ce qu'il n'y a ni jurisconsulte ni philosophie politique qui l'ait définie[25].

Cette définition bodinienne formule une souveraineté se composant de deux attributs : elle est absolue et perpétuelle. Elle est perpétuelle car elle n'est limitée ni dans la durée ni dans le champ de son exercice. Bodin précise en effet que cette « puissance souveraine » perpétuelle n'est « limitée ni en puissance, ni en charge ni à certain temps[26] ». Le caractère temporel illimité de la souveraineté doit ainsi empêcher son détenteur de devenir un simple dépositaire de la puissance souveraine. En quel cas, les notions de souverains et de princes ne pourraient se distinguer de celle du simple sujet[27]. Bodin précise le danger :

---

24 Sur la reprise du concept bodinien de souveraineté par Pierre Charron, voir infra, chap. 13.

25 Bodin, Jean, *Les Six Livres de la République*, *op. cit.*, I, VIII, p. 444. Nous modernisons l'orthographe.

26 *Ibid.*, p. 448.

27 Zarka, Yves Charles, « État et gouvernement chez Bodin et les théoriciens de la raison d'État », *Jean Bodin. Nature, histoire, droit et politique*, Paris, PUF, 1996, p. 151.

> J'ai dit que cette puissance est perpétuelle : parce qu'il peut se faire qu'on donne la puissance absolue à un ou plusieurs à certain temps, lequel expiré, ils ne sont plus rien que sujets ; et tant que qu'ils sont en puissance, ils ne se peuvent appeler princes souverains, vu qu'ils ne sont que dépositaires et gardes de cette puissance jusqu'à ce qu'il plaise au peuple ou au prince la révoquer ; [...][28].

La souveraineté bodinienne s'entend également par son absoluité. Ce second attribut de la puissance souveraine est défini plus loin par Bodin :

> Poursuivons maintenant l'autre partie de notre définition et disons ce que signifient ces mots : *puissance absolue*. [...] Aussi la souveraineté donnée à un prince sous charges et conditions n'est pas proprement souveraineté ni puissance absolue ; si ce n'est que les conditions apposées en la création du prince soient de la loi de Dieu ou de nature, [...][29].

Bodin réaffirme ce qu'il entend par « puissance absolue » de la souveraineté : « tous les princes de la terre sont sujets aux lois de Dieu et de nature, et à plusieurs lois humaines communes à tous les peuples[30] ». Défini ainsi, le caractère absolu de la puissance souveraine, conditionnée par les lois divines et naturelles et par certaines lois humaines, sous-entend un « double pouvoir » du prince[31]. Il lui est ainsi possible d'édicter de nouvelles lois et d'annuler celles de ses prédécesseurs, comme il peut également être absous de l'obéissance aux lois qu'il établit. Bodin en précise les conditions :

> Or il faut que ceux-là qui sont souverains ne soient aucunement sujets aux commandements d'autrui, et qu'ils puissent donner loi aux sujets, et casser ou anéantir les lois inutiles pour en faire d'autres ; ce que ne peut faire celui qui est sujet aux lois ou à ceux qui ont commandement sur lui.
>
> C'est pourquoi la loi dit que le prince est absous de la puissance des lois : et ce mot emporte aussi en latin le commandement de celui qui a la souveraineté[32].

Puis, plus loin :

28 Bodin, Jean, *Les Six Livres de la République*, *op. cit.*, p. 444.
29 *Ibid.*, p. 458-460.
30 *Ibid.*, p. 466.
31 Zarka, Yves Charles, « État et gouvernement chez Bodin et les théoriciens de la raison d'État », art. cité, p. 152.
32 Bodin, Jean, *Les Six Livres de la République*, *op. cit.*, p. 466-468.

> Si donc le prince souverain est exempt des lois de ses prédécesseurs, beaucoup moins serait-il tenu aux lois et ordonnances qu'il fait : car on peut bien recevoir loi d'autrui, mais il est impossible par nature de ses donner loi, non plus commander à soi-même chose qui dépende de sa volonté, comme le dit la loi [...]; qui est une raison nécessaire qui montre évidemment que le roi ne peut être sujet à ses lois[33].

La souveraineté, ainsi définie par Bodin, est certes considérée perpétuelle et absolue. Elle demeure néanmoins limitée par des entraves, au nombre de quatre. La première astreinte, nous l'avons vu, réside dans les lois divines et naturelles. Le souverain doit donc y obéir :

> Mais quant aux lois divines et naturelles, tous les princes de la terre y sont sujets, [...]. Et par ainsi la puissance absolue des princes et seigneuries souveraines ne s'étend aucunement aux lois de Dieu et de nature[34].

Il faut aller plus loin dans le chapitre VIII pour trouver la deuxième contrainte de la puissance souveraine. Cette nouvelle limitation réside dans les lois fondamentales du royaume qui, dans le cas de la France, consistent en un ensemble de lois issues de la coutume et qui ont pour but d'assurer la continuité et l'indépendance du royaume. Bodin ne précise pas l'entier de ces lois, ne citant que la loi salique. En l'absence de constitution écrite et du fait de leur origine coutumière, elles ont en effet pu varier selon les époques. Il n'en demeure pas moins qu'elles continuent à constituer, pour Bodin, une limite de la souveraineté :

> Quant aux lois qui concernent l'état du royaume et de l'établissement de celui-ci, d'autant qu'elles sont annexées et unies avec la couronne, le prince n'y peut déroger, comme est la loi salique; et quoiqu'il fasse, toujours le successeur peut casser ce qui aura été fait au préjudice des lois royales et sur lesquelles est appuyée et fondée la majesté souveraine[35].

La troisième contrainte de la souveraine puissance réside dans les « coutumes générales et particulières qui ne concernent point l'établissement du royaume[36] » et dont tout changement doit être avalisé par les assemblées des États généraux. Enfin, la quatrième et dernière limite de l'exercice

33 *Ibid.*, p. 470.
34 *Ibid.*, p. 470.
35 *Ibid.*, p. 480.
36 *Ibid.*, p. 482.

de la souveraineté « touche au prélèvement de l'impôt » qui requiert le consentement du parlement comme du peuple[37].

Voilà résumée la définition bodinienne de la souveraineté. Ces lignes sont connues et ont été l'objet d'une importante littérature, dès l'instant de leur parution jusqu'à nos jours. Cette théorisation de la souveraineté telle qu'élaborée par Bodin exerça en effet une influence conséquente sur l'ensemble de la pensée politique dès la fin du XVIe siècle. Reprise par les juristes, assimilée par les penseurs de la royauté, elle participa activement à la redéfinition du pouvoir royal. Il était toutefois nécessaire d'en rappeler le contenu afin de pouvoir saisir son influence sur les penseurs qui continuèrent, après lui, à définir le pouvoir royal et les vertus nécessaires à son exercice.

Le concept bodinien de la souveraineté nous éloigne un peu plus de la littérature des miroirs et des Institutions du prince. Bodin, en juriste, propose une théorie juridique de la souveraineté qui atténue l'importance du prince. La figure du souverain n'est plus envisagée au travers d'une exigence vertueuse. La notion même de prince régresse et semble alors se dissoudre. Il est nécessaire alors de comprendre le jeu théologico-politique qui se met en place, entraînant la dissolution du miroir des princes. Pour ce faire, il faut regarder ce qu'il demeure de la souveraineté bodinienne – et pourquoi – au cœur même d'œuvres continuant, à leur façon, à brosser le portrait d'un prince si ce n'est idéal, du moins en congruence avec le contexte politique. La littérature parénétique n'a pas été le lieu d'une réflexion particulière sur la notion de souveraineté. Elle s'est contentée, du moins jusqu'au dernier quart du XVIe siècle, de rappeler que la souveraineté était l'apanage du roi, en premier lieu par l'origine divine de son pouvoir. Bodin, quant à lui, ne s'est pas attelé à définir la figure d'un prince ainsi que les vertus nécessaires, au sein d'une théorie juridique de l'exercice politique qui ne le nécessitait pas. Après lui, cependant, des penseurs tenteront de réunir les deux traditions.

37 Zarka, Yves Charles, « État et gouvernement chez Bodin et les théoriciens de la raison d'État », art. cité, p. 153.

DES VERTUS AUX MARQUES DE LA SOUVERAINETÉ

Reproduire l'image du prince idéal : là n'était pas le propos du juriste français. Sa théorisation de la souveraineté en un vrai concept juridique ne nécessitait plus, pour la représenter et l'exercer, l'institution d'une figure du souverain s'établissant sur des vertus morales et politiques. Certes, Bodin partageait encore avec la tradition des Institutions du prince des notions, pour l'exercice de la souveraineté, telles que le respect de l'Église, la crainte de Dieu ou la représentation, en matière de justice, de la figure divine par le prince : « si la justice est la fin de la loi, la loi œuvre du prince, le prince est image de Dieu, il faut par même suite de raison que la loi du prince soit faite au modèle de la loi de Dieu[38] ». Toutefois, il ne s'agissait pas pour Bodin de redéfinir les conditions de l'exercice politique du prince en termes de vertus. Il n'établissait plus la légitimité de la souveraineté du prince sur les seules origines de son pouvoir et vertus nécessaires à sa réussite. Nul besoin donc, dans sa réflexion juridico-politique, de s'attarder à redéfinir une image du souverain : si le prince était toujours le détenteur de la souveraineté, celle-ci n'émanait plus de lui.

En ce sens, Bodin vide la figure du prince de l'exigence vertueuse qui caractérisait jusqu'alors la jouissance et l'exercice de la souveraineté. Il préparait ainsi l'amorce pour un penseur comme Thomas Hobbes qui, au XVIIe siècle, finit d'évacuer la figure du souverain de toutes vertus pour en faire un lieu vide[39]. Alors que la souveraineté, jusqu'au dernier quart du XVIe siècle, était constitutive de l'exercice politique du prince, Bodin propose pour sa part de la solidifier et de l'établir en un concept juridique. Ne précise-t-il pas, d'ailleurs, en rappelant les modes des fondations et les origines des républiques, que celles-ci ont été en premier fondées par « la force et la violence[40] » ? Bodin contredit ainsi les philosophes antiques, Aristote et Cicéron en tête, qui pensaient que « les premiers rois ont été choisis pour leur justice et vertu[41] ». Certes

38 Bodin, Jean, *Les Six Livres de la République*, *op. cit.*, p. 542.
39 Sur la figure du souverain chez Thomas Hobbes, voir infra, sixième partie.
40 Bodin, Jean, *Les Six Livres de la République*, *op. cit.*, p. 320.
41 *Ibid.*

Bodin mentionne à de rares endroits le caractère vertueux que doit avoir le souverain. L'image du prince vertueux n'est en cela pas niée. Le prince continue à être la figure exerçant la souveraineté et, de fait, en possède les différentes « marques » caractérisant le détenteur. Cependant, celle-ci n'est plus une condition *sine qua none* de l'exercice politique de la souveraineté par le prince. Ainsi, au chapitre x du Livre premier, Bodin rappelle que le prince, figure de la souveraineté politique, est toujours marqué et distingué parmi les hommes. La souveraineté qui lui est échue le place entre Dieu et les sujets :

> Puisqu'il n'y a rien plus grand en terre après Dieu que les princes souverains, et qu'ils sont établis de lui comme ses lieutenants pour commander aux autres hommes, il est besoin de prendre garde à leur qualité, afin de respecter et révérer leur majesté en toute obéissance, sentir et parler d'eux en tout honneur; car qui méprise son prince souverain, il méprise Dieu, duquel il est l'image en terre. [...] Or afin qu'on puisse connaître celui qui est tel, c'est-à-dire prince souverain, il faut savoir ses marques qui ne soient point communes aux autres sujets : car si elles étaient communes il n'y aurait point de prince souverain[42].

À la manière des miroirs des princes, le prince souverain est établi sur Terre par Dieu. Il en est même l'image, l'*imago Dei*. Il est son lieutenant, en charge de la souveraineté lui permettant de commander aux autres hommes. C'est cette qualité que Bodin conseille aux sujets de distinguer chez leur prince. Aucune mention de vertus ne caractérise ou n'individualise le prince souverain face aux autres hommes : pis même, seules les marques de la souveraineté permettent de le discerner réellement de la foule. Ces marques, qui d'une façon remplacent les vertus distinctives du prince, sont au nombre de cinq. La première est la « puissance de donner loi à tous en général, et à chacun en particulier », sans le « consentement du plus grand, ni de pareil, ni de moindre que soi[43] ». La deuxième marque de souveraineté du prince, « l'un des plus grands points de la majesté », est de « décerner la guerre ou traiter la paix[44] ». La troisième est de pouvoir « instituer les principaux officiers[45] ».

42 *Ibid.*, p. 674.

43 *Ibid.*, p. 694. Sur l'importance des marques de la souveraineté chez Bodin, voir également Berns, Thomas, « Bodin : la souveraineté saisie par ses marques », *Bibliothèque d'Humanisme et de Renaissance*, 62, numéro 3, Genève, Droz, 2000, p. 611-623.

44 Bodin, Jean, *Les Six Livres de la République*, *op. cit.*, p. 700.

45 *Ibid.*, p. 710.

La quatrième réside dans le « dernier ressort[46] », à savoir le droit ultime de jugement. Enfin, la cinquième et dernière marque de la souveraineté qui distingue le prince est le droit et la « puissance d'octroyer grâce aux condamnés par-dessus les arrêts et contre la rigueur des lois, soit pour la vie, soit pour les biens, soit pour l'honneur, soit pour le rappel du ban[47] ».

Si, dans la théorisation bodinienne de la souveraineté, les vertus sont évacuées de l'exigence qui conditionne l'exercice politique du prince, elles demeurent cependant les marques de la majesté royale. Ainsi, elles ne sont plus dépendantes ou inhérentes à la souveraineté du prince dont elles sont déliées. En revanche, elles composent encore la figure du prince souverain en permettant de le distinguer. Au Livre deuxième, Bodin entreprend la distinction entre les différents types de princes, en fonction des divers gouvernements monarchiques qu'ils dirigent. Après avoir défini le prince royal, il définit le prince seigneurial pour enfin aboutir à leur perversion représentée par le tyran.

> Donc, la Monarchie royale, ou légitime, est celle où les sujets obéissent aux lois du Monarque, et le Monarque aux lois de nature, demeurant la liberté naturelle et propriété des biens aux sujets. La Monarchie seigneuriale est celle où le Prince est fait Seigneur des biens et des personnes par le droit des armes, et de bonne guerre, gouvernant ses sujets comme le père de famille ses esclaves. La Monarchie tyrannique est où le Monarque méprisant les lois de nature abuse des personnes libres comme d'esclaves, et des biens des sujets comme des siens[48].

Au chapitre III du même Livre, Bodin rappelle que le prince, qu'il soit royal ou seigneurial, « peut être juste et vertueux Prince[49] ». Cependant, des marques particulières à la royauté permettent de les distinguer. Ainsi, c'est uniquement dans le monarque royal que « gît la majesté souveraine[50] ». Il se doit alors d'obéir « aux lois de nature, c'est-à-dire gouverner ses sujets, et guider ses actions par la justice naturelle, qui se voit en fait connaître aussi claire et luisante que la splendeur du Soleil[51] ». Une fois la distinction entre monarque royal et prince

46 *Ibid.*, p. 716.
47 *Ibid.*, p. 728.
48 *Id.*, *Les six livres de la République*, édition et présentation de Gérard Mairet, Paris, Livre de Poche, Classiques de la philosophie, 1993, Livre II, p. 123.
49 *Ibid.*, p. 124.
50 *Ibid.*
51 *Ibid.*

seigneurial établie, grâce à la disposition de la souveraineté par le premier, Bodin en vient à établir quelles sont les marques de la royauté distinguant le roi. C'est ici – et ici seulement – qu'il établit un catalogue vertueux. Les vertus royales, qui participaient jusqu'alors pleinement de la figure du prince comme de l'exercice de la souveraineté, ne sont que les simples marques distinctives du statut royal. Elles n'interviennent plus, comme elles pouvaient le faire dans les miroirs médiévaux et les Institutions du prince jusqu'au dernier quart du XVIe siècle, dans la légitimité même du pouvoir.

Dans un langage qui retrouve pour quelques lignes seulement une normativité et un caractère prescriptif traditionnels, Bodin replonge, pour une unique fois, le prince dans le reflet du miroir :

> C'est donc la vraie marque de la Monarchie Royale, quand le Prince se rend aussi doux, et ployable aux lois de nature, qu'il désire ses sujets lui être obéissants : ce qu'il fera, s'il craint Dieu sur tout, s'il est pitoyable aux affligés, prudent aux entreprises, hardi aux exploits, modeste en prospérité, constant en adversité, ferme en sa parole, sage en son conseil, soigneux des sujets, secourable aux amis, terrible aux ennemis, courtois aux gens de bien, effroyable aux méchants, et juste envers tous[52].

Crainte de Dieu, pitié, prudence, hardiesse, modestie, constance, fermeté, sagesse ou encore justice : Bodin reprend à son compte les qualités traditionnelles du prince. S'il les conseille au prince, ce n'est cependant plus pour en faire une représentation idéale qu'il révélerait dans un miroir. Les vertus ne sont plus ici les moyens de projection de l'image du prince idéal. Toute idéalité chez le prince est d'ailleurs évacuée. Les vertus sont ici les moyens permettant, d'une part, l'obéissance des sujets et, d'autre part, le respect des lois de nature. Elles sont ainsi, et avant toute chose, les marques qui distinguent le souverain de l'ensemble des sujets.

Dès la diffusion de l'œuvre de Bodin, d'autres penseurs politiques, désireux de redéfinir un pouvoir royal en adéquation avec leurs temps, intégrèrent dans leur réflexion une définition de la souveraineté se basant sur la pensée bodinienne, voire même en la reprenant en des termes identiques. C'est le cas, comme nous le verrons, de Pierre Charron qui fera appel à la théorie bodinienne au moment de définir la souveraineté du

52 *Ibid.*, p. 124-125.

prince[53]. Avant lui, il est déjà possible de percevoir l'influence bodinienne dans le développement de nouvelles théories politiques s'intéressant au gouvernement politique des hommes par le prince. Le texte de Bodin, publié en 1576, se diffusa dans toute l'Europe et trouva un écho surprenant en Italie, plus particulièrement chez les premiers théoriciens de la raison d'État. Si nous aborderons plus loin la raison d'État, il convient cependant de regarder ici l'origine de l'influence bodinienne dans la formation de ce concept de rationalisation de la politique.

La théorisation de la raison d'État semble avoir été influencée par le concept bodinien de souveraineté. Cette influence se devine en premier lieu dans la transposition du concept de dérogation et de nécessité, du cœur même de la définition bodinienne de la souveraineté vers la théorisation de la raison d'État. Cette liaison permet ainsi de mieux saisir la notion de nécessité au sein de la littérature de la raison d'État, plus particulièrement dans son rapport avec la vertu de prudence, dans un champ purement politique. C'est cette même prudence politique qui servira plus loin de marqueur et de point de référence pour examiner les transformations des vertus du prince au tournant des XVIe et XVIIe siècles.

Comme l'a montré Yves Charles Zarka, plusieurs positions théoriques bodiniennes – sans appartenir « au champ théorique de la raison d'État » – « concernant la souveraineté, la distinction entre l'État et le gouvernement, ou encore la conservation de l'État ont joué un rôle théorique important dans l'élaboration de l'appareil conceptuel des penseurs de la raison d'État[54] ». Le premier point de convergence ou d'ascendance, entre pensée bodinienne et raison d'État, réside dans le principe de dérogation. Comme nous l'avons vu, le concept bodinien de souveraineté chez Bodin peut en partie être compris en termes de limitations : limites de la puissance souveraine, perpétuelle et absolue par la loi de nature, la loi divine, les lois fondamentales du royaume, les coutumes générales et en matière d'impôts. Cependant, le caractère absolu de la souveraineté, par définition, permet au souverain d'être absous des autres lois en des termes dérogatoires : le prince peut déroger à ses propres lois comme à celles de ses prédécesseurs. Ce faisant, par corrélation, « la détermination des limites de la souveraineté revient à

53 Voir infra, chap. 13.

54 Zarka, Yves Charles, « État et gouvernement chez Bodin et les théoriciens de la raison d'État », art. cité, p. 150.

distinguer ce à quoi le prince a le droit de déroger et ce à quoi il n'a pas le droit de déroger[55] ».

Bodin l'exprime lui-même explicitement dans son texte à plusieurs reprises : « la puissance absolue n'est autre chose que dérogation aux lois civiles, comme nous avons montré ci-dessus, et qui ne peut attenter aux lois de Dieu[56] ». Si la souveraineté établit donc la dérogation du prince aux lois civiles avec des limitations, ces dernières se diffusent également verticalement à l'ensemble de la structure hiérarchique de l'État. Ainsi, les contrats passés entre sujets ne peuvent déroger aux ordonnances des magistrats ; celles-ci ne peuvent déroger aux coutumes ; ces dernières ne peuvent déroger aux lois du souverain, pas plus que les lois de celui-ci aux lois divines et naturelles[57]. De même, le caractère dérogatoire de la souveraineté ne s'applique pas aux contrats et conventions, distingués juridiquement de la loi, que le prince a passés avec ses sujets et les États étrangers : « nous pouvons tenir une autre règle de l'État, c'est à savoir que le prince souverain est tenu aux contrats par lui faits, soit avec son sujet, soit avec l'étranger[58] ».

Une fois précisés ces cas particuliers de non-validité du caractère dérogatoire de la souveraine puissance aux lois civiles, Bodin agrège au caractère absolu de la souveraineté le principe de nécessité. Ce complément à la dérogation aux lois civiles s'applique alors aux limitations de la puissance absolue, permettant au souverain d'agir par nécessité ou en urgence, hors du cadre défini de l'exercice de la souveraineté, dans un cas de figure précis : pour la survie et la conservation de l'État, si celles-ci sont menacées[59]. Ainsi, la loi divine établit en premier lieu qu'il est contraire à la souveraineté du prince de « voler les biens d'autrui et de mal faire » et que le « prince souverain n'a pas puissance de franchir les bornes des lois de nature que Dieu, duquel il est l'image, a posées, [...] sans cause qui soit juste et raisonnable[60] ». Cependant, par le principe de nécessité engendré par la conservation de l'État, il est possible pour le prince de déroger aux lois divines et naturelles, le bien public primant dans ce cas-là sur celui des particuliers :

55 *Ibid.*, p. 153.
56 Bodin, Jean, *Les Six Livres de la République*, *op. cit.*, p. 526.
57 *Ibid.*, p. 510.
58 *Ibid.*, p. 516.
59 Zarka, Yves Charles, « État et gouvernement chez Bodin et les théoriciens de la raison d'État », art, cit., p. 154.
60 Bodin, Jean, *Les Six Livres de la République*, *op. cit.*, p. 528.

> [...] si autrement [la paix] ne peut se conclure qu'en prenant du bien particuliers pour la conservation de l'État ; quoique plusieurs ne soient pas de cet avis ; mais la raison naturelle veut que le public soit préféré au particulier et que les sujets relâchent non seulement leurs injures et vengeances, mais aussi leurs biens pour le salut de la république, comme il se fait ordinairement, et du public au public, et du particulier à l'autre[61].

Le caractère dérogatoire de la puissance souveraine, couplé au principe de nécessité dans le cas précis de la conservation de l'État, tous deux parties constituantes de la définition bodinienne de la souveraineté, ont pu servir de matrice à la théorisation de la raison d'État quelques années plus tard. Du moins, ces deux concepts se retrouvent au cœur même de la définition rationnelle de l'exercice de la souveraineté telle qu'exprimée par les théoriciens italiens de la littérature étatiste. Zarka souligne en effet que « cette liaison opérée par Bodin entre souveraineté et dérogation n'a certainement pas été sans incidence sur la définition de la raison en termes de dérogation[62] ». S'il s'agissait, chez les premiers théoriciens de la raison d'État, plus d'une influence bodinienne que d'une réelle reprise du concept de souveraineté – celle-ci s'exprimant chez eux en termes de domination –, il n'en fut pas de même pour certains auteurs qui cherchaient à accommoder des moyens politiques capables d'apporter une réponse aux conflits politiques et confessionnels dans le cadre d'une redéfinition non seulement de la notion de souveraineté mais aussi de la figure du prince. Avant d'arriver à ce point, il reste toutefois à expliquer les raisons de l'émergence de la littérature de la raison d'État ainsi que le lien qu'a pu entretenir cette dernière avec la littérature politique qui l'a précédée.

61 *Ibid.*, p. 528.

62 Zarka, Yves Charles, « État et gouvernement chez Bodin et les théoriciens de la raison d'État », art. cité, p. 155.

LA LITTÉRATURE DE LA RAISON D'ÉTAT

Pendant que la littérature faisant suite aux miroirs et aux Institutions du prince s'ingéniait à énoncer un pouvoir souverain prolongeant une tradition théologico-politique – en participant pour la plupart d'une critique de la pensée machiavélienne –, de nouveaux concepts émergèrent et permirent de repenser et de reformuler l'exercice du pouvoir royal. D'une part, Bodin, nous l'avons vu, établit un concept juridique de la souveraineté, évacuant presque totalement cette dernière de la figure du prince. D'autre part, une littérature nouvelle cherchait également à redéfinir les conditions d'exercice du pouvoir monarchique selon des modalités plus rationnelles, dans l'espoir d'apporter aux princes, en adéquation avec la morale chrétienne, les outils nécessaires à la conservation de leurs États. C'est par le moyen de la littérature de la raison d'État que se diffusèrent les principes établissant l'exercice politique de la domination et de la dérogation à la raison commune. Cette diffusion devait toutefois se réaliser dans les limites instaurées par la réaffirmation de la subordination de la politique à la religion. La littérature de la raison d'État se développa alors en cherchant à « contrebalancer l'influence de Machiavel[1] » tout en adaptant les conseils politiques aux contextes de cette fin du XVIe siècle. Il s'agissait en premier lieu d'éclairer une question centrale qui était discutée dans toutes les cours d'Europe : « le rapport entre la morale et la politique, entre l'idéal de justice et la logique de l'intérêt, entre la raison civile et la raison d'État[2] ».

L'expression « raison d'État » possède sa propre histoire. Théorisée de manière explicite et officielle en 1589 par Giovanni Botero, elle trouve cependant ses origines en amont[3]. Elle apparaît pour la première fois sous la plume de Francesco Guicciardini, dit François Guichardin, sans

1 Turchetti, Mario, *Tyrannie et tyrannicide*, *op. cit.*, p. 481.

2 *Ibid.*, p. 482.

3 Sur les aléas de l'expression et son origine, notamment au sein de la littérature politique italienne, voir De Mattei, Rodolfo, « Il problema della "ragione di stato" (locuzione e

être pour autant développée en véritable concept politique[4]. Elle est ensuite précisée chez Giovanni Della Casa, en 1547, qui le premier tend à séparer une raison civile et divine d'une raison d'État qui sert à dissimuler une « œuvre de fraude et de violence[5] ». Le concept lui-même de raison d'État est difficile à identifier historiquement. Il est possible de pressentir au Moyen Âge les prémices des conditions nécessaires à sa future éclosion[6]. Certains concèdent également son origine à Machiavel, par le concept de nécessité, sans pour autant qu'il en ait eu pleinement conscience[7]. Nous nous contenterons de regarder le lien qui relie la théorie bodinienne de la souveraineté au concept politique de raison d'État – principalement dans son caractère dérogatoire – pour ensuite s'intéresser à l'image du prince présentée par Botero au sein de sa théorisation rationnelle de l'exercice politique. Il s'agira alors d'observer la réhabilitation des vertus princières dans la figure du souverain, au cœur même de la volonté tridentine de réaffirmer la dimension capitale de la religion du prince. Les théoriciens de la raison d'État – Botero en tête – tentèrent de définir l'exercice d'une domination politique du prince sur le peuple, en réponse à Machiavel, dans le cadre d'une pratique politique morale et subordonnée à la religion. Pour ce faire, ils reformèrent le miroir du prince brisé par le Florentin. Chez Botero, le prince vertueux participe à nouveau activement de l'exercice politique du pouvoir. Les vertus qu'on lui adjoint sont celles du prince vertueux des miroirs et des Institutions passés. Toutefois, elles participent d'une instrumentalisation contreréformiste de la religion et de la morale et s'inscrivent plus dans un désir de légitimation d'une nouvelle figure réaliste du prince que d'une volonté de participation à un idéal vertueux.

---

concetto) nei suoi primi affioramenti », *Il problema della « ragion di Stato » nell'età della Controriforma*, Milan, Naples, Rocciardi, 1979, p. 1-23.

4 Meinecke, Friedrich, *L'idée de la raison d'État dans l'histoire des temps modernes*, *op. cit.*, p. 47.

5 Turchetti, Mario, *Tyrannie et tyrannicide*, *op. cit.*, p. 482-3. ; Bonnet, Stéphane, « Botero machiavélien ou l'invention de la raison d'État », *Les Études philosophiques*, Paris, PUF, 2003/3, p. 315.

6 Post, Gaines, « *Ratio publicae utilitatis*, *ratio status* et raison d'État (1100-1300) », *Le pouvoir de la raison d'État*, sous la direction de Christian Lazzeri et Dominique Reynié, Paris, PUF, 1992, p. 13-90.

7 Voir Vasoli, Cesare, « Machiavel inventeur de la raison d'État ? », *Raison et déraison d'État*, *op. cit.*, p. 43-66.

DE LA SOUVERAINETÉ BODINIENNE À LA RAISON D'ÉTAT

Bodin dilua la figure du prince en la dissociant d'une théorie juridique du concept de souveraineté. Il inspira les premiers penseurs de la raison d'État par le caractère dérogatoire ainsi que par le principe de nécessité propres à l'exercice de la souveraine puissance. En effet, ces deux principes se retrouvent dans la définition de la raison d'État telle qu'elle était explicitement exprimée chez Scipione Ammirato. Il est le premier à la formuler « en termes de dérogation à la raison ordinaire et au droit commun, c'est-à-dire aux lois civiles[8] ». Il voit dans la raison d'État « une forme de dérogation à la loi positive et au droit commun, qui sont censés règlementer par des normes certaines restrictions et prescriptions de la vie en société[9] ». Dans ses *Discorsi sopra Cornelio Tacito*, publiés la première fois en 1594, il la définit ainsi :

> Raison d'État n'est autre chose qu'une contravention aux raisons ordinaires, pour le respect du bien public, ou pour le respect d'une plus grande et plus universelle raison[10].

Exprimée en ces termes, la raison d'État, pour Ammirato, se conçoit comme l'usage d'une action politique extraordinaire contrevenant à la raison ordinaire, dans l'unique but du bien public et du plus grand nombre. Elle s'établit donc comme moyen ultime de conservation de l'État, en cas de nécessité lorsque le prince est obligé d'y recourir. Mieux même, elle peut être perçue comme un privilège du prince de « déroger à la raison commune pour le respect, la défense et la conservation de sa propre personne ou du bien public[11] ». Chez Ammirato, l'aspect dérogatoire de la raison d'État se théorisait « dans le cadre d'une doctrine de la

8 Zarka, Yves Charles, « État et gouvernement chez Bodin et les théoriciens de la raison d'État », art. cité, p. 155.

9 Turchetti, Mario, *Tyrannie et tyrannicide*, *op. cit.*, p. 489.

10 Ammirato, Scipione, *Discours politiques et militaire sur Corneille Tacite*, traduit par Laurent Melliet, Paris, 1628, VI, 7, f. 358. Nous modernisons l'orthographe. La citation est en italique dans le texte original.

11 Zarka, Yves Charles, « État et gouvernement chez Bodin et les théoriciens de la raison d'État », art. cité, p. 155.

hiérarchie cosmopolitique de la raison[12] ». Quatre raisons se départaient : raison de nature, raison civile, raison de guerre et raison des gens. Ces raisons, soumises hiérarchiquement à celle qui la suit et qui la limite, sont tributaires, le cas échéant, d'une raison d'État supérieure qui leur déroge[13]. Cette dérogation de la raison d'État aux autres – qui formaient la raison ordinaire –, ainsi qu'aux lois civiles, se comprend « elle-même par rapport à un ordre plus universel, c'est-à-dire la loi de Dieu[14] ».

Par peur d'autoriser un pouvoir arbitraire au prince, Ammirato exprime des limites à la raison d'État. Deux principes régulent le champ d'action de cette nouvelle rationalité politique : en premier, elle doit toujours s'exercer en vue du bien public et du plus grand nombre ; enfin, elle est limitée par la loi divine exprimée par la religion. Ces bornes, limitant le caractère dérogatoire de la raison d'État, devaient empêcher le prince de « dépasser les limites imposées par la religion et par la morale » et d'enfreindre « les prescriptions du droit naturel[15] ».

Au-delà du passage du caractère dérogatoire de l'exercice de la souveraineté chez Bodin à la dérogation à la raison commune et ordinaire chez Ammirato (et les théoriciens de la raison d'État), il convient d'observer ce qui éloigne et rapproche cette nouvelle rationalité d'avec la tradition théologico-politique. Le déplacement de la « dérogation de la théorie de la souveraineté à celle de la raison d'État » a, semble-t-il, impliqué une « restriction du sens de l'État à la domination[16] ». Un rapport étroit s'est alors créé entre la définition de la raison d'État et une théorie de la domination politique. Enfin, le « déplacement du problème de la dérogation sur le terrain de la raison d'État[17] » a eu pour effet une double fracture d'avec la théorie bodinienne de la souveraineté. En premier lieu, la raison d'État s'est définie en termes presque exclusifs de domination. Deuxièmement, il remplace le problème juridique du droit de gouvernement, décrit par Bodin, par une « tentative de justification théologique des pratiques liées à la conservation de la domination[18] ».

12 *Ibid.*, p. 155.

13 *Ibid.*

14 *Ibid.*

15 Turchetti, Mario, *Tyrannie et tyrannicide*, *op. cit.*, p. 489.

16 Zarka, Yves Charles, « État et gouvernement chez Bodin et les théoriciens de la raison d'État », art. cité, p. 156.

17 *Ibid.*

18 *Ibid.*

C'est ce second mouvement, propre à la littérature de la raison d'État, qui entretient un lien ténu avec la théorie du miroir des princes. Si les miroirs et les Institutions ne pensent à l'évidence pas le gouvernement du prince en termes de domination, ils partagent avec la littérature de la raison d'État cette justification théologico-politique de l'action du souverain s'exprimant par la figure vertueuse du prince. Le miroir du prince est ainsi reformé, l'espace d'un bref instant, dans une finalité toutefois totalement nouvelle et différente.

Bodin avait également proposé, pour la première fois, une distinction nette entre les notions d'État et de gouvernement. Ainsi, pour lui, « il y a bien différence entre de l'état et du gouvernement : qui est une règle de police qui n'a point été touchée de personne[19] ». L'État se définit par le mode de possession de la souveraineté : ainsi, il peut être monarchique, aristocratique ou populaire. En revanche, le gouvernement représente le mode d'exercice de la souveraineté : « l'état d'une république est différent du gouvernement et administration de celle-ci[20] ». Cette distinction, établie dans le livre second des *Six Livres de la République*, a ouvert « des possibilités théoriques qui seront largement exploitées par les théoriciens de la raison d'État[21] ». Chez Botero, notamment, elle servit à définir un nouvel art de gouverner qui ne se basait plus sur une notion de souveraineté absolue mais en des termes de domination. L'absence de légitimation du pouvoir du prince par le concept bodinien de souveraineté s'explique alors par le rapport de subordination du politique au religieux que Botero conserve. Ainsi, comme le précise Zarka :

> La définition de l'État en des termes de domination et la substitution d'une théorie de la raison d'État à une théorie de la souveraineté (au sens de Bodin) produisent un double effet de dé-juridicisation de la problématique politique et de transfert sur le plan de la justification éthico-religieuse des problèmes qui relevaient du droit chez Bodin. La raison d'État et l'art de gouverner se développeront chez Botero en une rationalisation des nécessités objectives concernant le territoire, la population, la production des biens, les effets de guerre. Ce qui est mis à l'écart c'est précisément ce qui occupait le premier plan chez Bodin : à savoir la définition juridique du droit gouvernement[22].

19 Bodin, Jean, *Les six livres de la République*, 1993, II, II, p. 122.

20 *Ibid.*, p. 124.

21 Zarka, Yves Charles, « État et gouvernement chez Bodin et les théoriciens de la raison d'État », art. cité, p. 157.

22 *Ibid.*, p. 158.

Les miroirs et les Institutions déplaçaient la souveraineté du prince hors de toute temporalité, dans une immuabilité. Au contraire, Machiavel s'intéressait en premier lieu, dans *Le Prince*, aux techniques d'acquisition du pouvoir. Avant toute chose, il entendait proposer des conseils politiques au prince nouveau, fraîchement établi au pouvoir par sa *virtù* et sa maîtrise des conditions imposées par la Fortune. Il considérait dans une moindre mesure, qui restait importante, les moyens de conservation de l'État. La raison d'État botérienne, quant à elle, entendait traiter primordialement de la question suivante : comment conserver l'État et l'empêcher de succomber à l'œuvre du temps. Seule une connaissance des causes de la chute des États et des moyens propres à leur conservation devait permettre au prince de réussir. En premier lieu, cette connaissance se définit par la « rationalisation de l'État comme matière[23] ». Deuxièmement, elle donna lieu « à l'élaboration d'une doctrine du prince » consistant essentiellement en une « théorie de la prudence » et reformant une « version nouvelle et post-machiavélienne de miroir des princes[24] ».

La figure du prince proposée par Botero « recompose une nouvelle version de miroir du prince dont l'enjeu est de tâcher de rétablir l'unité des plans sur lesquels se développe la doctrine de la raison d'État[25] ». Pour Zarka, il ne s'agit cependant pas d'un « simple retour au passé » : en effet, il ne s'agit pas pour Botero, au contraire des Institutions du prince, de rassembler les éclats du miroir afin de reformuler une figure théologico-politique du prince identique à celle d'avant Machiavel. La figure du prince que définit Botero ne se forme pas dans le « rétablissement des conceptions idéalisées du prince parfait du Moyen Âge ou de l'Humanisme renaissant, bien qu'elle en reprenne des éléments[26] ».

Cette notion de partage d'éléments traditionnels dans la figure botérienne du prince est, à notre sens, essentielle. Botero fonde la figure de son prince sur une double filiation. Premièrement, il assume la « rupture machiavélienne du modèle de perfection éthique[27] ». Même si Botero entend s'opposer explicitement au Florentin, notamment dans le rapport que le prince entretient avec les vertus de foi et de piété, il considère cependant l'apport de Machiavel comme nécessaire à la définition d'un

23 *Ibid.*, p. 160.

24 *Ibid.*

25 *Id.*, « Raison d'État et figure du prince chez Botero », art. cité, p. 114.

26 *Ibid.*

27 *Ibid.*

nouvel art de gouverner basé sur la domination. Ainsi, au contraire de la reprise d'une vision gouvernementale pastorale de l'exercice du prince, telle que développée dans la tradition médiévale des miroirs et la plupart des Institutions humanistes, Botero décrit le gouvernement à partir d'une domination sur les hommes qu'il inscrit au cœur même de la définition qu'il donne de l'État.

> L'État est une ferme domination sur les peuples ; et la Raison d'État est la connaissance des moyens propres à fonder, conserver et agrandir une telle domination et seigneurie[28].

Cette définition botérienne de l'État est capitale : en sous-tendant l'ensemble du discours politique, elle permet de distinguer ce qui sépare réellement la théorisation de la raison d'État de la théorie du miroir des princes. Botero essaie de « surmonter cette rupture en réunissant dans les définitions des vertus princières la justification éthico-religieuse et la rationalisation des techniques de la domination[29] ». Il reprend ainsi à son compte les vertus morales et politiques issues de la tradition parénétique. Il continue à offrir une image du prince basée sur une norme théologico-politique chrétienne, tentant alors de redéfinir la « mauvaise raison d'État » impie de Machiavel dans un cadre éthique en adéquation avec la morale religieuse. Il inscrit cette figure du prince, reprise en partie de la tradition, au sein d'une pratique nouvelle et basée sur les techniques de la domination politique. C'est en s'émancipant de la justification éthico-religieuse de l'exercice politique mais en conservant une figure du prince issue en partie de la tradition théologico-politique que Botero fonde sa pensée politique. La description du prince devient alors le lieu privilégié d'une tension entre un nouvel art de gouverner basé sur la logique politique de l'intérêt d'État et la reformulation d'une figure traditionnelle du prince. Ce que permet la réutilisation par Botero de la figure vertueuse du prince tout en redéfinissant les conditions de l'exercice politique par la domination, c'est le passage insensible des « principes d'une politique conservatrice à ceux d'une politique de l'accroissement de la puissance[30] ».

---

28 Botero, Giovanni, *Raison et gouvernement d'État*, traduit par Gabriel Chappuys, Paris, 1599, f. 4. Nous modernisons l'orthographe.

29 Zarka, Yves Charles, « Raison d'État et figure du prince chez Botero », art. cité, p. 114.

30 *Ibid.*

Cette volonté de fonder de nouvelles bases politiques en adéquation avec la morale chrétienne trouve dans la littérature de la raison d'État un terreau fertile où s'exprimer. S'inscrivant d'une part dans la critique et la rectification de la pensée machiavélienne et, d'autre part, dans le travail post-tridentin d'une reviviscence de la primauté du pouvoir de l'Église sur la politique, la littérature de la raison d'État transforme de manière radicale la compréhension de l'exercice politique en Europe. La notion de gouvernement politique va être repensée, à la fin du XVIe siècle, en réaction non seulement à la rupture machiavélienne et la critique qu'elle engendra mais aussi dans une volonté théologique de réagir à cette tentative de renversement de la subordination de la politique à la religion. En ce sens, la raison d'État botérienne constitue une « version cléricale d'une nouvelle normativité étatique[31] ».

Contrairement à l'œuvre de Bodin, cette normativité étatique ne se développe pas dans un cadre juridique mais « sous la forme d'une codification des savoirs nécessaires au gouvernement de l'État[32] ». Une telle codification, « qui puisse normer les pratiques de pouvoir dans une langue[33] » tout en n'étant pas d'ordre juridique, devait nécessiter des règles particulières. Pour ce faire, comme l'indique Romain Descendre, « Botero reprend à son compte un modèle médiéval, [...] déjà remis au goût du jour à l'époque humaniste : le "miroir des princes", structuré autour des vertus indispensables du bon gouvernement[34] ». En effet, il faut concéder à l'œuvre de Botero qu'elle s'inscrit de ce point de vue dans la lignée des miroirs et des Institutions du prince, en faisant jouer « le langage des vertus plutôt que celui du droit[35] ». Ce langage vertueux, auquel Botero fait appel pour légitimer théologiquement et moralement son discours, ne s'établit toutefois pas dans le même ordre d'idée : les vertus du prince botérien ne s'appliquent pas de la même manière ni dans la même finalité que celles du prince chrétien des miroirs antérieurs. Les vertus botériennes s'appliquent plus précisément à définir « l'ensemble des savoirs nécessaires à l'administration étatique[36] ».

31 Descendre, Romain, introd. à Botero, Giovanni, *De la Raison d'État (1589-1598)*, édition, traduction et notes de Pierre Benedittini et Romain Descendre, introduction de Romain Descendre, Paris, Gallimard, 2014, p. 39.

32 *Ibid.*

33 *Ibid.*

34 *Ibid.*

35 *Ibid.*

36 *Ibid.*, p. 40.

Botero avait tenté, avant même de s'attaquer à la théorisation et à la définition de cette nouvelle rationalité de l'exercice politique, d'accorder, dans un premier ouvrage, les nouvelles limites du champ d'action du prince aux normes morales chrétiennes. À l'été 1582, il décrivait, dans une lettre adressée au cardinal Charles Borromée, le plan d'une œuvre intitulée *De regia sapientia*[37] et qu'il avait rédigée en trois livres distincts[38]. Il en confirmait la division, à la fin de l'année 1583, dans sa dédicace au duc de Savoie, lors de la publication de l'ouvrage. Botero entendait, dans son court traité, affirmer que les royaumes étaient aux mains de Dieu, que leur conservation était le fruit des choses qui nous conciliaient avec lui et que leur ruine était le fait de sa colère. Ce petit traité était aussi « symptomatique » que « révélateur[39] » de la volonté de Botero de redéfinir l'exercice politique du prince en le subordonnant à nouveau à la religion chrétienne. En ce sens, ce texte représente une première tentative de reformulation de la figure du prince au travers des éclats brisés du miroir. Il est même, dans un sens, le prolongement des miroirs et des Institutions antérieurs. Pensé et rédigé comme un antidote du *Prince* de Machiavel, il s'y oppose directement dans le chapitre VII intitulé « *Digressio in Nicolaum Machiavellum* » et dans lequel il en réfute les propositions. Botero refonde ici l'image d'un prince sage et profondément chrétien. Il ne s'adresse en effet pas « au prince mondain qui agit selon les critères de la vertu et de la prudence civiles[40] » mais recompose les éclats du miroir brisé pour reformuler l'image du prince sage et vertueux. De ce premier traité, il reprendra, sept ans plus tard, la figure du prince qu'il inclura dans son œuvre la plus célèbre et dans laquelle il exprime sa théorie de la raison d'État, le *Della ragione di stato.*

---

37 Botero, Giovanni, *De regia sapientia. Libri tres*, Mediolani, 1583.

38 Baldini, A. Enzo, « Le *De regia sapientia* de Botero et *De la naissance, durée et chute des Estats* de Lucinge », *Astérion*, 2, 2004, p. 261. Voir également Vasoli, Cesare, « A proposito della *Disgressio in Nicolaum Machiavellum*. La religione come "forza" politica nel pensiero di Botero », *Botero e la « Ragion di Stato*, Florence, 1992, p. 41-58.

39 Vasoli, Cesare, « Machiavel inventeur de la raison d'État ? », art. cité, p. 54.

40 *Ibid.*, p. 55.

LE PRINCE BOTÉRIEN

Dans l'introduction de son édition à l'œuvre de Botero[41], Romain Descendre précise le caractère rationnel du nom même de la théorisation politique botérienne. Dans son titre original, en italien *Della ragione di stato*, le terme *ragione* s'inspire de la *ratio* latine en reprenant la notion antique et classique, synonyme de *ars*, qui sous-entendait la « connaissance et maîtrise de techniques, ici propres à la gouvernance de l'État[42] ». La théorisation de cette raison d'État entendait donc définir les compétences que le prince devait acquérir dans le cadre des arts de gouverner. En ce sens, elle pouvait se rapprocher du genre des miroirs des princes, du moins des Institutions humanistes, tout en se développant dans un autre paradigme politique.

Après avoir défini en premier lieu la raison d'État, entendue comme le droit de domination du prince sur les sujets, Botero légitime l'exigence de la vertu chez celui qui, de fait, est amené à gouverner et donc à exercer cette domination. Ainsi, au chapitre IX du Livre premier, il entend juger « combien est nécessaire l'excellence de la vertu chez un prince[43] ». La nécessité vertueuse du prince est ici réactivée et insérée au cœur d'une logique d'obéissance. En effet, c'est la vertu qui, dans la technologie botérienne du pouvoir, permet l'obéissance des sujets envers le prince. Comme le précise Botero, la vertu du prince est une condition nécessaire à l'établissement pérenne de l'État :

> Le fondement principal de tout État est l'obéissance des sujets envers leur supérieur, et celle-ci se fonde sur l'éminence de la vertu du prince ; [...][44].

Botero légitime la nécessité de vertu chez le prince en utilisant une double métaphore qui inscrit le rapport d'obéissance prince-sujets dans un ordre cosmologique naturel.

---

41 Botero, Giovanni, *De la Raison d'État (1589-1598)*, *op. cit.*, p. 7-57.

42 Descendre, Romain, introd. à Botero, Giovanni, *De la Raison d'État (1589-1598)*, *op. cit.*, p. 33.

43 Botero, Giovanni, *De la Raison d'État (1589-1598)*, *op. cit.*, p. 82.

44 *Ibid.*, p. 82-83.

> [...] en effet, tout comme les éléments et les corps qu'ils composent obéissent sans résistance aux mouvements des sphères célestes à cause de la noblesse de leur nature, et tout comme, parmi les ciels, les inférieurs suivent le mouvement des supérieurs, de même les peuples se soumettent volontiers au prince qui brille par quelque prééminence de la vertu ; parce que personne ne dédaigne d'obéir et de se soumettre à quelqu'un de supérieur, mais on ne consent pas à obéir à un inférieur ou à un égal[45].

Sans préciser encore ce que recouvre la vertu du prince, Botero rétablit en partie un aspect du jeu du miroir du prince. Le prince, vu comme le chef d'un corps politique céleste et astral, régit les mouvements des membres inférieurs par le biais de la vertu qui le fait briller aux yeux des sujets et légitime ainsi sa supériorité. Le prince est toujours distingué des autres hommes par des qualités intrinsèques qui lui permettent d'établir sa domination sur les sujets ainsi que d'assurer leur obéissance. Cette distinction, qui élève le prince au-dessus des hommes, cette « prééminence du prince[46] », doit cependant s'exercer dans des domaines particuliers qui sont à même de l'accomplir et de la rendre effective. C'est la particularité du champ d'exercice de la vertu du prince qui distingue toutefois la figure du souverain chez Botero de celle des miroirs des princes.

En effet, si la vertu du prince des miroirs et des Institutions s'exerçait dans un cadre moral, afin de proposer au prince un modèle idéal qu'il devait s'efforcer de reproduire pour inspirer ses sujets, la vertu du prince botérien s'exerce dans un domaine différent. La complétude idéelle du prince humaniste est ici remplacée par une maîtrise des domaines permettant la domination. La vertu botérienne s'exerce alors dans un champ politique rationnel et réaliste et permet au prince d'acquérir les connaissances empiriques de la maîtrise. De plus, le miroir du prince n'est pas reformé dans son intégralité puisqu'il ne permet pas de renvoyer l'image d'une idéalité qui tendrait vers la perfection divine. La vertu botérienne permet en revanche de distinguer le prince de l'homme et d'élever le premier au-dessus du second.

> Mais l'important est que la prééminence du prince ne soit pas consacrée à des choses inappropriées et n'ayant aucun poids, ou presque, mais à des choses qui élèvent l'esprit et l'intelligence et qui apportent une grandeur presque

45 *Ibid.*, p. 83.
46 *Ibid.*

> céleste et divine et rendent l'homme véritablement supérieur et meilleur que les autres[47].

Botero légitime le choix du gouvernant qu'il propose en se basant sur un héritage antique. Comme Machiavel avant lui, il fait ici appel à Tite-Live mais, contrairement au Florentin, il n'entend pas se placer en opposition d'une tradition philosophique. C'est Aristote qu'il invoque lorsqu'il confirme la nécessité de placer à la tête des hommes ceux qui possèdent naturellement les qualités requises. Botero se place ici dans la continuité de la tradition aristotélicienne qui reconnaissait, par « raison naturelle », que ceux à qui la nature avait octroyé une raison supérieure aux autres soient désignés comme prince, « par l'esprit et le jugement[48] ».

La vertu botérienne semble ainsi recouvrir l'ensemble des qualités permettant de distinguer celui capable d'exercer la domination sur les hommes. Ici même réside la définition du prince. Botero distingue alors deux sortes d'excellence de la vertu du prince. La première est une excellence « absolue[49] ». L'absoluité de la vertu du prince n'est cependant pas à comprendre ici en des termes bodiniens[50]. Elle définit au contraire le caractère vertueux de ceux « qui dans toutes les vertus ou maintes d'entre elles passent les bornes de la moyenne[51] ». La seconde sorte, l'excellence partielle de la vertu, s'applique ensuite à ceux qui « dépassent les autres en quelque vertu particulière propre à ceux qui gouvernent[52] ». Botero reste discret sur ce qui distingue à proprement parler un prince doté d'une excellence de vertu absolue ou partielle. S'il donne une série d'exemples historiques de rois et de papes représentant au mieux la première catégorie, il n'indique pas ce qui les sépare des autres modèles royaux.

Si toute vertu est « propre à valoir amour et réputation à celui qui en est paré[53] », certaines, composant l'ensemble des vertus princières, sont toutefois plus à même de le faire. D'autres, au contraire, peuvent provoquer l'effet inverse. Cette nouvelle distinction en deux groupes

---

47 *Ibid.*

48 Botero, Giovanni, *De la Raison d'État (1589-1598)*, *op. cit.*, p. 83. *Cf.* Aristote, *Politique*, III, 13, 1283b, 21-24 et 1284b, 33-34.

49 *Ibid.*, p. 84.

50 Voir supra, p. 181-185.

51 Botero, Giovanni, *De la Raison d'État (1589-1598)*, *op. cit.*, p. 84.

52 *Ibid.*

53 *Ibid.*, p. 85.

UCWK725hK/-1 of 1-/expd-intl-eu-na-ag/0 A2

Merci
de vos
achats sur
Amazon.fr!

Bon de commande

Votre commande du 10 octobre 2024
N° 404-8404621-0269964

Numéro de récépissé. UCWK725hK
20 octobre 2024

Qté	Article	Bin
1	**Le Prince aux XVIe et XVIIe siècles: Du prince miroir au prince souverain** Broché, Gendre, Xavier. 2406173763 : 2406173763: 9782406173762	

Cet envoi solde votre commande.

Vous pouvez toujours vérifier l'état de vos commandes ou modifier les détails de votre compte via le lien « Votre Compte » figurant en haut de la page sur notre site.

Vous souhaitez nous retourner un article? MERCI D'UTILISER NOTRE CENTRE DE RETOURS EN LIGNE

Notre Centre de Retour (www.amazon.fr/retours) vous guidera tout au long du processus de retour et vous fournira une étiquette de retour à imprimer. Merci de garder votre numéro de commande (vous pourrez le trouver à côté du récapitulatif de votre commande ci-dessus). Notre Politique de Retours n'affecte pas votre droit de rétractation prévu par la loi.

0/UCWK725hK/-1 of 1-//LH-HAJ8/expd-intl-eu-na-ag/0/1020-23:55/1020-03:19 Pack Type : A2

provoque une séparation au sein du catalogue vertueux que Botero tente de redéfinir. Il distingue ainsi, en premier lieu, les vertus qui participent « entièrement à la bienfaisance, comme l'humanité, la courtoisie, la clémence et d'autres[54] » et qui se regroupent alors auprès de la justice et de la libéralité. Puis il énonce celles qui participent plus particulièrement à l'action politique, telles « grandeurs et force d'âme et d'esprit », « l'art militaire et l'art politique, la constance, la vigueur de l'âme et la promptitude de l'esprit » et qui définissent finalement les noms de prudence et valeur[55]. Ainsi résumé, le catalogue vertueux proposé par Botero se dissocie de celui mis en pratique par les miroirs et Institutions du prince encore rédigés quelques décennies auparavant. Il n'est fait aucune mention de vertus spéculatives. Ainsi la sagesse, antique ou chrétienne, qui était reprise par le discours parénétique jusqu'alors n'est plus une condition essentielle de l'exercice politique du prince. La sagesse botérienne, au contraire, désigne la capacité du prince à conserver son État :

> On acquiert par la force, on conserve par la sagesse, et si la force est partagée par un grand nombre, la sagesse n'appartient qu'à quelques-uns[56].

La vertu princière, désormais résumée par Botero, recouvre un ensemble de vertus morales et politiques, dont la maîtrise est le seul moyen de distinction entre le prince et les autres hommes. Ces vertus, auxquelles Botero fait appel, sont dès lors des vertus actives qui ont une incidence directe et réelle sur l'art de gouverner.

La vertu de justice consiste en premier lieu à « faire le bien de ses sujets » et « de conserver et d'assurer à chacun ce qui est à lui par la justice[57] ». Nulle mention ici d'une justice divine octroyée au prince pour assurer l'ordre universel sur Terre. Au contraire de la vertu de justice développée depuis le Moyen Âge dans les miroirs, la justice botérienne tente avant tout d'assurer « le fondement de la paix et l'établissement de la concorde » par le respect des possessions de chacun, entre sujets et entre les peuples[58]. Mieux encore, la justice appréhendée dans son

54 *Ibid.*, p. 86.
55 *Ibid.*
56 *Ibid.*, p. 72.
57 *Ibid.*, p. 86.
58 *Ibid.*

caractère religieux ne peut s'appliquer dans le monde des hommes. Si Botero mentionne la justice du Christ, c'est pour montrer l'impossibilité de son exécution sur Terre :

> Jésus-Christ notre Seigneur, lorsqu'il institua sa Sainte Église, la réunit et la forma, telle une excellente république, à l'aide de la charité, qui possède tant de force et de vertu que la justice n'est pas nécessaire là où elle fleurit et règne[59].

Botero partage ici avec Machiavel une vision pessimiste de la nature humaine. En effet, la justice divine, exercée sur Terre par le prince, au travers de la seule vertu de charité ne peut s'appliquer dans le monde des hommes :

> Mais comme les hommes sont ordinairement imparfaits et que la charité se refroidit continuellement, il faut bien, pour remettre les cités en ordre et maintenir en paix et en repos les communautés humaines, que la justice y prenne siège et qu'elle y soit rendue[60].

Ainsi précisée, la justice botérienne s'affranchit de la charité religieuse et se concentre dans l'action du prince permettant, par son exercice, de conserver la paix au sein de l'État et entre les sujets. Cette justice, laissée à la fonction royale, se conçoit alors en deux parties distinctes : la première établit une relation juste entre le roi et les sujets alors que la seconde règle les comportements entre les sujets eux-mêmes[61].

La justice, établissant le rapport roi-sujets, s'affranchit définitivement des peurs eschatologiques. Il ne s'agit plus pour le prince, lieutenant et image de Dieu sur Terre, d'y exercer une justice divine dans le but d'assurer une paix permettant le salut de son âme comme de celles des sujets. La justice royale, exercée par le prince botérien, établit un rapport qui lui octroie les forces nécessaires, par le peuple, pour se défendre des ennemis, rendant ainsi inutile tout impôt supplémentaire.

> Les peuples sont obligés de donner à leur prince toutes ces forces qui lui sont nécessaires afin de maintenir la justice parmi eux, et de les défendre contre la violence de leurs ennemis ; ce prince, s'il se tient dans ces limites, ne dépouillera ni ne maltraitera ses sujets par des impôts inhabituels et

59 *Ibid.*
60 *Ibid.*
61 *Ibid.*, p. 88.

> disproportionnés à leurs ressources, et il ne permettra pas que les impôts ordinaires et proportionnés soient perçus sans ménagements ni accrus par des ministres rapaces[62].

La justice entre les sujets eux-mêmes est également, selon Botero, du ressort du prince. Il lui échoit de « faire en sorte que les choses se passent selon la justice entre lesdits sujets, ce qui consiste à maintenir le pays et les villes exemptes de violence et de fraude[63] ». Comme dans le lien établissant un rapport juste entre prince et sujets, la justice entre sujets n'a pas vocation à établir la paix dans le but de reformer le royaume céleste sur Terre. Botero, en rationnalisant là encore la vertu du prince, conçoit la justice dans le contrôle équitable du commerce entre sujets, à l'intérieur de l'État. Ainsi la violence – que tend à éradiquer la justice royale – comme la fraude mettent en danger la conservation de l'État. Si la violence, laissée aux « voleurs, assassins et autres meurtriers » met en péril la paix, la fraude empêche le développement économique du royaume :

> La fraude, bien qu'elle fasse moins de bruit, n'est pas moins nuisible : elle altère les poids et les mesures, falsifie les testaments, les contrats et les monnaies, réduit le négoce à des monopoles, supprime les ravitaillements et perpètre d'autres choses semblables qui, telles des mines souterraines, détruisent la concorde et la paix. Si le prince y remédie il gagnera, à un degré incroyable, l'affection et l'amour de son peuple [...][64].

L'exemple de la vertu de justice, ainsi que son application, sont révélateurs de la rationalisation de l'exercice politique du prince. Sans se départir complètement du caractère vertueux du prince, Botero refonde les vertus dans un nouvel horizon d'attente. Il s'agit pour lui de redéfinir, en conservant le modèle du prince chrétien, les modalités nouvelles permettant au prince d'agir rationnellement, réellement et efficacement pour la conservation de l'État, tout en demeurant à l'intérieur du cadre défini par la morale théologique. La vertu de libéralité répond elle aussi au nouvel art politique que détermine Botero. Il la définit ainsi :

> La libéralité aussi est bénéfique, et ce de deux manières : l'une consiste à libérer les indigents de leur misère, l'autre consiste à favoriser la vertu[65].

62 *Ibid.*

63 *Ibid.*, p. 91.

64 *Ibid.*

65 *Ibid.*, p. 106.

Botero inscrit, dans un premier temps, la vertu de libéralité dans un exercice traditionnel. En effet, la libéralité participe, selon lui, de l'œuvre divine accomplie sur Terre par les princes.

> Il n'est pas d'œuvre qui soit plus royale, ni plus divine que de secourir les miséreux, car l'Écriture célèbre par-dessus toute la miséricorde de Dieu, le soin et la protection qu'il prend des affligés et des pauvres ; [...][66].

Cependant, il retourne, avant même la fin de la phrase, le caractère prescriptif de la vertu de libéralité, reposant jusqu'alors dans l'exercice christique du don. L'exercice de la libéralité doit en premier lieu bénéficier au prince et lui permettre de s'assurer l'amour et la reconnaissance publique de son peuple tout en obligeant ceux qui en ont bénéficié.

> [...] et il recommande très instamment aux princes de faire de même, et l'on ne peut imaginer chose plus propre ni plus efficace pour se concilier les esprits dans les peuples et pour les obliger envers leur seigneur[67].

Ces deux exemples doivent nous convaincre de la transformation de l'exigence vertueuse du prince dans son exercice politique. Si Botero fait bien appel aux vertus traditionnelles, au moment de décrire les actions du prince, il redéfinit complètement leur champ d'application ainsi que leur finalité. Toujours inscrites dans une morale religieuse, les vertus botériennes se parent cependant d'un caractère utilitariste qui leur permettent de participer activement à la préoccupation principale de la raison d'État, à savoir la conservation de celui-ci. L'exemple de la vertu de libéralité en est ainsi révélatrice. Si elle consiste toujours à secourir les plus démunis, sa finalité première est avant tout d'accroître la réputation du prince dans le but de s'assurer la reconnaissance des sujets. De plus, si elle peut s'exercer en toutes circonstances, Botero reconnaît une efficacité accrue en période de troubles.

> Et même si la libéralité convient toujours au prince, elle est de plus grande efficacité, pour l'effet dont nous parlons, durant les calamités publiques, quand la faim ou la disette, la peste, un tremblement de terre, des incendies, des inondations, des incursions ennemies, une guerre ou tout autre accident semblable nous affligent ou nous tourmentent[68].

---

66 *Ibid.*

67 *Ibid.*

68 *Ibid.*, p. 107.

Il s'agit pour le prince de savoir bénéficier et tourner à son avantage les aléas qui frappent le monde des hommes, et ce dans l'unique but de permettre la conservation et l'accroissement de l'État. Botero ne s'en cache pas, savoir profiter du malheur du peuple participe entièrement des nouvelles modalités du gouvernement des hommes par le prince.

> Et, en vérité, les désastres publics sont la matière la plus appropriée et l'occasion la meilleure qui puisse se présenter à un prince de gagner les esprits et les cœurs : il faut alors répandre les germes de la bonté, alors instiller l'amour dans le cœur des sujets, afin qu'il fleurisse ensuite, et qu'avec large usure il le rende au centuple[69].

Enfin, le second caractère que peut exprimer la vertu de libéralité réside dans la promotion de la vertu[70]. Ainsi la « libéralité ne sert pas seulement à faire sortir le miséreux de sa misère, mais aussi à aider et promouvoir la vertu[71] ». Comme le précisent Benedittini et Descendre, Botero ne donne pas à l'utilisation du terme vertu « son sens machiavélien ni son sens moral et religieux[72] ». Botero actualise une fois de plus la vertu, dans ce cas précis celle de libéralité, pour en projeter les effets. La libéralité, prise cette fois comme le mécénat aux hommes méritants, a pour but de favoriser l'art et les sciences et de donner du « lustre à la religion[73] ». Botero défend ici une politique de générosité envers ceux qui peuvent, par leur maîtrise et leur art, participer à une politique culturelle jugée nécessaire à la conservation de l'État. Cette libéralité, « cette sorte de bienveillance – qui n'attise pas l'envie parce qu'on en use avec des personnes méritantes[74] – », a pour finalité de resserrer les liens qui attachent le peuple au prince.

Botero entendait traiter en premier lieu des vertus qui, tout en participant à la pérennisation et l'accroissement de la réputation du prince, s'exerçaient dans un cadre de bienfaisance et d'humanité. Ainsi les vertus de justice et de libéralité sont les premières invoquées. Nous avons pu cependant voir que si elles s'appliquaient conformément à la tradition morale chrétienne, elles tendaient vers une finalité plus prosaïque. Si

69 *Ibid.*
70 *Ibid.*, p. 108-110.
71 *Ibid.*, p. 108.
72 *Ibid.*, n. 5, p. 108-109.
73 *Ibid.*, p. 109.
74 *Ibid.*

secourir les miséreux ou assurer la justice entre les sujets faisaient bien partie des attentes placées dans celui qui exerçait la domination, la finalité première de ces actes résidait plus sincèrement dans la conservation de l'État, grâce notamment à l'accroissement de la réputation du prince et au renforcement du lien entretenu avec les sujets.

Dans un second temps, Botero mentionne les vertus qui, tout en participant également à la réputation du prince, s'exercent plus précisément dans le champ de l'action politique. Ces vertus, qu'il appelle « prudence et valeur[75] », sont à n'en point douter les plus importantes dans l'œuvre de reconfiguration des vertus botériennes. La vertu de prudence, qui ouvre le Livre II du traité, est ainsi mise en exergue et distinguée des vertus traitées précédemment.

Il est nécessaire de s'arrêter sur la composition du Livre II qui est, à notre sens, la matrice fondamentale du legs botérien à la théorisation de la raison d'État jusqu'au milieu du XVIIe siècle. S'il s'ouvre sur un rappel de la vertu politique de prudence et par une définition traditionnelle de son champ d'action, les thèmes développés par la suite participent de l'insertion de l'exercice politique dans une nouvelle rationalité. La prudence, alors redéfinie, s'acquiert par l'expérience, grâce notamment à la connaissance de modèles historiques, de la nature et des inclinations des peuples gouvernés. Elle s'exprime sous forme de principes adaptables en fonction des conditions. Elle nécessite en outre la maîtrise du secret, qualité nécessaire à l'action prudente et politique du prince. Contenue et maîtrisée, elle participe à la conservation de la réputation du prince, première garante de la paix et du bon gouvernement.

Enfin, et enfin seulement, Botero mentionne à nouveau la vertu de sagesse. À l'instar des autres vertus, il la débarrasse de tout aspect spéculaire. Alors que le Livre premier définissait avant toute chose la raison d'État, les divers types de régimes politiques, la cause de la ruine des États, les moyens de les conserver et, le cas échéant, de l'accroître ainsi que l'importance et l'exigence de la vertu chez celui exerçant la domination, le Livre deuxième s'intéresse plus spécifiquement à l'exercice politique du prince. Ces deux premiers livres forment en soi le cadre général et descriptif de la figure du prince botérien. Ils possèdent ainsi une autonomie relative dans l'ensemble de l'œuvre. Les livres suivants,

75 *Ibid.*, p. 113.

quant à eux, plongent le prince dans l'effectivité politique de la domination et définissent à proprement parler les conditions de conservation de l'État au travers de la rationalité engendrée par les conditions.

En cela, Botero se rapproche de Machiavel. S'il a jusqu'alors reformé le miroir vertueux tendu au prince au prisme nouveau d'une rationalité politique – selon des modalités et des finalités différentes de la tradition spéculaire –, il plonge pourtant le prince, à sa manière, dans une *vérité effective de la chose* qui renonce à l'idéalité des miroirs et des Institutions des princes qui l'ont précédé. En cela, la réalité des conseils botériens adressés au prince dépasse le caractère fictionnel de la tradition parénétique.

Cette reformulation du catalogue vertueux adressé au prince se distingue plus précisément au Livre II. Ici, prudence et valeur forment un couple de vertus nécessaires à l'action politique du prince. La première lui permet ainsi de prendre la mesure des conditions qui définissent l'action politique. Cette action politique est, quant à elle, le résultat de la valeur. Les deux vertus, ainsi associées, s'exercent de manière successive et interdépendante.

> Venons-en à présent aux choses qui ajoutent à la réputation et sont principalement au nombre de deux : la prudence et la valeur. Ce sont là les deux piliers sur lesquels doit se fonder tout gouvernement. La prudence sert d'œil au prince et la valeur lui sert de main. Sans l'une, il serait aveugle et sans l'autre il serait réduit à l'impuissance ; la prudence pourvoit à la délibération et la valeur aux forces ; l'une commande, l'autre exécute ; l'une discerne la difficulté des entreprises, l'autre la vainc ; l'une projette, l'autre donne chair aux affaires ; l'une affine le jugement, l'autre renforce le courage des grands hommes[76].

Chez Botero, la vertu de prudence adopte un caractère polymorphe : utile aux hommes, elle l'est encore plus pour le prince. Elle définit le savoir nécessaire à l'exercice de la domination ; elle participe à la connaissance par le prince du naturel et des inclinations des peuples ; elle établit également certaines règles des arts de gouverner ; enfin, elle a une valeur morale en agissant sur le contrôle des passions.

> [...], le prince se doit de savoir plus de choses qu'aucun autre homme, car sa science peut être utile et profitable à un grand nombre de ses sujets ; mais, en particulier, il lui est nécessaire, autant qu'utile, de connaître toutes ces

76 *Ibid.*, p. 114.

> choses qui regardent la connaissance des affections et des mœurs (telles que les exposent abondamment les philosophes moraux), ou des manières de gouverner (telles que les présentent les philosophes politiques), parce que la morale donne la connaissance des passions communes à tous, et la politique enseigne à tempérer ou à favoriser ces passions, ainsi que les effets qui s'ensuivent chez les sujets, avec les règles du bon gouvernement[77].

Appliquée aux arts militaires, elle recouvre aussi les connaissances nécessaires à la guerre, dans des mesures propres à la fonction du prince : géométrie, architecture, etc. Ces connaissances ne doivent pas faire du prince un savant mais doivent lui permettre de savoir « distinguer le vrai du faux, le bon du mauvais[78] ». Elles doivent plus particulièrement lui permettre de savoir choisir la meilleure option, la meilleure proposition. De ce fait, elle s'exerce déjà en amont, dans le choix prudent des conseillers qui sauront apporter, par la maîtrise de leur art, les meilleurs conseils au prince.

La prudence s'exerce également par l'éloquence, qui en temps de paix comme de guerre, « modère les esprits, tempère les républiques, conduit les peuples[79] ». Cette éloquence est alors le vecteur du savoir du prince : elle permet au prince de « parler solidement[80] », de convaincre et de se convaincre du bien-fondé de son jugement.

Si la prudence prend, chez Botero, un caractère polymorphe, se diffusant dans un ensemble complexe de savoirs, de maîtrise, de prévisions propres au gouvernement politique comme à la modération privée, elle diversifie et élargit également le champ de connaissances qu'elle mobilise.

> Parce que connaître la disposition du monde, l'ordre de la nature, les mouvements des cieux, les qualités des corps simples et composés, la génération et la corruption des choses, l'essence de l'âme, ses facultés, les propriétés des herbes, des plantes, des pierres, des minéraux, les affections et, pour ainsi dire, les mœurs des animaux, la production des mixtes imparfaits tels que pluies, brumes, grêles, tonnerres, neiges, éclairs, arcs-en-ciel, l'origine des sources, des fleuves, des lacs, des vents, des tremblements de terre, du flux et du reflux de la mer, cela éveille l'entendement, éclaire le jugement, ouvre l'esprit aux grandes choses. Il en résulte de la sagesse dans l'administration de la chose publique, de la magnanimité dans les entreprises [...][81].

---

77 *Ibid.*, p. 113-114.
78 *Ibid.*, p. 114.
79 *Ibid.*
80 *Ibid.*
81 *Ibid.*, p. 114-115.

La prudence se réalise chez Botero dans un ensemble de connaissances permettant au prince de prendre la meilleure décision politique. Botero plonge ainsi le prince dans une technologie du pouvoir qui s'entretient et s'exerce par la perception sensible tant des facteurs externes conditionnant la prise de décision du prince que des moyens de sa mise en œuvre. Ainsi le prince ne doit pas « s'effrayer de la variété et de la quantité » des connaissances qui lui sont conseillées, ni « se défier de son entendement, ni du temps, parce que ce qui est difficile et peut-être même impossible à un homme privé doit être considéré comme très facile à un prince[82] ». Pour ce faire, la prudence consiste également, dans ce cas précis, à savoir s'entourer des meilleurs conseillers.

La vertu de prudence participe à la réélaboration de la figure du prince. Sur le plan de l'exercice personnel, Botero reconnaît qu'elle s'acquiert en premier lieu par l'expérience. En ce sens, il s'inscrit à nouveau dans la prescription prudentielle traditionnelle.

> Mais rien n'est plus nécessaire, pour parfaire la prudence et bien diriger la chose publique, que l'expérience, mère de la vertu susdite[83].

Cette expérience, nécessaire à l'exercice politique du prince, se compose de deux espèces particulières : celle que l'on acquiert par soi-même et celle que l'on acquiert par les autres. L'expérience personnelle est, selon Botero, « fort restreinte, tant par l'espace que par le temps[84] ». Elle n'est ainsi pas suffisante au prince, même s'il lui est recommandé de « s'efforcer de tirer les leçons de prudence de tout ce que l'on voit et entend[85] ». La seconde manière d'acquérir de l'expérience est, quant à elle, double. Le prince peut ainsi s'informer auprès des vivants, comme auprès des morts. Cette double distinction est ici importante : si Botero conseille au prince, pour acquérir l'expérience nécessaire au bon exercice de la vertu de prudence, la lecture de l'Histoire et l'inspiration de modèles passés de gouvernants, il inscrit également l'acquisition de la prudence dans une technologie contemporaine. Il ne limite pas les conseils prudentiels aux seuls proches du prince, choisis pour leurs savoirs. Il recommande d'élargir le champ d'investigation des connaissances des conditions à l'ensemble des sujets utiles à cette fin.

82 *Ibid.*, p. 115-116.
83 *Ibid.*, p. 117.
84 *Ibid.*
85 *Ibid.*

> La première, bien qu'elle ne soit pas très étendue dans le temps, peut néanmoins embrasser un grand nombre de lieux ; parce que les ambassadeurs, les espions, les marchands, les soldats et autres personnes semblables qui, pour le plaisir, le négoce ou autre cause accidentelle sont allés en différents lieux, et se sont trouvés en des situations diverses, peuvent nous informer d'une infinité de choses nécessaires ou utiles à notre office ; [...][86].

Cette première source d'acquisition d'expérience, sujette à la variabilité, se double alors d'une source inépuisable : l'Histoire. Ainsi, ce « champ d'apprentissage beaucoup plus étendu, que nous offrent les morts par le truchement des histoires qu'ils ont écrites[87] » constitue, pour le prince, le principal puits de connaissance. Botero n'est certes pas le premier à conseiller au prince la lecture de l'Histoire et des modèles anciens. La tradition spéculaire, dès le Moyen Âge, concevait déjà l'importance de l'imitation de modèles adéquats. Au travers de modèles bibliques, les miroirs médiévaux proposaient au prince une galerie de figures passées lui servant de portrait. Il s'agissait même d'une des composantes principales qui s'inscrivait dans la métaphore spéculaire : le miroir, par symbolisme, reflétait au prince les figures passées lui servant de modèles et vers lesquelles il devait tendre. Comme Machiavel avant lui, Botero ne s'interdit pas de proposer au prince des modèles. Et comme Machiavel, il propose cependant des modèles inscrits dans une réalité historique. Les modèles qu'invoquent alors Botero sont les plus divers : d'Alexandre à Jules César, du Grand Turc à des princes italiens contemporains. Il ne s'agit plus de représenter, dans le miroir recomposé, les modèles les plus vertueux mais bien de faire prendre conscience des exemples, les meilleurs comme les pires, de chutes, de maintien ou d'accroissement des États. Ainsi, l'Histoire compose toujours une part du reflet tendu au prince, elle est encore « le plus beau théâtre qui se puisse imaginer[88] ». Elle n'a cependant plus la même fonction : elle est, là encore, essentiellement utilitariste et non plus le miroir d'un horizon d'attente vertueux.

> [...] là, aux dépens d'autrui, l'homme apprend ce qui lui sert ; là on voit les naufrages sans en subir l'horreur, les guerres sans en courir les dangers, les mœurs de différents peuples et les institutions de différentes républiques sans que cela ne coûte ; là on perçoit les principes, les moyens et les fins, ainsi

86 *Ibid.*
87 *Ibid.*
88 *Ibid.*

> que les causes des accroissements et des ruines des empires ; on apprend les raisons pour lesquelles le règne des princes se passe pour certains dans le repos et pour d'autres dans les tourments ; certains s'épanouissent dans l'art de la paix, d'autres par la valeur des armes ; certains dépensent à outrance sans profit, d'autres avec parcimonie et dignement[89].

Botero inscrit l'exercice politique du prince dans une technologie du gouvernement basée sur une science empirique. Projeté dans la réalité des conjectures humaines, le prince botérien doit prendre en compte une masse diverse de conditions. La représentation de la figure botérienne du prince s'éloigne en cela diamétralement de celle des miroirs médiévaux et des Institutions humanistes. L'attente de la complétude vertueuse du prince ne suffit plus à imaginer la réussite du bon gouvernement. Pour cela, Botero intègre les nouveaux moyens découlant de la rationalisation politique. Ainsi le prince doit savoir prendre conscience des différents tempéraments des peuples, de leur naturel, en fonction de leur situation géographique. Comme Machiavel et Bodin, la nature humaine devient chez Botero une des conditions essentielles du gouvernement du prince.

> Mais parce que rien n'est plus nécessaire au bon gouvernement que de connaître la naturel, l'entendement et les inclinations des sujets (parce que de là doit être tirée la forme du gouvernement), [...]. Nous disons donc que le naturel, les inclinations et les humeurs des personnes se peuvent déduire du site, de l'âge, de la fortune, de l'éducation[90].

Il est possible d'identifier les nouvelles conditions du gouvernement dans un rapport sociologique et géographique. Botero reformule ainsi, dans son traité politique, une théorie des climats amorcée par Aristote, reprise par Thomas d'Aquin et réactualisée par Machiavel et Bodin[91]. Si Botero définit la raison d'État de la manière suivante, à savoir « la connaissance des moyens propres à fonder, conserver et agrandir une domination et seigneurie[92] », il développe toutefois sa pensée essentiellement sur le second axe, soit les moyens propres à la conservation de l'État. Il en fait ainsi l'objet principal de son art de gouverner. De cette volonté de conservation de l'État, établie comme principal objet

89 *Ibid.*, p. 118.
90 *Ibid.*, p. 119.
91 *Ibid.*, n. 2, p. 119.
92 Botero, Giovanni, *Raison et gouvernement d'État*, *op. cit.*, f. 4.

de réflexion, surgissent alors deux démarches qui vont cohabiter au cœur de la doctrine botérienne : la justification religieuse du pouvoir politique autant que la rationalisation de la pratique gouvernementale[93]. Réunis au sein d'une même doctrine, ces deux aspects de la raison d'État botérienne reposent cependant sur des principes distincts. D'une part, la justification religieuse du pouvoir du prince continue à établir la subordination du gouvernement politique à la religion. Ainsi Botero prolonge le principe selon lequel « la religion est le fondement de tout principat[94] ». Cette caractéristique que perpétue Botero le distingue ouvertement de Machiavel. En s'opposant de cette manière à la pensée du Florentin, il a pour volonté de rationnaliser l'exercice du pouvoir, les arts de gouverner, tout en les réinscrivant dans un cadre théologico-politique. De la « mauvaise raison d'État » induite par la rupture machiavélienne, Botero entend dessiner les contours d'un « bonne raison d'État », une raison d'État chrétienne capable de se déployer et de s'exercer dans le respect des valeurs morales religieuses. La religion, établie comme « fondement » de tout État par Botero, est ainsi la principale vertu et demeure à la source du rapport d'obéissance des sujets envers le prince. Réinscrite au cœur même du gouvernement du prince, elle façonne également sa figure en rétablissant l'exigence de piété, le respect des préceptes religieux ainsi que les autres vertus caractérisant traditionnellement le prince chrétien.

Le second aspect de la raison d'État botérienne caractérise, conjointement à la subordination du pouvoir politique au pouvoir ecclésiastique, la « rationalisation de l'État comme matière [tendant] à définir une logique ou une loi autonome du politique[95] ». Cette rationalisation, formulée ainsi, tend à s'opposer à la réinscription de la religion comme exigence politique. Ou, du moins, semble-t-elle incapable de cohabiter au sein d'un même programme de définition du pouvoir politique et des arts de gouverner. Cependant, c'est la figure du prince botérien qui permet de contrebalancer les tensions générées par la cohabitation de ces deux caractéristiques en une unique théorie politique. Elle cristallise ainsi l'exigence vertueuse du gouvernement politique impliquée par la primauté du pouvoir ecclésiastique avec la nécessité d'une rationalisation

93 Zarka, Yves Charles, *Philosophie et politique à l'âge classique*, *op. cit.*, p. 157.
94 Botero, Giovanni, *De la Raison d'État (1589-1598)*, *op. cit.*, p. 158.
95 Zarka, Yves Charles, *Philosophie et politique à l'âge classique*, *op. cit.*, p. 157.

des arts de gouverner en fonction de nouvelles expériences politiques, économiques et sociales de la fin du XVIe siècle. Le prince vertueux, recomposé à partir du miroir brisé, exerce alors un pouvoir politique redéfinit par une rationalisation s'exprimant « par l'intermédiaire de trois concepts : domination, intérêt et puissance[96] ». Ainsi, l'État politique définit par Botero, à la tête duquel un prince vertueux exerce le pouvoir, « prend donc une consistance propre qui impose à l'action des princes des nécessités objectives concernant le territoire, la population, la production des biens, la défense, etc.[97] ». Comme le souligne Zarka, « la place importante qu'occupe la doctrine botérienne des vertus du prince a pour objet de rétablir l'unité des deux plans sur lesquels se développe le discours de la raison d'État[98] ». Le prince botérien, redéfini sur une base vertueuse mais inscrit dans un nouvel art de gouverner, réalise alors l'amalgame de ces deux aspects en une doctrine unique. Ainsi, « si Machiavel avait brisé l'idéal éthique du prince », les théoriciens de la raison d'État – et en premier lieu Botero – « tâchent de recomposer une figure du bon gouvernement qui puisse tenir compte à la fois des exigences de la justification religieuse et de celles de la rationalisation du politique[99] ».

À la suite de la théorisation botérienne de la raison d'État, différents auteurs vont reprendre à leur compte cette double justification du gouvernement politique. Diverses doctrines basées sur celle de la raison d'État de Botero vont ainsi se diffuser à travers toute l'Europe, connaissant ainsi un succès considérable. Il convient également de remarquer que cette importante diffusion va s'effectuer selon des modalités diverses, en fonction des différents contextes nationaux. Si en Allemagne, par exemple, elle prendra la forme d'une rationalisation administrative de l'État, elle va, en revanche, prendre en France le rôle d'une « littérature chargée de défendre la politique gouvernementale[100] ». En effet, la

96 *Ibid.*

97 *Ibid.*, p. 157-158. Sur le rapport de la raison d'État botérienne avec les questions géographiques et démographiques de l'État politique, voir notamment Descendre, Romain, *L'état du monde. Giovanni Botero entre raison d'État et géopolitique*, Genève, Droz, 2009.

98 *Ibid.*, p. 158.

99 *Ibid.*

100 *Ibid.* Sur les particularités de la réception et de la diffusion de la raison d'État en France, voir Thuau, Étienne, *Raison d'État et pensée politique à l'époque de Richelieu*, Paris, Armand Colin, 1966.

réception de la raison d'État va emprunter la forme d'une littérature étatiste, principalement au service de l'État monarchique.

Michel Stolleis, lorsqu'il fit, au milieu des années 90, l'état des lieux de la recherche historiographique sur la raison d'État, s'intéressa notamment au ressentiment qu'éprouva Friedrich Meinecke, dans son étude sur l'idée de raison d'État, envers la « littérature politique et juridique du XVIIe siècle[101] ». Au premier plan de cette littérature jugée stérile par Meinecke, il place la « tradition des Miroirs des princes issue du Moyen Âge » et qui « se poursuit tout au long du XVIe siècle et s'achève », en dehors de l'Allemagne, avec les *Politiques* de Juste Lipse. Le choix arrêté ici par Stolleis semble judicieux. Il apparaît en effet indiscutable que l'œuvre de l'humaniste flamand marque un passage fondamental dans l'histoire de la littérature parénétique. Ce passage permet en effet de lier deux modes de représentation du prince souvent considérés jusqu'alors comme inconciliables. Le modèle du prince chrétien, figuré au travers des vertus de sagesse et de piété, se double ainsi ouvertement d'une représentation plus pragmatique et moins spéculative, en considérant notamment la tradition machiavélienne et en ingérant la réflexion prudentielle issue du renouveau de la philosophie stoïcienne qui voit le jour à la fin du XVIe siècle. Peut-on parler ici d'un rapprochement entre la pensée politique de Lipse, en particulier au sujet de la reconfiguration politique et morale qu'il fait de la vertu de prudence, avec l'émergence de la notion de raison d'État ? Coïncidence de l'histoire, les *Politiques* de Lipse et le *Della ragione di Stato* de Botero paraissent la même année, en 1589. Peut-être faut-il y voir là les conséquences, au Nord comme au Sud des Alpes, d'un besoin grandissant de rationaliser le rapport entre le prince et l'exercice politique qui lui incombe, tout en reformulant de manière acceptable des idées politiques que l'Europe entière condamnait ouvertement tout en s'en nourrissant à l'abri des regards.

Pour Botero, il s'agissait, en se livrant à la critique du secrétaire florentin, de reformuler en premier lieu la pensée machiavélienne en adéquation avec l'éthique chrétienne. Chez Lipse, au contraire, Machiavel n'occupe pas une place essentielle dans sa pensée politique et n'est pas celui vers lequel la critique se porte : il s'agit principalement, pour le Flamand, d'énoncer un remède politique à une Europe, au Nord des

---

101 Stolleis, Michel, « *L'idée de la raison d'État* de Friedrich Meinecke et la recherche actuelle », *Raison et déraison d'État*, *op. cit.*, p. 28.

Alpes, en proie aux conflits confessionnels par le truchement de la figure d'un prince capable d'instaurer la paix. En continuant à cheminer sur ces deux voies, le genre des miroirs des princes « reste fidèle à ses fondements chrétiens », en traçant le « portrait du "prince chrétien", avec des traits qui varient selon les confessions[102] ». Là où le changement s'effectue, dès 1589, c'est dans l'assimilation de cette rupture avec une nouvelle pédagogie politique adressée au prince désormais rendue compatible avec la religion et la figure déjà existante du prince chrétien.

102 *Ibid.*, p. 29.

CINQUIÈME PARTIE

PRUDENCE ET VOIE MÉDIANE

Le reconditionnement des vertus du prince par la raison d'État botérienne impliqua, comme nous l'avons vu, une redéfinition de leur champ d'exercice. Si Botero conseillait toujours au prince un comportement vertueux, le plongeant ainsi dans une nouvelle version d'un miroir du prince recomposé, la finalité des vertus ne résidait plus dans l'unique espérance du bon gouvernement, du bien commun ou d'une figure souveraine pouvant servir de modèle aux sujets. Les vertus botériennes, toujours exprimées dans un cadre théologico-politique, se trouvaient instrumentalisées afin de légitimer, sous le couvert de la religion, l'exercice de la domination. La figure du prince chrétien, mise à mal par Machiavel, retrouvait alors chez Botero une place essentielle. Contrairement aux miroirs et Institutions du XVIe siècle, elle ne participait plus à l'édification morale du prince : les vertus servaient à légitimer moralement la domination politique dont le but premier était la conservation de l'État. Les vertus déployées dans le langage botérien trouvaient ainsi un nouvel écho. Réinvoquées, elles ne se pensaient plus d'une manière identique à la tradition théologico-politique.

C'est le cas de la vertu de prudence. Associée à la valeur, la prudence adopte un caractère polymorphe pour se charger de plusieurs significations. Elle continue à caractériser l'acte réflexif précédant l'action politique ainsi que le contrôle privé des passions. Elle acquiert également un caractère plus pragmatique pour devenir une vertu pratique recouvrant les savoirs nécessaires à la conservation de l'État, comme la connaissance de la nature humaine des sujets, de leurs inclinations en fonction du climat, les connaissances scientifiques propres aux métiers d'armes, les savoirs économiques et géopolitiques, etc. De fait, la prudence participe activement à la rationalisation de l'exercice politique du prince et de l'État comme matière. Elle s'établit en une véritable doctrine se constituant en « théorie de la prudence[1] ».

Avant d'aboutir à une « raison prudentielle[2] » dans la littérature étatiste du début du XVIIe siècle, la vertu de prudence a participé d'une

1 Zarka, Yves Charles, « État et gouvernement chez Bodin et les théoriciens de la raison d'État », art. cité, p. 160.

2 Catteeuw, Laurie, « La modernité de la raison d'État et le masque du temps », *Revue de synthèse*, t. 128, 6e série, numéro 3-4, 2007, p. 376.

longue tradition philosophico-politique[3]. De sa théorisation antique, puis sa reprise par le christianisme et son renversement par Machiavel, jusqu'à sa redéfinition par la raison d'État, la prudence a toujours été l'objet d'une réflexion importante[4]. Il s'agit alors de prendre conscience de ses transformations jusqu'à son inscription comme une vertu pratique de l'exercice politique du prince au cœur d'œuvres se rapprochant de la littérature de la raison d'État en France. Il est question de souligner son importance dans une littérature *médiane* qui a continué à présenter une image vertueuse du prince tout en l'insérant dans une rationalité politique. En effet, de son origine antique à son inscription dans le catalogue vertueux chrétien, de sa transformation machiavélienne à sa rationalisation botérienne, la vertu de prudence a également été au centre de la pensée politique d'auteurs comme Juste Lipse ou Pierre Charron qui, conscients du besoin de redéfinir le discours de l'action politique, ont proposé une vision pragmatique de la figure du prince établie à mi-chemin entre tradition et rationalité.

3 Delannoi, Gil, *Éloge de la prudence*, Paris, Berg, 1993.

4 Goyet, Francis, « La prudence entre sublime et raison d'État », *Devenir roi. Essais sur la littérature adressée au prince*, sous la direction d'Isabelle Cogitore et Francis Goyet, Grenoble, ELLUG, 2001, p. 163-178.

LA VERTU DE PRUDENCE

En dépit des moments de rupture qui ont déterminé l'histoire de la pensée politique en Occident, la notion de prudence a continué à être au cœur de la réflexion des penseurs, de l'Antiquité à la remise en question des régimes monarchiques. La prudence, définie tantôt comme une vertu morale puis cardinale, tantôt comme une connaissance pratique, a perduré dans l'histoire de la théorisation du politique, se maintenant au travers des siècles comme un facteur constant faisant le lien entre éthique et politique. Elle a ainsi occupé une place centrale dans la réflexion sur la conduite des hommes. S'il s'agit d'un sujet largement traité[1], notamment dans le cadre des arts de gouverner, il est cependant nécessaire d'en saisir les évolutions au sortir du Moyen Âge jusqu'au XVIIe siècle.

Il est aujourd'hui acquis que la prudence a été, depuis les premiers textes politiques antiques jusqu'à la théorisation par Hobbes de concepts politiques fondamentaux[2], un facteur essentiel du développement de la pensée politique occidentale. Présente dans les miroirs des princes médiévaux et les Institutions humanistes, puis redéfinie par la théorisation de la raison d'État et la revivification de la pensée stoïcienne en politique, la prudence a constamment été considérée comme une des vertus principales, si ce n'est la vertu primordiale, pour le gouvernement des hommes. Elle n'a certes pas toujours recouvert les mêmes concepts et n'a pas toujours été définie selon les mêmes modalités, ni même utilisée pour les mêmes fins ou dans des champs d'application identiques. Son rapport au politique, et plus largement à l'éthique, a évolué au fil du temps, quelquefois même de manière radicale. Elle est en ce sens un témoin précieux de la continuelle réécriture de la pensée politique

1 *La vertu de prudence entre Moyen Âge et âge classique*, sous la direction d'Évelyne Berriot-Salvadore, Catherine Pascal, François Roudaut et Trung Tran, Paris, Garnier, 2012.

2 Hance, Allen S., « Prudence and providence : on Hobbes's theory of practical reason », *Man and World*, vol. 24, 2, 1991, p. 155-167 ; Den Uyl, Douglas J., *The virtue of Prudence*, New York, Bern, Peter Lang, 1991.

qui, si elle peut se repenser radicalement, procède en partie de ce qui la précède. Elle est ainsi un des meilleurs exemples de continuité et de transformation de la conception de l'exercice politique du prince et des conditions nécessaires à sa pratique à travers les siècles.

Il faut remonter à l'Antiquité pour retrouver les racines de la prudence dans la réflexion politique occidentale. C'est dans la *phronesis* grecque que prend source la notion de prudence telle que la tradition philosophico-politique nous l'a transmise, devenant au fil des siècles « un des thèmes classiques de la philosophie, de la pensée politique et, plus généralement, des arts pratiques[3] ». Devenant matière, chez les philosophes grecs, à réflexion et commentaires, elle fut transmise à la tradition latine, en se maintenant au travers de la traduction *prudentia* et en se fixant plus tard dans le monde francophone, dès l'utilisation des langues vulgaires dans les traités de morale et de politique au XVIe siècle, par le terme « prudence ».

Le terme *phronesis*, qui dérive étymologiquement du mot *phren* désignant originellement une membrane entourant un organe, comme le diaphragme, était associé à l'idée d'âme et de pensée. Par dérivation, le verbe *phronein* désigna, dans son sens principal, l'état d'avoir l'intelligence de quelque chose et d'exercer une faculté de l'esprit. Ainsi, le *phronimos*, celui qui a les capacités de se maintenir en cet état, soit de penser, caractérise « quelqu'un de réfléchi, de sensé, de sage[4] ». Plus loin encore, l'action du *phronimos*, désignée par la *phronesis*, définit dans un sens large l'action de penser, l'intelligence, la pensée ou la sagesse[5]. Dans la tradition hellénique, c'est spécifiquement chez Aristote qu'il faut chercher le plus grand intérêt pour la prudence – Platon n'y ayant donné que peu d'importance – en la mettant au cœur de sa réflexion éthique[6]. Aristote admettait, hors du cadre politique, l'existence d'une connaissance des choses inexactes qui n'était elle-même pas un savoir exact. Ce savoir, « nécessairement approximatif[7] », constituait de fait la

3 Delannoi, Gil, « La *prudence* dans l'histoire de la pensée », *Mots*, septembre 1995, numéro 44, p. 101.

4 *Ibid.*

5 *Ibid.*

6 *Id.*, « La prudence en politique. Concept et vertu », *Revue française de science politique*, 37e année, numéro 5, 1987, p. 597-615. Sur la prudence chez Aristote, voir notamment Aubenque, Pierre, *La Prudence chez Aristote, avec un appendice sur la prudence chez Kant*, Paris, PUF, 1963.

7 *Ibid.*, p. 597.

base même de la notion de prudence dans son rapport au comportement civil des hommes.

Envisagée à la fois comme un concept et comme une vertu[8], la *phronesis* aristotélicienne se différencie de la sagesse théorique, *sophia*. En effet, la prudence, considérée comme une capacité pratique se distinguant de cette sagesse contemplative, devait, chez Aristote, permettre au *phronimos* de trouver un « savoir approximatif capable de s'adapter à des données approximatives, un lien aussi grand que possible entre les exigences de l'éthique et les situations politiques, un contrôle réciproque entre les moyens et les fins[9] ». L'homme prudent était donc celui capable de réfléchir et d'agir, pour son bien comme pour celui des hommes en général, en fonction des conditions de la situation dans un constant rapport à l'éthique. Du fait même de ces conditions changeantes et jamais identiques, aucune certitude ni règle absolue ne permettaient à l'homme prudent de pouvoir arrêter une décision. Il devait au contraire « juger selon la particularité de chaque situation[10] ». En l'absence de théorie applicable, l'homme prudent devait donc agir selon les moyens accordés par la *phronesis*, et se remettre à une juste mesure qui n'était cependant « pas le juste milieu[11] ». Il ne s'agissait donc pas d'agir en fonction d'une « moyenne arithmétique » ou d'un « compromis permanent », mais bien de savoir et pouvoir s'adapter à chaque cas, dans le respect et la conservation du lien entre politique et éthique.

L'impossibilité d'appliquer règles et préceptes, induite par la variabilité des conditions d'action, ne permettait pas à la prudence de s'acquérir comme un savoir théorique. Il était au contraire possible de l'assimiler, de manière empirique, au gré d'un apprentissage et en fonction des dispositions naturelles et personnelles propres à chacun. Il s'agissait donc, en premier lieu, d'une connaissance acquise par l'expérience tirée de chaque situation. De fait, la prudence, dans sa définition aristotélicienne, ne pouvait se concevoir comme une réelle doctrine et devait s'envisager dans des normes. Dans son rapport à la politique et l'éthique, elle s'exprimait essentiellement au travers de modèles, « d'exemples de prudence, limités car relatifs à leur propre cas[12] ». Ces modèles,

8 *Id.*, « La *prudence* dans l'histoire de la pensée », art. cité, p. 101.
9 *Ibid.*, p. 101-102.
10 *Ibid.*, p. 102.
11 *Ibid.*
12 *Ibid.*

s'ils s'inspiraient d'exemples positifs d'hommes prudents, pouvaient également illustrer les expériences contraires à la prudence, hors de toute mesure, celles d'hommes n'ayant pu maîtriser leurs passions ou agir en fonction de la *phronesis*.

Lors de sa translation au monde latin, la *phronesis* grecque se traduisit par le mot *prudentia*. Tirée de *prudens*, lui-même dérivé de *providens*, caractérisant l'action de prévoir, la prudence latine conserva l'idée générale de son homologue hellénique. Elle se trouva cependant réorientée et recouvrit un champ d'action sensiblement différent en se dirigeant vers des considérations plus pratiques. L'importance préalable de la sagesse, vue comme la réflexion antérieure à l'action, laissa place, en partie, à une nécessité de prévoyance sous-entendant une aptitude. De fait, cette réorientation de la *phronesis* grecque se traduisit dans une *prudentia* latine plus stratégique, « les notions d'anticipation et de compétence [insistant] sur l'expérience et l'expertise[13] ». Conservée par la pensée médiévale jusqu'au Quattrocento italien, la *prudentia* romaine se maintint pour continuer à représenter la sagesse politique.

Elle se maintint mais se teinta toutefois de nuances au gré de son réemploi par la tradition philosophique médiévale. La tradition théologico-politique chrétienne l'assimila jusqu'à en faire une de ses quatre vertus cardinales, garantissant à la prudence une certaine prééminence dans son rapport à l'éthique chrétienne. Elle représente, par exemple, un concept important chez Thomas d'Aquin, qu'il commente abondamment dans sa *Somme théologique*[14]. La prudence, dans un rapport très étroit avec la morale, devait permettre au chrétien d'agir conformément à l'éthique religieuse. En effet, la morale sans prudence semblait inopérante alors que, inversement, cette dernière, sans la morale, dégénérait en habileté[15].

La littérature politique a également consacré depuis longtemps une place importante au concept et à la vertu de prudence. Chez les penseurs grecs déjà, la notion de prudence occupait un rôle particulier dans l'action humaine. Passée dans l'Antiquité latine, elle servit à étoffer un discours consacrant les vertus de l'homme politique. Reprise par la littérature

---

13 *Ibid.*

14 Sur la vertu de prudence et son rapport entre éthique et politique chez Thomas d'Aquin, voir Lazzeri, Christian, « Prudence, éthique et politique de Thomas d'Aquin à Machiavel », *De la prudence des anciens comparée à celle des modernes. Sémantique d'un concept, déplacement des problématiques*, sous la direction d'André Tosel, Paris, Les Belles Lettres, 1995, p. 79-128.

15 Delannoi, Gil, « La *prudence* dans l'histoire de la pensée », art. cité, p. 103.

patristique et les penseurs de la chrétienté, elle aboutit, au Moyen Âge, en une des vertus principales de la royauté. Comme le remarque Myriam Chopin-Pagotto, une réflexion sur la prudence s'est inscrite à partir du XIIIe siècle dans le développement des écrits didactiques composés pour les princes[16]. Les miroirs médiévaux, en définissant un cadre comportemental pour le roi, considéraient l'exercice politique du prince en premier lieu par l'acquisition et la pratique de vertus. Le prince qu'ils décrivaient se confondait avec un idéal chrétien du souverain. Considérée par la littérature patristique comme une des vertus cardinales, notamment chez Ambroise de Milan[17] et saint Augustin[18], la prudence était en premier lieu une des conditions principales de l'action humaine. Transposée à la figure du souverain, elle continuait à déterminer les actions de l'homme, tout en étant cette fois incluse dans la réflexion sur le gouvernement. La prudence devint une des vertus principales et nécessaires au bon gouvernement.

La particularité de la prudence au Moyen Âge résidait dans son apparentement avec la vertu de sagesse. En effet, avant de devenir une vertu politique à part entière, elle se comprenait en partie comme le complément de la sagesse, vertu morale spéculative, en ajoutant à celle-ci les conditions nécessaires d'un savoir basé sur l'expérience. La vertu de prudence bénéficia, comme l'ensemble du discours politique au XIIIe siècle, de la redécouverte des textes aristotéliciens. En effet, au sixième livre de l'*Éthique*, Aristote faisait une distinction entre sagesse et prudence, permettant l'autonomie de cette dernière. Ainsi, les théoriciens médiévaux du pouvoir, une fois achevée la relecture de cette œuvre, réhabilitèrent la prudence, « la présentant comme une vertu intellectuelle et morale permettant à l'homme d'orienter ses actions et de choisir les moyens d'atteindre ses fins[19] ».

16 Chopin-Pagotto, Myriam, « La prudence dans les Miroirs du prince », *Chroniques italiennes*, numéro 60, 4, 1999, 87.

17 Ambroise de Milan, *Traité des devoirs*, Livre premier (« Quel devoir des vertus fondamentales fit défaut à ces hommes ? De ces vertus, ils mirent au premier rang la prudence qui s'applique à la découverte du vrai et inspire le désir d'une science plus complète. »).

18 Augustin, *Des mœurs de l'église catholique*, Livre I, XV (« Ces quatre vertus, plaise à Dieu que leur efficacité soit dans tous les Cœurs, […]. Voici comme je les définis sans hésiter : […] ; enfin, la prudence, c'est l'amour faisant un choix judicieux de ce qui peut lui être nuisible. Et cet amour, nous avons dit que ce n'est pas l'amour de n'importe quel objet, mais uniquement l'amour de Dieu, c'est-à-dire l'amour du souverain bien, de la souveraine sagesse, de la concorde souveraine. »).

19 Chopin-Pagotto, Myriam, « La prudence dans les Miroirs du prince », art. cité, p. 88.

Les premiers traités politiques de l'Humanisme ont eux-aussi fait appel, dans un « usage rhétorique inlassable[20] », au concept de prudence. En effet, ils le reprennent dans leur quasi-totalité, partageant un discours parénétique normatif faisant encore de la prudence l'une des vertus cardinales. Reformulée essentiellement à partir de la réflexion de Thomas d'Aquin, la prudence reste, dans les traités politiques monarchiques et les miroirs des princes, une « clé de voute politique[21] ». Elle demeure ainsi une des vertus essentielles au prince pour son exercice politique. L'acquisition et la pratique continuelle, dans un cadre privé comme politique, de l'ensemble d'un catalogue vertueux restait encore, pour le prince, l'une des conditions premières du bon gouvernement. Cependant, si beaucoup ont repris le concept de prudence comme une vertu essentielle à l'exercice politique du prince, tous ne l'ont pas reformulé dans les limites d'un cadre moral théologico-politique.

Les humanistes italiens du Quattrocento ont les premiers apporté des transformations au concept de prudence. S'ils « se font de la prudence une conception assez proche de celle de saint Thomas », ils sont les précurseurs d'une redéfinition de la finalité et des moyens de l'exercice de cette vertu[22]. Un auteur comme Pontano, notamment dans son *De principe* (1490), ne rompt pas avec la finalité éthique de la vertu de prudence. Au contraire, il la déplace pour la définir désormais « par la recherche d'un bien de nature purement mondaine[23] », au détriment de la recherche du bien commun. La prudence s'oppose alors, chez Pontano, à la Fortune : elle devient l'habileté de l'homme à savoir conserver ses biens lorsque la Fortune lui est défavorable. Pontano achève ici une première tentative de sécularisation « de la finalité éthique de la vertu de prudence[24] », en la doublant de nouveaux moyens propres à son exercice. Alors que Thomas d'Aquin condamnait le « recours à la ruse et à la fraude comme étrangères à la prudence[25] », Pontano, lui, adapte la vertu de prudence au cadre civil en recommandant au prince d'utiliser les mêmes moyens que les autres hommes pour s'en protéger. En laïcisant

20 Delannoi, Gil, « La *prudence* dans l'histoire de la pensée », art. cité, p. 103.

21 *Ibid.*

22 Lazzeri, Christian, « Prudence, éthique et politique de Thomas d'Aquin à Machiavel », art. cité, p. 102.

23 *Ibid.*

24 *Ibid.*

25 *Ibid.*, p. 103.

la vertu de prudence et en la redéfinissant aux limites des normes théologiques, sans pour autant s'en départir entièrement, les humanistes italiens ont ouvert la voie à d'autres : Machiavel va s'inspirer, une fois encore, de la tradition humaniste italienne pour renverser le rapport vertueux du prince à la prudence.

LA PRUDENCE MACHIAVÉLIENNE

Machiavel a repris à son compte la rhétorique humaniste de la prudence civile et politique en l'insérant dans un mode de pensée diamétralement opposé. Faisant face à cet usage itératif de la prudence dans son rapport au gouvernement politique des hommes, Machiavel y « introduit l'équivoque[26] ». Chez le Florentin, la prudence ne se limite plus à une simple sagesse pratique ou à un unique principe de précaution. Dans un esprit de syncrétisme, il fait cohabiter dans sa théorie politique le sens antique et moderne de la prudence. Car s'il demande du prince une virtuosité politique, à l'image des modèles historiques qu'il cite, il préconise également, dans une nouvelle conception pessimiste de la nature humaine, de se méfier des hommes. Certes, Machiavel croit encore, comme ses prédécesseurs, aux grandes vertus politiques chez le prince, tout en les redéfinissant dans sa réinterprétation de la *virtù* antique. En sus, il conseille également au prince de se méfier de la nature humaine et d'agir envers les hommes en conséquence. Si pour lui, l'éthique n'est pas entièrement reniée, elle se délie cependant de la politique « pour des motifs patriotiques dans les situations d'exception et d'urgence[27] ».

Machiavel aborde l'idée de prudence, dans *Le Prince*, à la fin du traité. Ce sont essentiellement les chapitres 21 à 25 qui établissent le rapport du prince et de la prudence, non seulement dans un cadre politique se rapportant à la personne du prince et à son cercle proche – à savoir ses conseillers et les personnes pouvant s'entretenir avec lui – mais aussi dans une réflexion plus étendue. La prudence se conçoit alors comme un moyen de résister à l'imprévisibilité et l'inaltérabilité de la Fortune,

26 Delannoi, Gil, « La *prudence* dans l'histoire de la pensée », art. cité, p. 103.
27 *Ibid.*

voire de s'en accommoder et de lui résister. Premièrement, la prudence machiavélienne réside, en partie, dans la capacité du prince à agir selon ses capacités à choisir le moindre mal.

> Et que jamais aucun état ne croie pouvoir prendre toujours des partis sûrs ; qu'il pense même devoir les prendre tous incertains ; en effet, voilà ce que l'on constate dans l'ordre des choses : on ne cherche jamais à fuir un inconvénient que l'on ne tombe sur un autre ; mais la prudence consiste à savoir comprendre quelles sont les qualités des inconvénients et prendre le moins mauvais pour bon[28].

La prudence réside également dans le choix du prince de ses conseillers ou ministres.

> Ce n'est pas chose de peu d'importance pour un prince que le choix des ministres, qui sont bons ou non selon la prudence du prince. Et la première conjecture sur le cerveau d'un seigneur se fait en voyant les hommes qu'il a autour de lui : et quand ils sont capables et fidèles, toujours on peut le réputer sage, car il a su comprendre qu'ils étaient capables et sait les maintenir fidèles ; mais dans le cas où ils seraient autres, toujours on peut porter un jugement qui n'est pas bon à son propos, car la première erreur qu'il fait, il la fait par ce choix[29].

La notion de prudence se conçoit aussi dans la mise en garde du prince envers les flatteurs, thème récurrent dans les miroirs, et le comportement du prince face à cette frange.

> Je ne veux pas laisser de côté un chapitre important et une erreur dont les princes se défendent avec difficulté, s'ils ne sont pas très prudents ou s'ils ne font pas un bon choix. Il s'agit des adulateurs, dont les cours sont pleines, car les hommes se complaisent tant à leurs propres affaires et s'y trompent de telle façon qu'ils se défendent avec difficulté de cette peste[30].

S'ensuit une réflexion sur le rapport de la prudence et des conseils dont le prince doit se servir. Le chapitre est clair et court. Il s'intéresse

---

28 Machiavel, *Le Prince*, *op. cit.*, p. 185-187. Dans son édition du *Prince*, à la note 3, p. 151, Marie Gaille-Nikodimov mentionne que la formule est peut-être de Cicéron (*Des devoirs*, III, 1, 3) et qu'elle « est quasi proverbiale dans le discours politique florentin à l'époque de Machiavel » (*Cf.* Machiavel, *Discours*, I, 6, 38 et *La Mandragore*, III, 1). Cité in Machiavel, *Le Prince*, traduction, présentation et notes par Marie Gaille-Nikodimov, Paris, Le Livre de Poche, Classiques de la Philosophie, 1989.

29 *Ibid.*, p. 187-189.

30 *Ibid.*, p. 191.

à la manière dont le prince prudent doit séparer les flatteurs des bons conseillers, en cherchant à obtenir conseil de la manière la meilleure. Le choix final lui appartient cependant toujours : s'il s'entoure d'un seul conseiller, modèle de prudence, il ne doit toutefois pas lui laisser l'unique droit de décision.

> Voilà pourquoi on conclut que les bons conseils, d'où qu'ils viennent, doivent naître de la prudence du prince, et non la prudence du prince des bons conseils[31].

Le chapitre 24 s'attache à intégrer la notion de prudence dans un contexte historico-politique précis, celui de l'Italie de la fin du Quattrocento, tout en le comparant avec des exemples antiques. Machiavel y décrit les causes des pertes, par les princes d'Italie, de leurs territoires, en y intégrant, comme raison principale, leur manque de prudence. Par prudence, cette fois-ci, il entend la nécessité de donner au principat, pour sa conservation, « de bonnes lois, de bonnes armes et de bons exemples[32] ». La prudence doit ainsi permettre au prince d'agir, d'anticiper activement les aléas de la Fortune. Elle réside dans la préparation antérieure, en amont, afin de résister du mieux possible aux changements et aux transformations du monde auxquels les hommes et leurs constructions sont soumis.

> Que nos princes, qui possédaient leur principat depuis maintes années, n'accusent donc pas, s'ils l'ont perdu ensuite, la fortune mais leur mollesse : en effet, comme ils n'avaient jamais dans les temps paisibles pensé qu'ils pussent changer – et c'est là un commun défaut des hommes de ne pas tenir compte de la tempête dans la bonace – quand ensuite vinrent les temps contraires, [...][33].

C'est dans le chapitre 25, l'avant-dernier du traité, que Machiavel aborde de façon plus directe le rapport de la prudence humaine et politique et de la Fortune. Machiavel, pour qui les hommes ont les moyens à disposition, du moins pour moitié, d'infléchir l'influence de la Fortune à laquelle ils sont soumis, considère en effet la prudence comme nécessaire à toute action préventive en matière comportementale comme politique.

---

31 *Ibid.*, p. 193.
32 *Ibid.*, p. 195.
33 *Ibid.*, p. 197.

Il souligne dans un premier temps la conception convenue – et à laquelle il avoue avoir également cédé auparavant – de l'impéritie humaine face aux desseins divins ou aux aléas de la Fortune, ici confondus.

> Je n'ignore pas que beaucoup ont été et sont d'opinion que les choses du monde sont gouvernées de telle façon, par la fortune et par Dieu, que les hommes, avec leur prudence, ne peuvent les corriger, ni d'ailleurs y trouver aucun remède ; et c'est pourquoi ils pourraient estimer qu'il n'y a pas à se donner du mal dans les choses mais à se laisser gouverner par le sort. Cette opinion a été crue davantage de notre temps, à cause des grandes variations des choses qu'on y a vues et qu'on voit chaque jour, hors de toute humaine conjecture. En y pensant moi-même quelquefois, j'ai, sur quelques points, été enclin à partager leur opinion[34].

Machiavel renverse toutefois cette idée commune en admettant la possibilité pour l'homme de se prémunir des malheurs et des coups du sort, en donnant à cette conjecture humaine la possibilité de pouvoir agir, du moins en partie et pour moitié, sur sa condition. Pour ce faire, il use d'une comparaison se rapportant à la nature, lieu commun de la littérature politique, en comparant le contexte politique de l'Italie de la fin du Quattrocento à une rivière en crue.

> Néanmoins, pour que notre libre arbitre ne soit pas éteint, j'estime qu'il peut être vrai que la fortune soit l'arbitre de la moitié de nos actions, mais que *etiam* elle nous en laisse gouverner l'autre moitié, ou à peu près. Et je la compare à l'un de ces fleuves furieux qui, lorsqu'ils se mettent en colère, inondent les plaines, abattent arbres et édifices, arrachent la terre d'un côté, et la déposent de l'autre : [...]. Il en va semblablement de la fortune, qui montre sa puissance là où il n'est pas de vertu ordonnée pour lui résister : [...][35].

La prudence machiavélienne participe d'une interdépendance avec la Fortune. La première, comme la seconde, se retrouvent laïcisées par la pensée du Florentin[36]. Alors que, dans les traditions aristotéliciennes et thomistes, le concept de prudence « apparaît comme une vertu morale qui a pour objet les réalités contingentes sur lesquelles les opérations humaines ont prise afin de faire vivre l'homme conformément à la

34 *Ibid.*, p. 197-198.
35 *Ibid.*, p. 199.
36 Sur la laïcisation de la notion de Fortune par Machiavel, voir infra, troisième partie.

raison pour pouvoir accéder au Bien universel[37] », Machiavel redéfinit le concept de prudence en renversant, une fois encore, la tradition théologico-politique. Cette tradition, qui assimilait la prudence à la capacité du prince à conduire son peuple vers le bien commun au travers d'une « science royale » partagée avec la sagesse, interdisait l'emploi de l'*astucia* (astuce), du *dolus* (ruse) et de la *fraus* (fraude)[38]. Or, le concept de prudence que Machiavel développe dans l'ensemble de ses textes, et plus particulièrement dans *Le Prince*, s'oppose à cette tradition qu'il « inverse purement et simplement » : « la fin ultime des actions du prince réside non dans la réalisation éthique de son essence humaine et dans celle de ses sujets mais dans la conservation et l'accroissement de son État qui visent à satisfaire son désir de domination[39] ». La prudence du prince machiavélien n'est, pour ainsi dire, que « le choix et la mise en œuvre des moyens adéquats à la réalisation » de la pérennisation de l'État et se « désengage de sa finalité éthique pour se transformer en simple technique de gouvernement[40] ».

UNE PRUDENCE PLURIELLE

La prudence est un art, au sens antique d'*ars*, et sa maîtrise rend possible la connaissance de la variabilité conditionnant les actions humaines. Elle a été définie par de nombreux penseurs au fil des siècles. Cette maîtrise, nommée prudence, Aristote en a fait jusqu'à la « boussole indispensable de la vertu, tout en rappelant qu'elle a pour objet les choses particulières, dont l'homme fait connaissance à travers son expérience sensible[41] ». Elle ne devait cependant pas encore permettre à l'homme de contrôler la Fortune et de modifier pleinement le destin. Elle restait, dès l'Antiquité, un moyen nécessaire à l'homme pour diriger avec succès, tant son propre sort que celui de la Cité dont l'homme

37 Lazzeri, Christian, « Le gouvernement de la raison d'État », *Le pouvoir de la raison d'État*, *op. cit.*, p. 107.

38 *Ibid.*

39 *Ibid.*

40 *Ibid.*

41 Fumaroli, Marc, « En relisant Juste Lipse », *Commentaire*, 2010/4, numéro 132, p. 900.

politique avait la charge. Ce *kaïros*, cette « considération des circonstances et de leur imprévisibilité[42] », reprise par les orateurs romains puis par les premiers théologiens chrétiens et qui ressurgit dans le Quattrocento italien implique, dans les arts de gouverner, la prise de décision nécessaire, à un moment précis et en fonction de conditions précises. Ce caractère de nécessité de l'action politique non seulement la cautionne moralement, en vertu du bien du plus grand nombre, mais engage également le prince à sa réalisation. Et cette réalisation de l'action politique, rendue nécessaire pour la conservation de l'État, peut, le cas-échéant, aller contre la nature même de l'image du bon prince et contre la nature même de l'homme vertueux et moral qui devait le définir. C'est toutefois ce caractère violent de l'obligation qui distingue ici l'action du bon prince et du tyran, ce dernier n'agissant que pour son propre bénéfice. Au contraire du bon prince qui, malgré les transformations de son rapport aux vertus, n'agit que pour le bien commun, au détriment possible du particulier.

Il est alors possible de voir à quel point le rapport entre prudence et politique pouvait encore s'opposer au concept machiavélien de vertu durant la seconde moitié du XVIe siècle. Alors que l'œuvre du Florentin était censurée par l'Index, la conception chrétienne de la vertu de prudence demeurait encore le modèle principal participant à la représentation normative du prince. S'il n'existait à cette époque aucune conception officielle et unique du pouvoir royal, les auteurs d'Institutions du prince ne demeuraient pas moins fidèles à la tradition politique basée sur une figure vertueuse chrétienne. Pis encore, certains auteurs, en réponse à la redéfinition machiavélienne des vertus, semblaient éluder la vertu de prudence ou, du moins, ne l'aborder que de manière évasive. En 1556, lorsque Jean Maugin publie son *Parangon de vertu*, la prudence n'est pour lui que la faculté du prince à savoir garder ses secrets en politique[43]. Il n'y consacre d'ailleurs qu'un seul et bref chapitre[44]. À partir d'exemples d'hommes politiques antiques, il propose en effet au prince de maintenir les décisions politiques à un cercle restreint et hors du domaine public. En 1567, Jean Talpin ne fait pas plus cas de la vertu

42 *Ibid.*

43 Maugin, Jean, *Le parangon de vertu, pour l'institution de tous princes et grans seigneurs*, Lyon, 1556.

44 *Ibid.*, chap. XXVII « Que le prince doit être prudent et avisé à bien garder les secrets », f. 314.

de prudence dans son *Institution d'un prince chrétien* dédiée à Charles IX. En 1584, Coignet, dans son *Instruction aux princes pour garder la foy promise*, ne considère la prudence que pour en condamner son immoralité. Au sujet de la prudence, il assure qu'il ne peut « alléguer l'opinion [...] qu'il faut qu'un prince soit parfois ami, parfois ennemi, et qu'il se ploie selon les occurrences, et ait quelquefois besoin de relâcher les lois[45] ». Pour lui, la prudence réside dans les histoires saintes qui permettent de « confronter les exemples aux commandements de Dieu[46] ». Plus encore, le prince prudent trouve dans l'exemple des saints « un bon miroir qui représente, ainsi que dit S. Augustin, les choses telles qu'elles sont, nous proposant les vertus pour les suivre et les vices et imperfections pour les fuir[47] ». Chez un auteur comme Coignet, qui perpétuait une vision conservatrice de la figure royale, la prudence était encore le miroir passé du prince qui reflétait les modèles chrétiens de vertu.

Tous, cependant, ne se sont pas opposés si catégoriquement à la transformation de l'exercice politique du prince. Certains, en effet, ont réalisé l'inéluctabilité du besoin de repenser, si ce n'est la figure vertueuse du prince, du moins le cadre éthique de l'exercice des vertus politiques. C'est en premier lieu la vertu de prudence qui fut le lieu de cette adaptation. Alors qu'en Italie Botero reformait l'image d'un prince chrétien en réponse à Machiavel, tout en rationnalisant les conditions d'un gouvernement envisagé en termes de domination politique, d'autres auteurs proposèrent une solution s'en approchant, tout en s'en distinguant. Ils tentèrent d'assimiler, en conservant une figure chrétienne et traditionnelle du prince, les nouvelles conditions de l'exercice politique.

45 Coignet, Matthieu, *Instruction aux princes pour garder la foy promise, contenant un sommaire de la philosophie chrestienne et morale, et devoir d'un homme de bien*, *op. cit.*, f. 51. Nous modernisons l'orthographe.

46 *Ibid.*, f. 107.

47 *Ibid.*

UNE VOIE MÉDIANE

Il est des auteurs qui représentent au mieux la transformation de l'exercice politique du prince au tournant des XVIe et XVIIe siècles. Juste Lipse est certainement de ceux-ci. Du moins, il est l'un des premiers et des plus emblématiques représentants de cette pensée théologico-politique qui cherche à assimiler tradition morale chrétienne et décisions politiques efficientes. Sans abandonner les espoirs humanistes de paix et de concorde, Juste Lipse, par l'assentiment qu'il concède à certaines théories politiques aux limites de la morale chrétienne, tente avant tout de formuler une voie médiane permettant une troisième possibilité d'élaboration de l'exercice politique du prince. Au-delà des représentations idéales des philosophes antiques et des délimitations morales des théologiens, il s'agit pour lui de mettre ces traditions face aux réalités de cette fin de siècle et de les accorder aux besoins engendrés par cette nécessité.

JUSTE LIPSE

C'est en lisant les mots de Marc Fumaroli que la place de Lipse retrouve l'écho qu'elle mérite dans ce moment charnière de l'histoire des idées politiques[1]. Le lien ténu, que nous entrevoyons et qui lie les miroirs des princes aux principales transformations théologico-politiques de cette période, devient un peu plus appréhendable à la lecture de l'œuvre de l'humaniste flamand. Lien il y a, même s'il relie des courants de pensées qui s'opposent entre eux. Machiavel a brisé le miroir que les théologiens médiévaux et les humanistes italiens du

1 Fumaroli, Marc, « En relisant Juste Lipse », art. cité.

Quattrocento tendaient encore aux princes et c'est cette rupture qui permet de comprendre tant la transformation de la pensée politique qu'elle engendra durant le XVIe siècle que la réminiscence et la survivance dans les miroirs, par la réaction qu'elle provoqua, d'une figure d'un prince figée hors du temps politique.

Fumaroli voit juste quand il met en lien le contexte politique du XVIe siècle et la fin des attentes humanistes. Les miroirs et Institutions du prince publiés durant les trois premiers quarts du XVIe siècle, s'ils représentent bien les espoirs que l'on plaçait encore dans le pouvoir royal, apparaissent comme le reliquat d'une pensée confrontée à la réalité de leur échec. Ils ne semblent en effet survivre qu'au travers des aspirations surannées à l'égard d'un prince à l'essence surhumaine et compilant en lui l'ensemble des qualités permettant l'accomplissement d'une tâche politique formidable. Si « les rêves de compromis diplomatique, les espérances de réconciliation évangélique encore nourris par Érasme, se dissipent[2] », c'est le contexte politique de cette fin de XVIe siècle qui achève d'épuiser les dernières illusions politiques. Le prince des miroirs humanistes, tel qu'il est décrit jusqu'alors, n'est plus à même de mettre fin aux horreurs qu'a connues l'Europe depuis plus d'un demi-siècle. Comme le résume Fumaroli, « le cauchemar de la guerre civile, de la violence et de l'anarchie ne peut plus prendre fin désormais et laisser place à un réel que sous l'autorité du *Prince*, lion et renard, rêvé et anticipé par Machiavel pour l'Italie, mais qui va se multiplier dans l'Europe des monarchies absolues du XVIIe siècle[3] ». C'est par ce double mouvement de consommation des espoirs humanistes placés dans la figure du prince – et de sa formation morale héritée des miroirs médiévaux –, et de réinterprétation de ses vertus que s'élabore, dès la fin du XVIe siècle, la transformation du rapport entre morale et efficacité dans le champ de l'action politique.

Le contexte idéologique, reflétant les conceptions d'une époque, est nécessaire à l'explication des transformations à venir. Il s'explique à l'aune des principales théorisations politiques de cette fin de XVIe siècle. Quand Jean Bodin[4], dès 1576, « fonde en raison la souveraineté du prince dont la légitimité découle[5] », la mise au pas sous le joug de la

2 *Ibid.*, p. 896.
3 *Ibid.*
4 Sur le concept bodinien de souveraineté, voir infra, quatrième partie.
5 Fumaroli, Marc, « En relisant Juste Lipse », art. cité, p. 897.

religion, au Sud des Alpes, de la raison d'État tant décriée, lui succède quelques années après[6]. C'est ainsi que la théorie catholique de la raison d'État, en réponse aux théoriciens de la souveraineté, « s'emploie à corriger le moralisme des "Miroirs du Prince" médiévaux et à mitiger l'immoralisme de Machiavel[7] ». C'est dans cette double filiation qu'il faut en partie, et non pas entièrement, chercher les conditions de cette prise de conscience. Aux maux du siècle, juristes et théologiens ont cherché des réponses qui devaient immanquablement prendre forme dans la tête du corps politique. Le prince, son pouvoir et la légitimité qu'il avait de l'exercer – sa souveraineté – étaient donc à réécrire au-delà des canevas dressés jusqu'alors. Cette redéfinition de la figure du prince, qui tentait de concilier morale et efficacité, et qui trouvait une forme d'expression dans la théorisation de la raison d'État par Botero[8], devait dès lors autoriser « le prince temporel catholique, dans l'intérêt majeur de son État, à recourir avec modération et si possible en secret, pour avoir raison des ennemis du bien public[9] », à des méthodes jusqu'ici condamnées par la morale théologique. C'est nourri du contexte gallican et en réponse au parti des Politiques français, inspiré de Jean Bodin, que Botero va formuler une vision de la politique et une figure du prince en opposition avec « la perspective moralisante sur la politique et l'économie que Machiavel reprochait au clergé[10] » et proposer une théorie catholique de la raison d'État.

Comme nous l'avons vu, la théorisation de la raison d'État, au travers des formulations de Botero, s'entendait au sens pratique de la « connaissance des moyens propres à fonder, conserver et agrandir[11] » une ferme domination sur les peuples, cette dernière définissant la notion d'État. Sens pratique car il s'agissait avant tout d'une fin terrestre qui devait être profitable « à la paix interne entre sujets du prince temporel » comme « à la puissance et prospérité du corps mystique de la Catholicité[12] ». La mise au pas de ce nouveau postulat politique, par sa

6 Sur la théorisation de la raison d'État par Giovanni Botero, voir infra, quatrième partie.
7 Fumaroli, Marc, « En relisant Juste Lipse », art. cité, p. 897.
8 Botero, Giovanni, *Della ragion di Stato e Delle cause della grandezza delle città*, Venise, 1589.
9 Fumaroli, Marc, « En relisant Juste Lipse », art. cité, p. 897.
10 *Ibid.*
11 Botero, Giovanni, *Raison et gouvernement d'Estat*, traduction de Gabriel Chappuis, 1599 (1re éd. 1589), f. 4.
12 Fumaroli, Marc, « En relisant Juste Lipse », art. cité p. 897.

sujétion à la religion chrétienne, supposait néanmoins la spécification de moyens propres à la conservation de l'État et à la réalisation de cette domination sur les sujets. La théorisation de la raison d'État entendait donc légitimer, au prisme de la religion, une catégorie d'actions politiques jusque-là aux marges de la morale chrétienne.

Quant à la raison d'État, si « tous les moyens certes ne sont pas bons, [...] aucun de ceux qui ne sont indispensables au bien commun ne doit être exclu[13] ». Il ne s'agit pas ici de traiter à nouveau de l'émergence de la raison d'État. Il s'agit en revanche de montrer que la légitimation de moyens politiques utilisés dans le cadre d'une nécessité garantissant le bien du plus grand nombre, au détriment, le cas-échéant, d'un seul, participait d'un mouvement émergeant à la fin du XVIe siècle. Il ne s'agissait pas encore de la littérature étatiste qui allait aboutir aux considérations absolutistes du XVIIe siècle mais bien d'une volonté appuyée et affirmée de mettre la réflexion politique en adéquation avec la réalité des événements qui secouaient l'Europe de cette fin de siècle. Faut-il percevoir ici la tentative de congruence des réflexions politiques avec les événements de leur époque ? Le fait est que cette période charnière, à cheval entre la fin du XVIe et le début du XVIIe siècle est le théâtre de la consumation définitive du caractère spéculaire de la figure du prince dans les traités politiques.

La même année – hasard de l'Histoire –, en 1589, mais de l'autre côté des Alpes, dans un contexte de conflit civil et confessionnel ayant abouti à l'indépendance des Provinces-Unies et l'abjuration de la foi catholique des Habsbourg, Juste Lipse publie son maître ouvrage politique. Contrairement à Érasme qui avait dédié la première édition de son *Institutio principis christiani* au seul Charles Quint, Lipse adresse ses *Politicorum sive Civilis Doctrinae Libri Sex*[14] à l'ensemble des dirigeants, en plaçant en tête de son épître « Empereur, Roys, Princes[15] ». Il ne s'agit plus pour lui, au contraire de ce qu'Érasme avait tenté, de fonder dans la formation d'un prince l'ensemble des espoirs de réussite politique. Le temps de l'Institution du prince des premiers humanismes est révolu. La tentative de Lipse se développe dans un autre paradigme.

---

13 *Ibid.*

14 Lipse, Juste, *Politicorum sive civilis doctrinae libri sex*, Leyde, 1589.

15 *Id.*, *Les politiques ou doctrine civile ou il est discouru de ce qui appartient à la Principauté*, traduction de Simon Goulart, Tours, 1594, épître. Nous citerons désormais par *Les Politiques.*

Machiavel avait compilé l'ensemble de son expérience politique afin de permettre au prince de maintenir son État. Lipse, quant à lui, entend éclairer tous les princes d'Europe « sur la conduite à tenir pour rétablir la paix civile dans leurs États ravagés par les haines confessionnelles[16] ». Pour ce faire, il considère le rapport entre religion et politique plus près d'un théoricien de la raison d'État que d'un théologien convaincu[17]. La *pax christiana*, si chère à Érasme, ne peut plus être sauvée par la religion – et par le prince chrétien – mais doit trouver son salut dans une politique réaliste qui la subordonne « en la dosant selon les intérêts de l'État[18] ». La figure du prince chrétien est bien présente chez Lipse. Ce dernier ne remet pas en cause le lien moral qui relie le pouvoir politique à la religion. Toutefois, l'exercice politique du prince, au contraire de la tradition des miroirs, ne se déduit plus de préceptes moraux issus de la tradition théologico-politique. Lipse rationnalise l'art de gouverner dans la recherche d'un équilibre – et non d'une domination – en vue de la conservation de l'État. En matière de religion, il exhorte le prince à n'observer qu'une « seule religion en son État, et la conserver et défendre[19] ». Seule la religion peut en effet maintenir et conserver « la société parmi les hommes[20] ». Lipse conserve la figure du prince chrétien et l'importance de la religion – une religion unique – pour la conservation de l'État. Toutefois, il les sépare du champ d'exercice politique du prince. L'œuvre de Lipse, au travers du caractère pragmatique des conseils qu'elle dispense, limite les références religieuses. Sur les six livres qui composent l'entier du traité, un seul traite du rôle du prince en matière de religion. Sur les quatorze chapitres qui composent ce seul livre, trois seulement s'intéressent réellement au rapport entre pouvoir politique et religion.

Lipse participe du courant philosophique renouvelant la pensée stoïcisme[21]. Dans les *Politiques*, il tente le premier de réconcilier de manière cohérente tradition chrétienne et philosophie stoïcienne. Par le biais de la constance, principale vertu régissant l'action humaine, il

16 Fumaroli, Marc, « En relisant Juste Lipse », art. cité, p. 897.

17 Turchetti, Mario, *Tyrannie et tyrannicide*, *op. cit.*, p. 483-485.

18 Fumaroli, Marc, « En relisant Juste Lipse », art. cité, p. 897.

19 Lipse, Juste, *Les Politiques*, *op. cit.*, f. 71. Nous modernisons l'orthographe.

20 *Ibid.*, f. 72.

21 Lagrée, Jacqueline, *Juste Lipse et la restauration du stoïcisme*, Paris, Vrin, 1994 et *Le néostoïcisme. Philosophie par gros temps*, Paris, Vrin, 2010.

entend proposer les moyens de se protéger contre les aléas de l'histoire. La philosophie stoïcienne que réactualise Lipse se veut ainsi un outil pour ses contemporains afin de résister aux temps difficiles que représentent les guerres de Religion dans l'Europe de cette fin de XVIe siècle. En basant ses idées sur « la culture philosophique, stoïcienne surtout » ainsi que sur quelques sources religieuses, Lipse défend, en matière de religion, le principe d'une unité s'en tenant « au christianisme, qui est l'essence de la religion, au-delà de ses représentations sociales et ecclésiastiques, qui sont reléguées au second plan[22] ». La figure chrétienne n'est alors plus celle qui caractérise l'entier du prince. La revivification du stoïcisme, participant d'un rationalisme étatique, relègue la figure du prince chrétien au second plan, derrière un modèle plus réaliste et pragmatique, imaginé par la raison et la connaissance des hommes et seul capable d'apporter une réponse aux conflits confessionnels.

Comme le remarque également Jan Waszink, le but des *Politiques* de Lipse est strictement pratique[23]. Il ne s'agit pas pour Lipse de développer une théorie politique en soi mais bien de donner une sagesse pratique et des conseils au prince[24]. La praticité de la pensée politique de Lipse la rapproche en ce sens de celle de Botero, qui lui est contemporaine. S'il ne participe pas historiquement au courant de pensée de la raison d'État, Lipse partage cependant avec celle-là des similitudes. Pour Waszink, d'ailleurs, si Lipse a contribué à ce que nous appelons aujourd'hui la théorie de la raison d'État, il faut comprendre qu'au moment de la rédaction des *Politiques*, le point de convergence des deux penseurs résidait essentiellement dans l'importance donnée à la vertu de prudence du gouvernant dans la pratique politique et que la raison d'État elle-même s'apparentait plus à l'antidote à une théorie politique qu'à une théorie en elle-même[25].

L'œuvre de Lipse est en ce sens très fortement marquée par le contexte politique qui secouait le nord l'Europe. Hantées, comme son auteur, par « les guerres civiles à prétextes religieux qui ensanglantaient les Flandres

22 Carabin, Denise, *Les idées stoïciennes dans la littérature morale des XVIe et XVIIe siècles (1575-1642)*, *op. cit.*, p. 555-556.

23 Waszink, Jan, introd. à Lipsius, Justus, *Politica, six books of politics or political instruction*, edited, with translation and introduction by Waszink Jan, Bibliotheca latinitatis novae, Assen, Royal Van Gorcum, 2004, p. 3.

24 *Ibid.*

25 *Ibid.*

et la France[26] », les *Politiques* sont traversées par le désir d'apporter des remèdes aux malheurs de l'époque, en questionnant le passé. En éditant les œuvres des stoïciens – notamment Sénèque – et de Tacite, Lipse cherchait chez les Anciens les réponses susceptibles de rétablir la paix ou, du moins, d'adoucir le présent. Il participait de fait pleinement au courant humaniste de cette fin de XVIe siècle qui cherchait dans les textes du passé les réponses « aux questions qui tourmentaient l'époque contemporaine[27] ». De plus, l'orientation pratique des conseils qui traverse la pensée politique de Lipse peut être perçue comme une déclaration en soi : la réponse aux malheurs de l'époque ne résidait pas, pour lui, dans un arrangement légal ou constitutionnel basé sur une théorie politique mais dans l'activité concrète d'un roi profondément vertueux[28]. C'est certainement l'orientation pratique mais aussi vertueuse que donna Lipse à son texte qui rapproche le plus celui-là du genre des miroirs des princes. Outre la forme littéraire adoptée par l'auteur pour exprimer ses conseils politiques, c'est également dans l'importance qu'il apporte à la figure vertueuse du prince, comme palliatif aux conflits confessionnels, que les *Politiques* peuvent s'envisager comme l'héritage des miroirs humanistes. Pour Waszink également, respectivement à l'aspect formel, l'œuvre participe de deux genres : Lipse « exprime ses idées sous forme de conseils à un prince, c'est-à-dire sous forme de la soi-disant littérature des miroirs des princes[29] » mais également, nous le verrons, sous la forme du centon. Auparavant, il semble nécessaire de considérer plus en détail ce qui, non seulement, rapproche les *Politiques* et les miroirs des princes qui les précèdent mais aussi, et surtout, ce qui les différencie.

Si l'aspect formel de l'œuvre de Lipse peut effectivement la rapprocher du genre des miroirs des princes, le contenu l'en écarte cependant irrémissiblement. Le caractère paradoxal de ce lien entre les *Politiques* et les miroirs doit nous pousser à envisager la question avec plus d'intérêt. C'est aussi le cas de Waszink qui, avant de conclure à la rupture définitive du lien entre l'œuvre de Lipse et le genre des miroirs, a dû

26 Fumaroli, Marc, « En relisant Juste Lipse », art. cité, p. 899.
27 *Ibid.*
28 Waszink, Jan, introd. à Lipsius, Justus, *Politica, six books of politics or political instruction*, *op. cit.*, p. 3-4.
29 *Ibid.*, p. 4. Nous traduisons.

néanmoins le considérer. Dans son introduction à l'édition anglophone des *Politiques*, il aborde le rapport entre l'œuvre et le genre des miroirs dans un chapitre dédié[30]. S'il précise d'emblée que le lien entre les deux s'articule au sein d'un héritage littéraire, il défend cependant la thèse que l'œuvre de Lipse, en dépit des similarités de forme et de contenu, s'en distingue fondamentalement. En effet, si l'on considère que l'un des buts professés des *Politiques* était d'instruire le prince aux vertus et à la prudence politique, le genre des miroirs des princes en constitue alors un modèle important. Cependant, deux éléments les différencient irrévocablement. Premièrement, les miroirs des princes ne « considèrent pas la préservation de la liberté » ou la conservation de l'État mais ont pour objectif principal la paix et la sécurité par le gouvernement. Cette différence amène à penser une distinction entre les vertus propres au monarque et celles des citoyens[31]. Deuxièmement, les vertus des miroirs des princes sont pensées en des termes chrétiens et cicéroniens d'un système de vertus cardinales, auxquelles d'autres vertus sont agrégées[32]. De fait, l'idéal vertueux des miroirs impose au prince un comportement moral qui l'oblige à respecter ses promesses, à ne pas user de la tromperie ou de la fraude[33]. Or nous verrons que chez Lipse, la redéfinition de la vertu de prudence permet au contraire d'appliquer des méthodes contrevenant à la morale traditionnelle, dans le but de la conservation de l'État.

Du point de vue formel, Lipse condensa le résultat de sa réflexion politique sous la forme du centon. Le genre du centon, qui emprunte à des auteurs et philosophes antiques « des citations (en vers et en prose, en latin ou en grec) pour bâtir ensuite un texte qui exprime une pensée originale à travers les mots les plus incisifs des meilleurs auteurs[34] », rapproche encore, en ce sens, l'œuvre de Lipse du genre des miroirs. Si Alexandre Tarrête considère, lui aussi, que les *Politiques* « s'inscrivent dans la tradition ancienne des "miroirs du Prince", déjà bien établie au Moyen Âge et illustrée à nouveau par la Renaissance[35] », il estime également

30 *Ibid.*, introd., chap. 2.5.3 « *The Mirror-for-Princes literature* », p. 35-36.
31 *Ibid.*, p. 36.
32 *Ibid.*
33 *Ibid.*
34 Tarrête, Alexandre, « Jules César dans les *Politiques* de Juste Lipse (1589) », *Cahiers de recherches médiévales*, 14 spécial, 2007, p. 111.
35 *Ibid.*

qu'elles en renouvellent le genre dans son aspect formel. Quant à nous, il nous semble nécessaire d'atténuer l'originalité formelle de Lipse. Plus que celle-là, c'est bien le sens du contenu rassemblé par Lipse qui révèle à nos yeux un caractère essentiellement novateur. La mise en forme d'un *compendium* de sources et de références, tant bibliques qu'antiques, a été depuis la seconde moitié du XVIe siècle un moyen commun, pour les auteurs d'Institutions du prince, d'exprimer leurs conseils politiques et religieux. Le recours à ces références, notamment pour fonder l'exemplarité de princes passés ou, au contraire, en dénoncer les égarements, a été un des moyens fréquents d'édification de la figure du prince idéal. Dans ce cas précis, l'utilisation du centon permettait surtout à l'auteur de légitimer ses idées sur le fond tout en faisant « montre d'érudition et de virtuosité[36] ». Elle permettait aussi de les développer avec l'espoir pédagogique de convaincre le lecteur, de les lui inculquer au moyen de ces sentences détachées d'œuvres illustres, ces « mots dorés empruntés aux plus grands auteurs (dont le nom d'affiche en manchettes)[37] ».

La disposition des différents chapitres des *Politiques* renseigne le lecteur sur le sens donné par Lipse à son œuvre. D'un point de vue général, la disposition des différents livres qui composent l'œuvre rappelle celle d'un traité politique qui peut, là encore, s'assimiler à un miroir des princes. Le premier livre définit quelles vertus sont nécessaires au prince afin d'exercer au mieux son rôle. Dans le deuxième livre, Lipse désigne, non sans avoir évoqué les différents systèmes politiques qui ont existé, quel est le meilleur et le plus à même de s'opposer au péril qui menace la chrétienté. Lipse confirme ainsi la monarchie en sa primauté politique. Mais ce gouvernement d'un seul, Lipse nous le dit, présuppose également, s'il veut en assurer la tranquillité, l'accord entre foi du prince et des sujets, « une nation de la même confession religieuse que son prince[38] ». Il ne s'agit cependant pas de transformer cette monarchie en tyrannie, de réduire la liberté des sujets par la force. L'autorité du prince, fondée sur l'essence divine de son pouvoir sans pour autant être soumise au pouvoir religieux, nécessite, pour la réussite de ses actions, une unité confessionnelle au sein du royaume, entre prince et sujets et entre sujets eux-mêmes. C'est ici que réside un des points centraux du

36 *Ibid.*
37 *Ibid.*
38 Fumaroli, Marc, « En relisant Juste Lipse », art. cité, p. 899.

rapport de l'exercice politique à la vertu de prudence. En effet, Lipse, fortement influencé par la philosophie stoïcienne qui préconise la modération des passions, conseille au prince d'agir avec tempérance, par une voie moyenne qui soupèsera les causes et les conséquences de ses actes. Cette idée d'un juste milieu, d'une juste mesure, participe pleinement chez Lipse de sa conception de l'art de gouverner qu'il définit dans son œuvre. Elle se retrouve ainsi explicitée au travers de la prudence qui, en tant que vertu pratique, incite le prince à prendre en considération l'ensemble des facteurs pouvant influer sur son action.

Fumaroli image avec justesse le but de la vertu de prudence dans la réflexion qui précède l'action princière : la prudence n'est en effet « pas immobile, son fléau penche à droite et à gauche, selon les circonstances, selon l'occasion, selon l'imprévisible de la fortune, ne récusant d'avance ni une opportune clémence et douceur, ni une férocité ou un châtiment foudroyants, ni la sincérité ouverte ni la duplicité retorse, si la conjoncture l'autorise ou l'exige, et préférant le plus possible dans l'action une "mixité" de bien et de mal conforme à la nature mêlée des choses et des hommes qu'il s'agit de manier à bonne fin[39] ». Ainsi résumé, le rapport de la prudence à la politique, ici chez Lipse mais chez bien d'autres encore, se fonde comme une nouvelle discipline à part entière, renouvelant alors la pratique des arts de gouverner. Il ne s'agit plus seulement d'une Institution du prince humaniste teintée d'idéaux ou d'un panégyrique tentant de colmater les fissures d'une autorité royale mise à mal par la division confessionnelle, mais bien d'un résumé de conseils pratiques, empruntés jusqu'à l'Antiquité, à destination des princes de la chrétienté. C'est la présence même de ces conseils, ainsi que l'exhortation morale aux vertus, qui rapprochent l'œuvre de Lipse du genre des miroirs. C'est la nature de ces mêmes conseils, toutefois, qui l'en éloigne définitivement.

Les *Politiques* sont « donc avant tout un Miroir, au sens médiéval, une Institution, au sens humaniste, du Prince absolu[40] ». Elles le sont particulièrement dans l'intérêt qu'elles portent à la formation morale du prince, devant le rendre apte à l'exercice de la souveraineté. C'est en reprenant des images et des termes propres au genre des miroirs des princes que Lipse introduit la finalité première de cette exhortation aux

39 *Ibid.*, p. 900.
40 *Ibid.*

vertus si nécessaires au prince. Le prince nécessite, pour « tenir le droit chemin en cette mer émue et troublée, et en une extrême fortune, n'être point emporté des vents de la licence[41] ». En des termes entendus, l'État est un vaisseau dont le prince est le pilote. Pour gouverner, il « est besoin de beaucoup de grandes vertus, pour avec icelles comme avec des ancres retenir et assurer ce navire[42] ». Ici comme dans les miroirs des princes, les vertus sont nécessaires pour assurer la conservation et le maintien de l'État. En développant encore plus la métaphore de la navigation, Lipse formule dès les premières lignes l'importance capitale de la prudence comme outil nécessaire à la gouvernance de l'État. Mieux, il y formule discrètement déjà la pluralité prudentielle : « que de diverses sortes de prudence, pour la gouverner comme avec le timon[43] ».

Si le langage utilisé par Lipse – ainsi que l'utilisation de métaphores devenues des lieux communs de la politique – le rapproche un peu plus près du genre des miroirs, ne perdons pas de vue la distance qui maintient les *Politiques* d'un genre trop normatif ou dogmatique. En effet, « alors que *Miroirs* et *Institutions*, [...], énonçaient des normes de caractère universel, des devoirs qui n'admettaient ni exception ni transaction[44] », les *Politiques* de Lipse, au contraire, ne visent pas « à établir des normes invariables, mais à rappeler sans cesse les variables pratiques, souvent imprévisibles, qui rendent fuyantes toutes règles de conduite[45] ». C'est en ce sens que la pensée politique de Lipse, comme celle de Botero, peut être appréhendée comme une passerelle entre les miroirs humanistes et la pensée machiavélienne. Lipse entend marteler aux princes, dans le cadre de leurs règles de conduites privées et politiques, une prise de conscience de la variabilité des conditions dans le processus d'une prise de décision. Les règles de morales, fixes et dogmatiques, héritées de la pensée théologico-politique médiévale sont désormais dépassées et ne rendent plus compte de l'effectivité nécessaire à la conduite politique d'un État. Cette nouvelle « sagesse », cette sapience, ne se fonde plus sur le seul caractère contemplatif et spéculaire que les miroirs adressaient au prince. Il s'agit dorénavant d'intégrer au spéculatif une part active basée

---

41 Lipse, Juste, *Les Politiques*, *op. cit.*, épître, sans pagination. Nous modernisons l'orthographe.

42 *Ibid.*

43 *Ibid.*

44 Fumaroli, Marc, « En relisant Juste Lipse », art. cité, p. 900.

45 *Ibid.*

sur l'expérience. S'il n'est évidemment pas encore question de science à proprement parlé, le prince doit en revanche acquérir la maîtrise, l'art vu non seulement comme une habileté spécifique mais aussi comme un ensemble de compétences, tant dans le gouvernement des autres que dans le sien propre.

Lipse fait explicitement mention de Machiavel dans son œuvre. Il ne tente pas d'en légitimer la pensée politique mais essaie, du moins, d'en excuser son écart à la religion. S'il condamne en effet son rapport entre politique et religion, dans la relation du prince à la piété, il lui reconnaît cependant des qualités :

> J'excepte Machiavel, que je tiens pour l'homme d'esprit vif, subtil, ardant. Et je souhaiterais qu'il eût mené son Prince droit au temple de la Vertu et de l'Honneur. Mais il s'est détourné trop souvent de cette voie, et pour avoir suivi avec trop d'affection entièrement les sentiers qui proposent le profit et l'avancement des affaires du Prince, il a quitté le grand chemin royal[46].

Cette mention de Machiavel, dans l'adresse au lecteur, n'est pas présente dans toutes les éditions. Si elle figure bien dans l'édition originale latine de 1589, elle disparaît des suivantes, certainement sous la pression de la mise à l'Index de l'œuvre. Dans la première traduction française de 1594, il n'est en effet plus fait mention de ce rapprochement au Florentin. Mais, discrètement, Lipse rappelle la disgrâce qui frappe Machiavel. Il est intéressant de voir qu'il fait appel à lui au moment où il propose de rapprocher et de concilier tradition morale chrétienne et action politique efficace. Dans ce chapitre, qui entend démontrer l'utilité et l'intérêt de l'usage de la fraude et de la finesse – ce que sous-entend la prudence mêlée –, Lipse condamne l'opprobre générale lancée sur Machiavel :

> [...] ; celui-là nous croira aisément, et nous accordera, et qu'il y a, comme le témoigne un saint personnage, quelque sorte d'honnête et louable tromperie, sans condamner si rigoureusement Machiavel : mais de quelle main n'est pas aujourd'hui frappé ce pauvre misérable[47] ?

L'œuvre de Lipse, en un sens, est une « tentative de compromis entre la morale et les conditions de l'action efficace[48] ». C'est par le biais

46 Lipse, Juste, *Les maximes politiques du docte Juste Lipse*, Cologne, par Nicolas Schoute, 1682, sans pagination. Nous modernisons l'orthographe.

47 *Ibid.*, f. 141a. Nous modernisons l'orthographe.

48 Lazzeri, Christian, « Le gouvernement de la raison d'État », art. cité, p. 119.

d'une redéfinition de la vertu de prudence qu'il tente de surmonter cet écueil. Lipse définit la prudence au chapitre XIII du Livre quatrième des *Politiques.* Dans ce chapitre, intitulé « Si une prudence mêlée, c'est-à-dire, où il y a de la fraude et de la finesse, doit trouver place et être reçue du Prince[49] », Lipse réalise le rapprochement entre pensée machiavélienne, rationalisme étatique et tradition chrétienne. S'il reconnaît, à l'instar d'un Cicéron ou d'un Zénon, qu'il n'est pas bon « d'ajouter et mêler quelque chose de la lie et des fanges des fraudes et tromperies[50] » à la prudence, il estime toutefois qu'il doit actualiser son discours et prendre en compte le siècle et les hommes. Les auteurs qui s'érigent contre l'actualisation de la morale en politique « semblent ignorer ce siècle et les hommes d'aujourd'hui, et dire leur avis, comme s'ils étaient en la *République* de Platon, et non en la lie de celle de Romulus[51] ». Lipse s'accorde ici en partie avec l'anthropologie machiavélienne et estime qu'il faut, pour assurer la conservation de l'État, que le prince agisse de la même manière que les trompeurs.

> Ces Princes, avec qui nous traitons, sont pour la plupart de ce nombre et en cette danse, et quoi qu'ils se montrent lions courageux, ils sont néanmoins en leurs cœurs fins et cauteleux comme renards. Et que quelqu'un me vienne chanter qu'il ne faut point faire de supercherie, qu'il ne faut point user de dissimulation ni de finesse. Ô gens peu exercés aux affaires du monde, et qui vous montrez en icelles plus rudes qu'enfants[52] !

Le recours aux techniques du siècle est un devoir pour Lipse. Le prince ne doit agir que pour « le bien et utilité publique, qui sont joints et unis aux bien et utilité du Prince[53] ». Si le bien public nécessite l'emploi de méthodes contrevenant à la morale traditionnelle, le prince n'a pas à hésiter.

> Nous devons tous être en la république comme au monde, où s'il y a quelque danger ou malencontre, il nous faut choisir et prendre le parti qui sera pour le salut et utilité de tous[54].

49 Lipse, Juste, *Les Politiques*, *op. cit.*, f. 138a.
50 *Ibid.*, f. 138b.
51 *Ibid.*, f. 139a.
52 *Ibid.*, f. 139a-b.
53 *Ibid.*, f. 139b.
54 *Ibid.*, f. 140a.

Lipse estime en effet que « la vraie et droite raison n'est pas toujours victorieuse et n'a pas toujours le dessus[55] ». Pour ce faire, le prince doit savoir « bien mêler l'utile avec l'honnête[56] ». Avoir la force du lion ou la ruse du renard[57], savoir user de l'utile comme de l'honnête : ces termes qui rappellent sans équivoque Machiavel trouvent chez Lipse un nouvel écho. Si Lipse ne concède pas à Machiavel l'écart fait à la religion, il se réapproprie une grande part de sa conception de l'exercice politique. Toujours prudent, il ne plonge toutefois pas directement et ouvertement son prince dans la *vérité effective de la chose*. S'il lui consent des écarts à la morale, c'est uniquement s'il le doit.

> Je veux seulement qu'il soit licite et trouvé raisonnable de prendre des détours en cette mer des choses humaines orageuse et troublée, et si l'on ne peut arriver à prendre port par le droit chemin, que l'on y parvienne au moins en changeant un peu la voile et la navigation. Qui me blâmera ou qui voudra dire que j'abandonne la vertu ? Le vin ne cesse pas d'être vin, encore qu'il soit un peu tempéré d'eau, ni la Prudence, Prudence, si bien en icelle il y a quelques gouttelettes de tromperie[58].

Cette prudence, enfin, quelle est-elle ? Au chapitre XIV du Livre quatrième, Lipse définit sa prudence honnête mêlée de finesse et la hiérarchise. La prudence lipséenne ne se définit pas, à l'instar des autres vertus traditionnelles, par son exercice positif ou son vice contraire. Elle se définit par rapport à la fraude qu'elle contient, en fonction de la part de finesse et de tromperie qui y est mêlée.

> Je ne suis pas toutefois si opiniâtre, que je veuille abandonner ou quitter entièrement les rênes à la Fraude et à la malice : je vous veux éclaircir et enseigner afin que vous n'y cheminiez point d'un pied mal assuré, et renfermerai ce champ trompeur dedans ses bornes, et dedans ses fins et limites. *La fraude en général est un conseil fin et rusé qui se dévoie de la vertu et des lois, pour le bien du Prince et son État.* Elle est de trois sortes ; légère, moyenne et grande[59].

55 *Ibid.*

56 *Ibid.*

57 *Ibid.*, f. 141a-b (« Et, comme le roi de Sparte nous l'enseigne, où la peau du lion ne peut arriver, il y faut coudre celle du renard. Toujours avec Pindare, je louerai celui qui aux affaires montre un courage de lion, mais qui en conseil est rusé comme un renard »).

58 *Ibid.*, f. 140b-141a.

59 *Ibid.*, f. 142. En italique dans l'original.

La première sorte de prudence mêlée est « légère » et « ne s'éloigne pas trop de la vertu, légèrement arrosée de malice[60] ». Lipse la reconnaît dans la défiance et la dissimulation. La deuxième, « moyenne », « se détourne davantage de la même vertu et approche jusqu'aux confins et voisinage du vice[61] ». Elle se retrouve dans la conciliation et la déception. Enfin, la troisième et dernière, « qui est grande », « non seulement se sépare de la vertu mais aussi des lois par une malice déjà si forte, robuste et parfaite », à la manière de la perfidie et de l'injustice[62]. De ces trois sortes de prudence mêlée, Lipse conseille la première, endure la deuxième et condamne la troisième[63]. Il conclut le chapitre en établissant les règles d'emploi de ces fraudes, au travers d'exemples antiques.

Il est possible de prendre toute la mesure de la transformation du miroir – s'il existe encore – chez Lipse, ainsi que des vertus qu'il reflète. Inscrite dans le siècle, tenant compte de la nature humaine, la vertu de prudence se machiavélise tout en côtoyant une figure chrétienne du prince. Lipse y consent consciemment mais avec toute la précaution de rigueur. Bodin avait déplacé le lien d'obéissance qui relie le prince aux sujets, tout en lui assurant une solidité théorique, vers une souveraineté juridique qui constituait le principe fondateur d'une forme étatique moderne. Toutefois, cette idée de souveraineté imaginée et théorisée ne pouvait « suffire à régler pratiquement la question du commandement et de l'obéissance[64] ». Il fallait encore, dans la pratique et au quotidien, assoir le lien fébrile d'obéissance par l'affirmation nouvelle du pouvoir : les penseurs politiques devaient « définir une forme de gouvernement quotidien des hommes qui ne pouvait plus seulement reposer sur la force ou l'affirmation du caractère sacré du pouvoir[65] ». Il leur fallait donc trouver une voie médiane. C'est Lipse qui proposa le premier « les enjeux du nouvel âge politique qui s'ouvrait en conséquence[66] ».

Cette question du commandement et de l'obéissance, Lipse en avait pleinement conscience. Dans l'épître des *Politiques*, il s'interroge sur le

60 *Ibid.*, f. 142a-b.
61 *Ibid.*, f. 142b.
62 *Ibid.*
63 *Ibid.*
64 Rosanvallon, Pierre, *Le bon gouvernement*, Paris, Seuil, 2015, p. 189.
65 *Ibid.*
66 *Ibid.*

rôle du prince. Sans préfigurer la machine étatique du Léviathan[67], il conçoit pourtant la difficulté du chef politique à gouverner la multitude : « Quelle lourde peine est-ce de retenir et contraindre tant de têtes avec une seule tête, et ranger doucement sous quelque joug commun d'obéissance cette grande multitude inquiète, désunie et turbulente[68] ». À la suite de Bodin, Lipse désire mettre en place « un appareil d'État à même d'assurer l'ordre et la sécurité[69] ». Les guerres confessionnelles ont transformé le rapport gouvernant-gouvernés. Alors que les miroirs et Institutions des princes s'affairaient à cimenter une figure royale se fissurant, Lipse propose aux princes chrétiens les outils et les moyens de la maîtrise, la capacité de commander et de gouverner la multitude : « le prince devait faire preuve de prudence, acquérir une intelligence des situations, avoir l'habileté d'économiser ses forces, séduire et rassurer[70] ».

PIERRE CHARRON

À la suite de Lipse – qui proposa une troisième voie en accommodant le besoin d'une figure vertueuse du prince aux exigences politiques de son temps – des auteurs se sont engouffrés dans la brèche ouverte par l'humaniste flamand. Pierre Charron est, si ce n'est l'une des premières, du moins, l'une des principales figures de ce mouvement de pensée mêlant théorie de la souveraineté bodinienne, figure vertueuse du prince et préceptes politiques réalistes. À sa suite, d'autres auteurs, moins connus, vont continuer à rassembler l'ensemble de ces conditions politiques en un seul discours.

Pour Christian Lazzeri, Charron procède en effet de plusieurs influences, en se situant au confluent des *Essais* de Montaigne, des *Six Livres de la République* de Bodin et des *Politiques* de Lipse. Il « déplace et retravaille les concepts et la problématique[71] » présents dans les œuvres

67 Sur la figure du souverain dans le *Léviathan* de Thomas Hobbes, voir infra, sixième partie.
68 Lipse, Juste, *Les Politiques*, *op. cit.*, épître, sans pagination.
69 Rosanvallon, Pierre, *Le bon gouvernement*, *op. cit.*, p. 189.
70 *Ibid.*, p. 189-190.
71 Lazzeri, Christian, « Le gouvernement de la raison d'État », art. cité, p. 119.

de ces trois auteurs. Plus encore, la pensée politique de Charron constitue « la matrice des théories de la raison d'État du XVIIe siècle français », sans pour autant s'inscrire dans la lignée des théoriciens étatistes[72]. D'une part, Charron « maintient l'anthropologie de Machiavel » tout en cherchant, d'autre part, « à développer une interprétation spécifique des conditions d'application des normes éthico-juridiques[73] ». Comme Lipse avant lui, Charron essaie donc de trouver et de construire un « compromis efficace entre ces deux sphères[74] », tentant d'assimiler une politique machiavélienne aux normes théologico-politiques.

Pierre Charron développe sa pensée autour de la vertu de prudence dans le troisième livre de son maître ouvrage *De la Sagesse* (1601). En préface du deuxième chapitre, intitulé « De la prudence politique du souverain pour gouverner État[75] », Charron s'attache en premier lieu à définir et diviser cette vertu politique. S'il considère que cette doctrine est avant tout destinée aux « souverains et gouverneurs d'états », il concède également qu'il s'agit là d'une notion « vague, infinie, difficile et quasi impossible de ranger en ordre, clore et prescrire en préceptes[76] ». Charron nous prouve ici la difficulté de cerner dans son entier la prudence moderne, tant il vrai que celle-ci, au fil du temps, s'étiole dans sa définition première pour recouvrir un spectre de plus en plus large de notions et de considérations tant morales que politiques.

Dans un premier temps, Charron divise la prudence en « deux chefs principaux, qui seront les deux devoirs du souverain[77] » et en fait donc une condition nécessaire à l'action politique du prince. Le premier comprend, dans une reprise métaphorique du corps politique, les « appuis et soutiens de l'État » considérés comme « les os et les nerfs de ce grand corps[78] ». Cette première partie de la prudence politique est ensuite subdivisée en sept appuis capitaux dont l'acquisition ou la maîtrise par le prince est nécessaire : la connaissance de l'État, la vertu, les mœurs, les conseils, les finances, les armes et enfin les alliances. Une première lecture de

72 *Ibid.*
73 *Ibid.*
74 *Ibid.*
75 Charron, Pierre, *De la sagesse*, Genève, Slatkine Reprints, 1968 (1re éd. 1601), t. II, p. 290. Nous modernisons l'orthographe.
76 *Ibid.*
77 *Ibid.*
78 *Ibid.*

ces différentes composantes de la matière nécessaire à la gouvernance de l'État nous prouve ici l'évolution et l'élargissement des notions que recouvre la prudence, à la frontière entre XVIe et XVIIe siècles. Il ne s'agit pas non plus du simple principe de précaution que nous octroyons à notre prudence contemporaine[79]. La prudence de Charron recouvre une large partie des connaissances et des facultés nécessaires au gouvernement de l'État classique. La vertu de prudence est le foyer privilégié de la rationalisation de l'action politique. Pouvait-il en être autrement ? La prudence antique était déjà considérée comme une vertu d'action et complétait ou s'opposait au caractère spéculatif de la sagesse. Elle était donc le parfait lieu de la mise en action du pragmatisme qu'impliquait la rationalisation de la politique dès la fin du XVIe siècle.

Charron précise ensuite comment obtenir ou acquérir ces sept appuis et soutiens de l'État. Les trois premiers, à savoir la connaissance de l'État, la vertu et les mœurs résident préalablement dans la personne même du prince. En lui et hors de lui, mais dans un premier cercle restreint, réside ensuite le conseil. Enfin, finances, armes et alliances sont les domaines de l'action politique, indépendants de la seule personne du souverain. Une fois ces différents moyens acquis et maîtrisés, la seconde partie de la prudence peut procéder. Il s'agit alors pour le souverain d'agir, de « bien employer et faire valoir les susdits moyens, [...], et en un mot bien gouverner et se maintenir en autorité et bienveillance, tant des sujets que des étrangers[80] ». Les actions et décisions du souverain présupposent ainsi les savoirs du premier devoir qu'est la « provision et savoirs des sept choses nécessaires ». Une fois seulement cela acquis, le souverain est à même d'agir et de remplir son second devoir qui, lui aussi, est double puisqu'il procède d'une action soit pacifique ou militaire. Charron est redevable ici envers Lipse de sa réflexion sur la prudence. Il ne s'en cache pas et le reconnaît : cette « matière est excellement traitée par Lipse [...] : la moelle de son livre est ici[81] ».

Le premier appui que nécessite la prudence est une connaissance de l'État. Il s'agit même pour le souverain de son premier devoir. Charron la considère en deux parties distinctes. Premièrement, la connaissance des « humeurs et naturels des peuples » qui « façonne et donne avis à

79 *La vertu de prudence entre Moyen Âge et âge classique*, *op. cit.*, avant-propos, p. 7.
80 Charron, Pierre, *De la sagesse*, *op. cit.*, p. 291.
81 *Ibid.*

celui qui les doit gouverner[82] ». En reprenant à son compte la théorie des climats de Bodin[83], il admet une grande diversité de mœurs et d'humeurs chez les sujets, en fonction notamment de leur répartition géographique. La connaissance de la nature de ses sujets ne suffit cependant pas au souverain à maîtriser l'ensemble de la connaissance de l'État. Il doit également connaître l'État lui-même : « connaître le naturel de l'État, non seulement en général tel qu'il a été décrit, mais en particulier celui que l'on a en main, sa forme, son établissement, sa portée, [...][84] ».

Pour Charron, cette connaissance de la nature étatique consiste, dans un sens plus large, à connaître la souveraineté de l'État. Charron a repris dans son entier la théorie de la souveraineté de Bodin[85]. La connaissance de cette souveraineté, rendue nécessaire pour la conduite de l'État, implique la connaissance de son origine et de sa typologie : le prince est-il à la tête d'une souveraineté ancienne ou nouvellement créée, l'a-t-il obtenue par succession ou par élection, l'a-t-il acquis par les armes ou par les lois, quels sont ses voisins, les moyens et la puissance à disposition ? Charron le précise : cette connaissance est nécessaire car « selon toutes ces circonstances et autres, il faut diversement manier le sceptre, serrer ou lâcher les rênes de la domination[86] ». Ce dernier terme est intéressant dans le vocabulaire politique de l'époque. Il se rapproche en effet de la terminologie de théoriciens de la raison d'État. La souveraineté, chez Charron, s'apparente, comme chez Botero notamment, à la domination rendue possible par la connaissance des moyens à disposition, par la rationalisation et la comptabilisation des forces disponibles. Charron, dans sa conception du rapport entre pouvoir et prince, se place, en ce sens, dans la droite ligne des théoriciens de la souveraineté. Cependant, il intègre à celle-ci la réflexion postérieure de la raison d'État, comprenons la « bonne raison d'État » ou « raison d'État chrétienne » comme formulée précédemment par Botero. Peut-on parler d'adaptation ou de syncrétisme entre ces deux courants de pensée ? La

82 *Ibid.*, p. 295.

83 Rouiller, Dorine, « Théories des climats et cosmopolitisme dans la *Sagesse* de Pierre Charron », *Modern Language Notes*, numéro spécial « *Climates Past and Present : Perspectives from Early Modern France* », vol. 132, 4 (September 2017, French Issue), p. 912-930.

84 Charron, Pierre, *De la sagesse*, *op. cit.*, p. 296-297.

85 *Ibid.*, t. I, p. 375-390.

86 *Ibid.*, p. 297.

pensée politique de Charron semble, comme Lipse avant lui, le point de fusion et d'accommodation de ces deux différentes conceptions politiques du pouvoir et de son exercice.

Charron ne limite cependant pas l'exercice politique à la seule connaissance de l'État en termes de rationalité. Si le prince se doit d'en acquérir les bases, il doit également rassembler en lui les qualités nécessaires à la conduite du royaume et s'en montrer digne. C'est en ce sens que le second appui, issu des provisions et des savoirs nécessaires fondant la prudence politique, se situe lui aussi dans la personne du prince. C'est par les vertus et leur pratique que le prince peut en rassembler les conditions. Ce moment de la réflexion politique de Charron est peut-être celui qui s'inspire le plus de la tradition des miroirs des princes. En reprenant lui-aussi une normativité dans la définition du motif du bon prince, il base sa réflexion sur des modèles, des sources et des images connus du genre. La figure du prince est visible de tous, « ne peut se cacher non plus que le soleil[87] ». Il doit de ce fait surpasser en vertu les autres hommes. Ici, comme le veut la tradition des miroirs, le prince est modèle pour les sujets et « doit soigner que ses sujets lui ressemblent[88] ». Le prince est miroir des vertus et son reflet rejaillit sur l'ensemble de ses sujets. Il s'agit bien là d'une reprise de la métaphore du prince-miroir présente dans les miroirs des princes. Plus encore que les lois et l'exercice du pouvoir, ce qui permet au prince et à ses sujets de vivre en harmonie réside dans la transmission par le prince d'un modèle idéal vertueux, par verticalité, à l'ensemble des sujets. En effet, pour Charron, ce « moyen très puissant pour les induire et former à la vertu, c'est l'exemple du prince, car comme l'expérience le montre, tous se moulent au patron et modèle du prince[89] ».

Cette figure idéale du prince se base donc en second lieu, après la connaissance de l'État et la comptabilisation des moyens, sur le traditionnel catalogue de vertus héritées de la pensée politique romaine et actualisées à la sensibilité chrétienne au long du Moyen Âge. Charron construit son catalogue de vertus en premier lieu sur la piété et la justice ainsi que sur la clémence. La défense de la religion, dans une visée politique, doit permettre au prince d'assurer le liant de la société

---

87 *Ibid.*

88 *Ibid.*

89 *Ibid.*, p. 298.

composant son État. Sa conservation est donc un des devoirs politiques du prince. Ensuite vient la justice. Le rapport entre le prince et la loi est, répétons-le, essentiellement repris et basé sur la pensée bodinienne. Charron précise d'emblée que le prince doit respecter et faire respecter les lois de son royaume, auxquelles il est lui-même soumis sans quoi il s'apparente à la figure du tyran. Il adopte cependant par la suite une vision plus proche de la tradition prudentielle de Lipse.

En effet, dans le système de construction politique de la prudence, chez Lipse comme chez Charron, à laquelle sont subordonnées les autres vertus, c'est au travers de celle de justice que se développe le plus nettement l'assimilation et la prise de conscience d'un réalisme dans l'exercice politique. Le prince, soumis aux mêmes lois que les hommes hormis celles dont sa souveraineté le dispense, a, par l'importance de son rôle et des décisions qu'il doit prendre pour le bien de l'ensemble du corps politique, la possibilité de s'en écarter lorsque la nécessité l'exige. Pour Charron en effet, « justice, vertu et probité du souverain cheminent un peu autrement que celles des privés : elle a ses allures plus larges et plus libres à cause de la grande, pesante et dangereuse charge qu'il porte et conduite[90] ». Ce qui paraît « détraqué et déréglé » aux yeux des sujets est pourtant « nécessaire, loyal et légitime » pour le prince[91]. Ainsi, il faut pour le prince quelquefois « esquiver et gauchir, mêler la prudence avec la justice, et, comme l'on dit, coudre à la peau de lion, si elle ne suffit, la peau du renard[92] ».

Charron reprend ici l'entier de la théorie prudentielle de Lipse. Il base fondamentalement, avec des nuances qui lui sont propres, l'exercice politique du prince aux confins de la morale chrétienne sur la théorisation lipséenne de la prudence. En plus de légitimer son propos en citant nommément Lipse, il insère également dans sa réflexion politique de l'État moderne et de l'exercice politique du prince la théorisation juridique de Bodin. En reprenant la notion bodinienne de souveraineté tout en s'inspirant également de la figure vertueuse du prince décrite encore par un penseur comme Lipse, il propose une voie médiane. Au chapitre LI du livre premier, intitulé « De l'état, souveraineté, souverains », Charron précise la définition du gouvernement. Après avoir abordé le

90 *Ibid.*, p. 302-303.
91 *Ibid.*, p. 303.
92 *Ibid.*

gouvernement privé du prince, il exprime sa vision du gouvernement politique :

> Après la puissance privée, il faut venir à la publique de l'État. L'État, c'est-à-dire la domination, ou bien l'ordre certain en commandant et obéissant, est l'appui, le ciment et l'âme des choses humaines : c'est le lien de la société, qui ne pourrait autrement subsister ; c'est l'esprit vital qui fait respirer tant de milliers d'hommes, et toute la nature des choses[93].

Le gouvernement, selon Charron, se rapproche de la conception faite par les théoriciens de la raison d'État et se pense en termes de domination. En sus, il reprend à son compte la définition bodinienne de la souveraineté. Charron exprime un concept de la souveraineté en des termes similaires au juriste français :

> Souveraineté est une puissance perpétuelle et absolue, sans restriction de temps ou de condition : elle consiste à pouvoir donner loi à tous en général, et à chacun en particulier, sans le consentement d'autrui, et n'en recevoir de personne ; et, comme dit un autre, à pouvoir déroger au droit ordinaire[94].

Charron développe par la suite, comme il l'a fait avec la prudence lipséenne, l'entier de la théorisation juridique de la souveraineté bodinienne.

En mêlant et en assimilant diverses influences, Charron propose une conception politique entièrement actualisée. En reprenant à son compte des conceptions machiavéliennes – comme un pessimisme envers la nature humaine –, en basant et en solidifiant la souveraineté politique sur la définition bodinienne ou en établissant l'exercice de la charge royale dans le champ d'action défini par Lipse, Charron prend à chacun ce qui lui permet de fonder une conception absolutiste du pouvoir politique qui servira de modèle pour les littérateurs français de la raison d'État. Sa tentative représente en ce sens, selon les mots de Lazzeri, « une remarquable économie en termes de coûts de pouvoir » en substituant « à un modèle de conflit ouvert – et toujours offert à la contestation directe – entre la raison d'État et les normes éthiques et juridiques (comme chez Machiavel) un modèle fondé au contraire sur le *recours permanent à l'ambiguïté interprétative*, où les actes de gouvernements peuvent paraître légitimes selon le point de vue du jugement de

93 *Ibid.*, t. I, p. 376.
94 *Ibid.*, p. 377.

subsomption du cas sous la règle, la position de celui qui le porte, les informations dont il dispose [...][95] ». Charron réalise ainsi « un habile et efficace système de compromis entre la nature des normes éthiques et juridiques et les conditions concrètes de leur application, en donnant satisfaction à l'intérêt de l'État[96] ». Il réalise, plus encore, le syncrétisme de divers outils philosophico-politiques permettant de formuler la conception d'un État et de l'actualiser à son époque. Charron, en continuant l'œuvre de Bodin et de Lipse – tout en servant de modèle et de matrice à la littérature étatiste –, a synthétisé l'ensemble des conditions nécessaires – qu'elles soient politiques, juridiques, éthiques et symboliques – à l'expression de la monarchie absolue du début du XVIIe siècle.

ADAM THÉVENEAU

Quelques années seulement après la publication du traité de Charron, Adam Théveneau s'interrogea lui aussi sur ce que devaient être la figure du bon prince et l'exercice politique du pouvoir. Dans ses *Morales où est traitée l'institution du Prince* (1607), puis dans ses *Advis et notions communes* (1608) dans lesquels il reprend bon nombre d'idées sous forme de maximes, Théveneau continue le travail de Lipse et Charron. Avocat au parlement de Paris, il adresse au pouvoir royal un traité de moral mêlant préceptes politiques et moraux. Parues en 1607, quelques années après la naissance du dauphin et duc d'Orléans – le futur Louis XIII et à qui l'œuvre est adressée –, *Les morales où est traitée de l'institution du jeune prince* sont une œuvre intéressante à plusieurs points de vue[97]. Sans être une œuvre majeure de la pensée politique du début du XVIIe siècle, le traité de Théveneau représente cependant bien la conception de l'exercice du pouvoir à cette époque précise. En effet, il réalise de façon représentative un important syncrétisme, reprenant des concepts et des moyens

95 Lazzeri, Christian, « Le gouvernement de la raison d'État », art. cité, p. 127.

96 *Ibid.*, p. 127-128.

97 Théveneau, Adam, *Les morales où est traitée de l'institution du jeune prince. Des vertus qui luy sont requises quand il est Prince et quand il est roy*, Paris, 1607.

traditionnels de représentation du pouvoir, mêlant préceptes moraux chrétiens et pédagogiques, tout en énonçant des préceptes politiques, notamment prudentiels, partageant la rationalité de la littérature étatiste. Dès l'épître au dauphin, Théveneau utilise la métaphore du miroir :

> Ainsi ayant considéré parmi le ciel des vertus de vos prédécesseurs les influences de votre levant, le présage que j'en puis rapporter est, que ne dégénérant pas de leur courage, vous serez le miroir à tous autres Princes, des vertus qui vous sont représentées en ce Tableau, ayant les mains pleines de lauriers et de Couronnes qu'elles gardent pour vous[98].

Ainsi, dès l'ouverture de son traité, Théveneau l'inscrit dans une continuité en faisant appel à la tradition des miroirs des princes. En reprenant consciemment la symbolique spéculaire, il marque son désir de participer d'une tradition parénétique. Il faut cependant regarder au-delà du caractère traditionnel du début de l'œuvre, qui s'apparente à un discours officiel de louanges. Pour Théveneau, le prince est ici le miroir. Dans un langage entendu, il présente l'image d'un tableau sur lequel il peint les vertus du bon prince. Ces vertus, acquises par le dauphin, font de lui un modèle, l'outil de reflet du prince idéal pour l'ensemble des gouvernants. Voilà, là encore, une image qui se répète. Il ne faut cependant pas considérer cette œuvre au même titre que les Institutions du prince écrites au mitan du XVIe siècle. En effet, si elle continue à proposer au prince des préceptes moraux et politiques lui permettant d'exercer au mieux sa fonction, elle ne partage plus l'idéal de la réalisation du bon gouvernement par l'institution du prince. Théveneau le précise, plus loin, dans son adresse au lecteur :

> Il ne se peut si proprement écrire de la Morale du Prince, comme il ferait après avoir été choisi à cet effet. Le Médecin ne peut si assurément par lettres montrer l'heure du repas, ni du bain, comme quand il tâte le pouls, et considère l'état de la maladie. Celui qui mesure ses armes contre son ennemi prend conseil sur le champ, le visage, le remuement de la main, la posture de la personne apprend toujours quelque chose. De même le branle des inclinations du Prince, étant de près considéré acquiert plus de suffisance[99].

En recourant ici à une métaphore médicale, Théveneau explicite l'incapacité de former moralement un prince, de le préparer à sa fonction

98 *Ibid.*, épître, sans pagination. Nous modernisons l'orthographe.
99 *Ibid.*, adresse au lecteur, sans pagination.

par l'unique moyen d'un vade-mecum. Il tranche ici le lien qui pouvait encore le relier aux miroirs des princes. S'il concède au prince la fonction de représenter un modèle pour les autres, une fois acquises les vertus nécessaires à sa charge, il verbalise l'impossibilité et l'inutilité de proposer une idéalité. Il ne s'agit plus d'une recherche de perfection mais bien de l'apprentissage d'un exercice, certes toujours par la pratique de vertus mais en les développant dans d'autres champs d'action. Il s'agit plus encore de l'acquisition d'un savoir empirique. Théveneau insiste alors sur l'écart qu'il entend instaurer entre son portrait réaliste du prince et celui que peignaient encore ses prédécesseurs :

> Un qui aurait gouverné leur jeunesse rapporterait les traits au naturel de leurs propensions pour en faire une belle image de la vertu : moi j'ai façonné mon portrait sur l'Idée seulement des vertus que je me suis promises en eux, toutefois j'espère qu'il ne s'y trouvera rien de fantasque, [...][100].

Chez Théveneau, ce besoin de réalisme s'inscrit au cœur même de sa définition de l'image du souverain et de l'exercice du pouvoir. Cette recherche de rationalité et d'efficience, dans un texte qui partage pourtant encore des traits communs avec les miroirs et les Institutions des princes, s'exprime par différents modes. Le premier est certainement une conception plus humanisée de la personne du prince, notamment dans son programme éducatif. Théveneau rompt ainsi complètement avec la pensée médiévale et l'Humanisme en matière de formation.

La formation du prince se fonde ici sur une appréhension de la nature humaine. Le prince possède en lui des qualités innées propres à son humanité, de même que celle-ci le rend sujet aux vices. De plus, l'importance de sa fonction sous-entend le besoin de lui inculquer des vertus propres à l'exercice du pouvoir royal. La réalisation du bon gouvernement passe donc par différents canaux : aider le prince à développer ses propres qualités, le mettre en garde contre les vices, le former aux nécessités de sa tâche ou encore l'exhorter à la grandeur. Théveneau indique dès l'ouverture du chapitre premier cette finalité :

> Il y a des choses qui naissent d'elles-mêmes en l'esprit des jeunes Princes, lesquelles il faut soigner et élever. Il y en a encore qui si coulent dehors, dignes d'êtres contregardées et retenues au service de la vertu. Il y en a aussi

100 *Ibid.*

auxquelles l'entrée doit être défendue, à cause de leur mauvaiseté. Et de ce, les enseignements se pourront recueillir en ce livre, comme aussi ceux qui servent à aiguiser le courage aux grandes et héroïques actions. Car il ne suffit pas de donner aux Princes des préceptes comme préservatifs, [...], mais il leur faut encore élever le courage à l'honneur des belles actions, et éclaircir l'esprit par la connaissance des choses[101].

À la lecture du programme éducatif mis en avant par l'auteur, il est possible de penser qu'il reprend celui des Institutions du prince du XVIe siècle. En effet, Théveneau entend former le prince, le rendre savant et l'instituer aux bonnes lettres. Cependant, s'il juge encore cet apprentissage nécessaire, c'est dans une toute autre finalité que celles des Institutions du prince humaniste. Marie-Ange Boitel-Souriac a raison quand elle considère que les Institutions du prince au XVIe siècle mettent « en scène le savoir idéal du prince humaniste et chrétien à la Renaissance », sans constituer aucunement « les manuels pour y parvenir[102] ». En effet, les traités d'éducation adressés au pouvoir royal constituaient plus un compendium des savoirs de la Renaissance, tendant vers une formation idéalisée du prince, qu'un réel recueil de préceptes éducatifs et politiques. Ils sont en ce sens « l'expression d'une figure utopique du souverain, d'un imaginaire du bon gouvernement, vers lequel doit tendre le prince[103] ».

Au contraire, Théveneau désire ancrer son prince dans une réalité plus appréhendable. Il ne s'agit plus de former un prince à l'entier d'une sagesse philosophique, spéculative et morale. Ce que le prince doit apprendre doit lui servir dans l'exercice direct de sa puissance, à des degrés certes différents, mais dans l'optique de le rendre efficient dans ses actions. Théveneau partage bien avec les textes du XVIe siècle un souci pédagogique de formation du prince dès son plus jeune âge mais ce sont les matières enseignées ainsi que la finalité de l'apprentissage qui le séparent de ses prédécesseurs humanistes. Il met ainsi en garde ceux qui veulent enseigner au prince « une science pédantesque[104] ». L'apprentissage des bonnes lettres doit au contraire servir le prince dans son gouvernement même :

101 *Ibid.*, chap. I « À combien de choses sont nécessaires les Lettres et la bonne Institution », f. 1-2.

102 Boitel-Souriac, Marie-Ange, « Quand vertu vient de l'étude des bonnes lettres. L'éducation humaniste des Enfants de France et de François Ier aux derniers Valois », art. cité, p. 36-37.

103 *Ibid.*, p. 37.

104 Théveneau, Adam, *Les morales où est traitée de l'institution du jeune prince*, *op. cit.*, f. 16.

> concluons donc que le savoir des lettres est très nécessaire à un Prince, non seulement pour l'ornement, mais encore pour le repos de son esprit et pour apprendre à gouverner le peuple que Dieu a mis sous sa main, et que le désir de celles-ci est le commencement de sapience[105].

De même, la connaissance des lettres doit aboutir à la maîtrise de l'éloquence :

> Voilà donc beaucoup de choses qui doivent inviter le jeune prince à aimer les lettres. Mais ce qui le doit attraire davantage à la connaissance de celles-ci, c'est l'éloquence, qui lui est nécessairement requise, pour assaisonner ses commandements en temps de paix, et en guerre pour échauffer le courage des soldats au combat, [...][106].

De l'enseignement des belles lettres à la maîtrise de l'éloquence, la formation du prince prend un virage pragmatique qui doit servir ses actions politiques. L'éloquence était devenue, depuis le XVIe siècle, un attribut nécessaire à la figure du prince. Il s'agissait, par la matière de la rhétorique et de l'élocution, de rendre le prince capable à agir sur les intellects par la parole. La puissance des mots était alors envisagée comme un moyen possible, pour le prince, d'obtenir les résultats que le bien public nécessitait. En 1579 déjà, Jacques Amyot avait adressé à la cour du roi un *Projet de l'éloquence royale* qui devait non seulement servir la majesté du roi mais aussi lui permettre de persuader[107]. En effet, selon Pascale Mormiche, l'éloquence était une qualité qui, en plus des vertus traditionnelles, permettait de montrer la majesté du prince, devenant alors « une qualité royale et princière de première importance[108] ». Dans son *Projet*, Amyot entend formaliser « l'usage royal d'une éloquence qui a un pouvoir politique[109] ». C'est ce qu'il propose en effet dès le premier chapitre de son ouvrage :

> Aussi il n'y a rien de tel que de savoir par bien dire manier une multitude d'hommes, chatouiller les cœurs, maîtriser les volontés et passions, voire les pousser et les retenir à son plaisir, et, par manière de dire, en porter l'éperon et la bride pendus au bout de sa langue.

105 *Ibid.*, f. 18.

106 *Ibid.*, f. 19.

107 Amyot, Jacques, *Projet de l'éloquence royale composé pour Henry III*, Paris, 1579.

108 Mormiche, Pascale, *Devenir prince. L'école du pouvoir en France XVIIe-XVIIIe siècles*, *op. cit.*, p. 140.

109 *Ibid.*

> J'avoue que c'est une grande chose d'amener les hommes par force à la raison que l'on veut ; mais c'est encore plus de les y conduire de gré, sans coup férir, sans perte ni danger, et à leur contentement[110].

L'éloquence permet donc, chez Amyot, de maîtriser et de contrôler les passions des sujets comme d'obtenir, par la parole et la persuasion, ce que le prince obtenait auparavant par la force. Elle est plus encore que cela. La force de l'éloquence permet également au prince de se maintenir : l'éloquence est « aux ministres d'un grand roi, et principalement au roi, grandement recommandable, profitable, voire nécessaire, et que s'il en sait user dextrement et à point, il en établira, maintiendra, et augmentera son état, autant ou plus que par nul autre moyen dont les royaumes et grandes seigneuries s'entretiennent[111] ». Pour revenir à Théveneau, sa préconisation de l'apprentissage des lettres et de l'éloquence agissait également sur les capacités du prince à régir les autres mais devait aussi permettre au prince de se maîtriser lui-même. Mieux même, elle devait lui apprendre à se « comporter en la bonne et mauvaise fortune[112] », lui permettant ainsi de se maintenir.

Théveneau précise un peu plus la distinction qu'il établit entre sagesse et prudence. Au chapitre XIV, intitulé « De la Colère et de la Vengeance : que l'une est naturelle et l'autre non[113] », il définit ces deux vertus. Dans un premier temps, la sagesse n'est pour lui que le « pur mouvement du discours abstrait » et ne s'applique « qu'à la contemplation des choses divines desquelles il a son essence[114] ». La prudence, quant à elle, est une vertu pratique qui permet de « manier d'assortir » les choses terrestres, « qui touchent et lient la société des hommes[115] ». Théveneau précise sa conception de la prudence un peu plus loin, au chapitre XVI intitulé « Que la Prudence ne consiste pas d'être caut et trompeur et quels sont ses effets[116] ». De prime abord, le propos de l'auteur semble condamné toute action immorale définissant la prudence. Cependant, au fil du développement de sa réflexion, l'ambiguïté du propos apparaît.

110 Amyot, Jacques, *Projet de l'éloquence royale composé pour Henry III*, d'après le manuscrit autographe de l'auteur, Paris, 1805 (1re éd. 1579), p. 1-2. Nous modernisons l'orthographe.
111 *Ibid.*, p. 4.
112 Théveneau, Adam, *Les morales où est traitée de l'institution du jeune prince*, *op. cit.*, f. 25.
113 *Ibid.*, f. 252.
114 *Ibid.*, f. 258.
115 *Ibid.*
116 *Ibid.*, f. 318.

Pour Théveneau, la prudence s'associe, pour la réussite de l'action du prince, à la puissance et à la Fortune[117]. De fait, il lui apparaît difficile de la cerner et d'expliquer l'entier des préceptes qui en définissent la mise en œuvre. Théveneau insiste sur le caractère empirique de la vertu prudentielle « qui vient avec l'âge et prend sa perfection de l'usage et de l'expérience[118] ». Si la prudence contient en son sein toutes les autres vertus, elle est avant tout « une habitude d'une volonté droite qui désire faire justice[119] ». Plus encore, la prudence est « une habitude de l'âme » qui enseigne la justice, « la conduit, la règle et la dispose[120] ». Elle est donc, en premier lieu, la vertu qui permet aux autres de rester dans la droite voie. Elle ajoute à la pratique des vertus le temps et la mesure qui empêchent le prince de se fourvoyer : elle permet au roi sage de « conjecturer en quoi une chose est juste et comme il s'y faut comporter[121] ». Elle chapeaute toutes les autres vertus, les guide et leur trace le chemin à suivre. Enfin, elle s'étend sur tout :

> Sa mesure s'étend sur toutes choses généralement et tient toujours une mais sur ce qui est passé, afin qu'il ne lui échappe, et étant assise sur le présent, sur lequel elle se repose, allonge l'autre sur l'avenir, et pénétrant à travers les nuages de toutes les difficultés par conjectures et discours de raison, dissout les choses difficiles et obscures, connaît les ruses et finesses d'un chacun[122].

L'ambiguïté du propos de Théveneau commence à poindre. Ce qui pourrait sembler être à première vue de l'indécision est en réalité une ambiguïté interprétative volontaire qui sert le propos de l'auteur. Comme Lipse et Charron avant lui, Théveneau assume une définition normative de la vertu de prudence pour y ajouter, au fil de sa description, les caractéristiques de sa modernité. L'usage de la métaphore temporelle de la prudence – dont l'allégorie était d'ailleurs souvent représentée avec un miroir – exprime la maîtrise de la vertu prudentielle sur la conjecture des conditions de l'action du prince. Elle explique également son caractère empirique. Le prince prudent doit ainsi connaître le passé qui peut, à l'occasion se refléter dans le miroir, afin de maîtriser les conditions

117 *Ibid.*, f. 319.
118 *Ibid.*
119 *Ibid.*, p. 320.
120 *Ibid.*
121 *Ibid.*
122 *Ibid.*, f. 321.

présentes de l'action politique qui définira le futur. Elle permet enfin de dissiper l'opacité qui recouvre la ruse et la finesse des autres hommes.

En introduisant cette dernière caractéristique à la vertu de prudence, Théveneau achève d'inscrire l'influence de Lipse et de Charron dans la pensée machiavélienne. La prudence n'est pas innée mais s'acquiert. L'acquisition de la prudence se fait alors par de nouveaux moyens. Si les « Philosophes anciens » ont d'abord bien marqué « quelques adresses pour y parvenir, et pourtant se sont défiés de conduire le prince jusqu'au lieu où elle est, les uns au lieu de le rendre sage l'ont voulu rendre trop fin et trop caut[123] ». D'autres, au contraire, « pour lui ôter toutes madures et tout ce qui est inégal et raboteux en l'esprit, l'ont voulu nourrir en toute simplicité de mœurs et ainsi faisant l'ont rendu ou méchant ou niais et grossier[124] ». Tout est question ici de mesure : un prince trop fin comme un prince naïf est un danger pour la conservation de l'État. Il faut en définitive « lui donner, pour le rendre sage, aussi bien la connaissance du mal que du bien[125] ». C'est en ces termes machiavéliens à peine voilés que Théveneau termine sa description de la prudence. C'est ici que gît la « souveraine prudence » du prince, dans le mélange qui brasse la « perspicuité du serpent avec la simplesse de la colombe[126] ».

Dans les *Advis et notions communes*, qui résument le contenu des *Morales* sous forme de maximes, la transformation de la vertu de prudence et l'influence lipséenne apparaissent encore plus distinctement. De même, l'ambiguïté du discours, partagée avec Charron, s'exprime plus librement encore. Dans un premier temps, Théveneau précise haïr « ceux qui veulent que les Princes pour être prudents soient remplis de fraudes et cautelles, car serait de vice faire vertu[127] ». Cependant, il estime que « la mauvaiseté du venin mise avec mesure dans les médecines en est corrigée et devient salutaire[128] ». Ainsi, « la ruse mêlée attrempément parmi les actions vertueuses n'est que dextérité et n'est pas autrement dangereuse[129] » pour le prince. Lipse comme Charron participaient, à divers points de vue, du courant de la raison d'État, sans pour autant

123 *Ibid.*, f. 322.
124 *Ibid.*
125 *Ibid.*
126 *Ibid.*, f. 323.
127 *Id.*, *Advis et notions communes*, Paris, 1608, f. 4-5. Nous modernisons l'orthographe.
128 *Ibid.*, f. 4.
129 *Ibid.*

la nommer. Théveneau, qui poursuit à bien des égards leurs œuvres, s'aventure un peu plus loin dans la terminologie. Tous ont repris la figure vertueuse du prince pour établir de nouvelles règles de gouvernement permettant la domination politique. C'est au travers de la vertu de prudence, de sa transformation et de sa redéfinition, qu'a pu s'étayer en France, pour bonne partie et de manière implicite, la rationalité politique de la raison d'État. Théneveau achève ainsi la métamorphose de la prudence dans la réflexion politique française en ces termes : « L'espérance du bien et la crainte du mal, balancées comme il faut par le discours de la raison dans les affaires d'État, sont les deux éléments de la prudence civile et politique[130] ».

NICOLAS FARET

Cette transformation de la vertu de prudence en véritable raison prudentielle politique n'était cependant pas adoptée par tous les penseurs français du XVIIe siècle. En 1623, plus de 20 ans après la parution de l'ouvrage de Charron et après ceux de Théveneau, Nicolas Faret, avocat, conseiller du roi et futur académicien, s'ingéniait à redonner à la prudence un caractère plus normatif. S'il considère dès les premières lignes du chapitre trois de son traité *Des vertus nécessaires à un prince pour bien gouverner ses sujets*[131] que la prudence est « la plus nécessaire de toutes les vertus que peut acquérir un prince qui désire maintenir son autorité[132] », il n'hésite pas à condamner plus loin ceux qui y ont mêlé une utilité aux franges de la morale. L'homme prudent, pour Faret, est celui qui « sait juger de ce qui est bon et non seulement en une partie mais en tous les événements du monde[133] ». Sa connaissance lui permet ainsi de maîtriser ses actions présentes en fonction des actes passés. La prudence est utilisée, ici aussi, dans son allégorie temporelle : elle donne « l'ordre aux choses présentes[134] » et permet à l'homme prudent

130 *Ibid.*, f. 24-25.
131 Faret, Nicolas, *Des vertus nécessaires à un prince pour bien gouverner ses sujets*, Paris, 1623.
132 *Ibid.*, f. 24.
133 *Ibid.*, f. 25.
134 *Ibid.*

de prévoir l'avenir et ayant connaissance des choses passées. Elle est là aussi la « vraie vertu des princes[135] » leur permettant de conduire à bien leur État, comme le pilote gouvernant le navire.

À cette fin, Faret considère également la prudence comme la science du prince et la connaissance de la nature et des différentes mœurs des sujets, notamment en fonction des climats. Il estime, tout comme Charron, cette connaissance nécessaire à l'exercice de la souveraineté, souveraineté qu'il considère lui aussi comme une « domination » sur ses sujets. Le prince doit donc, par la connaissance de ses sujets et de leurs humeurs, apprendre à les diriger avec la souplesse qu'exige la conduite d'un navire et, en période de tempête, à les conduire avec fermeté. Cette capacité d'adaptation nécessitait du prince prudent une connaissance ambiguë et double. Ce caractère paradoxal, qui tranche avec la critique qui suit, n'est pas anodin et rare dans les traités politiques de la première moitié du XVIIe siècle. Faret, dans un premier temps, recommande au prince de n'agir qu'avec ordre et mesure et de « maintenir la vérité en toutes ses entreprises[136] ». Il nuance toutefois son propos de suite. Cette vérité n'est pas toujours « si claire et si pure qu'elle ne soit empêchée d'aucune obscurité[137] » : cela n'appartient qu'aux êtres touchés par le divin. L'homme – comme le prince –, quant à lui, ne peut que « suivre la vraisemblance d'autant près qu'il est possible[138] ». En concluant que « quiconque fait quelque dessein ne doit pas surtout considérer s'il est honnête mais s'il a le pouvoir de l'accomplir[139] », Faret se place dans la droite lignée des penseurs politiques qui l'ont précédé. En acceptant la primauté de la finalité de l'action – ici celle du prince – sur son honnêteté, il ouvre lui aussi la porte à un besoin de réalisme. Mais ne perdons pas de vue qu'il intègre toujours cette nuance à l'action politique du prince dans un souci de nécessité du bien du plus grand nombre. Il accepte ainsi, discrètement, que le prince use, pour la conduite de son État, d'une politique teintée de réalisme. Ce dernier doit alors « savoir mêler judicieusement l'utile avec l'honnête et n'ignorer pas que les nécessités doivent être préférées aux plaisirs[140] ». Cette formulation,

135 *Ibid.*
136 *Ibid.*, f. 34.
137 *Ibid.*
138 *Ibid.*
139 *Ibid.*
140 *Ibid.*, f. 36.

souvent reprise dans les traités politiques antérieurs adressés au prince, n'est pas sans rappeler celui qui n'y est pourtant mentionné que par la critique. Le moment de bascule dans l'histoire de la pensée politique initié par Machiavel trouve ici, chez Faret comme chez d'autres, une résonance qu'il est difficile d'étouffer. Cette vérité effective de la *chose* que le Florentin introduit dans le chapitre XV de son *Prince* initie pour l'exercice politique du souverain de nouvelles conditions. Inutile de revenir ici encore sur l'opprobre dont il fut victime. Les penseurs politiques français comme espagnols n'ont cependant pu éviter de s'en nourrir. S'il n'est jamais nommé, ou du moins que pour y être critiqué, Machiavel se lit pourtant dans les traités de bon gouvernement.

Chez Faret, la prudence consiste en premier lieu dans la capacité d'action du prince. Elle est donc également intimement liée à la Fortune puisqu'elle permet, par la connaissance qu'elle nécessite dans sa pratique, de prendre la mesure des conditions passées et présentes du domaine d'action politique. Nous sommes ici exactement dans ce qui constitue la « raison prudentielle » moderne, telle qu'inspirée par la théorisation de la raison d'État. Faret fait de la prudence la capacité du prince à savoir agir et réagir en fonction des conditions et des résultats de ses actions. Pour lui, le prince n'agit pas en lâche s'il ne va pas au bout de son action. Au contraire même, il considère cet entêtement comme une « orgueilleuse folie de vouloir persévérer en des desseins mal pris[141] ». La mention du lien entre prudence et Fortune est particulièrement révélatrice de la conception de ce rapport au premier tiers du XVIIe siècle.

Pour Faret, en effet, « puisque la fortune dispose impérieusement de tout ce qui est ça-bas, c'est une vanité qui ne peut être excusée, de se promettre qu'on la doive avoir toujours favorable. Aussi le sage ne la considère jamais que pour la craindre et se défendre d'être trahi[142] ». En définitive et « en un mot la prudence ne paraît qu'à savoir user de la fortune[143] ». Et pour savoir user de la Fortune, la prudence nécessite la maîtrise de ce que nous appellerions aujourd'hui le *timing*. Cet anachronisme, que nous utilisons ici à dessein tant aucun mot français ne peut recouvrir l'entier de sa signification, consiste en la connaissance et la maîtrise – en le formulant maladroitement – du minutage ou de

141 *Ibid.*
142 *Ibid.*
143 *Ibid.*, f. 36-37.

l'ajustement temporel. Pour maîtriser la Fortune, le prince prudent, comme tout homme, doit agir au bon moment, en fonction des conditions. Il « paraît égal partout et prend son temps selon l'état où les affaires se trouvent, sans jamais changer pour quelque sujet que ce soit, mais s'accommode seulement aux choses qu'il voit changées[144] ».

Là où s'arrête la comparaison avec la pensée machiavélienne, ou du moins la conception que l'on s'en faisait au début du XVIIe siècle, se situe dans le rapport entre la pratique de cette prudence et la limite que lui impose la morale chrétienne. Jusqu'où les auteurs de la fin du XVIe et du début du XVIIe siècle étaient-ils prêts à accepter l'emploi de la prudence comme moyen d'agir aux frontières de ce que la religion chrétienne pouvait tolérer dans l'exercice du pouvoir politique ? Nous avons vu que pour des auteurs comme Lipse et Charron, l'emploi de la ruse et de la dissimulation était légitimé par les situations qu'engendraient certaines nécessités comme la conservation de l'État. Faret, au contraire, reste réticent à ce sujet. Pour lui, la prudence « ne veut point tromper, ni ne peut être trompée[145] ». Il conseille donc expressément au prince de « ne rien faire finement, ni tourner à un usage malicieux la raison, [...], mais au contraire avoir toujours l'âme ouverte et pure de dissimulation », ce qui pour lui constitue même la « particulière marque du bon ou du méchant prince[146] ». La critique du machiavélisme est ici à peine cachée. En l'adaptant au particularisme français, Faret utilise la figure de Louis XI, dit le Prudent, pour l'expliciter. Celui qui a pu incarner la figure du prince machiavélien – à raison puisque Machiavel le cite comme modèle dans *Le Prince* – se retrouve au contraire, dès le début des conflits confessionnels et au-delà, au centre des critiques. La figure de Louis XI est en effet le modèle auquel les penseurs politiques français font appel quand ils désirent donner forme à la figure du mauvais prince machiavélien. Celui dont on loua la prudence politique au temps des guerres d'Italie est devenu, dès la reconstruction et la défense de la figure du prince vertueux, tant en politique qu'en morale, la personnification du prince dissimulateur, utilisant des stratagèmes honnis à des fins politiques. De fait, Faret précise qu'un « sage souverain doit se garder d'être semblable à Louis XI, qui n'aimait (disait-il) aucune de ses vertus à l'égal

144 *Ibid.*, f. 38.
145 *Ibid.*, f. 39.
146 *Ibid.*

de la dissimulation[147] ». *A contrario*, il définit la figure du bon prince en reprenant celle de Louis XIII, le Juste, à l'époque même de son règne.

Au-delà de la flagornerie et du discours flatteur, l'association de la figure du bon prince à celle de Louis XIII est un modèle récurrent du discours politique du premier tiers du XVIIe siècle puisqu'elle participe activement du discours et de la littérature étatistes mis en place par le pouvoir royal à cette époque. Pour Faret, le bon prince « aime beaucoup plus être vertueux que le paraître seulement ; bien loin de l'humeur de ceux que l'ambition contraint à déguiser toutes leurs pensées et leurs actions et qui font moins d'état d'avoir l'âme bonne que l'apparence[148] ». Cette antithèse de la figure du prince machiavélien, ici construite en premier lieu sur le discours de la non-simulation des vertus, participe de la figure du prince prudent. Pour Faret, en effet, la critique de la simulation vertueuse n'engage pas uniquement la piété. Elle participe en premier lieu de la pratique de la prudence. Il exhorte le prince à « détruire toutes ces fausses images de prudence » : l'honneur ne se gagne plus par « ces vaines imaginations[149] ». Le discours de la vérité trouve ici un retentissement particulier. Seules les actions considérées sous le prisme de la vraie vertu, sans dissimulation et « feintise » sont à mêmes de permettre au prince d'établir sa gloire dans la durée car « en fin rien de malicieux n'est de durée[150] ».

Faret prend aussi, pour ce qui est de la prudence politique du prince, le contrepied de Lipse et Charron. Ce dernier reprenait l'idée lipséenne d'une prudence pouvant s'exercer à plusieurs niveaux. La « prudence mêlée » chère à Lipse est ici, chez Faret, entièrement infirmée par son parfait opposé. Si pour Lipse, puis Charron, la prudence pouvait consister en un mélange de vertu et de finesse et pouvait s'étendre jusqu'aux frontières de la morale chrétienne en fonction de la nécessité, elle devient chez Faret l'outil même permettant de la démêler à nouveau. Pour ce dernier, en effet, « l'exercice de la prudence consiste aussi, [...], à reconnaître le bien avec le mal, pour ce qu'ils se mêlent si souvent ensemble et qu'il est bien difficile de les séparer, de sorte que quelques fois nous suivons l'un pour l'autre et prenons le faux pour le vrai[151] ».

147 *Ibid.*, f. 40.
148 *Ibid.*, f. 39-40.
149 *Ibid.*, f. 40-41.
150 *Ibid.*, f. 41.
151 *Ibid.*, f. 41-42.

L'exemple de ces différents auteurs doit nous convaincre non seulement de la transformation de la vertu de prudence en morale comme en politique, entre la fin du XVIe et le début du XVIIe siècle, mais également de son importance dans l'affirmation du discours rationnel de l'exercice politique. Il doit également nous convaincre de la multiplicité de définitions de la prudence qui, en fonction de l'auteur, procède de manière particulière. La vertu de prudence n'est ainsi jamais vraiment identique : chez Lipse, Charron ou Théveneau, comme chez bien d'autres, elle est le moyen qui permet l'inscription de la réalité politique que l'on n'ose énoncer que sous le couvert d'un discours qui emprunte encore à la tradition un caractère normatif et prescriptif. Chez Faret, en revanche, elle suit le même chemin pour y renoncer finalement. L'ambiguïté du propos prudentiel participe d'une voie médiane qui cherchait à représenter une figure vertueuse du prince tout en légitimant un déplacement des limites éthico-politiques. En nommant Machiavel du bout de la plume et en évitant le terme de « raison d'État », cibles de critiques, les auteurs de ces traités ont pourtant permis l'actualisation d'une part de la *vérité effective de la chose* et de la rationalité dans le discours politique de l'époque. La raison d'État s'est inscrite comme la norme de l'exercice du gouvernement du prince : elle finit par aboutir à l'émergence d'une littérature étatiste légitimant l'absolutisme du pouvoir royal. Lipse, Charron comme Théveneau ont repris à leur compte la métaphore du miroir du prince qui s'est alors transmise dans des œuvres représentant une figure vertueuse du prince absolu. Les miroirs des princes de l'absolutisme, s'il est possible de les nommer ainsi, ont en effet repris le symbolisme spéculaire, en l'instrumentalisant, en le surpassant et en le transcendant.

SIXIÈME PARTIE

LE PRINCE ABSOLU

Le siècle de la Raison n'a peut-être jamais aussi bien porté son nom que lorsqu'il s'agit de s'intéresser à la littérature politique de cette époque. Le XVIIe siècle, outre son importante réflexion philosophique, a également été le témoin d'un désir de rationalité qui se perçoit au cœur de la littérature sur le pouvoir politique et la figure du souverain. Initiée par la diffusion de la rationalité en politique – au travers notamment de la réécriture de la raison d'État en accord avec le modèle de la monarchie française, et par l'affirmation d'un pouvoir tendant vers l'absolutisme ainsi que d'un État moderne s'affirmant[1] – une littérature continua à être adressée au pouvoir royal en décrivant une nouvelle figure du prince en adéquation avec son temps. Que ce soit par le biais d'une littérature étatiste d'auteurs soutenus par le pouvoir – et le soutenant – ou par une littérature encomiastique glorifiant une figure absolue de la royauté, le XVIIe demeura un moment privilégié de l'écriture de la figure du prince et des vertus nécessaires à l'exercice de la souveraineté, selon des modalités nouvelles.

Il s'agit alors d'observer comment la métaphore du miroir a continué à être utilisée dans une littérature faite de louanges envers le pouvoir royal, en étant déployée jusqu'à son paroxysme. Détournée de son sens premier, la métaphore spéculaire va ainsi devenir l'outil de justification de la politique royale. Le miroir ne sert plus à montrer au prince le reflet d'un idéal : il ne peut que refléter l'idéal déjà atteint par le prince absolu. Il s'agit également d'examiner comment la théorie du miroir du prince se dissout au milieu du XVIIe siècle dans des œuvres s'attelant toujours à définir l'image du prince et son éducation. Le prince vertueux est alors absorbé par la théorisation d'un État moderne qui s'érige. Un auteur comme Pierre Nicole, influencé par Hobbes[2], va brosser le portrait d'une figure souveraine dénuée de ses vertus : seules la piété et la morale sont exigées d'un prince qui n'est que la représentation d'une souveraineté se légitimant hors de sa personne. Enfin, il convient de rendre compte

1 Sur la réception et la diffusion de la raison d'État en France, voir Thuau, Étienne, *Raison d'État et pensée politique à l'époque de Richelieu*, *op. cit.*

2 Weber, Dominique, « Le "commerce d'amour-propre" selon Pierre Nicole », *Astérion*, numéro 5, 2007, p. 169-195.

de la dissolution du miroir du prince et des conseils politiques dans un projet plus vaste et complet : la bibliothèque naudéenne[3].

3 Damien, Robert, *Bibliothèque et État. Naissance d'une raison politique dans la France du XVIIe siècle*, Paris, PUF, 1995.

LA LITTÉRATURE ENCOMIASTIQUE

La littérature politique, consacrée au pouvoir royal et rédigée durant le règne de Louis XIV, se distingue par une certaine polarité. En effet, comme le remarque Nicole Ferrier-Caverivière, la figure du prince, alors entièrement occupée par la personnalité de Louis XIV, s'imposait à tous les écrivains du règne et était adorée, adulée ou exécrée[1]. Si ce roi pouvait en effet être représenté par certains sous les traits du roi Soleil, vanté dans de glorieux panégyriques, il pouvait aussi, pour d'autres, prendre les traits d'un prince médiocre nécessitant d'être rendu meilleur et guidé dans sa tâche. On louait ainsi les qualités qu'il avait ou, au contraire, celles qu'il devait acquérir. Ces représentations d'un personnage protéiforme n'est pas l'apanage du seul Louis XIV. Depuis le XVIe siècle, les traités politiques définissant sans relâche les vertus du prince et les arts de gouverner n'ont en effet pas participé d'une seule et unique théorie. La figure de Louis XIV représente peut-être au mieux les deux extrêmes, rédigés à des fins totalement opposées, d'un discours sur le même objet, la figure du gouvernant politique.

La littérature politique proche du pouvoir, au milieu du XVIIe siècle, déborde du seul cadre parénétique au moment de décrire la figure du prince. De même, il ne s'agit plus uniquement de former un prince à un ensemble de savoirs ou à une science du gouvernement. Le roi des traités politiques de cette époque devient alors « à la fois un mythe collectif, l'expression d'un sentiment national, et un personnage historique, un chef d'État, un chef d'armée[2] ». Il représente ainsi une figure particulière dont l'aura est à tel point chargée qu'elle représente « la concrétion d'une culture[3] », celle du siècle classique.

---

1 Ferrier-Caverivière, Nicole, *L'image de Louis XIV dans la littérature française de 1660 à 1715*, Paris, PUF, 1981, p. 11.

2 *Ibid.*, p. 14.

3 *Ibid.*

Le rapport au roi de cette littérature est d'autant plus intéressant qu'il se transforme en fonction des réactions qu'il provoque. Ferrier-Caverivière observe en effet qu'il existe, entre la littérature et Louis XIV, un « perpétuel échange, une véritable osmose même parfois[4] ». Cet échange, régit d'un côté par la réception par le roi des traités qu'on lui dédie et, de l'autre, par la transformation de la figure du prince dans la littérature en réponse à la politique royale, instaure alors un épiement mutuel. Ce jeu de regards et de reflets prolonge à sa manière la métaphore spéculaire dans le domaine politique. Ainsi la littérature politique recommence d'user de cette dernière pour représenter le prince. Si elle le fait, elle ne donne pas uniquement au roi les traits d'un prince-miroir, d'un « homme-reflet », condensant en lui toutes les qualités nécessaires à l'exercice de la souveraineté. Pas plus qu'elle ne représente, de l'autre côté, des « reflets imaginaires » formant une chimère. Car la particularité de la littérature brossant le portrait du roi Soleil est de confondre l'image du roi qu'elle dépeint avec la vision du prince idéal qu'elle reflète, les deux pouvant alors « avoir même stature[5] ». Cette accumulation d'un portrait royal se superposant parfaitement à son idéal a aussi été constatée par Georges Lacour-Gayet[6]. Celui-ci avait en effet exprimé, dans son étude sur l'éducation politique de Louis XIV, que l'image que l'y on brossait du roi était le produit, en partie encore, d'une culture humaniste qui concentrait en elle la tradition des Institutions du prince, de la critique de la pensée machiavélienne et d'une politique chrétienne.

En 1650, peu de temps avant sa mort, Jean Baudoin adressa à Louis XIV un texte au titre explicite. Son ouvrage, intitulé *Le Prince parfait*[7], entendait présenter au roi le parfait modèle du souverain. Baudoin, traducteur, moraliste et membre de l'Académie française, utilise à cette fin une œuvre particulière qui lui sert de modèle. C'est en effet en reprenant, là encore, *Les Politiques* de Juste Lipse et en les réaménageant à sa guise qu'il étaye ses propos[8]. Dès l'épître au roi, Baudoin réalise

4 *Ibid.*

5 *Ibid.*

6 Lacour-Gayet, Georges, *L'éducation politique de Louis XIV*, *op. cit.*, 1898.

7 Baudoin, Jean, *Le prince parfait et ses qualités les plus éminentes avec des conseils et des exemples moraux et politiques*, Paris, 1650.

8 *Ibid.*, avertissement (« Ces observations sur la conduite du Prince sont tirées, [...], de ce qu'en a écrit en latin le célèbre Juste Lipse. [...] j'ai donné par raison tout une autre face à cet ouvrage, dont j'ai changé l'ordre et retranché même ce qui m'a semblé n'être point de mon sujet ; ce qui rendra, je m'assure moins ennuyeuse la lecture [...]. »).

cette superposition de l'image et du modèle que Ferrier-Caverivière remarquait dans cette frange de la littérature politique de l'époque :

> Voici la copie d'un tableau dont votre majesté se peut dire l'original véritable, C'est le portrait du Prince parfait, qui vous doit sans doute tous ses agréments, puisque c'est de vous qu'il les emprunte[9].

Explicitement, l'auteur propose une double image au roi : il lui tend l'image figurant un prince parfait, dans l'idéal de sa représentation, qui, de la même manière, renvoie au jeune roi sa propre image. Comprenons bien : modèle et portrait se superposent et se comprennent l'un dans l'autre. En ce sens, la métaphore du miroir au prince est ici dépassée et transcendée. Il ne s'agit plus seulement de proposer au prince un modèle lui permettant de s'améliorer. L'idéalité de la figure du prince est déjà inscrite au sein même du réel. Cette littérature, qui se confond en de nombreux points avec le panégyrique[10], participe ainsi d'une exaltation de la figure souveraine :

> Voici [un portrait] Sire, des Qualités les plus nécessaires à la conduite des Princes, dont Vous êtes le Soleil, de l'élévation duquel vos fidèles sujets ne doivent attendre que d'heureuses influences. Si vous daignez y jeter les yeux, Vous y verrez, Sire, ce que peut un grand Monarque, tel que Vous êtes, fortifié de ces gardes puissantes, la Religion, la Justice, la Générosité, la Foi, la Clémence, et la grandeur de Courage[11].

La métaphore spéculaire permettant l'embellissement moral est rendue caduque par la perfection du modèle et ne sert plus à proposer au prince les moyens de s'améliorer. Elle reste cependant évoquée pour expliciter une autre qualité réflexive du miroir. En effet, si la symbolique du miroir au prince est surpassée, l'image du prince-miroir permet encore de figurer la diffusion des vertus par son reflet. Dans sa préface, Baudoin le précise, en se référant à l'origine antique de la métaphore :

> Les Anciens ont eu raison, ce me semble, de représenter la condition des Grands Princes, par deux Miroirs posés sur un Tertre, [...]. Car comme il est

9 *Ibid.*, épître, sans pagination. Nous modernisons l'orthographe.

10 Gabriel, Frédéric, « Roi mineur et naissance de la majesté dans les discours auliques. Une raison d'État encomiastique », *Revue de synthèse*, t. 130, 6e série, numéro 2, 2009, p. 233-265.

11 Baudoin, Jean, *Le prince parfait*, *op. cit.*, épître, sans pagination.

> vrai que les choses hautes paraissent plus que les basses, et qu'il n'y a point de tache au visage qui ne se découvre dans le Miroir. Aussi est-il certain que le Prince, signifié par le Sceptre, étant au-dessus des hommes, est par conséquent exposé à leurs yeux, plus que tout autre personne[12].

Puis, plus loin :

> Il ne faut donc pas douter que le Prince ne serve de Miroir à ses sujets, toutes les fois qu'il les instruit par son Exemple, ne faisant rien qui ne soit digne de l'Autorité qu'il a sur eux, et du haut titre de Souverain[13].

Le titre et la fonction autorisent le prince à représenter une idéalité qui rejaillit sur ses sujets. C'est par l'autorité et la souveraineté dont il est investi qu'il est en mesure de se transformer en miroir de vertus pour l'ensemble des sujets. Cependant, tout n'est pas inné : il doit encore acquérir des qualités nécessaires à sa réalisation et à l'exercice du bon gouvernement :

> Mais d'autant que pour atteindre à ce degré de perfection, plusieurs Qualités éminentes lui sont nécessaires ; je ferai ici comme un crayon des principales, que vous verrez plus au long déduites dans cet ouvrage de Juste Lipse, [...][14].

Tout en surexploitant la métaphore spéculaire et en surpassant son emploi traditionnel, Baudoin s'inscrit dans une littérature parénétique qui prolonge la description des qualités nécessaires à la figure du bon prince. Zèle en religion, continence et honnêteté, générosité, respect des lois, etc. : les qualités du souverain forment ici l'image d'un prince mêlant encore respect de la morale chrétienne et savoir antique. Baudoin perpétue une tradition en reprenant à son compte l'image vertueuse du prince, proposée plusieurs décennies auparavant par Lipse, et en continuant également à la bâtir en opposition à la figure du tyran basée sur l'antimachiavélisme :

> Aussi ne faut-il pas en effet séparer l'Honnête de l'Utile, qui sont deux fins principales, bien éloignées du but de Machiavel, qui par une maxime contraire, forme des Tyrans, et non pas des Rois ou des Princes légitimes[15].

---

12 *Ibid.*, sans pagination, « Discours servant de préface, où sont compris sommairement toutes les vertus du prince, contenues dans ce livre ».

13 *Ibid.*

14 *Ibid.*

15 *Ibid.*, f. 98.

La reprise de la métaphore spéculaire par Baudoin s'inscrit cependant dans une optique particulière. En effet, plusieurs années auparavant, dans un ouvrage paru en 1638-1639, cet auteur s'était déjà attelé à décrire les vertus nécessaires au bon gouvernement au sein d'un *Recueil d'Emblèmes divers*[16]. De fait, il brosse le portrait de son prince sur deux modèles distincts. En premier lieu, il reprend un emblème intitulé « Des Princes en général, & des qualités qui les rendent considérables », comme il le mentionne en ouverture de sa préface[17]. Comme le précise Marie Chaufour, ce lien que l'auteur fait lui-même entre son précédent recueil d'emblèmes et son *Prince parfait* lui permet de s'inscrire dans une démarche qui « ambitionne de dessiner par le truchement de ses emblèmes le portrait allégorique d'un prince vertueux[18] ». Pour pouvoir l'inscrire au-delà d'un emblème, au cœur même d'un discours éthico-politique, il réactive une conception humaniste du prince qu'il emprunte à Juste Lipse, en l'adaptant au contexte politique français du milieu du XVIIe siècle. Comme dans les Institutions du prince, presque un siècle auparavant, cette démarche a pour but de « dresser un portrait destiné à servir l'affirmation de la monarchie[19] ». Baudoin, le moraliste, adapte pour ce faire deux modes de représentation de la figure du souverain, l'emblème et le discours politique. Il participe ainsi à sa façon aux réflexions de son temps sur le pouvoir. S'il réinterprète, « à la manière d'un moraliste », les réflexions politiques qui s'interrogent sur une nouvelle conception du gouvernement au travers de toute l'Europe, plus précisément celles de la raison d'État, il participe également d'une seconde rupture.

En effet, comme le précise avec raison Chaufour, il assimile « l'évolution du modèle des miroirs des princes, où les *exempla* sont remplacés par des démonstrations » en continuant à proposer une Institution du prince permettant au roi d'atteindre « ce nouvel idéal[20] ». Il se place ainsi à la suite de Juste Lipse – reprenant à son compte l'œuvre et la pensée de

16 Chaufour, Marie, « Jean Baudoin, le translateur et le portrait du prince idéal », *L'interprétation du/au XVIIe siècle*, actes du colloque international de la *Society for Seventeeth-Century French Studies*, Pierre Zoberman (dir.), Cambridge, Cambridge University Press, 2015, p. 120.

17 Baudoin, Jean, *Le prince parfait*, *op. cit.*, préface, sans pagination.

18 Chaufour, Marie, « Jean Baudoin, le translateur et le portrait du prince idéal », art. cité, p. 121.

19 *Ibid.*

20 *Ibid.*, p. 122.

l'humaniste flamand – en proposant un ouvrage « se situant entre les miroirs des princes et un traité de gouvernement[21] ». Mieux même, il participe à la mise en place « de ce nouveau mode de gouvernement dégagé de la tradition théocratique, orienté vers une conception laïque de la souveraineté, et fondé de ce fait sur les vertus royales[22] ».

L'exemple de Baudoin nous incite à percevoir les prémices d'une transformation de l'écriture de la figure du prince au milieu du XVIIe siècle. Le siècle de la Raison est en effet le témoin d'une nouvelle pensée. Après Machiavel – toujours décrié pour le rapport qu'il a établi entre politique et religion – et Montaigne, et sous les effets de la pensée de Hobbes, Descartes et Pascal, les auteurs, même mineurs, de la littérature politique rompent avec l'écriture d'un prince idéal. Certes, dans leurs textes, celui-ci existe bien puisqu'il y prend le visage du roi lui-même. Mais au-delà de ce jeu de louanges et de reflets, ils conçoivent un pouvoir royal basé sur des modèles bien réels. Comme le dit Ferrier-Caverivière, les penseurs de la seconde moitié du XVIIe siècle « ne s'intéressent pas à la terre de nulle part[23] ». Là encore, l'auteure remarque elle aussi ce qui émane de cette littérature adressée au pouvoir royal à partir du milieu du XVIIe siècle. Elle résume parfaitement ce qu'il est possible d'y percevoir : « de 1660 à 1685, à aucun moment l'idée que l'on se fait du Roi n'est une utopie, ni le prince idéal une créature de rêve[24] ». En effet, depuis de nombreuses années déjà, les écrivains du pouvoir politique, aussi mineurs soient-ils, se soucient de « définir des modèles politiques, un État et un Prince selon la raison, et non selon une folle imagination[25] ». Il s'agit certes toujours de définir le meilleur gouvernant politique et ce qu'il rassemble en lui de qualités et de vertus. Cependant, à la manière d'un Machiavel au début du siècle précédent, les auteurs de la seconde moitié du XVIIe siècle réfutent l'idée de concevoir un État et un prince souvent imaginés mais irréalisables. Il s'agit bien de déterminer quel peut être le meilleur roi, toujours dans l'attente d'une amélioration

---

21 *Ibid.*

22 *Ibid.*

23 Ferrier-Caverivière, Nicole, « Louis XIV et le Prince idéal dans la littérature française de 1660 à 1685 », *L'image du souverain dans les lettres françaises. Des guerres de Religion à la révocation de l'Édit de Nantes*, Actes et colloque, numéro 24, Colloque de Strasbourg 25-27 mai 1983, Paris, Klinsksieck, 1985, p. 70.

24 *Ibid.*, p. 69.

25 *Ibid.*

rendue possible, mais sans rêver ou inventer « des structures et des comportements qui ne s'appliqueraient à aucune société[26] ».

C'est en des termes identiques que Pierre Le Moyne exprime en 1665 le but de son ouvrage *De l'art de régner*[27]. Le Jésuite adresse au roi un traité dans lequel il définit non seulement en quoi consiste l'exercice de la souveraineté mais également quel doit être le prince capable de le faire. Il adresse ainsi un « portrait » du prince qu'il fonde sur la personne du roi[28]. Le roi est à l'image d'un Salomon moderne, réunissant en sa personne la sagesse, les vertus et l'expérience nécessaires à la royauté. S'il n'est ici pas mention de la métaphore spéculaire, le prince-miroir est remplacé par l'image du roi-soleil :

> Toutes les vertus que demande l'Art de régner, je les ai toutes exprimées sous le symbole du soleil, parce que je n'ai pas cru pouvoir trouver ni une figure plus illustre pour représenter votre Majesté, ni un moment plus accompli pour instruire les autres Princes[29].

Il s'agit encore de cela : instruire le prince, et par son truchement les autres princes, à l'art de régner. Pour ce faire, Le Moyne rappelle la tradition qui l'a précédé. Il précise alors l'importance de la formation du roi à sa tâche pour la réussite du bien commun : « il n'y a rien de plus important que de bien régner ; il n'y a rien aussi de plus utile que de contribuer à l'instruction de ceux qui règnent. Le Bien des Peuples et des États dépend de là[30] ». L'intérêt particulier de Le Moyne réside dans sa volonté de se distinguer des œuvres qui le précèdent immédiatement. S'il partage l'idée, présente depuis le début du siècle, de la nécessité d'une formation particulière à l'exercice de la souveraineté[31], mettant en avant une instruction du prince dans un souci pédagogique particulier, il remonte pourtant bien plus tôt quand il fait appel au genre littéraire dans lequel il entend s'inscrire. Car si « ceux qui contribuent de leurs études à l'instruction des Princes[32] » participent du plus noble

26 *Ibid.*
27 Le Moyne, Pierre, *De l'art de régner*, Paris, 1665.
28 *Ibid.*, épître, sans pagination (« L'importance est, Sire, que le Portrait étant de cette partie de votre Personne. »).
29 *Ibid.*
30 *Ibid.*, préface, sans pagination.
31 Mormiche, Pascale, *Devenir prince. L'école du pouvoir en France* XVIIe-XVIIIe *siècles*, *op. cit.*
32 Le Moyne, Pierre, *De l'art de régner*, *op. cit.*, préface, sans pagination.

exercice, il entend prouver ce qui le distingue de ses prédécesseurs. C'est dans un langage machiavélien qu'il le formule et qu'il s'oppose à une longue tradition normative :

> La *République* de Platon et les *Politiques* d'Aristote ressemblent plutôt à des figures fabuleuses, à des fantômes de la fabrique des poètes, qu'à des modèles de juste forme, et moulés sur le naturel. L'institution du Prince que saint Thomas nous a laissée est l'ouvrage d'une intelligence qui se peut dire des plus élevées, et du premier ordre. Il ne se voit point ailleurs plus de solidité ni plus de force. Mais cette solidité est sans couleur, et cette force n'a point d'agrément. Et l'on m'avouera qu'un corps sec et décharné, quelques solides qu'en fussent les os, quelques forts qu'en fussent les nerfs, trouverait mieux sa place dans la boutique d'un opérateur que dans le cabinet d'un Prince[33].

Au contraire de Machiavel, dans le chapitre XV du *Prince*, Le Moyne nomme ici textuellement les penseurs politiques qui ont servi jusqu'alors de modèles pour la littérature traditionnelle parénétique et desquels il entend s'éloigner. S'éloigner mais non pas s'opposer : il ne remet en effet pas en cause leurs pensées ni leurs conceptions de la royauté. Il désire en revanche prendre ses distances de leur idéalité, du caractère idéel du prince et du royaume qu'ils ont conçus. Peut-on parler, dans ce cas précis, d'une volonté de traiter de la *vérité effective de la chose*, comme Machiavel l'avait affirmé près d'un siècle et demi auparavant ? À sa façon, Le Moyne digère ici partiellement, mais sans la nommer, la rupture machiavélienne. Précisons cependant qu'il ne concède au Florentin, dans un langage qui paraît machiavélien, que sa volonté de proposer au prince une image débarrassée de tout idéal et inscrite dans la réalité. Cette réalité, pour Le Moyne, se distingue en premier lieu par sa distance avec la théorie que pouvait représenter notamment la pensée d'autres auteurs avant lui :

> Le même se pourrait dire de cet ouvrage que Juste Lipse a composé de sentences grecques et latines, qui ne tiennent les unes aux autres que par les filets des particules. Je sais bien que ces sentences sont des extraits : je sais bien encore que cet ouvrage est pris des savants pour un ouvrage de marqueterie, et de marqueterie précieuse, et toute composée de pierres fines. Mais le goût de la Cour accoutumée aux délices veut quelque chose de mieux assaisonné[34].

---

33 *Ibid.*

34 *Ibid.*

Il en va de même pour les auteurs italiens, « grands alchimistes de l'État » et « grands tireurs de quintessences politiques », dont la pensée est subtile et raffinée mais où tout n'est qu'« esprit et spéculation[35] ». Leur pensée, trop théorique, s'évapore « sans qu'il ne reste rien pour l'usage » et ne permet pas de trouver les « routes, par où l'on descend de la spéculation à la pratique[36] ». Voilà donc ce que reproche Le Moyne à ceux qui ont écrit sur la formation du prince. Lui, au contraire, désire « tenir une méthode moyenne entre ce que les uns ont de trop délié et de trop subtil, et ce que les autres ont de trop étendu et de trop massif[37] ». Il désire plus encore « adoucir les duretés du genre dogmatique » en joignant « la spéculation à la pratique », en appliquant « les règles à la matière et les préceptes à l'usage[38] ».

Son œuvre se divise en quatre parties : la première définit l'art de gouverner, la deuxième indique les dispositions que cet art présuppose, dans l'acquisition de « vertus générales qui ne font pas immédiatement le bon prince mais qui font l'homme de bien, qui est le fond, le sujet et comme la matière du bon prince[39] ». Ces vertus, communes aux hommes comme aux princes, sont la piété, la probité et la modération. La piété est toujours considérée comme une vertu primordiale à l'exercice politique car c'est en elle que réside le principe du bon gouvernement. Si les auteurs du XVIIe siècle s'évertuaient à établir une conception laïque de la souveraineté, son exercice n'en demeure pas moins, dans leurs œuvres, intimement lié aux vertus religieuses, en premier lieu à la piété. En effet, loin de dépeindre un prince sur un modèle christique ou d'en faire un prince-prêtre, les traités adressés au pouvoir royal n'omettent pas de rappeler l'importance d'un comportement privé et civil en accord avec la morale chrétienne. Ceci n'est pas étonnant compte tenu de l'origine de la plupart des auteurs de cette période qui sont eux-mêmes des clercs. La probité, seconde vertu prescrite par Le Moyne, donne au prince, dans sa nature humaine, des règles de vie. La modération, enfin, lui permet de contrôler ses passions « qui déconcertent toutes les mesures que demande l'art de régner[40] ».

---

35 *Ibid.*
36 *Ibid.*
37 *Ibid.*
38 *Ibid.*
39 *Ibid.*
40 *Ibid.*

La troisième partie de l'œuvre s'intéresse aux moyens, aux « vertus morales » qui sont nécessaires au prince en particulier. Ils sont au prince ce que les « facultés et des puissances naturelles » sont aux hommes : prudence, justice, autorité, fidélité, bonté, clémence et libéralité. Propres et nécessaires au prince, ce sont des vertus qui s'acquièrent et qui se développent. Si ce catalogue de vertus, simplement énoncé, nous renvoie au discours des miroirs médiévaux et des Institutions humanistes, il ne se développe plus sur le même ordre d'idée. Il est certes toujours attendu du prince d'être vertueux et de remplir en sa personne, à des degrés divers, l'ensemble des vertus nécessaires au bon gouvernement. C'est en revanche le champ d'action de chaque vertu qui se transforme : elles ne sont plus uniquement considérées dans un usage spéculatif, faisant du prince un parangon vertueux qui regrouperait en sa figure l'ensemble des vertus dans une complétude inatteignable. Les vertus attendues du prince s'exercent désormais dans l'exercice réel d'une tâche définie : l'exercice du pouvoir.

La quatrième et dernière partie de l'œuvre de Le Moyne traite des « aides » que sont le Conseil, les Finances et les Armes et qui permettent au prince d'accomplir son devoir. Enfin, l'on retrouve dans l'œuvre cette volonté de démontrer par l'exemple. Le Moyne base ainsi ses préceptes sur des modèles historiques :

> Que si l'on veut absolument que l'art de régner ne se puisse apprendre que de ceux qui ont régné, je dirai que je l'ai appris dans l'école de l'Histoire, où j'ai eu pour maîtres les bons et les mauvais princes[41].

Les différents rapprochements qu'il a été possible de faire avec la pensée machiavélienne permettent de comprendre l'influence du Florentin dans la littérature politique de cette seconde moitié du XVIIe siècle. Sans être nommée, son ascendance est cependant perceptible : l'on note un besoin de réalisme dans la description du gouvernant nécessaire à une république non moins réelle ainsi que la réfutation du caractère spéculatif des vertus au profit d'un pragmatisme. En des termes proches, les œuvres adressées au pouvoir royal et décrivant l'acte même de régner ont absolument assimilé ce désir rationaliste initié par la pensée machiavélienne et, plus tard, par la raison d'État. Mais la pensée politique

41 *Ibid.*

de Machiavel n'est pas le machiavélisme, même si elle la fonde à ses dépens et malgré elle. On retrouve chez Le Moyne ce qui peut rester de la critique machiavélienne : le rapport à la foi. Il s'agit même ici du seul point qui lui est reproché : avoir proposé au prince de feindre la piété. « Cette illusion des trompeurs », « ces voies obliques et ces faux fuyants sont les chemins du Monde de Machiavel[42] ». En ces termes, Le Moyne le condamne fermement. Il reprend certes chez lui son rapport au réel, en rompant avec la tradition des miroirs et des Institutions du prince mais il ne peut lui concéder la feintise de la vertu de piété :

> Il n'a point tracé d'autres sentiers ni d'autres routes sur la belle carte qu'il en a laissée. Mais je sais bien aussi, qu'on ne va par là qu'à des précipices et à des gouffres[43].

Même époque, autre exemple. Quelques années seulement avant Le Moyne, la réécriture de la figure du prince, superposant modèle et portrait, se retrouvait déjà chez le R.P. Senault. Jean-François Senault, prédicateur appelé à devenir supérieur de l'Oratoire de France, rédigea en 1661 un texte qu'il dédicaça au roi[44]. Ce traité, intitulé *Le monarque ou les devoirs du souverain*, reprend dans son épître la symbolique du miroir.

> Voici le monarque tel qu'il a été dépeint par les plus sages politiques du monde qui se présente devant votre majesté. C'est un miroir fidèle dans lequel elle pourra voir non pas les traits de son visage, qui donne du respect et de l'amour à tous ceux qui le regardent ; mais les vertus de son âme, et ces rares qualités qui la font si glorieusement régner dans la France. En effet, il semble que Dieu ait voulu faire son chef-d'œuvre de votre majesté, et qu'il ait recueilli dans votre personne ce qu'il a divisé dans celle des plus illustres monarques[45].

L'image du roi décrite ici dépasse celle que le miroir humaniste était en mesure de proposer. Le miroir de Senault ne reflète pas l'image du prince parfait au travers d'une représentation idéale vers laquelle le roi doit tendre. Il ne reflète pas non plus, même s'il s'agit d'un « miroir fidèle », les traits exacts du visage du roi afin de lui faire prendre conscience de

42 *Ibid.*, troisième partie, article III « Illusion des Trompeurs : description du Monde de Machiavel : Mauvaise fin de la mauvaise Foy : Exemples mémorables sur cet article », f. 362.

43 *Ibid.*

44 Senault, Jean-François, *Le monarque ou les devoirs du souverain*, Paris, 1661.

45 *Ibid.*, épître, sans pagination.

ses qualités et de ses défauts. L'image du roi dépasse la symbolique du miroir telle qu'elle était définie depuis l'Antiquité ainsi que dans les miroirs et Institutions des princes médiévaux et humanistes. Le miroir que l'on tend ici à Louis XIV est un portrait. Le roi en est devenu le reflet idéal, le modèle. Non seulement il reflète les « vertus de son âme » et les « rares qualités » qui font de lui le prince glorieux qu'il est mais il rassemble aussi dans son seul reflet les qualités de tous les autres rois avant lui. Comme le précise en effet Ferrier-Caverivière, quand Senault « brosse le portrait du prince idéal, et qu'il le présente comme un "miroir" qui pourra "servir" à Louis XIV, il ne s'attache qu'à prédire en quelque sorte qui sera Louis XIV, et trace un tel portrait avec d'autant plus d'enthousiasme qu'il voit poindre en son roi la plus belle incarnation de son idéal[46] ». On perçoit alors la transformation de la métaphore spéculaire qui est ici déployée à l'extrême, à la manière d'un prisme.

Si l'ensemble de l'épître de Senault apparaît comme un panégyrique louant la personne du roi et retraçant ses actes de gloire depuis sa naissance, l'auteur continue à développer une réflexion sur la métaphore du miroir. Le traité se veut ainsi également un miroir dans son discours parénétique. Cependant, au-delà du miroir, l'auteur entend peindre un portrait du prince idéal sur le modèle même du roi. Ce rapport à l'image du roi reste ambigu. Si, d'un côté, le miroir va refléter le portrait du roi lui-même dans une idéalité morale et vertueuse déjà atteinte, il va également proposer des exemples qui doivent permettre au roi de forger ses qualités politiques. Ce monarque parfait, que l'on présente au roi et basé sur l'image même de ce dernier, l'est de manière intrinsèque. L'image comme le roi contiennent en eux les qualités nécessaires à la conduite du royaume. Fallait-il encore proposer au jeune Louis XIV, âgé alors d'un peu plus de vingt ans, les règles politiques et les modèles historiques pour la réaliser :

> Ce monarque que je présente à votre majesté lui pourra servir dans un si généreux dessein : car il a toutes les qualités que les politiques demandent dans un parfait souverain ; et l'ayant formé selon les avis de ces savants maîtres, qui ont autrefois instruit les plus grands princes du monde, elle y trouvera les vertus, les maximes, et les règles qui les ont rendus l'admiration de leur siècle, et l'étonnement du nôtre[47].

---

46 Ferrier-Caverivière, Nicole, *L'image de Louis XIV dans la littérature française de 1660 à 1715*, *op. cit.*, p. 49-50.

47 Senault, Jean-François, *Le monarque ou les devoirs du souverain*, *op. cit.*, épître, sans pagination.

Ce miroir-portrait contient ainsi en son sein un véritable programme politique qui doit inciter le roi à être pieux et à respecter Dieu, à se former à la vertu, à régler ses passions et à se former à la morale avant la politique. Il lui montre comment aimer son État, conserver son autorité sans opprimer la liberté de ses sujets et administrer la justice. Les institutions participant à la formation de l'État moderne se distinguent dans le champ d'action de l'exercice du pouvoir. Ainsi, le roi doit, en observant les modèles qu'on lui propose, prendre connaissance de l'administration des finances, présider ses conseils et écouter ses ministres. Puis il doit également apprendre l'art de la guerre. Enfin, « remarque sur toutes choses », Senault n'oublie pas de préciser au roi « qu'encore que ces sages princes fussent absolus dans leurs États, ils agissaient comme s'ils en eussent été les tuteurs » et que le bien public était « la fin de tous leurs travaux », préférant « le salut de leurs sujets à leur propre gloire[48] ».

Senault avait pleinement conscience de la symbolique du miroir qui s'était développée dans la tradition parénétique. S'il la déploie finalement à l'extrême, sortant des normes établies jusqu'alors, en faisant du roi un modèle déjà compris dans sa perfection morale, il en connaît pourtant les origines. Il considère ainsi les grands princes qui composent les modèles de son ouvrage comme « des glaces fidèles » qui représentent leurs vertus sans cacher leurs défauts. Il développe même, plus loin, une réflexion sur l'origine de la métaphore spéculaire, en reprenant la théorisation de Sénèque :

> Le philosophe Sénèque qui charmait les empereurs, par la nouveauté de son éloquence, a remarqué que les premiers miroirs des hommes étaient les fontaines, et qu'avant qu'ils eussent trouvé l'usage des glaces, ils se regardaient dans les ruisseaux. Il dit encore agréablement, que ces miroirs étaient de fidèles conseillers qui donnaient de bons avis à ceux qui les consultaient, que leurs réponses muettes étaient des oracles parlants, et que ceux qui les voulaient écouter en prenaient jamais que de généreuses résolutions[49].

L'utilisation de la métaphore du miroir sous-entend chez Senault – comme chez Sénèque – l'obligation d'un comportement moral vertueux. En reprenant le philosophe romain, l'auteur assume le caractère

48 *Ibid.*
49 *Ibid.*

impérieux de l'amélioration morale qu'il attend du prince. L'usage des miroirs étant une « étude sérieuse », permettant l'apprentissage des vertus en se regardant dedans, et « chacun voyant son miroir devant ses yeux, essayait de s'en acquitter[50] », il précise alors au roi le devoir qui lui incombe. Senault, pour conclure son épître, use la métaphore spéculaire jusqu'à transformer le miroir en objet doué de qualités surnaturelles. En citant à nouveau Sénèque, il inscrit son miroir au-delà de la simple tradition parénétique et de la symbolique du miroir :

> Mais ce sage Philosophe ajoute, que ces miroirs qui étaient plus simples que les nôtres, étaient aussi plus utiles. Car les nôtres, quelques magnifiques qu'ils soient, nous laissent tous les défauts qu'ils nous montrent ; mais ceux-là prêtaient leurs eaux pour effacer les taches qu'ils découvraient, et joignant heureusement l'utilité au plaisir, ils guérissaient le mal après l'avoir fait connaître[51].

Le miroir que propose l'auteur dépasse la qualité première réflexive de l'objet : mieux que les miroirs de son temps, et à la manière de ceux des temps antiques, il montre les défauts ainsi que les moyens de les corriger.

> Ce miroir que j'offre à votre Majesté est encore bien plus fidèle et plus utile ; car outre qu'il représente l'esprit et le corps des Princes ; qu'il produit les plus secrètes pensées de leurs cœurs, et les désordres les plus cachés de leurs âmes, il en fournit aussi le remède, et il fait autant de guérisons qu'il découvre de maladies[52].

Senault entend ainsi composer son miroir en basant le reflet du prince idéal sur deux modes de construction : d'un côté il découvre les meilleurs modèles à suivre comme exemple, d'un autre il met en garde contre les mauvais princes, dans leurs caractéristiques négatives et les punitions qui les frappèrent. Ces modèles historiques, bibliques et mythologiques, bons comme mauvais, sont la base même du reflet du miroir :

> Car s'il fait voir l'impiété qui affecte des honneurs divins, [...], il fait aussi voir les justes punitions qui ont suivi son insolence. S'il découvre les Souverains, qui abusant de leur pouvoir, ont régné comme des Tyrans, il fait paraître

50 *Ibid.*
51 *Ibid.*
52 *Ibid.*

> en même temps de légitimes Monarques, qui s'assujétissant à la justice, ont rendu leurs noms illustres et leurs royaumes heureux. S'il représente de jeunes Princes, qui ne prenant avis que de leur ambition ou de leur colère, ont fait des fautes irréparables, et ont mis leur personne et leur État en danger ; il représente aussi de sages rois, qui agissant de concert avec leurs ministres, ont porté [...] leur réputation jusqu'aux extrémités de la terre. [...] S'il produit enfin des Princes qui ont été l'horreur de leur Siècle, il en produit en même temps qui ont été les délices de leurs Sujets, [...][53].

L'œuvre de Senault, aux portes du panégyrique, condense en son sein l'entier de la tradition normative et prescriptive de la littérature des miroirs. Comment comprendre, qu'après le milieu du XVIIe siècle – et à la manière de Baudoin ou de Senault –, l'on continuait à adresser au souverain un discours représentant le pouvoir par le biais d'une symbolique spéculaire tout en dénonçant le caractère utopique et spéculatif des œuvres antérieures ?

La métaphore spéculaire semble avoir été reprise, dès le début du XVIIe siècle en France, comme moyen d'expression et de légitimation du pouvoir politique au cœur même de la littérature étatiste. Cette dernière refondait, à la manière d'une « bonne raison d'État » chrétienne, l'exigence vertueuse du prince et le respect de la religion et de la foi dans les actions politiques pouvant contrevenir au bien particulier à l'avantage du bien commun. Il s'agissait, pour les auteurs participant à la défense du pouvoir, de légitimer une politique royale arguant la nécessité de conservation de l'État – ainsi que les actions politiques qui en découlaient – tout en reformant un miroir vertueux symbole d'idéalité. La figure du prince se retrouvait ainsi réactivée dans une symbolique spéculaire dans laquelle le roi participait de l'image contenue, à la manière d'un portrait, et de l'image reflétée.

En ce sens, une œuvre de Nicolas Charpy est révélatrice de ce double discours, d'un discours parénétique exprimé par la métaphore du miroir des princes tout en légitimant la raison d'État politique. En 1638, Charpy, littérateur engagé par Richelieu et, par la suite, par Mazarin, adressa au premier un traité intitulé *Le juste prince ou le miroir des princes*[54]. Cette œuvre politique, qui ne possède pas d'importance particulière, exemplifie cependant parfaitement le rapprochement qui tendait à s'accomplir,

53 *Ibid.*
54 Charpy, Nicolas, *Le juste prince ou le miroir des princes, en la vie de Louis le Juste*, Paris, 1638.

durant la première moitié du XVIIe siècle, entre la littérature étatiste et les panégyriques encomiastiques adressés au pouvoir royal. Ce rapprochement, que liait un discours aulique composé d'éloges et de louanges, s'entretenait en partie, chez certains auteurs, par la réactivation de la métaphore spéculaire.

L'œuvre de Charpy s'appuie dans son titre sur la tradition des miroirs des princes. Ceci n'est pas une originalité en soi. Sa particularité provient en revanche du fait qu'elle met en scène le roi lui-même. En effet, le miroir que tend l'auteur ne reflète pas les images idéales vers lesquelles le prince doit tendre. Il reflète plus précisément le roi. De cette manière, le texte ne s'adresse pas réellement au prince, ni au dédicataire, mais à une frange plus large de lecteurs. En résumant les actes justes et héroïques du roi vivant, dans un discours encomiastique, Charpy participe pleinement de la littérature étatiste mise en place et appuyée par le pouvoir afin de défendre et de légitimer l'autorité royale. Le miroir se déplace : il ne doit plus montrer l'excellence d'un modèle à attendre et à atteindre, ni proposer les images et les figures le permettant ; il n'exprime plus la formation intellectuelle et morale nécessaire au bon gouvernement. Le miroir, dans ce cas précis, va au-delà de la réflexion d'une figure idéale du prince se confondant dans les contours du portrait du roi lui-même. Il devient l'outil du pouvoir royal lui permettant de légitimer son autorité et ses actions politique et de répondre aux critiques qu'on lui adresse. Le miroir du prince est ainsi entièrement actualisé et ne reflète plus que l'image présente et vivante du roi lui-même.

Charpy détourne le reflet du miroir : il ne présente plus au prince un idéal à atteindre. Au contraire, l'idéal est déjà atteint dans la figure du prince réel. Il fait pivoter le reflet du prince et le dirige vers les contradicteurs de la politique royale. La métaphore du miroir est ici dévoyée dans une utilisation partisane sans ambiguïté. Le miroir des princes n'est plus l'objet symbolique dans lequel se focalisait l'entier d'un idéal vertueux attendu du prince. Au contraire, le reflet est réfracté et participe d'une toute autre finalité. La théorie politique du miroir des princes est ici invoquée afin d'inscrire le réel dans l'idéal, le prince et ses actions tendant déjà vers la perfection. Le miroir n'est ainsi utilisé que pour l'affirmer et contredire les médisants.

> Mais pour contenter ceux qui ont tant d'inclination à condamner, qu'à peine peuvent-ils épargner l'innocence, je veux exposer cet ouvrage sous la plus

rude et la plus difficile censure qu'il peut souffrir, et prévenir mes accusateurs s'il est vrai que quelqu'un veuille prendre la peine de l'être, j'ai fait servir à mes pensées tout ce que j'ai trouvé de plus excellent dans celles des Anciens, soit pour dépouiller la flatterie et embellir la vérité, soit parce que la lecture de leurs ouvrages m'a laissé des idées sur lesquelles mes conceptions ont été formées, quoiqu'il en soit, quand je n'aurais autre part en mon livre que la liaison j'aurais fait ce que je voulais, c'est-à-dire j'aurais ramassé toutes les beautés des Anciens pour relever l'éclat de celle de mon Prince, et je ne serais pas capable de lui donner les ornements dont ils avaient paré les leurs, parce qu'il possède de lui seul tout ce que les autres ont eu de rare et de considérable, et qu'en changeant le nom de ceux qu'ils ont loué, l'on voit que sans complaisance ou contrainte leurs Panegires se rendent naturels aux actions et aux vertus de Louis le Juste[55].

Le prince décrit dans le miroir de Charpy – dont l'œuvre tend irrémédiablement vers le panégyrique – possède déjà les qualités de tous les princes avant lui. Suffirait-il même de changer le nom des destinataires des œuvres anciennes pour voir que celles-ci se rendent naturelles « aux actions et aux vertus » de son prince. Si l'auteur indique se baser sur la tradition des Anciens, il critique cependant le caractère prescriptif des œuvres qui l'inspirent.

Je ne suis pas en peine de feindre avec dextérité de bonnes actions, ni de publier des vertus qui ne se trouvent qu'au discours de celui qui les loue, je sais que les Anciens ont plutôt averti les Princes de ce qu'ils devaient être, que loué de ce qu'ils étaient et qu'ils ont fait plus véritablement des souhaits que des Panégyres[56].

Dans une technologie de légitimation du pouvoir qui procède par louanges, la théorie du miroir semble dépassée. Le miroir du prince est ici réutilisé mais détourné : il ne sert plus à énoncer les souhaits qui font le bon prince, celui-ci s'étant déjà réalisé dans la réalité. La prescription d'un catalogue de vertus sonnerait alors creux. De même, le prince n'est plus un modèle pour ses sujets ou les autres princes.

[...], il suffit pour donner du relief à certains endroits des images de ne les point noircir ; mais en parlant du nôtre il faut tâcher de ramasser tout ce qui se peut dire pour faire voir que toutes les louanges avec lesquelles on a flatté les autres Princes, ne font qu'une partie de celles qui lui sont justement dues ;

55 *Ibid.*, avertissement, sans pagination. Nous modernisons l'orthographe.
56 *Ibid.*, f. 4.

> ou qu'on ne pourra désormais en donner de pareilles à ceux qui le suivront, parce qu'ayant porté ses vertus à un degré si éminent, il fera naître à tous un extrême désir mais mourir aussitôt l'espérance de l'imiter, [...][57].

L'exemple de cette œuvre caractérise ce qu'il est advenu de la métaphore spéculaire dans la littérature politique de la première moitié du XVIIe siècle. Le symbolisme du miroir était toujours entendu et utilisé par les auteurs proches du pouvoir royal. Il était toutefois détourné de son sens premier et instrumentalisé pour légitimer l'autorité royale et justifier ses actions politiques. Sous la forme du panégyrique, le miroir du prince à cette époque était plus l'instrument ostentatoire de la puissance politique du prince que l'outil original d'une recherche de perfection vertueuse.

Dans la masse littéraire adressée au pouvoir royal à cette période, l'existence du « roi a valeur de paradigme[58] ». De même, l'utilisation de la métaphore du miroir participe à la représentation du souverain « qui ressemble en tout point au modèle que présentent les écrits théoriques sur la monarchie[59] ». Plus encore, si « les traits du souverain idéal apparaissaient comme une préfiguration de ceux de Louis XIV », l'idée du prince parfait va alors s'établir et coïncider « avec la manière dont on perçoit le roi[60] ». Pour reprendre les mots de Ferrier-Caverivière :

> En saluant celui-ci comme un modèle de souverain absolu, maître dans l'art de régner, comme l'irréprochable lieutenant de Dieu sur la terre, comme l'excellent père de ses sujets et le vrai pasteur des peuples, les panégyristes font de leur souverain le symbole visible de leurs rêves. Ainsi, sous leurs plumes, la théorie du droit divin et celle de l'absolutisme monarchique se font homme [...][61].

L'utilisation de la métaphore du miroir par la littérature de l'absolutisme ne doit toutefois pas occulter la transformation de la représentation du pouvoir politique qui tend à se réaliser au mitan du XVIIe siècle. En effet, un auteur comme Pierre Nicole, lecteur de Hobbes et de Pascal, continue de dresser le portrait du prince idéal tout en associant un discours sur l'éducation du prince avec les théories contemporaines fondant l'État moderne.

---

57 *Ibid.*, f. 5.

58 Ferrier-Caverivière, Nicole, *L'image de Louis XIV dans la littérature française de 1660 à 1715*, *op. cit.*, p. 118.

59 *Ibid.*

60 *Ibid.*

61 *Ibid.*

UN PRINCE SANS VERTUS

La littérature absolutiste a repris à son compte la métaphore spéculaire pour en user à son avantage. L'utilisation du symbolisme du miroir par les littérateurs à gages du pouvoir royal participe en partie d'une revivification du concept du miroir du prince. Toutefois, il faut comprendre que cette réutilisation participait plus d'un projet idéologique de soutien au pouvoir royal que d'une reprise du thème médiéval et humaniste du miroir vertueux. La période s'étalant de la dernière moitié du XVIIe siècle au premier quart du XVIIIe est encore le témoin d'une littérature florissante sur l'éducation du prince. Parallèlement à une littérature encomiastique louant le portrait de Louis XIV, une réflexion davantage centrée sur l'éducation et le rôle du roi émergea d'un milieu bien précis.

En effet, c'est de Port-Royal, ou du moins de cercles jansénistes proches, que surgirent des traités propres au genre de l'Institution du prince. Pierre Nicole, que nous abordons ci-dessous, ou Jean-Joseph Duguet et son *Institution d'un prince*[1] représentent bien l'intérêt des théologiens pour la pensée politique de leurs temps. Même si un auteur comme Nicole est un Solitaire de Port-Royal, qui se coupait volontairement du monde des hommes, en prônant et en vivant un *contemptus mundi*, il ne cesse de s'intéresser au développement de la pensée philosophique et politique de son temps. Ainsi, comme le remarque Béatrice Guion, il existait un vrai « souci politique de Port-Royal[2] ». C'est donc dans un réel questionnement politique et moral que ces traités ont été rédigés. Avant de s'intéresser à la représentation de la figure du souverain

1 Duguet, Jacques Joseph, *Institution d'un prince, ou traité des qualitez, des vertus et des devoirs d'un souverain, soit par rapport au gouvernement temporel de ses États, ou comme chef d'une société chrétienne, qui est nécessairement liée avec la religion*, Chez Jean Nourse, Londres, 1739.

2 Guion, Béatrice, « Le *Miroir des Princes* à Port-Royal : transformations d'un héritage », *Morales et politique*, actes du colloque international organisé par le Groupe d'Étude des Moralistes, Paris, Honoré Champion, 2005, p. 99.

chez un auteur comme Nicole, il convient de préciser le modèle qui l'a influencé. Nicole, lecteur de Hobbes, s'est inspiré, en partie du moins, de la théorisation de l'État du penseur anglais. De fait, la figure du souverain qu'il développe dans son traité sur l'éducation du prince partage des similitudes avec celle décrite par Hobbes. Dénué des vertus qui fondaient jusqu'alors le prince parfait, le prince décrit par Nicole se construit autour d'une formation morale propre à chaque homme ainsi que du respect de la religion.

LE PRINCE HOBBESIEN

Pour comprendre ce que peut devenir la figure du souverain dans les traités d'éducation du prince en France, au milieu du XVIIe siècle, il convient d'observer la transformation dont elle est l'objet dans les nouvelles façons de concevoir les arts de gouverner à cette époque. Alors qu'une littérature étatiste – issue elle-même en partie de la littérature de la raison d'État – se faisait jour en France, participant d'une légitimation du pouvoir monarchique absolu, la pensée politique bénéficia également, dès le second tiers du XVIIe siècle, de profonds développements, par la réflexion notamment de penseurs tels que Hobbes. Ce dernier, « par sa manière de conjecturer le paradigme de la souveraineté, que l'on peut regarder comme la préfiguration théorique achevée de la souveraineté étatique moderne[3] », influença de manière déterminante la conception théorique de l'exercice politique et, de fait, les arts de gouverner. Ainsi, Hobbes, en redéfinissant la souveraineté dans un concept juridico-politique, participa également à la promotion de « ce nouvel art du gouvernement rationnel qui, à l'époque où il écrit, est en train de se diffuser dans toutes les nations européennes à partir du laboratoire que fut l'Italie au XVIe siècle[4] ».

Sans perdre de vue l'importance de la pensée hobbesienne, il n'est ici question que de l'invoquer dans une réflexion sur la représentation de la

3 Borrelli, Gianfranco, *Le Côté obscur du* Léviathan. *Hobbes contre Machiavel*, traduction de Thierry Ménissier, Paris, Classiques Garnier, 2016, p. 143.

4 *Ibid.*

figure du prince et les vertus du politique. Il convient alors de regarder ce qui sépare irrémédiablement la théorie du miroir et des vertus du prince ou, du moins, de la représentation de la figure du prince comme lieu même de la souveraineté, d'avec la figure du souverain dans la conception hobbesienne de l'État.

La théorie hobbesienne de la souveraineté, à la base de la conception de l'État moderne, représente un moment de bascule pour la philosophie politique et le développement de la réflexion sur l'exercice du pouvoir. Plus précisément encore, elle amène à repenser la figure du souverain, en théorisant une souveraineté inscrite au cœur même de l'État politique. Le prince, jusqu'alors dépositaire et figure représentative de la souveraineté par le biais d'une autorité royale légitimée par la volonté divine, se retrouve entièrement redéfini. Des miroirs des princes médiévaux à leurs succédanés humanistes, de la rupture machiavélienne à la théorisation de la raison d'État, la figure du prince a évolué et s'est déconstruite afin de se reconstruire selon de nouvelles modalités. La théorie hobbesienne de l'État politique implique elle aussi une redéfinition de la figure et du rôle du prince qui se diffusa au cœur de traités d'éducation politique au milieu du XVIIe siècle.

Inscrites dans l'essence de la figure du bon gouvernant, les vertus princières, morales et politiques, ont été prescrites sans relâche et selon des modalités diverses jusqu'au premier tiers du XVIe siècle. Elles se sont réfléchies dans un miroir afin que le prince puisse tendre vers l'idéal vertueux espéré. Puis cet horizon d'attente a été fondamentalement remis en question : le miroir fut brisé et le reflet des vertus rompu. Par l'inscription de la figure du prince dans la *vérité effective de la chose*, une nouvelle conception politique du prince vit le jour en refusant et réfutant toute inscription de la figure souveraine au sein d'une idéalité inatteignable.

Parallèlement à cette rupture, une littérature spéculaire continua à être rédigée jusqu'au dernier tiers du XVIe siècle. Mélange de tradition politique médiévale et de revivification de l'Antiquité par l'Humanisme, elle perdura par inertie avant de faire place à un besoin de réalisme politique qui nécessita de nouvelles propositions théoriques. En réponse à l'échec des attentes humanistes de la formation intellectuelle et morale du prince et de la pratique vertueuse de la politique, une voie médiane, s'exprimant de diverses manières, vit le jour. Par la reformation du miroir brisé, au travers d'éclats réinvoquant le catalogue vertueux tout en reconfigurant l'exercice politique selon de nouvelles modalités, un auteur comme Botero put théoriquement réaliser l'inscription du prince vertueux attendu par la morale chrétienne dans une redéfinition de la politique s'affranchissant de toute idéalité. La raison d'État botérienne, la « bonne raison d'État chrétienne », actualisa la tradition du prince vertueux dans une pratique politique basée sur de nouvelles modalités rationnelles. Au Nord des Alpes, un auteur comme Juste Lipse revivifia également la figure du prince vertueux tout en l'enjoignant à une pratique politique pragmatique et efficiente basée en partie sur une redéfinition de la vertu de prudence. Conjointement à cette redéfinition de la figure du prince, le contexte politique gangrené par les luttes confessionnelles amena à repenser et à redéfinir la souveraineté elle-même. Un auteur comme Bodin théorisa ce qui était alors un concept abstrait en un concept juridique stable et solide.

Édifié en image de Dieu sur Terre ou en parangon vertueux formé intellectuellement et moralement à l'exercice de sa charge, le prince a continué à être celui qui cristallisait les espoirs du bon gouvernement, du bien commun et de la concorde dans le royaume. Même réinventé par l'exigence machiavélienne de la nécessité, il représenta le détenteur du pouvoir et de la domination naturelle d'un seul sur les autres hommes. La figure du prince, vertueuse ou efficace, continuait à être jusqu'au dernier quart du XVIe siècle la figure représentative de l'exercice d'une souveraineté politique qui résidait en elle. Faisant face aux remises en question de la légitimité du pouvoir royal, notamment dans une France de la seconde moitié du XVIe siècle divisée par les conflits confessionnels, la souveraineté s'érigea en un concept juridique. Vidée et dépossédée de toute exigence vertueuse, la figure du prince se définit alors comme l'image symbolique du dépôt et de l'exercice d'une souveraineté se diluant dans l'État juridique.

Sur un terrain travaillé en amont par la souveraineté bodinienne[5], Hobbes finit alors d'achever l'évacuation vertueuse de la figure du prince. Dans sa principale œuvre, *Le Léviathan* (1651), il entreprend de redéfinir et d'établir le concept nouveau d'un État politique moderne. Il ne fait aucune mention d'une nécessité vertueuse du prince. Certes, la figure du prince continue à être représentée puisqu'elle a encore la

5 Goyard-Fabre, Simone, « La notion de souveraineté de Bodin à Hobbes », *Hobbes et son vocabulaire*, sous la direction de Yves Charles Zarka, Paris, Vrin, 1992, p. 207-230.

charge de la souveraineté. Toutefois, par l'inscription de cette dernière dans un concept juridico-politique ainsi que par l'association par contrat des sujets formant ainsi l'État, la figure du prince devient un lieu vide.

Dès l'introduction du texte, il est possible de remarquer l'effacement de la figure du prince. Quand Hobbes y décrit succinctement l'État qu'il entend définir, ce Léviathan, « lequel n'est qu'un homme artificiel, quoique d'une stature et d'une force plus grandes à celles de l'homme naturel, pour la défense et protection duquel il a été conçu[6] », il ne fait aucune mention du prince. En reconstruisant le corps politique de l'État, il ne figure plus le prince à la tête de celui-ci, rompant ainsi avec la tradition de la métaphore organiciste de représentation politique. Le prince n'est plus l'âme du corps politique comme il l'était dans les miroirs et Institutions des princes. Ainsi, pour Hobbes, c'est la souveraineté qui en est l'« âme artificielle » et qui donne « la vie et le mouvement à l'ensemble du corps[7] ». Pis encore, en décrivant ce corps fabriqué ainsi que les membres inférieurs qui se composent de diverses « articulations artificielles[8] », Hobbes rend effectif l'effacement de la figure du prince.

C'est au moment d'aborder les « vertus communément appelées intellectuelles et des défauts opposés[9] », au chapitre VIII du Livre premier, que Hobbes fait intervenir le thème des vertus dans l'exercice politique de la souveraineté. Là encore, le prince vertueux n'est nullement invoqué. Au contraire, les vertus – ainsi que leurs contraires, les vices – ne s'appliquent plus uniquement au prince. En effet, dans un corps politique existant par l'ensemble des membres le constituant, la morale, qui s'exerce au travers des vertus, n'est plus la seule prérogative du prince. L'importance de la morale est ainsi élargie à l'ensemble du corps politique. La souveraineté, se diluant elle aussi dans ce dernier, implique certes une exigence vertueuse mais, cette fois, de l'ensemble des figures que recouvre l'image du *Léviathan*[10]. Ainsi, les vertus ne s'appliquent plus au prince mais à l'homme en général.

6 Hobbes, Thomas, *Le Léviathan*, introduction, traduction et notes de François Tricaud, Paris, Sirey, introd., p. 5.

7 *Ibid.*

8 *Ibid.*

9 *Ibid.*, chap. VIII « Des vertus communément appelées intellectuelles ; et des défauts opposés », p. 64.

10 Bredekamp, Horst, *Stratégies visuelles de Thomas Hobbes. Le Léviathan, archétype de l'État moderne*, Paris, Éditions de la Maison des sciences de l'homme, 2003.

La métaphore du miroir est impossible à reproduire chez Hobbes. Le double jeu de reflets qui s'exerçait dans les miroirs mais, également, dans une partie des traités politiques du XVIe siècle, sonne ici creux. Le miroir des princes est en effet illusoire dans une représentation du pouvoir vidant de toute exigence et de toute nécessité vertueuse la figure du prince. Cette dernière est évidée de toute substance pour laisser apparaître l'unique contour d'une image creuse, l'unique symbole représentatif d'un pouvoir octroyé par l'ensemble du corps politique. Le premier jeu de reflet que permettait alors le miroir des princes – le miroir tendu au prince afin de lui montrer l'image idéale qu'il devait accomplir – est inutile. Hobbes ne considère plus aucune idéalité dans la représentation d'un prince qui est exclu de cette nouvelle technologie du pouvoir. Si le prince exerce la souveraineté, celle-ci n'est plus en lui : il n'en est que le dépositaire. Il ne s'agit plus alors de lui tendre le miroir d'une idéalité qui serait vaine. De même, le second reflet du miroir – celui faisant du prince un miroir pour ses sujets – est également rendu inopérant. La théorie de la diffusion des vertus princières sur l'ensemble du corps politique, et donc de leur imitation, n'est plus une qualité efficace pour l'exercice de la souveraineté.

Hobbes vide le prince de toutes ses vertus mais il ne les efface toutefois pas pour autant. Elles ne disparaissent pas mais se déplacent et se dissolvent dans le corps de l'État. Les vertus, même évacuées de la figure du prince, sont toujours une des exigences nécessaires au bon fonctionnement de la machine étatique. Expulsées hors de la figure royale, elles se recentrent et se concentrent cependant dans une morale commune à l'ensemble des parties du corps politique. Ainsi, s'intéresser plus en détail au traitement de la vertu chez Hobbes permet de saisir l'importance relative qu'elle a dans le fonctionnement de l'État hobbesien. Il ne s'agit plus en effet d'un catalogue prescriptif de vertus morales pratiquées dans l'espoir du bien commun.

La définition du souverain, chez Hobbes, apparaît au moment de définir l'État lui-même, la « République », ainsi que les causes qui l'ont rendu nécessaire. Au chapitre XVII du Livre second, Hobbes s'intéresse aux raisons qui poussent les hommes à se réunir et à s'engager dans un contrat les liant ensemble. De ce désir commun de protection et de sécurité s'ensuit la volonté d'ériger un pouvoir permettant la réalisation du bien commun. Il n'existe alors, pour Hobbes, qu'une seule manière d'accomplir ce désir :

> La seule façon d'ériger un tel pouvoir commun, apte à défendre les gens de l'attaque des étrangers, et des torts qu'ils pourraient se faire les uns aux autres, et ainsi à les protéger de telle sorte que par leur industrie et par les productions de la terre, ils puissent se nourrir et vivre satisfaits, c'est de confier tout leur pouvoir et toute leur force à un seul homme, ou à une grande assemblée, qui puisse réduire toutes leurs volontés, par la règle de la majorité, en une seule volonté[11].

Ce « seul homme » ou cette « grande assemblée » n'est pas le prince. Au contraire des miroirs des princes, le prince hobbesien n'est pas la figure dans laquelle se concentre le pouvoir et les forces nécessaires. Cette figure unique est celle de l'État, du Léviathan :

> Cela fait, la multitude ainsi unie en une seule personne est appelée une république, en latin *civitas*. Telle est la génération de ce grand Léviathan, ou plutôt pour en parler avec plus de révérence, de ce *dieu mortel*, auquel nous devons, sous le *Dieu immortel*, notre paix et notre protection[12].

Le prince hobbesien n'est ainsi plus la figure souveraine par laquelle se réalise le bon gouvernement. Vidée de l'essence même de la souveraineté, le prince – ou l'assemblée de plusieurs hommes – n'est que le lieu du dépôt de celle-ci : « le dépositaire de cette personnalité est appelé souverain, et l'on dit qu'il possède le *pouvoir souverain* ; tout autre homme est son sujet[13] ». De plus, droits et devoirs du prince ne dépendent plus de l'origine divine de son pouvoir et de son autorité. Hobbes, en établissant au contraire une origine contractuelle à la souveraineté mise « en dépôt » dans la personne du prince, définit des droits et des libertés provenant uniquement de la volonté de la multitude. Ainsi, « de cette institution de la République dérivent les droits et possibilités de celui ou de ceux à qui le pouvoir souverain est conféré par le consensus du peuple assemblé[14] ».

Vidé de toute exigence vertueuse et du concept de souveraineté, le prince, au travers de la figure du souverain, continue cependant à exercer une fonction. Une fonction essentiellement représentative, certes, mais qui permet de définir son rôle pour le bon fonctionnement du

---

11 Hobbes, Thomas, *Le Léviathan*, *op. cit.*, chap. XVII « Des causes, de la génération et de la définition de la république », p. 177.

12 *Ibid.*, p. 177-178.

13 *Ibid.*, p. 178.

14 *Ibid.*, chap. XVIII « Des droits des souverains d'institution », p. 179.

corps politique. Hobbes la définit dans un chapitre qui lui est dédié, le chapitre XXX du Livre second intitulé « De la fonction du représentant souverain » :

> La fonction du souverain (qu'il s'agisse d'un monarque ou d'une assemblée) est contenue dans la fin pour laquelle on lui a confié le pouvoir souverain, et qui est le soin de la sûreté du peuple : il y est obligé par la loi de nature, et il est obligé d'en rendre compte à Dieu, auteur de cette loi, et à nul autre[15].

Le prince hobbesien est non seulement la figure dépositaire de la souveraineté mais également celle en charge de son exercice. En figurant la souveraineté inscrite désormais dans un corps politique artificiel, il n'en demeure pas moins le représentant. Il lui incombe toujours le devoir de la garantie de la sécurité du peuple. Mieux encore, il est le garant des « droits essentiels de la souveraineté », seuls remparts à un retour à l'état de nature de la communauté humaine : « il est de la fonction du souverain de maintenir intacts ces droits[16] ». La garantie de la sécurité des sujets, par le dépôt de la souveraineté dans la figure du prince, réside dans les fonctions de ce dernier. L'exercice de la souveraineté implique ainsi, pour le prince, divers devoirs. En premier lieu, il est « contraire à son devoir, premièrement de transférer tel ou tel de ces droits à autrui, ou de s'en démettre[17] ».

Thomas Hobbes, lecteur de Machiavel et de Bodin, propose une théorie de l'État souverain issue d'un « contrat social » alors même que la littérature absolutiste continuait à légitimer une conception du pouvoir du souverain qui se pensait en termes de droit divin. En remettant en cause, de manière radicale, la légitimité théologique du pouvoir politique, il conçoit une souveraineté basée sur une convention permettant aux hommes de se donner eux-mêmes leurs propres lois et institutions, indépendamment de toute volonté divine. Il remet ainsi en cause l'idée ancienne de constitution avec une définition abstraite de la monarchie absolue[18]. Le caractère absolu de la souveraineté pensée par Hobbes ne s'exprime plus en termes de puissance mais en termes de droit, à savoir le « droit reconnu au souverain de faire tout ce qu'il juge nécessaire pour

15 *Ibid.*, chap. XXX « De la fonction du représentant souverain », p. 357.
16 *Ibid.*, p. 357-358.
17 *Ibid.*, p. 358.
18 Zarka, Yves Charles, *Philosophie et politique à l'âge classique*, *op. cit.*, p. 119.

assurer la sécurité des citoyens[19] ». Ce souverain n'est désormais plus à comprendre comme l'unique figure du prince mais comme le détenteur réel de la souveraineté absolue et légitime : « Le souverain absolu, c'est le souverain réel, doté des prérogatives "inaliénables et inséparables" qui constituent l'essence de la souveraineté[20] ». Cependant, le « seul détenteur d'un droit de nature intact, le souverain n'en est pas moins soumis aux obligations de la loi naturelle, qui tendent à l'instauration et au maintien de la concorde entre les hommes[21] ».

Hobbes va plus loin encore dans la redéfinition de la figure du prince. En évacuant toute référence à une personnalisation du détenteur de la souveraineté, il provoque une nouvelle rupture dans la tradition de représentation du gouvernant. En ne basant plus la figure du prince sur un idéal moral et religieux ou sur un modèle légitimé par des figures historiques, et en rompant avec le concept monarchique de droit divin, il construit une figure idéelle, abstraite et théorique du détenteur de la souveraineté. La figure du prince se retrouve ainsi effacée, permettant le passage du multiple à l'un, d'une multiplicité d'individus devenant une seule et unique personne civique[22].

Ce que Zarka appelle « l'effacement du type héroïque chez Hobbes[23] » représente parfaitement l'opposition entre, d'un côté, le prince vertueux des miroirs et des Institutions humanistes et, d'autre part, sa figure juridique qui trouve son aboutissement dans le *Léviathan*. Dans la tradition théologico-politique, le prince, jusqu'alors figure unique de la représentation de la souveraineté, se concevait en premier lieu par ses qualités naturelles le rendant apte à l'exercice de la souveraineté ainsi que par une formation devant lui apporter le savoir nécessaire. Chez Hobbes, au contraire, « il y a absence de toute précision susceptible de caractériser le souverain par des qualités naturelles ou une forme d'éducation[24] ». Il n'est fait aucune mention d'une nécessité relative à l'institution morale et intellectuelle ou à l'éducation du prince. La question des qualités

---

19 Lessay, Franck, « Souveraineté absolue, souveraineté légitime », *Thomas Hobbes. Philosophie première, théorie de la science et politique*, sous la direction de Yves Charles Zarka, PUF, Paris, 1990, p. 276.

20 *Ibid.*, p. 277.

21 *Ibid.*, p. 276-277.

22 Zarka, Yves Charles, *Philosophie et politique à l'âge classique*, *op. cit.*, p. 123.

23 *Id.*, « Deux interprétations de Hobbes » Hobbes et la pensée politique moderne, *Le Débat*, numéro 96, 1997/4, p. 94.

24 *Ibid.*

du souverain et de son acquisition d'une science du gouvernement se retrouve alors déplacée dans l'institution de l'État lui-même.

Contrairement à la tradition des miroirs qui s'évertuait à représenter la figure idéale du prince dans l'exercice de la souveraineté, Hobbes développe une théorie politique basée sur une « convention sociale fondatrice » dont la fonction est de « fournir les conditions juridiques de l'existence du pouvoir » et non plus de « désigner le type d'homme qui sera apte à l'assumer[25] ». De même, en définissant l'État en un concept juridique excluant toute nécessité vertueuse du souverain, Hobbes redéfinit la fonction de celui-ci. Figure jusqu'alors exécutrice de la souveraineté autant que nécessaire à la réalisation du bien commun, le souverain n'a plus qu'une « fonction de médiation dans la constitution juridique de l'ordre politique[26] ».

La figure du prince souverain, chez Hobbes, exprime en cela la transformation permettant le passage de la théorie politique du miroir du prince, prenant à sa charge la description des vertus qui participaient à la figure du bon gouvernant, à la « rationalisation des mécanismes du pouvoir et de l'institution de l'État[27] ». Le prince hobbesien se transforme en un concept idéel et abstrait ne se construisant plus selon des modalités antérieures. La figure du souverain chez Hobbes – ou l'absence de figure du souverain – ouvre ainsi la voie à la construction théorique de l'État moderne.

PIERRE NICOLE

En 1670, le janséniste Pierre Nicole, lecteur de Pascal et de Hobbes et « figure majeure de Port-Royal[28] », définissait dans un traité particulier ce que devait être l'éducation d'un prince. Son traité nous permet de jeter un dernier regard sur l'Institution du prince au XVIIe siècle et de percevoir l'entier des transformations à l'œuvre depuis le début du

25 *Ibid.*
26 *Ibid.*
27 *Ibid.*
28 Thirouin, Laurent, « L'originalité philosophique de Pierre Nicole », *Port-Royal et la philosophie. Chroniques de Port-Royal*, 61, 2001, p. 129.

XVIe siècle. Son ouvrage, intitulé *De l'éducation d'un prince*[29], se divise en plusieurs parties autonomes. Les trois premières parties abordent le thème particulier de l'éducation du prince, formant alors un livre distinct. Les deux premières parties de celui-ci s'intéressent en premier lieu à l'éducation et à l'édification morale du prince ainsi qu'à l'enseignement qui devait lui être donné. En anticipant, il n'est plus question chez Nicole de former le prince à un ensemble de vertus jugées nécessaires à l'exercice du pouvoir. Aucun catalogue vertueux n'est repris. Seules deux conditions particulières sont expressément attendues du prince : une formation morale, propre à chaque homme, ainsi que le respect de la religion. L'horizon d'idéalité dessinant la figure d'un prince compilant l'ensemble des qualités espérées pour l'exercice du bon gouvernement s'efface au profit d'un discours plus rationnel. La dernière partie du premier livre dédié à l'éducation du prince, quant à elle, se compose de plusieurs discours moraux ainsi que de réflexions remettant notamment aux normes chrétiennes le *De la brièveté de la Vie* de Sénèque. Elle déborde du seul cadre de l'édification morale et religieuse du prince pour énoncer des préceptes plus généraux. C'est dans ce cadre-ci, à la fin du troisième livre sur l'éducation du prince, que Nicole introduit sa réflexion politique, en reprenant, entre autres, « plusieurs des idées développées par Pascal dans les *Pensées* relatives à la politique[30] ». Dans un discours intitulé *De la grandeur*, il définit les devoirs respectifs du roi et des sujets. Nicole n'inscrit cependant pas son propos politique dans cet unique discours. Il confirme l'orientation politique de sa pensée en insérant, plus loin, les trois *Discours sur la condition des Grands* de Pascal, en faisant écho à son propre discours. Il faut enfin rappeler que l'œuvre de Nicole s'insère dans un contexte pédagogique particulier : publiée quelques mois avant la nomination du précepteur du dauphin, Louis de France, elle semble donc avoir été écrite en situation, en pensant l'éducation précise d'un futur monarque[31].

Il convient de souligner un point précis : l'œuvre de Nicole est appréhendée par un pan de la littérature en l'étudiant comme un « miroir des princes » ou, du moins, en tenant compte de son rapport

29 Nicole, Pierre, *De l'éducation d'un prince divisée en trois parties, dont la dernière contient divers traités utiles à tout le monde*, Paris, 1670.

30 Guion, Béatrice, « Le *Miroir des Princes* à Port-Royal : transformations d'un héritage », art. cité, p. 100.

31 *Ibid.*

à la projection d'une figure idéalisée du prince. Ainsi Arlette Jouanna considère que le traité de Nicole, à la suite de Bossuet et en annonçant Duguet, trace encore « l'image du prince idéal », tout en s'en distinguant par des préoccupations « qui laissent obscurément pressentir un changement d'attitude envers le pouvoir[32] ». Pour Béatrice Guion, le texte de Nicole s'inscrit à nombre d'égards dans « la tradition des Miroirs des princes », en reprenant des éléments essentiels tout en contenant, là encore, des « aspects plus novateurs, qui traduisent les évolutions de la pensée comme de la réalité politique[33] ». Si nous ne remettons pas en question l'imprégnation de l'œuvre de Nicole par les théories politiques contemporaines à sa rédaction – la plaçant ainsi déjà au-delà de la tradition parénétique spéculaire – nous sommes plus circonspect quant à son intégration au sein du genre des miroirs des princes. Si par commodité, il est compréhensible de rapprocher du genre des miroirs des princes les œuvres continuant à définir l'éducation d'un prince, il faut cependant comprendre que la symbolique même de la métaphore spéculaire n'est plus présente chez un auteur comme Nicole. Nous avons vu que les auteurs absolutistes qui ont précédé de quelques années l'œuvre de Nicole, s'ils utilisaient encore la métaphore spéculaire en la déployant à l'extrême, décrivaient déjà le prince idéal sur le modèle et le portrait du roi lui-même. Chez Nicole, en s'imprégnant de pensées pascaliennes et hobbesiennes, le prince, si idéal soit-il, est dépossédé de toutes vertus. Son idéalité ne consiste en effet qu'en peu de chose : une éducation morale et le respect de la religion faisant de lui un prince chrétien, ainsi qu'une grandeur octroyée par son origine et nécessaire à l'exercice de la souveraineté. Si nous comprenons donc le rapprochement d'une œuvre comme celle de Nicole avec le genre parénétique des *specula principis*, elle se situe, par sa volonté de définir l'éducation du prince, si loin de ce qui définit le genre qu'il convient de souligner, là encore, cette irrémédiable rupture.

Dès la préface, Nicole avertit le lecteur de l'intérêt plus général vers lequel tend son ouvrage. Il entend bien aborder le thème de l'éducation du prince dans les deux premières parties. En revanche, la troisième

32 Jouanna, Arlette, *Le prince absolu. Apogée et déclin de l'imaginaire monarchique*, Paris, Gallimard, 2014, p. 229.

33 Guion, Béatrice, « Le *Miroir des Princes* à Port-Royal : transformations d'un héritage », art. cité, p. 101.

et dernière partie s'intéresse à la conduite morale de l'homme dans un cadre plus large et général. L'intérêt principal de l'œuvre de Nicole réside alors dans son approche de la personne du prince. Son discours sur le prince lui permet en effet de s'intéresser en premier lieu à la condition des Grands du royaume. Plus qu'un discours parénétique adressé au roi, Nicole livre une réflexion sur la notion de grandeur, en morale et en politique, en s'adressant à un lectorat plus large que le cercle royal et le préceptorat. Nicole illustre son propos dans sa préface : selon lui, les hommes sont naturellement égaux. Seule les distingue l'autorité donnée par Dieu afin de permettre leur gouvernement. C'est donc de la condition, des droits et des devoirs de ceux investis de la grandeur par Dieu que Nicole entend traiter :

> Chacun ne peut pas être grand, mais chacun peut désirer de l'être : chacun peut porter envie à ceux qui le font, ou s'élever au-dessus d'eux par un orgueil philosophique. Il est donc important à tout le monde de connaître l'état et les difficultés de la vie des Grands, afin que cette connaissance serve à étouffer ces désirs ambitieux, cette maligne jalousie, cette vanité présomptueuse que la vue de l'état des Grands leur peut causer, et qu'elle les porte à se tenir en repos en leur condition, et à rendre grâce à Dieu de les avoir fait naître dans un état plus rabaissé, mais exposé à moins de dangers[34].

L'éducation du prince se fond dans celle de tout homme. Elle n'est plus propre au seul prince, ni aux seuls Grands investis d'un pouvoir sur les autres par la grâce divine. Il ne s'agit plus de former, en premier lieu, le prince à des vertus propres à son statut et à l'exercice politique, comme le discours parénétique l'entendait auparavant. Si le prince se forme comme chaque homme, l'inverse est également vrai :

> S'il y a peu de personnes qui soient chargé de l'Éducation des Princes, il y en a beaucoup qui sont chargés de l'éducation de leurs propres enfants ou de ceux des autres qui sont toujours des Princes dans le Royaume de Jésus-Christ, et à l'égard desquels ils peuvent pratiquer utilement la plupart des choses que l'on propose pour l'instruction de ceux que l'on nomme Princes dans la terre[35].

Ainsi, l'éducation que Nicole entend apporter au prince ne se différencie fondamentalement pas de celle qu'il faut apporter à chaque enfant. Certes, elle diffère sur les sujets enseignés, corrélativement à

34 Nicole, Pierre, *De l'éducation d'un prince*, *op. cit.*, préface, sans pagination.
35 *Ibid.*

la fonction et au statut de chacun. La base morale demeure cependant identique, car elle doit former le prince comme l'homme au respect des autres en fonction de la grandeur dévolue par Dieu à chacun. Ceux en charge de l'éducation du prince comme des enfants doivent les former en premier lieu à la morale :

> Ils doivent songer de même à les instruire de la vraie morale, à empêcher l'accroissement de leurs passions, à les fortifier contre les dangers auxquels ils seront exposés dans la suite de leur vie. Car les hommes ayant les mêmes défauts dans toutes les conditions, ils ont à peu près besoin de mêmes remèdes, et il y en a peu qui soient tellement particuliers à un état, qu'ils soient absolument inutiles aux autres[36].

Le prince, qui se confond dans la masse des hommes, n'est alors pas différent des autres. Simplement est-il placé par la volonté divine à une fonction plus importante : « un jeune prince est un enfant de Dieu, destiné par la Providence à des emplois très importants, mais très dangereux[37] ». Son éducation, quant à elle, n'a qu'un seul et unique but :

> Son Éducation doit avoir pour but de le rendre capable de s'acquitter de tous les devoirs auxquels sa condition l'engage, et de le préparer à tous les dangers auxquels cette condition l'expose[38].

Il est possible, en connaissance du but de l'éducation du prince chez Nicole, de prendre conscience de la transformation de la figure du prince au travers de son institution. Il n'est ici plus fait mention de vertus idoines à l'exercice de la souveraineté. De même, il n'est plus attendu du prince de remplir l'entier d'un catalogue vertueux, selon la tradition morale chrétienne. Le prince est un homme pourvu par la providence d'une grandeur particulière. Celle-ci ne transforme pas son être mais lui apporte des devoirs propres à sa condition. Ainsi, sa condition de prince ne doit pas lui apporter de bénéfices personnels : « un prince n'est pas à lui, il est à l'État[39] ». Son éducation change également de statut pour devenir un devoir que le prince ne doit plus accomplir dans l'unique espoir du bon gouvernement. En effet, le prince doit aussi prendre conscience des

36 *Ibid.*
37 *Ibid.*, première partie, f. 1.
38 *Ibid.*, f. 2.
39 *Ibid.*

devoirs qu'il a envers les autres hommes d'autres conditions. S'il doit se former à sa tâche, c'est par devoir.

> Dieu le donne aux peuples en le faisant Prince : il leur est redevable de tout son temps. Et si tôt qu'il est capable de discernement, il commet une double faute s'il ne s'applique pas avec tout le soin qu'il peut aux études et aux exercices qui servent à le disposer à s'acquitter des devoirs d'un Prince[40].

L'éducation du prince – comme de tout homme – à la morale se conçoit toujours sur une base chrétienne. La finalité première à rechercher est son salut autant que le bien du peuple. Nicole considère, avant toute chose, l'importance pour le prince de vivre et de se comporter en chrétien, en « prince chrétien[41] ». Il ne s'agit cependant plus, comme dans les miroirs et Institutions du prince au Moyen Âge et au XVIe siècle, de forger un prince chrétien sur une figure christique. Il n'est fait, chez Nicole, aucune mention de vertus religieuses à acquérir et pratiquer. Celles-ci sont englobées dans le concept plus général de la morale, tout en se diffusant sur l'ensemble des membres du corps politique :

> La Morale est la science des hommes, et particulièrement des Princes, puisqu'ils ne sont pas seulement des hommes, mais qu'ils doivent aussi commander aux hommes, et qu'ils ne le sauraient faire s'ils ne se connaissent pas eux-mêmes et les autres dans leurs défauts et dans leurs passions, et s'ils ne sont instruits de tous leurs devoirs. C'est donc dans cette science qu'il faut principalement leur former l'esprit[42].

La morale, nécessaire à chaque homme quelle que soit sa condition définie par Dieu, est l'élément principal de l'éducation. Elle l'est d'autant plus pour le prince, en charge du gouvernement des hommes. Plus encore qu'être formé à ses principes, le prince doit avoir conscience de sa nécessité :

> Il faut tâcher non seulement de lui apprendre les véritables principes de cette science, mais aussi de lui en faire connaître la nécessité, et de lui en inspirer l'estime et l'amour en lui faisant sentir le malheur effroyable de la plupart des Grands qui passent leur vie dans une ignorance terrible de ce qui leur est le plus important, qui ne savent ce qu'ils font, ni où ils vont[43].

40 *Ibid.*

41 *Ibid.*, f. 5.

42 *Ibid.*, f. 15-16.

43 *Ibid.*, f. 16-17.

Le prince doit être alors instruit non seulement aux devoirs qu'implique sa fonction mais également aux devoirs généraux des hommes. Il doit avoir conscience que par son élection par la providence à une fonction plus grande, celle-ci implique en premier lieu des devoirs, au même titre que tout homme.

> Il faut l'instruire et des devoirs généraux des hommes, et des devoirs particuliers des Princes, et de l'alliance de ces devoirs, et surtout il faut essayer de prévenir cet oubli où les Grands tombent insensiblement de ce qui leur est commun avec tous les autres hommes, en n'attachant leur imagination qu'à ce qui les distingue. Pour cela il est nécessaire de lui faire bien comprendre la véritable nature de toutes ces choses, ce que c'est que la grandeur, son origine, sa fin, ce qu'elle a de réel, ce qu'elle a de vain, ce que les inférieurs doivent aux Grands, ce que les Grands doivent aux inférieurs, ce qui les rabaisse ou les élève devant Dieu et devant les hommes[44].

Alors que la première partie de l'œuvre de Nicole a pour but principal de préconiser une éducation du prince basée sur la morale, dans le but de lui faire prendre conscience de sa condition et des devoirs qu'elle implique, la seconde partie s'attache à définir avec plus de précision le programme éducatif nécessaire. Connaissance de l'Histoire, au travers des principales figures royales, bonnes ou mauvaises, connaissance du latin, apprentissage par cœur, rhétorique, etc. Il ne faut pas chercher chez Nicole de réelles innovations dans l'enseignement pédagogique du prince. En revanche, il s'oppose à la pensée des libertins de son temps. Pour ce faire, il conseille au prince la lecture d'un livre, dont son « discours n'est que l'abrégé » et « qui est peut-être l'un des plus utiles que l'on puisse mettre entre les mains des Princes qui ont de l'esprit[45] ». Ce ne sont autres que les *Pensées* de Pascal que cite ici Nicole. Si Pascal est déjà mentionné auparavant, par l'annonce des *Trois discours sur les Grands*, intégrés au cœur même de l'ouvrage, Nicole précise les raisons de cet intérêt particulier. Outre le bénéfice que le prince peut tirer de cette lecture pour « l'affermir dans la véritable Religion », elle lui donnera l'impression « qu'il n'y a rien de plus ridicule que de faire vanité du libertinage et de l'irréligion[46] ».

C'est ici qu'apparaît le mieux l'imprégnation, chez Nicole, de la pensée politique qui lui est contemporaine[47]. En effet, comme le souligne

44 *Ibid.*, f. 17-18.
45 *Ibid.*, f. 70.
46 *Ibid.*
47 *Ibid.*, f. 71.

Guion, Nicole accepte ainsi une relative séparation entre le spirituel et le temporel[48]. Le « fonctionnement effectif de l'État » peut alors s'envisager dans une disjonction entre religion et politique : cette articulation entre les deux est « reléguée au plan privé de la conscience du prince, avec l'idéal du prince chrétien[49] ». Nicole marque ici un net pas en retrait face à la tradition philosophico-politique chrétienne. Il s'oppose même « aux Miroirs médiévaux, marqués par l'augustinisme politique, qui repose sur une confusion entre le spirituel et le temporel[50] ». Plus encore, il s'écarte de la tradition chrétienne d'une littérature politique qui continuait à s'opposer à la raison d'État en refusant toute séparation entre morale et politique[51].

C'est également dans le livre troisième de l'ouvrage de Nicole que se ressent l'imprégnation par la politique moderne. Il intègre en effet, au sein même de son recueil sur l'éducation du prince, un traité intitulé *De la Grandeur*. Dans ce discours sur « la nature de la Grandeur et des devoirs des Inférieurs envers les Grands[52] », Nicole se place encore une fois en retrait de la tradition des auteurs chrétiens dénonçant les maximes pernicieuses de la raison d'État. En effet, c'est dans ce discours en particulier que Nicole fait se côtoyer « des thèmes chrétiens séculaires et des éléments issus de la théorie politique moderne[53] ».

Nicole, lecteur de Hobbes[54], propose en effet une vision du gouvernement des hommes qui contraste parmi la littérature politique chrétienne

48 Guion, Béatrice, *Pierre Nicole, moraliste*, Paris, Honoré Champion, 2002, p. 312.

49 *Id.*, « Le *Miroir des Princes* à Port-Royal : transformations d'un héritage », art. cité, p. 108.

50 *Ibid.*

51 *Ibid.*, p. 111-112 (« Quand à l'âge classique les auteurs chrétiens qui traitent de politique réaffirment, contre les théories de la raison d'État, que le but du gouvernement ne peut être que la quête du bien commun, Nicole se place en retrait de cette tradition, parce qu'il fait valoir que l'intérêt privé et l'intérêt collectif ne s'opposent pas nécessairement, et parce qu'il donne une définition minimale du bien commun, qui apparaît plutôt comme un moindre mal : il s'agit de réprimer la violence des particuliers et de garantir le fonctionnement harmonieux de la société. Cette définition essentiellement négative s'oppose à la définition positive qui identifie le bien commun à la pratique de la vertu, [...]. »).

52 Nicole, Pierre, *De l'éducation d'un prince*, *op. cit.*, f. 171.

53 Guion, Béatrice, « Le *Miroir des Princes* à Port-Royal : transformations d'un héritage », art. cité, p. 113.

54 Weber, Dominique, « Le "commerce d'amour-propre" selon Pierre Nicole », art. cité, n. 64, p. 184. *Cf.* Nicole, Pierre, *Essais de morale*, « De la grandeur », I, VI et « De la charité et de l'amour-propre », I. Dans ce dernier essai, Nicole ne laisse que peu de doute sur sa connaissance du texte hobbesien lorsqu'il mentionne « celui qui a dit qu'ils [les hommes]

encore rédigée durant cette seconde moitié du XVIIe siècle. Son discours sur la *Grandeur* le rapproche en effet des thèses hobbesiennes de l'État. Ainsi, après avoir défini la Grandeur, son origine, les droits et devoirs qu'elle implique, Nicole disserte sur son rapport avec l'autorité du prince.

> Si la Grandeur n'est donc pas toujours un désordre en elle-même, elle est au moins toujours un effet du désordre de la nature, et une suite nécessaire du péché. Car comme l'état d'innocence ne pouvait admettre d'inégalité, l'état du péché ne peut souffrir d'égalité. Chaque homme voudrait être le maître et le tyran de tous les autres, et comme il est impossible que chacun réussisse dans ce dessein, il faut par nécessité, ou que la raison y apporte quelque ordre, ou que la force le fasse, et que les plus puissants devenant les maîtres, les faibles demeurent assujettis[55].

Pour Nicole, l'inégalité entre les hommes, distingués par la Grandeur concédée à certains par la providence divine, est un désordre naturel. Cet état, dans lequel est plongée la nature humaine, provoque alors une lutte entre les hommes, les plus forts désirant avoir le dessus sur les plus faibles. L'on voit ici à quel point Nicole s'éloigne des préceptes chrétiens en assimilant les théories politiques de cette seconde moitié du XVIIe siècle. Sans citer Hobbes, la pensée de Nicole, du moins dans son rapport au politique, est traversée de modernité.

La maîtrise des hommes, rendus inégaux par l'état de péché, peut se faire par deux moyens : par la raison ou par la force. En premier lieu, cette raison reconnaît le caractère inévitable, utile et nécessaire de cet « assujettissement des hommes à d'autres hommes[56] ». Les hommes, jugés trop faibles « depuis le péché » pour se conduire eux-mêmes dans la vie civile et trop corrompus pour se « maintenir en paix dans une condition réglée », doivent donc être placés sous le joug de « quelque loi grossière » les liant à leurs devoirs[57]. Cette loi, c'est celle de « l'empire et de la domination », qui permet alors d'établir règlements et polices.

---

naissent dans un état de guerre, et que chaque homme est naturellement ennemi de tous les autres hommes, eût voulu seulement représenter par ses paroles la disposition du cœur des hommes les uns envers les autres, sans prétendre la faire passer pour légitime et pour juste, il aurait dit une chose aussi conforme à la vérité et à l'expérience, que celle qu'il soutient est contraire à la raison et à la justice », in Nicole, Pierre, *Essais de morale*, Paris, 1715 (1re éd. 1671), Troisième vol., « De la charité et de l'amour-propre », I, f. 105.

55 Nicole, Pierre, *De l'éducation d'un prince*, *op. cit.*, f. 180-181.

56 *Ibid.*, f. 181.

57 *Ibid.*

C'est cette même raison qui permet à la loi de donner le pouvoir de les faire observer. Ces différentes conditions des hommes, rendues possibles par l'état de péché, s'expliquent alors par la raison :

> Elle approuve que l'on règle toutes les choses humaines, et que pour éviter les contestations on donne la préférence aux uns au-dessus des autres. En un mot, non seulement elle consent à l'établissement de la Grandeur, mais elle regarde cet ordre comme le chef-d'œuvre de l'esprit humain, et comme la chose la plus utile qui soit dans le monde[58].

La concupiscence des hommes, entraînant le désir des plus forts de dominer les plus faibles, est la raison de la Grandeur qui distingue les hommes. L'établissement de cette dernière est alors approuvé par la raison humaine, par nécessité du maintien de la paix. Cependant, le consentement rationnel de l'inégalité naturelle et civile des hommes ne suffit pas à la légitimer. Pour ce faire, Nicole s'inscrit dans la tradition du discours théologique :

> Les hommes ne sont pas à eux, ils ne peuvent disposer ni des autres, ni d'eux-mêmes. Dieu seul est leur maître souverain, et ils ne peuvent sans son ordre en reconnaître ni en établir un autre sans attentat[59].

Au droit et au pouvoir que les hommes donnent à certains d'entre eux de les gouverner s'ajoute l'autorité divine[60]. Dieu permet alors aux hommes de se lier « ensemble par des lois et des polices » mais aussi d'avoir le pouvoir de choisir « quelques-uns d'entre eux pour les faire observer[61] ». De cette manière, il communique et transfère son pouvoir à ceux choisis parmi les hommes, leur permettant alors de gouverner ceux qui leur sont soumis.

La réflexion politique de Nicole, en prenant des reflets modernes, continue pourtant à se teinter de théologie traditionnelle. Il considère l'autorité divine comme l'unique « source de légitimité de la souveraineté[62] ». Ce qui surprend cependant, c'est la concision de la légitimation théologique dans sa conception de la Grandeur. En effet, s'il en considère

58 *Ibid.*, f. 181-182.
59 *Ibid.*, f. 182.
60 *Ibid.*, f. 183.
61 *Ibid.*
62 Guion, Béatrice, « Le *Miroir des Princes* à Port-Royal : transformations d'un héritage », art. cité, p. 101.

la nécessité par la raison humaine et qu'il la légitime par la volonté divine, il n'utilise que de brèves citations de saint Paul pour l'insérer dans un cadre religieux. Il juge que l'entier du développement de sa réflexion politique ne participe pas de « vaines spéculations » mais réside dans « des vérités décidées par l'Écriture » :

> Car c'est l'Apôtre saint Paul, qui nous enseigne que toute puissance vient de Dieu : [...] qu'elles sont établies de Dieu ; [...] que qui leur résiste, résiste à l'ordre de Dieu ; [...] que ceux qui gouvernent les peuples sont les ministres de Dieu pour récompenser le bien et punir le mal[63].

Nicole tente ainsi de concilier les théories modernes de la souveraineté avec la tradition théologique. Il conçoit la Grandeur comme la participation de la puissance divine chez certains hommes. Dieu communique cette Grandeur « aux uns pour le bien des autres ; que c'est un ministère qu'il leur confie, et qu'ainsi n'y ayant rien de plus réel et de plus juste que l'autorité et la puissance de Dieu, il n'y a rien de plus réel et de plus juste que la Grandeur dans ceux à qui il la communique véritablement[64] ». Ainsi, du « fondement divin de l'autorité », Nicole aboutit à une « conception participative de la souveraineté[65] » qui va traverser l'ensemble de son œuvre. La Grandeur politique, accordée par Dieu au prince et aux Grands, prend ainsi un caractère sacré. L'origine divine du pouvoir demeure inviolable et interdit tout désir de révolte et de désobéissance. La « doctrine » qu'expose Nicole dans son œuvre reconnaît que la royauté – et toutes autres formes de gouvernement – vient originellement « du choix et du consentement des peuples[66] ». C'est Dieu cependant qui octroie l'autorité au roi et non le peuple. Souveraineté et gouvernement sont donc ici distinctement séparés. Si Dieu a bien donné au peuple le « pouvoir de choisir un gouvernement », il légitime l'autorité conférée au roi par l'unique volonté divine.

> Ce n'est point le seul contentement des peuples qui fait les Rois : c'est la communication que Dieu leur fait de sa royauté et de sa puissance qui les établit Rois légitimes et qui leur donne un droit véritable sur leurs sujets[67].

---

63 Nicole, Pierre, *De l'éducation d'un prince*, *op. cit.*, f. 184.

64 *Ibid.*, f. 184-185.

65 Guion, Béatrice, « Le *Miroir des Princes* à Port-Royal : transformations d'un héritage », art. cité, p. 102.

66 Nicole, Pierre, *De l'éducation d'un prince*, *op. cit.*, f. 185.

67 *Ibid.*, f. 185-186.

Guion perçoit ici, chez Nicole, la conception participative de Dieu à la souveraineté comme « un aspect essentiel de la pensée politique traditionnelle chrétienne[68] ». Elle estime également que Nicole, en reprenant l'idée de « ministère royal », se rapproche des miroirs des princes, en utilisant alors « l'un des éléments les plus constants et les plus caractéristiques » du genre[69]. Nous estimons cependant que si Nicole établit et affirme bien l'origine divine de la souveraineté et de l'autorité royale à la manière des miroirs des princes, ce rapprochement ne saurait s'établir au-delà. Nicole reste certes fidèle à la tradition théologico-politique à laquelle il appartient quand il définit l'origine du pouvoir. Toutefois, là où les miroirs des princes continuaient à proposer l'image du prince chrétien en la construisant sur des vertus morales et politiques nécessaires à l'exercice du gouvernement, Nicole rompt avec la tradition de l'image vertueuse du prince. Ainsi, après avoir affirmé la conception participative de l'origine divine du pouvoir politique et de la Grandeur, il ne s'ingénie plus, comme le faisaient les miroirs, à proposer une figure idéale pour l'exercice de la royauté. Il s'agit, chez Nicole, d'une toute autre attente envers le souverain.

Si Nicole peut encore être rapproché de la tradition des miroirs des princes – dans laquelle il n'y a jamais mention d'une volonté de filiation – c'est par sa manière de continuer à partager des caractéristiques communes. En effet, il n'est fait aucune mention des « moyens d'un gouvernement chrétien » ou des « problèmes pratiques de gouvernement[70] ». Nicole, comme les miroirs avant lui, met avant tout l'accent sur l'aspect moral du prince. Mais au contraire de la tradition spéculaire, il ne fonde pas la nécessité du bon gouvernement sur des vertus inscrites dans l'image même du prince idéal. En revanche, il attend du prince la connaissance d'une morale vue comme la « science des hommes » qui permet non seulement de se connaître et de se maîtriser mais surtout de connaître les devoirs de chacun en fonction de l'importance de la Grandeur octroyée par Dieu.

Nicole estime également que l'un des buts de la royauté est de s'assurer du salut de ses sujets[71]. Ce salut s'entend non seulement dans le bien

68 Guion, Béatrice, « Le *Miroir des Princes* à Port-Royal : transformations d'un héritage », art. cité, p. 103.

69 *Ibid.*

70 *Ibid.*, p. 104.

71 *Id.*, *Pierre Nicole, moraliste*, *op. cit.*, p. 310-311.

commun que son gouvernement doit produire mais également dans l'assurance du salut éternel de leurs âmes. Le point de vue de Guion, lorsqu'elle aperçoit une reprise traditionnelle du gouvernement pastoral que s'ingéniaient à défendre les miroirs médiévaux, est en ce sens pertinent. Dans une vision théologico-politique, Nicole continue en effet à participer d'une vision traditionnelle du gouvernement considérant une « responsabilité religieuse » du prince[72]. Mais cette responsabilité n'exige pas un besoin d'exemplarité du seul prince : l'ensemble des personnes bénéficiant de la Grandeur doivent servir d'exemples à ceux placés au-dessous d'eux. Il ne s'agit plus d'espérer du seul prince, vu comme le berger ou le gardien du troupeau, un comportement vertueux qui se diffuserait, par exemplarité, sur l'ensemble des fidèles et garantirait ainsi le salut des âmes. Tout homme doit agir en fonction de la morale qui lui a été enseignée. La différence réside dans la Grandeur de chacun qui permet aux plus Grands, par leur condition, d'être plus exposés à la vue des autres. L'exemplarité est ainsi diffusée au cœur même de la société des hommes.

S'en suit alors un développement sur la Grandeur et le droit légitime des Grands de vivre dans leur condition. Ce qui fait cette Grandeur, ce n'est pas la richesse, le luxe et la pompe dans lesquels vivent ceux qui la possèdent. Au contraire, elle réside dans la légitimité divine de leur condition. Ils ont été choisis par Dieu pour être placés au-dessus des autres hommes afin de régler un ordre autant issu de l'inégalité du péché légitimée par Dieu qu'ordonné par la raison naturelle.

De nombreux points, jusqu'ici, ont pu rapprocher le texte de Nicole de la tradition des miroirs et des Institutions du prince. Il est compréhensible donc, dans l'acceptation large et traditionnelle de ce genre littéraire, de tenter de définir les thèmes communs que partage la réflexion politique et pédagogique de Nicole avec la tradition parénétique. Nicole poursuit en effet une réflexion sur le programme pédagogique destiné au prince. De même, il affirme l'origine divine du pouvoir royal. Il reprend pour le faire des thèmes traditionnels de la littérature théologico-politique qui se répètent depuis l'époque médiévale. Cependant, chaque reprise ou apparentement à un discours religieux finit par s'établir dans une nouvelle conception du politique. L'absence de référence explicite à la métaphore spéculaire ne suffit pas à séparer l'œuvre de Nicole du genre

72 *Id.*, « Le *Miroir des Princes* à Port-Royal : transformations d'un héritage », art. cité, p. 106.

des miroirs. De même, l'absence d'un catalogue de vertus, morales comme politiques, supplanté par « une morale » régissant l'ensemble des comportements des hommes, comme du prince, ne permet pas de l'éloigner suffisamment de la tradition parénétique. Ce qui en revanche permet de trancher définitivement tout lien avec la tradition des miroirs et des Institutions du prince, c'est la figure d'un prince vide de toute attente placée en lui.

En ce sens, nous partageons l'opinion de Guion quand elle dénote chez Nicole, « si affirmé que soit l'importance de l'héritage » de la tradition chrétienne, la présence d'éléments « hétérogènes issus de la pensée politique moderne[73] ». L'un des passages les plus intéressants, dans la réflexion politique que Nicole propose, réside dans son questionnement sur le choix du gouvernant. Là encore, il étaye ses propos en se basant sur Pascal et démontre l'importance de la transformation de la figure du prince effectuée au début du XVIIe siècle. Nicole base en partie sa réflexion politique sur une théorie de la souveraineté moderne. Proche de la terminologie de Hobbes, il reconnaît cependant l'origine divine de la légitimation de l'autorité du roi. Nicole s'inscrit de cette manière dans la tradition politique qui lui est contemporaine tout en l'assimilant à un discours théologico-politique traditionnel. Certes, il participe toujours d'une longue tradition vouée à l'éducation du prince, particulièrement dans son éducation et sa formation à la morale. Cependant, nous sommes loin ici du caractère prescriptif du catalogue vertueux qui avait encore cours quelques décennies auparavant. Rompant avec le discours parénétique ou le panégyrique adressé au souverain, Nicole ne fait ici aucune mention des vertus et des qualités du prince. Il aborde certes la question de l'éducation du prince mais celle-ci ne participe pas d'une condition à l'exercice de la souveraineté. La principale qualité que le prince doit acquérir est, en premier lieu, une morale digne de sa condition d'homme mais aussi de sa Grandeur.

Coupant court à la tradition vertueuse de la figure du prince, Nicole nie la nécessité pour le prince de réunir en lui des qualités propres à l'exercice politique :

> Il y en a qui voudraient au moins que cette autorité qu'il faut respecter fut attachée au mérite, et qui traitent d'injustes toutes les lois qui l'ont attachée à

73 *Ibid.*, p. 107.

> des qualités extérieures. Ils triomphent en attaquant celles qui font dépendre la Grandeur de la naissance. On ne choisit pas, disent-ils, pour gouverner un bateau celui qui est de meilleure maison[74].

Attendre du souverain qu'il soit le plus méritant, espérer qu'il réalise en lui l'entier des vertus jugées jusqu'alors nécessaires à son exercice politique, ou choisir celui qui s'en rapproche le plus : les attentes de cet idéal ne prennent pas en compte, selon Nicole, la nature des hommes. La tradition qui fixe l'horizon d'attente d'un prince idéal ne raisonnerait bien que si « les hommes étaient justes et raisonnables[75] ». Mais l'injustice naturelle provoquée par l'état de péché rend cette attente inopérante. Au contraire, c'est le chef-d'œuvre de la raison de refuser le choix du souverain en fonction des qualités qu'il possède. On ne peut ici que constater la rupture irrémédiable d'avec le miroir au prince. Si Machiavel l'avait déjà brisé voilà plus d'un siècle et demi, que la raison d'État en avait recollé les morceaux en réajustant à un exercice politique rationnel les conditions morales chrétiennes, la figure du prince est ici entièrement vidée de toutes vertus. Certes, Nicole n'est pas à l'origine de cette évacuation des vertus de la figure du souverain. Un auteur comme Hobbes l'avait déjà formulée deux décennies auparavant dans son *Léviathan*. Il est cependant important d'évoquer le développement de Nicole car il prouve la rupture d'une conception traditionnelle de la figure du prince au cœur même d'une littérature d'origine théologienne. L'exercice politique et le gouvernement des autres, au sein même de la pensée d'un clerc, n'engagent plus aucune vertu dans la figure du souverain :

> Car qui choisirons-nous ? Le plus vertueux, le plus sage, le plus vaillant. Mais nous voilà incontinents aux mains : chacun dira qu'il est ce plus vertueux, ce plus vaillant, ce plus sage. Attachons donc notre choix à quelque chose d'extérieur et d'incontestable. Il est le fils aîné du Roi : cela est net : il n'y a point à douter : la raison ne peut mieux faire[76].

Pierre Nicole est un auteur représentatif de la tension entre politique et religion durant la seconde moitié du XVIIe siècle. Il participe, d'une part, d'un « augustinisme moral, [...], par la démolition de l'héroïsme et

74 Nicole, Pierre, *De l'éducation d'un prince*, *op. cit.*, f. 198.
75 *Ibid.*
76 *Ibid.*, f. 199.

la démystification des vertus, auxquelles il travaille avec acharnement » et, d'autre part, il exprime « avec une grande netteté l'idéal de retraite et la défiance à l'égard des pratiques mondaines[77] ». S'il va continuellement fonder sa pensée philosophique sur une base augustinienne, sa réflexion politique va cependant se situer à un carrefour « où tous les grands systèmes laissent quelques traces[78] ». Ainsi, Nicole s'inspire également de Hobbes : comme le précise Christian Lazzeri, « les positions de Hobbes, à une exception près, seront partagées par Nicole[79] ». En effet, si Nicole ne partage pas la conception hobbesienne de la constitution juridique du pouvoir – en continuant à légitimer l'origine divine du pouvoir politique[80] –, il partage le même fondement anthropologique : « L'un et l'autre rejettent la thèse aristotélicienne d'un homme naturellement sociable[81]. »

En définitive, l'exemple de Nicole nous fait prendre conscience de l'évolution du discours sur le prince, du Moyen Âge au dernier tiers du XVIIe siècle. Sans participer totalement d'un Humanisme tardif, sans se fondre dans la littérature étatiste de la raison d'État et sans tomber dans l'éloge encomiastique, l'œuvre de Nicole se constitue à partir d'éléments « hétérogènes issus de la pensée politique moderne[82] ». Nicole tente surtout de concilier un augustinisme – et une tradition chrétienne de l'origine du pouvoir – avec une conception moderne de l'État. De cette dernière, il reprend une figure souveraine du prince vidée de toute exigence vertueuse. Il continue à requérir à l'idéal d'un prince chrétien tout en séparant ce dernier d'un fonctionnement de l'État qui « peut être matériellement satisfaisant sans s'appuyer sur les préceptes de la religion[83] ». Ce qui, pour Guion, apparaît comme des « flottements, qui nuisent assurément à la cohérence de la pensée de Nicole » – tout en reflétant pourtant « la mutation de la pensée politique à l'âge classique[84] » – représente également à notre sens l'un des derniers instants du miroir du prince.

---

77 Thirouin, Laurent, « L'originalité philosophique de Pierre Nicole », art. cité, p. 129.

78 *Ibid.*, p. 131.

79 Lazzeri, Christian, *Force et justice dans la politique de Pascal*, Paris, PUF, 1993, p. 60.

80 Weber, Dominique, « Le "commerce d'amour-propre" selon Pierre Nicole », art. cité, p. 187-188.

81 Thirouin, Laurent, « L'originalité philosophique de Pierre Nicole », art. cité, p. 137.

82 Guion, Béatrice, « Le *Miroir des Princes* à Port-Royal : transformations d'un héritage », art. cité, p. 107.

83 *Ibid.*, p. 112.

84 *Ibid.*, p. 113.

LA BIBLIOGRAPHIE POLITIQUE DE GABRIEL NAUDÉ

La théorie politique d'un penseur particulier représente le mieux, à notre sens, la dissolution définitive du miroir des princes. Si, comme nous l'avons vu, des auteurs désirant louanger la figure royale ont repris à cette fin la métaphore du miroir en la transformant et en l'instrumentalisant durant toute la première moitié du XVIIe siècle, un projet a toutefois radicalement transformé l'idée de la formation à l'exercice politique et, par là même, de la figure du prince. De l'expression de l'image du prince parfait sur le modèle du prince vivant, par le biais de la métaphore spéculaire, les attentes placées dans la réalisation du bon gouvernement se sont détachées de la figure du chef politique pour se diffuser dans des sources compilant l'ensemble d'un savoir. Gabriel Naudé (1600-1653), auteur proche du pouvoir et théoricien français de la raison étatiste, s'est ainsi employé à déterminer la bibliothèque morale, politique et scientifique du cabinet princier[1]. Le conseil du philosophe, adressé aux princes jusqu'au début du XVIe siècle, a été alors remplacé, dans une technologie autonome du savoir, par celui du secrétaire bibliothécaire[2]. Ce dernier, nouvelle figure proche du pouvoir, a rassemblé et collecté l'entièreté du savoir nécessaire non seulement à la domination politique du prince mais aussi à la compréhension, par tous, des mécanismes du fonctionnement étatique. La théorie politique de Naudé participe ainsi d'une « démystification du politique[3] » et s'érige en une science d'un savoir autonome.

Théorie du miroir des princes, métaphore spéculaire et figure vertueuse du gouvernant : ces trois concepts ont signifié, de l'Antiquité au début

1 Pour une vue d'ensemble de la bibliothèque naudéenne, voir Bœuf, Estelle, *La bibliothèque parisienne de Gabriel Naudé en 1630*, Genève, Droz, 2007.

2 Marin, Louis, « Pour une théorie baroque de l'action politique », préface à Naudé, Gabriel, *Considérations politiques sur les Coups d'État*, Paris, Éditions de Paris, 1988, p. 45.

3 Damien, Robert, Zarka, Yves Charles, introd. « Pourquoi Naudé ? », *Corpus*, numéro 35, 1999, p. 7.

du XVIe siècle, les principaux modes d'expression du pouvoir politique. Le premier a permis d'exprimer, par analogie, l'horizon d'attente d'un idéal nécessaire au gouvernement des hommes, le conseil moral du philosophe s'étendant à la politique. Le philosophe roi de la *République* platonicienne[4] s'est fondu par la suite dans la tradition théologico-politique des auteurs chrétiens jusqu'à la fin du Moyen Âge. Théorie du miroir et métaphore spéculaire, continuant à relayer le reflet du double modèle du prince chrétien et vertueux, ont finalement été rompues par l'effectivité machiavélienne puis reformées dans la théorie de la raison étatiste. Les vertus du prince exprimées par la raison d'État ont légitimé l'exercice politique de la domination derrière le voile de la religion. Puis la littérature absolutiste a conservé la métaphore spéculaire, en retournant le miroir comme l'outil ostentatoire de la grandeur royale faisant du monarque le modèle de l'idéalité. Les miroirs de l'absolutisme ont ainsi énoncé la figure performative du prince idéal : la métaphore reflétait à l'ensemble des sujets le portrait déjà accompli d'un prince parfait au moment même de son énonciation. Des théoriciens comme Bodin ont débarrassé le prince de la souveraineté en le transformant en simple représentant d'un pouvoir octroyé par un État se pensant juridiquement ou par la convention de sujets. Tous ont proposé leur idée de l'image du prince, marquant de réelles évolutions dans la conception de la figure gouvernante. Certains se sont opposés à d'autres ; certains encore ont repris à leur compte la pensée de leurs prédécesseurs. Une intertextualité les relie, sans pour autant les faire participer d'une unique tradition philosophico-politique.

Tous se retrouvent pourtant sur les étagères de la bibliothèque naudéenne. Le projet de Naudé transcende les transformations du politique, puisqu'il en fait l'inventaire : il les regroupe et les inclut en un seul lieu. Il ne s'agit plus d'une théorie spéculaire de représentation de l'image du prince. Naudé ne propose pas au prince un modèle idéal unique, pas plus qu'il ne le conseille personnellement en morale ou en politique. Au contraire, le projet naudéen procède de la théorisation du conseil politique en une science répertoriée, classifiée, évaluée et divulguée. Ce qui était jusqu'alors le fait du prince, du ministre et du conseiller se transforme en un ensemble de savoirs énonçant et publiant l'essence des arts de gouverner.

---

4 Platon, *La République*, Livre V, 473d-e, *Œuvres de Platon*, trad. Victor Cousin, 1822-1840.

Naudé, bibliothécaire de Mazarin, a rédigé deux traités essentiels se rapportant à l'exercice politique du prince : une *Bibliographie politique*[5], ainsi que des *Considérations politiques sur les Coups d'État*. Ces dernières, parues en 1639, constituent certainement son ouvrage le plus célèbre[6]. Naudé y définit la matrice de la raison d'État française et y élabore l'exercice politique du prince dans un rapport d'extraordinaireté[7]. Cette œuvre, d'abord laissée à la confidence des douze exemplaires de sa première édition, divulgue les secrets rationnels de l'État et de l'action politique du prince. Il s'agit là d'un moment paradoxal de la théorie politique puisque Naudé énonce l'action du prince prenant forme dans le secret du cabinet. Son but est simple : il entend légitimer les actes violents, indus par la nécessité et contrevenants à la morale ordinaire. Pour ce faire, il définit le coup d'État comme l'action politique propre à la raison d'État.

Le coup d'État naudéen se base en premier lieu sur la vertu de prudence. Naudé reprend ainsi à Lipse sa théorie de prudence mêlée[8]. Cependant, il va plus loin que l'humaniste flamand. Il reconnaît que, « pour chercher particulièrement la nature de ces secrets d'État, et enfoncer tout d'un coup la pointe de notre discours jusqu'à ce qui leur est propre et essentiel », il faut prendre la prudence pour une « vertu morale et politique, laquelle n'a autre but que de rechercher les divers biais, et les meilleures et plus faciles inventions de traiter et faire réussir les affaires que l'homme propose[9] ». Cette recherche des meilleurs moyens de réussite aboutit à une double description de la prudence : la prudence ordinaire qui « chemine suivant le train commun sans excéder les lois » et la prudence extraordinaire, « plus rigoureuse, sévère et difficile[10] ». Naudé légitime cette double distinction prudentielle en citant Charron. Ce dernier, comme nous l'avons vu[11], a estimé que les vertus du prince « cheminent » différemment de

5 Naudé, Gabriel, *La bibliographie politique du Sr. Naudé, contenant les livres et la méthode nécessaire à étudier la Politique*, Paris, 1641, (1re éd. 1633).

6 *Id.*, *Considérations politiques sur les Coups d'État*, 1639.

7 Zarka, Yves Charles, « Raison d'État, maximes d'État et coups d'État chez Gabriel Naudé », *Raison et déraison d'État*, *op. cit.*, p. 154.

8 Naudé, Gabriel, *Considérations politiques sur les Coups d'État*, Paris, Éditions de Paris, 1988, chap. II, p. 87-88. Nous citerons désormais cette édition.

9 *Ibid.*, p. 88.

10 *Ibid.*

11 Sur la vertu de prudence chez Pierre Charron, voir infra, cinquième partie.

celles des particuliers. Parce que les actions politiques déterminent le sort de l'État, il est permis au prince de mêler prudence et justice et de « renarder, ou user de finesse, avec le renard : c'est en quoi consiste la *pédie* de bien gouverner[12] ». Si Naudé reprend les conceptions théoriques prudentielles de Lipse et de Charron, c'est pour mieux en souligner l'actualisation effective dans la politique de ce premier tiers du XVIIe siècle. Naudé le remarque :

> Ne voit-on pas que la plus grande vertu qui règne aujourd'hui en cour, est de se défier de tout le monde, et dissimuler avec un chacun, puisque les simples et ouverts, ne sont en nulle façon propres à ce métier de gouverner, et trahissent bien souvent eux et leur État[13].

La témérité de Naudé réside dans la description et la divulgation de la mise en pratique des conseils prudentiels des auteurs qui l'ont précédé. Il se propose non seulement d'en rendre compte mais également d'en définir l'action elle-même. Ce que Naudé appelle *maximes d'État* en français est la raison d'État italienne, qui s'exerce à « l'excès du droit commun à cause du bien public[14] ».

> Finalement la dernière chose que nous avons dit ci-dessus devoir être considérée en la politique, est celle des coups d'État, qui peuvent marcher sous la même définition que nous avons déjà donnée aux maximes et à la raison d'État, qu'elles sont un excès du droit commun, à cause du bien public, ou pour m'étendre un peu d'avantage en français, des actions hardies et extraordinaires que les princes sont contraints d'exécuter aux affaires difficiles et comme désespérées, contre le droit commun, sans garder même aucun ordre ni forme de justice, hasardant l'intérêt du particulier, pour le bien public[15].

Le dernier pas est franchi : explicitement, Naudé exprime la réalité de la politique de son siècle. Le coup d'État s'exécute contre le droit commun et sans forme de justice. Naudé dénote l'extraordinaireté du coup d'État qui conditionne l'accomplissement de l'acte politique étatiste. Ce qu'il appelle « coup d'État » se distingue toutefois de la raison d'État par le moment de sa divulgation. Le passage est célèbre ; Naudé définit le coup d'État par une métaphore naturelle :

---

12 Naudé, Gabriel, *Considérations politiques sur les Coups d'État*, *op. cit.*, p. 88.
13 *Ibid.*
14 *Ibid.*, p. 98.
15 *Ibid.*, p. 101.

> Mais pour les mieux distinguer des maximes, nous pouvons encore ajouter, qu'en ce qui se fait par maximes, les causes, raisons, manifestes, déclarations, et toutes les formes et façons de légitimer une action, précèdent les effets et les opérations, où au contraire dans les coups d'État, on voit plutôt tomber le tonnerre qu'on ne l'a entendu gronder dans les nuées, il frappe avant d'éclater, les matines s'y disent auparavant qu'on les sonne, l'exécution précède la sentence ; [...][16].

En définissant le coup d'État comme l'action politique et extraordinaire d'une raison d'État qui trouve sa légitimation après son accomplissement, Naudé achève de séparer la politique de la morale, de la religion et de l'éthique ordinaire. Comme Machiavel avant lui, il va plus loin, navigue en de nouvelles eaux. Il énonce l'indicible et l'inaudible. Il ne fait toutefois que verbaliser ce qui, dans la politique réelle, est déjà rendu effectif. Il propose ainsi, comme le précise Robert Damien, le « scandale d'une inversion » qui donne « à lire et à voir, à mesurer lucidement voire ludiquement l'étendue d'un désastre politique[17] », consumant alors les derniers éclats du miroir du prince. En effet, comme le relève Damien, telle est l'ambition de Naudé : « procéder à une critique corrosive et ironique des "illusions" qui masquent la théorie comme l'action politique[18] ». Pour ce faire, Naudé se propose d'« inventorier, recenser, classifier, ordonner selon les principes, les raisons, les préceptes, les moyens, les occasions, cette matière de l'empiricité politique » dans ses *Considérations* qui trouvent dans une œuvre antérieure leur « paradigme épistémologique[19] ».

Un autre ouvrage, en effet, attire également l'attention au moment de faire intervenir la pensée politique de Naudé face à la tradition des miroirs des princes. En 1633, quelques années avant de publier ses *Considérations*, Naudé rédige une *Bibliographie politique* dans laquelle il recense la liste des ouvrages à conseiller au prince, fondant ainsi l'ensemble du savoir qu'il estime nécessaire. Toutefois, que ce soit dans ses *Considérations politiques sur les coups d'État* ou dans sa *Bibliographie politique*, Naudé ne décrit jamais la figure vertueuse du prince. Il s'intéresse avant toute chose à ses actions. Ainsi, comme le relève Zarka, ses ouvrages « ne

---

16 *Ibid.*

17 Damien, Robert, « Des mythes fondateurs de la raison politique. Gabriel Naudé ou les bénéfices de l'imposture », *Corpus*, numéro 35, 1999, p. 52.

18 *Ibid.*, p. 56.

19 *Ibid.*, p. 60.

comportent ni une théorie du prince, ni une doctrine des fondements de la politique[20] ». De fait, la théorie politique naudéenne s'écarte non seulement du genre des miroirs des princes, mais également de l'entier d'une littérature définissant la figure du prince, selon des modalités différentes et quelquefois contradictoires. Le prince est bien l'acteur principal du discours politique de Naudé mais il s'efface devant l'action : « nul développement donc [...] sur les vertus du prince, comparable à celui que l'on trouve chez Botero en Italie, chez Guez de Balzac en France et chez bien d'autres auteurs souvent opposés entre eux[21]. » Naudé n'élabore pas de réflexion personnelle sur la structure étatique ou sur les différents régimes politiques. Pour cela, il renvoie aux auteurs qui ont traité de ces sujets avant lui. C'est au contraire la définition de « l'action spécifiquement et uniquement politique[22] » du prince qui constitue le cœur de son projet. Définir l'action politique du prince en ces termes amène Naudé à se départir de toute considération morale, juridique ou religieuse[23]. L'action politique s'explique alors en termes de rationalité, de nécessité et d'extraordinaireté. De fait, le travail bibliographique de Naudé conclut toute réflexion sur le miroir des princes érigée en théorie et en concept politiques. Il compile et rassemble l'intégralité d'une littérature politique dans une œuvre participant au dévoilement du fonctionnement de l'État et des secrets de l'action politique du prince. En s'adressant à ce dernier, il transcende le discours parénétique pour s'exprimer au plus grand nombre, donnant ainsi naissance à une science du politique.

Le miroir des princes est entièrement transformé dans la conception naudéenne du conseil politique telle qu'exprimée dans sa *Bibliographie politique.* Il ne s'agit plus de tendre au prince un miroir reflétant des prescriptions comportementales et des conseils politiques. Naudé établit l'inventaire des lectures utiles à la formation du prince comme du ministre, du conseiller et du gentilhomme. Le bibliothécaire-secrétaire remplace le conseiller-philosophe qui s'évertuait jusqu'alors à dessiner l'horizon d'attente des conditions du bon gouvernement. Le conseil

20 Zarka, Yves Charles, « L'idée d'une historiographie critique chez Gabriel Naudé », *Corpus*, numéro 35, 1999, p. 20.

21 *Ibid.*

22 *Ibid.*

23 *Ibid.*, p. 24.

politique n'est plus représenté dans une idéalité morale transmise par le reflet du miroir. Il s'agit au contraire de l'établissement du programme d'une culture politique se divisant en domaines distincts. Premièrement, Naudé établit le catalogue des œuvres nécessaires au savoir sur la politique religieuse. Deuxièmement, il compile les ouvrages du savoir sur la diplomatie. Enfin, il établit le catalogue du savoir sur la pédagogie gouvernementale[24]. Plus encore, il « donne à l'usage politique de l'écriture la figure d'un art d'écrire – art de dire et art de cacher – essentiellement lié aux affaires d'État et qui culmine dans la composition de discours et de traités politiques[25] ». Il réalise cet art dans sa *Bibliographie politique* en plaçant le conseil politique dans la lecture des ouvrages qui participent d'un savoir universel sur les arts de gouverner.

Dans la bibliothèque naudéenne, les auteurs de différentes époques se côtoient. Les conseils de lecture de Naudé s'adressent au prince comme à ceux qui veulent se former à la compréhension de l'action politique : c'est bien là que réside la particularité du conseil naudéen. Pour s'instruire à l'administration de l'État, le lecteur ne doit négliger ni les Anciens ni les Modernes et doit en premier se former à la morale. En cette matière, Naudé estime Charron « plus sage que Socrate » car il donne à la sagesse « une méthode tout à fait admirable, et avec une grande doctrine, et un grand jugement[26] ». En langue étrangère, il propose de lire Sebastián Fox Morcillo, Érasme et Pontano[27], tous auteurs d'Institutions du prince au XVIe siècle, en espagnol, en latin ou en italien. En matière de politique, ces auteurs « avaient l'esprit bien fait, ont écrit beaucoup de belles choses de cette science et qui seront toujours très profitables à tous ceux qui veulent être parfaitement instruits à la morale[28] ». Plus loin encore, Naudé propose la lecture de Vincent de Beauvais, qui « avait publié son Miroir moral, avec une aussi grande abondance de parole[29] ». Thomas d'Aquin et Gilles de Rome apparaissent également, eux qui « ont parlé avec un peu moins de corruption que tous les autres mais

24 Damien, Robert, *Bibliothèque et État. Naissance d'une raison politique dans la France du XVIIe siècle*, *op. cit.*, p. 279.

25 Zarka, Yves Charles, « Raison d'État, maximes d'État et coups d'État chez Gabriel Naudé », art. cité, p. 151.

26 Naudé, Gabriel, *La bibliographie politique du Sr. Naudé, contenant les livres et la méthode nécessaire à étudier la Politique*, *op. cit.*, f. 17.

27 *Ibid.*

28 *Ibid.*, f. 17-18.

29 *Ibid.*, f. 19.

qui ont tellement surpassé le génie de ce siècle-là par leur jugement, leur doctrine et leur subtilité[30] ».

Une fois abordées la morale et l'économie, qui permettent l'acquisition du savoir nécessaire au gouvernement de soi et de la famille, le lecteur peut se tourner vers des lectures politiques. Moïse, Platon et Aristote se côtoient et ouvrent la voie aux auteurs chrétiens. Thomas d'Aquin, « dans son livre *De Regimine principum*, du gouvernement des Princes » introduit le « platonisme » dans « la république chrétienne[31] ». D'autres encore, des « esprits imaginatifs », s'efforcent de « faire voir la forme ou plutôt l'idée de quelque véritable et parfaite république, afin que l'on eût un exemplaire de ce qu'il y a de meilleur et de plus excellent en ce genre[32] ». Xénophon, Cicéron et saint Paul ont eu devant les yeux cette « véritable, première et originelle image de perfection[33] » que Thomas More a tenté de reformer. Tous ces auteurs ont cependant le défaut d'avoir traité de cette matière avec « tant de bonne foi et tant d'intégrité que leurs instructions seraient plus propres et convenables à la République de Platon qu'à la façon dont nous vivons en ce siècle[34] ». Pour remédier à cette naïveté, Naudé recommande alors de « consulter quelques Italiens de ces derniers temps, lesquels [...] ont fait des livres de la raison d'État pour exprimer en termes plus intelligibles ce qu'ils appellent *ragion di Stato*[35] ». Parmi ceux-ci, c'est Botero qui est invoqué, lui « dont l'esprit était entièrement propre à toutes choses et né particulièrement à traiter des affaires politiques[36] ». Cependant, si « l'administration extraordinaire » de l'État contient « les mêmes chefs de doctrine et les mêmes matières » que l'administration ordinaire, il ne s'est pour l'instant trouvé que peu de personnes « assez hardies et assez effrontées pour faire voir en public » les ouvrages de cette première méthode[37]. Machiavel est de ceux-ci. En effet, celui que Naudé appelle le « Politique Florentin » a compilé dans ses œuvres « presque tous les axiomes, et toutes les principales conclusions de cette administration[38] ».

30 *Ibid.*, f. 23.
31 *Ibid.*, f. 30.
32 *Ibid.*, f. 43.
33 *Ibid.*
34 *Ibid.*, f. 56.
35 *Ibid.*
36 *Ibid.*
37 *Ibid.*, f. 57-58.
38 *Ibid.*, f. 59.

La bibliographie politique naudéenne transcende ainsi la réflexion sur le genre des miroirs. Elle va au-delà de la rupture machiavélienne, de la raison d'État, de l'apparente utopie des Institutions et de l'antimachiavélisme. Elle présente au prince, noyé dans un ensemble plus vaste de lecteurs – à qui l'on ouvre les portes de la compréhension du gouvernement et de l'action politique – la totalité d'un savoir. Naudé ne propose plus au prince l'image de son idéalité ou les règles de la domination politique : son propos est total et universel. Il énonce les modèles que l'histoire de la pensée politique et morale sur le gouvernement des hommes a suggérés, des philosophes antiques aux libertins de son temps. Il conseille la lecture des auteurs qui « ont donné des avis, des préceptes et des conseils sur les affaires qui se présentent ordinairement en l'administration des États » comme il propose de « déclarer ceux par la lecture desquels ceux qui gouvernent et qui manient les affaires publiques peuvent devenir meilleurs et plus excellents[39] ».

Naudé, au contraire de Machiavel, ne brise pas pour autant le miroir des princes. Il ne s'érige pas contre la tradition théologico-politique chrétienne ni contre l'Humanisme. Il ne s'oppose pas à un mode séculaire de représentation de la figure du prince et de l'exercice vertueux du gouvernement politique. Naudé dissout le miroir mais ne l'ébrèche pas : il l'enchâsse dans un ensemble plus vaste. Le miroir des princes – par les œuvres qui participent de cette théorie politique – est un outil parmi d'autres de cette nouvelle technologie de l'administration politique. Les œuvres de la tradition normative et prescriptive des miroirs sont évaluées et recommandées par Naudé dans son projet bibliographique. Elles peuvent, en fonction de l'orientation que le lecteur entend donner à sa formation politique, participer de la pédagogie nécessaire à la compréhension de l'art de gouverner. Les œuvres de Thomas d'Aquin, de Gilles de Rome, au même titre que celles de Lipse ou de Charron, sont autant d'ouvrages qui concourent à l'ensemble du savoir politique proposé. Mieux encore, les traités, parce qu'ils définissent l'image du prince tel qu'il « devrait être » selon les normes morales ou religieuses, occupent une place dans le catalogue naudéen au même titre que Machiavel et que tout autre auteur honni. Sans être exhaustive, la bibliothèque naudéenne enveloppe toutefois l'entier des considérations sur le prince, en dépit des

39 *Ibid.*, f. 90.

ruptures et des transformations. Elle propose au lecteur de connaître les auteurs qui, comme Machiavel, « ont représenté leurs princes tels qu'ils sont pour l'ordinaire » ; qui – comme chez Érasme – sont « tels que moralement ils devraient être », « tels qu'il leur est permis d'être par les lois de la Politique ordinaire et commune » ou encore « tels qu'ils devraient être se conformant aux préceptes de la religion chrétienne[40] ».

Avant de définir l'extraordinaireté de l'action politique sous les traits du coup d'État, la théorie politique de Naudé réside dans une somme de savoirs formant une *paideia*. Le reflet du miroir s'y transforme, non pas en conseil mais en une science réelle qui s'adresse autant au prince qu'au ministre et au lecteur désireux de connaître les secrets de l'action politique – les *arcana imperii*. Cette nouvelle technologie du savoir politique recouvre l'entier de l'écriture du politique, des républiques idéales des Anciens aux maximes de dissimulation et de secret de la raison d'État. Le conseil prodigué n'est plus celui du conseiller-philosophe des miroirs des princes confit en idéalisme. Si la bibliothèque naudéenne ne déconsidère pas les textes et les idées de la tradition philosophico-politique, elle discrédite en revanche la volonté du conseiller-philosophe à imposer sa légitimité. Ce que Naudé dénonce, c'est, comme le rappelle Damien, « l'obstination habitudinaire qui attire le philosophe vers le prince comme le moustique à la lampe[41] ».

Le projet bibliographique représente en définitive la compilation et l'expression d'un savoir politique dont Naudé « construit le domaine autonome et l'objet spécifique[42] ». La révélation de ce savoir politique, laissé « comme exposition publique des savoirs disponibles sans exclusive ni interdit[43] », dénote un double objectif. D'une part, ce savoir doit relayer les valeurs ordinaires de la politique et couvrir les connaissances des maximes universelles partagées par des auteurs d'obédience diverses, tout en continuant à exprimer les moyens nécessaires à la conservation de l'État. D'autre part, il doit occuper simultanément « le terrain extraordinaire du "coup d'Estat" qui est le propre de l'action politique et une

40 *Ibid.*, f. 97-98.

41 Damien, Robert, *Bibliothèque et État. Naissance d'une raison politique dans la France du XVIIe siècle*, *op. cit.*, p. 8. Sur la transformation du rôle du conseiller et du conseil en politique, voir l'avant-propos de l'ouvrage, p. 7-21.

42 *Ibid.*, p. 28.

43 *Ibid.*, p. 29.

constante nécessaire de la souveraineté[44] ». De cette double finalité du projet naudéen émane une tension apparente. La bibliographie politique doit surmonter l'écueil de ces « deux exigences contradictoires de la raison politique[45] ». D'un côté, elle doit conserver et défendre la « nécessité de la souveraineté qui fonde l'absoluité de l'État » et, de l'autre, elle doit garantir l'« universalité d'un accès à l'intelligibilité rationnelle du savoir publié que requiert l'information et la formation de l'homme d'État[46] ». Cette tension qui doit être contenue, par un tour de force, au sein d'une unique théorie politique se trouve au cœur du projet naudéen. C'est ici aussi que se défait le dernier nœud qui contraint la théorie du miroir des princes.

44 *Ibid.*, p. 28.
45 *Ibid.*, p. 29.
46 *Ibid.*

CONCLUSION

Nous sommes parti du constat de l'incompréhension de la métaphore spéculaire par l'homme d'aujourd'hui, signifiant l'oubli du miroir[1]. Cette incapacité à comprendre l'expression d'une attente morale envers le chef politique, par le truchement de la théorie du miroir des princes, nous a incité à réfléchir à l'origine du besoin d'idéalité en politique ainsi que sur les moyens de son énonciation. Elle nous a également – et avant tout – invité à rechercher les raisons de cette inintelligence ayant abouti à la méconnaissance d'une simple formulation métaphorique. Pourquoi l'homme actuel ne serait-il plus susceptible d'espérer de la part des représentants politiques les vertus morales qui feraient d'eux des modèles pour leurs concitoyens ? Pour répondre à cette question, il s'est agi non seulement d'examiner les transformations de l'emploi de la métaphore du miroir, établie dès le Moyen Âge en théorie politique de représentation de la figure royale, mais aussi d'observer les vicissitudes de l'image du prince dans les traités politiques dédiés au gouvernement du régime monarchique. Après cet examen, les premières sont apparues intimement liées aux secondes.

Remonter aux sources de la métaphore du miroir, d'abord en morale puis en politique, a permis de comprendre les transformations de la figure du prince. Il est difficile aujourd'hui de réaliser l'importance de l'objet-miroir avant l'industrialisation et sa reproduction à grande échelle. Alors que nous vivons « sous le règne du miroir, sous le pouvoir de la fonction réfléchissante » nous donnant « l'illusion de l'autonomie et de la maîtrise de soi[2] », comment comprendre de nos jours l'utilisation symbolique d'un objet usuel afin de définir l'image de

1 *Cf.* introd. : Bodart, Diane H., « Le prince miroir : métaphore optique du corps politique », art. cité, p. 123-126.

2 Melchior-Bonnet, Sabine, préface de *Miroirs et jeux de miroirs dans la littérature médiévale*, sous la direction de Fabienne Pomel, Rennes, Presses universitaires de Rennes, 2003, p. 15.

l'homme politique idéal et des vertus nécessaires à la réussite du bien commun ? L'homme antique et médiéval n'avait qu'une connaissance précaire de son propre reflet et « découvrait son propre visage à travers le regard de l'autre, dans la réciprocité et l'interdépendance[3] ». Proposer aux princes l'idéalité morale et vertueuse vers laquelle ils devaient tendre, en l'énonçant par le reflet d'un miroir symbolique, signifiait l'importance de l'entreprise.

Partir de l'utilisation symbolique du miroir, durant l'Antiquité, comme objet de connaissance de soi et de perfectionnement moral nous a amené à rechercher les premières occurrences de la métaphore spéculaire dans le discours politique. Cette nouvelle utilisation a marqué les prémices de la création d'un *topos* littéraire qui s'est déployé jusqu'à l'époque médiévale. La commodité de la métaphore spéculaire a permis de désigner en un genre littéraire les œuvres traitant de la conduite morale de l'homme. Ce genre, celui des *specula*, regroupait les traités de codification des comportements moraux et sociétaux des fidèles. De ce genre ont dérivé les *specula principis*, les miroirs des princes prescriptifs, qui proposaient ces mêmes conseils aux princes de la chrétienté.

Nous sommes plus circonspect que d'autres au sujet de l'existence d'un genre autonome des miroirs des princes. Il nous importait en effet de montrer l'indécision de l'historiographie quant à la définition d'un genre *sui generis*. La difficulté à émettre des critères stables et à trouver une cohérence générique, ainsi que l'absence d'unanimité sur ce sujet nous a poussé à nous éloigner de la tradition historiographique[4]. Plus que l'observation des aléas d'un genre littéraire et politique, nous nous sommes attaché à appréhender les transformations d'une théorie politique concevant l'image du prince parfait par le biais de la métaphore du miroir. En dépassant l'analyse du seul emploi de la métaphore du miroir, c'est le concept du reflet d'idéalité révélée, ainsi que la participation des vertus à la construction morale et politique de la figure espérée du prince, que nous avons tenté de mettre en exergue.

L'image du prince, du Moyen Âge au XVIIe siècle, s'est révélée diverse et multiple, se diffusant à la manière des figures d'un kaléidoscope. Si, à l'époque médiévale, elle se fondait unanimement sur le modèle

---

3 *Ibid.*

4 Cartoux, Aliénor, Orsini, Sarah, « Introduction – Le miroir du Prince dans l'Antiquité : le paradoxe d'un genre inexistant ? », *Interférences*, 11, 2018, p. 1-30.

du prince chrétien[5], elle subit une double altération au XVIe siècle. D'une part, la théorie du miroir des princes s'est transformée, sous l'impulsion d'un Humanisme greffant au reflet du prince chrétien celui d'un modèle revivifié par la résurgence de la pensée antique. Les œuvres du XVIe siècle, comme les Institutions du prince, partageaient encore le caractère prescriptif et prospectif des miroirs médiévaux en formulant des attentes de réalisation d'un idéal moral dans le champ politique. Elles ont toutefois bénéficié des apports de nouvelles réflexions pédagogiques qui s'appliquèrent à la figure du gouvernant. L'image du prince médiéval, modèle de vertus théologales, se vit ainsi compléter par les attentes morales du prince philosophe. Érasme en fut le plus parfait héraut : son modèle servit à la construction de la figure du prince jusqu'au dernier quart du XVIe siècle en France.

D'autre part, la théorie du miroir fut révoquée par l'immersion du prince dans la *vérité effective de la chose* machiavélienne. Machiavel s'érigea non seulement contre la tradition morale théologico-politique médiévale et contre l'Humanisme italien du Quattrocento mais il s'opposa aussi explicitement à l'image vertueuse du prince, en brisant, en toute conscience, tant le miroir de l'idéalité que son reflet vertueux. La pensée machiavélienne, en provoquant une rupture irrémédiable dans la tradition de représentation du prince, n'a cependant pas irrévocablement mis fin à l'emploi de la métaphore spéculaire dans la littérature politique. Après Machiavel – et à cause de lui –, la métaphore spéculaire a continué à être l'un des vecteurs de l'image du prince. Que ce soit par la littérature antimachiavéliste, reformant le miroir pour s'opposer au succès de la politique du Florentin, ou dans les Institutions tardives de la fin du XVIe siècle, afin de légitimer un pouvoir royal ébranlé – et dans l'espoir d'un retour aux valeurs d'avant les guerres confessionnelles –, la théorie politique du miroir des princes s'est maintenue dans le cadre réactionnel d'un désir conservatiste.

Plus tard encore, la littérature encomiastique et panégyrique de la monarchie absolue réinvoqua le miroir pour en faire l'outil ostentatoire du pouvoir royal et de la perfection déjà réalisée du prince réel. Comme l'a montré Louis Marin, une relation s'établit à cette époque entre pouvoir

---

5 Sur la théorie du miroir des princes au Moyen Âge, voir les très belles pages de Damien, Robert, *Éloge de l'autorité. Généalogie d'une (dé)raison politique*, Paris, Armand Colin, p. 223-233 (« Le conseil de la spéculation : un miroir de l'autorité »).

et représentation : d'une part, « l'institution du pouvoir s'approprie la représentation comme sienne », en produisant « ses représentations de langage et d'image[6] » et, d'autre part, « la représentation, le dispositif de la représentation produit son pouvoir[7] ». Représenter le prince revient alors à le « présenter à nouveau (dans la modalité du temps) ou à la place de… (dans celle de l'espace)[8] ». Il ne s'agit pas de « re-présenter le passé en le rendant à nouveau présent » mais bien de « redoubler la présence du prince dans son action immédiate en lui donnant par là sa légitimité essentielle comme la manifestation éclatante de ses perfections[9] ». La métaphore spéculaire, stratagème de représentation, permet ainsi non seulement de refléter le portrait du roi idéal, mais aussi d'actualiser la présence du roi lui-même. Elle permet surtout de dissimuler derrière le miroir la nature humaine d'un roi se rêvant dans l'absoluité de son pouvoir :

> Qu'est-ce donc qu'un roi ? C'est un portrait de roi et cela seul le fait roi et, par ailleurs, c'est aussi un homme. À quoi il convient d'ajouter que l'« effet de portrait », l'effet de représentation, *fait le roi*, en ce sens que tout le monde croit que le roi et l'homme ne font qu'un, ou que le portrait du roi est seulement l'image du roi. Personne ne sait qu'à l'inverse le roi est seulement son image et que, derrière ou au-delà du portrait, il n'y a pas le roi, mais un homme. Personne ne sait ce secret et le roi moins que tous les autres, peut-être[10].

Cela n'aurait pas eu de sens de mentionner toutes les œuvres participant du genre des miroirs et des Institutions du prince durant l'entier de l'Ancien Régime tout comme cela n'aurait pas eu de sens de citer toutes celles qui usent explicitement de la métaphore spéculaire. Notre but n'était pas d'en faire le recensement exhaustif, travail rendu inopérant par l'instabilité des limites du genre lui-même. Il fallait au contraire, à partir des œuvres prescriptives et normatives les plus représentatives, examiner les expressions de l'image du prince dans leurs formes traditionnelles et les confronter à celles qui sont exprimées dans des œuvres théoriques qui ont transformé la conception du politique à l'époque moderne. Si, de prime abord, il peut paraître abscons de s'ingénier à se

6 Marin, Louis, *Le portrait du roi*, *op. cit.*, p. 9.
7 *Ibid.*
8 *Ibid.*
9 *Ibid.*, p. 111.
10 *Ibid.*, p. 267.

demander quelles figures du prince Bodin ou Hobbes ont proposé dans leurs œuvres fondatrices respectives, il s'agissait d'un passage obligé pour comprendre ce qu'est devenue, après eux, la théorie politique du miroir des princes. Rechercher ce qu'il a pu rester du miroir dès le XVIe siècle et comprendre les raisons de la persistance de la métaphore et du symbolisme de l'objet nous a permis de saisir les causes de la déliquescence de ce mode de représentation du pouvoir.

Comme le souligne Marcel Gauchet, « les idées constituent parfois d'irremplaçables documents historiques[11] ». Elles permettent en effet de prendre la mesure des transformations politiques des sociétés. La mise en opposition de la théorie du miroir des princes – sous la forme de sa dégénérescence – avec les courants d'une pensée politique tour à tour réaliste, rationaliste, juridique ou contractuelle a permis, à l'instar de ce que Gauchet concède à la raison d'État, de « prendre la mesure de l'événement qu'a représenté la surrection de l'État dans la période, de l'État en possession de son concept[12] ». Elle a également permis de « saisir l'un en regard de l'autre le système qui meurt et le système qui naît[13] ». Dans nos régimes démocratiques, l'exigence vertueuse du chef politique n'est plus une condition inhérente à la conservation de l'État. La souveraineté politique, déliée de son origine divine, s'établit hors de sa figure représentative. L'homme politique contemporain élu ne représente plus l'ordre divin sur Terre mais ses concitoyens avec qui il partage une même nature humaine. Nul besoin donc de formuler un idéal vertueux par une métaphore érigée en théorie politique de représentation du pouvoir : dans cette nouvelle technologie du politique, le miroir des princes apparaît comme l'archaïsme d'un monde ancien dont la compréhension semble perdue.

Nous ne saurions enfin mieux exprimer que Robert Damien la désagrégation de la théorie du miroir des princes. Le miroir « se devait de rappeler à la conscience du prince le devoir à quoi sa charge l'obligeait », se donnant comme « le représentant d'un idéal universel s'imposant à sa volonté[14] ». Dans l'idéalité du reflet spéculaire, « l'action concrète

---

11 Gauchet, Marcel, « État, monarchie, public », *Miroirs de la Raison d'État*, Les Cahiers du Centre de Recherches Historiques, 20, 1998, p. 9.

12 *Ibid.*

13 *Ibid.*

14 Damien, Robert, *Bibliothèque et État*, *op. cit.*, p. 30.

était abandonnée à l'improvisation, aux caprices, aux mystères ou, au mieux, aux sophistes manipulateurs[15] ». Même la vertu de prudence – prudence philosophique et détentrice de l'idéal –, dans les miroirs et Institutions du prince aux XVIe et XVIIe siècles, « laissait à d'autres la charge d'affronter le contingent et le singulier qui fait pourtant toute l'action politique[16] ». Machiavel, Botero, Lipse et Charron mais aussi Naudé, par son œuvre bibliographique et politique, ont transformé le conseil du miroir qui, désormais, « ne se contente plus de réfléchir l'idéal dans quoi le prince se contemple[17] ». Le miroir du prince s'est transformé en traité politique qui « se doit d'assumer le savoir du particulier[18] ». Mieux encore, « le conseil pédagogique du philosophe au prince ne s'inscrit plus dans la logique du miroir, mais s'établit dans un rapport de travail cognitif du réel à savoir[19] ». Le miroir finit ainsi par trouver la raison de son oubli et n'attend, quand le besoin s'en fera sentir, que le moment de sa réminiscence.

15 *Ibid.*
16 *Ibid.*
17 *Ibid.*
18 *Ibid.*
19 *Ibid.*, p. 297.

REMERCIEMENTS

Je remercie celles et ceux qui ont rendu possible cette recherche et cette publication. Ma reconnaissance la plus immédiate va Yves Charles Zarka, à Sylvie Daubresse et à Myriam-Isabelle Ducrocq.

Je remercie également les institutions suivantes : le Fonds national suisse de la recherche scientifique, pour l'octroi d'une bourse de mobilité et d'un subside de publication, ainsi que *Swissuniversities*, pour l'attribution d'une bourse de cotutelle.

SOURCES

ALCUIN, « *Alcuini siue Albini epistolae* », *Epistolae*, *Mon. Germ. Hist.*, *Epistolae* IV, édité par Dümmler Ernst, Berlin, 1895, coll. 1-493.

AMMIRATO, Scipione, *Discours politiques et militaire sur Corneille Tacite*, traduit par Laurent Melliet, Paris, 1628.

AMYOT, Jacques, *Projet de l'éloquence royale composé pour Henry III*, Paris, 1579.

AMYOT, Jacques, *Projet de l'éloquence royale composé pour Henry III*, d'après le manuscrit autographe de l'auteur, Paris, 1805 (1re éd. 1579).

ARISTOTE, *Les Politiques*, traduction de Pierre Pellegrin, Paris, Flammarion, 1990.

AUGUSTIN, *De la Trinité*, texte établi par Raulx, L. Guérin, 1868.

AUGUSTIN, *La Cité de Dieu*, texte établi par Raulx, L. Guérin, 1869.

BARRAL, Pierre, *Manuel des Souverains*, 1754.

BAUDOIN, Jean, *Le prince parfait et ses qualités les plus éminentes avec des conseils et des exemples moraux et politiques*, Paris, 1650.

BOAISTUAU, Pierre, *L'histoire de Chelidonius Tigurinus, sur l'institution des Princes Chrestiens et origine des Royaumes*, Paris, 1556.

BODIN, Jean, *Les Six Livres de la République*, 1576.

BODIN, Jean, *Les six livres de la République*, édition et présentation de Gérard Mairet, Paris, Classiques de la philosophie, 1993.

BODIN, Jean, *Les Six Livres de la République*, Livre premier, édition de Mario Turchetti, Paris, Classiques Garnier, 2013.

BOTERO, Giovanni, *De regia sapientia. Libri tres*, Mediolani, 1583.

BOTERO, Giovanni, *Della ragion di Stato e Delle cause della grandezza delle città*, Venise, 1598.

BOTERO, Giovanni, *Raison et gouvernement d'Estat*, traduction de Gabriel Chappuis, 1599 (1re éd. 1589).

BOTERO, Giovanni, *De la raison d'État (1589-1598)*, édition, traduction et notes de Pierre Benedittini et Romain Descendre, introduction de Romain Descendre, Paris, Gallimard, 2014.

BOUCHET, Jean, « Epistre au roi Louis XII sur les devoirs des Rois », *Epistres morales et familieres du Traverseur*, Poitiers, 1545.

BRÈCHE, Jean, *Manuel royal, ou Opuscules de la doctrine et condition du prince, tant en prose que rhythme françoyse*, Tours, 1541.

BRÈCHE, Jean, *Premier livre de l'honneste exercice du prince, à Madame la princesse de Navarre*, Paris, 1544.

BUDÉ, Guillaume, *Institution du Prince*, *Le Prince dans la France des XVIe et XVIIe siècles*, par Bontems Claude, Raybaud Léon-Pierre et Brancourt Jean-Pierre, PUF, Paris, 1965, p. 77-141 (1re éd. 1547).

BUDÉ, Guillaume, *Le livre de l'Institution du Prince*, présenté par Maxim Marin, Köln, 1982.

CABOT, Vincent, *Les Politiques*, 1630.

CASTIGLIONE, Baldassar, *Le livre du courtisan*, présenté et traduit de l'italien d'après la version de Gabriel Chappuis (1580) par Alain Pons, Paris, Gérard Lebovici, 1987.

CHAMPIER, Symphorien, *La Nef des Princes*, chez Guillaume Balsarin, Lyon, 1502.

CHARPY, Nicolas, *Le juste prince ou le miroir des princes, en la vie de Louis le Juste*, Paris, 1638.

CHARRON, Pierre, *De la sagesse*, Amsterdam, 1782 (1re éd. 1601).

CHARRON, Pierre, *De la sagesse*, réimpression de l'édition de Paris, 1824 (1re éd. 1601), 3 volumes, Genève, Slatkine Reprints, 1968.

CICÉRON, *De Legibus*, *Œuvres complètes*, tome quatrième, sous la direction de M. Nisard, Paris, 1864.

CICÉRON, *De officiis*, *Œuvres complètes*, tome quatrième, sous la direction de M. Nisard, Paris, 1864.

CICÉRON, *De officiis*, traduction de Charles Appuhn, Paris, Garnier, 1933.

CICÉRON, *De Oratore*, *Œuvres complètes*, tome premier, sous la direction de M. Nisard, Paris, 1864.

CICÉRON, *De Republica*, *Œuvres complètes*, tome quatrième, sous la direction de M. Nisard, Paris, 1864.

CICÉRON, *Pro Caelio*, *Œuvres complètes*, tome troisième, sous la direction de M. Nisard, Paris, 1864.

COIGNET, Matthieu, *Instruction aux princes pour garder la foy promise, contenant un sommaire de la philosophie chrestienne et morale, et devoir d'un homme de bien*, Paris, 1584.

DHUODA, *Liber manualis*, introduction, texte critique et notes par Pierre Riché, traduction par Bernard de Vregille et Claude Mondésert, deuxième revue et augmentée, Paris, Cerf, 1991.

DUGUET, Jacques Joseph, *Institution d'un prince, ou traité des qualitez, des vertus et des devoirs d'un souverain, soit par rapport au gouvernement temporel de ses États, ou comme chef d'une société chrétienne, qui est nécessairement liée avec la religion*, Chez Jean Nourse, Londres, 1739.

ÉRASME, *Declamatio de pueris statim ac liberaliter instituendis*, traduite et commentée par Jean-Claude Margolin, Travaux d'Humanisme et Renaissance, Genève, Droz, 1966.

ÉRASME, *De pueris (De l'éducation des enfants)*, traduction de Pierre Saliat, introduction et notes de Bernard Jolibert, Paris, Klincksieck, 1990.

ÉRASME, *Enchiridion militis christiani*, traduction d'André-Jean Festugière, Paris, Vrin, 1971.

ÉRASME, *Institutio principis christiani*, traduction anglaise de Born Lester K, New York, Columbia University Press, 1936.

ÉRASME, *La Formation du prince chrétien*, édité et traduit par Mario Turchetti, Paris, Garnier, 2015.

ESPAGNET, Jean de, *L'institution du jeune prince*, Paris, 1616.

ESPENCE, Claude de, *Institution d'un Prince Chrétien*, Lyon, 1548.

ESPENCE, Claude de, *Quod principem literae, tum humanae, tum sacrae deceant*, in Dubois Alain, *Claude d'Espence (1511-1571) et sa réflexion sur la « Republique »*, Mémoire de licence présenté à la Faculté des Lettres de l'Université de Fribourg (Suisse) sous la direction du Professeur Mario Turchetti, Décembre 2002, Annexe IV.

EUSÈBE DE CÉSARÉE, *Éloge à Constantin*, in *Miroirs de prince de l'Empire romain au IVe siècle*, anthologie éditée par Dominic O'Meara et Jacques Schamp, Paris, Cerf, 2006.

FARET, Nicolas, *Des vertus nécessaires à un prince pour bien gouverner ses sujets*, Paris, 1623.

FOIX, Marc-Antoine de, *L'Art d'élever un prince, dédié à Monseigneur le Duc de Bourgogne*, Paris, 1688.

FURETIÈRE, Antoine, *Dictionaire universel, contenant généralement tous les mots françois tant vieux que modernes*, 1690.

GENTILLET, Innocent, *Discours sur les moyens de bien gouverner et maintenir en bonne paix un Royaume ou autre principauté. Divisez en trois parties : a savoir, du Conseil, de la Religion et Police que doit tenir un Prince. Contre Nicolas Machiavel Florentin*, 1576.

GODEAU, Antoine, *Institution du prince chrétien*, 1644.

GOURNAY, Marie de, « De l'Education des Enfans de France » et « Institution du Prince, deux Traitez », *Les Advis ou les Présens de la demoiselle de Gournay*, chez Toussainct du Bray, Paris, 1634.

HÉROARD, Jean, *De l'Institution du Prince, par Jean Héroard, Seigneur de Vaulgrigneuse, Conseiller et Secretaire du Roy, Medecin ordinaire de sa Majesté et Premier de Monseigneur le Dauphin, à Monseigneur le Dauphin*, chez Jean Jannon, Paris, 1609.

HINCMARUS RHEMENSIS EPISCOPUS, « *Ad proceres regni, pro instituione Carolomanni regis et de ordine palati* », in *Documenta Catholica Omnia*, Migne PL, 125, coll. 994-1008.

HINCMARUS RHEMENSIS EPISCOPUS, « *De regis persona et regio ministerio ad Carolum Calvum regem* », in *Documenta Catholica Omnia*, Migne PL, 125, coll. 834-856.

HOBBES, Thomas, *Léviathan*, introduction et traduction de François Tricaud, Paris, Sirey, 1971.

JONAS AURELIANUS EPISCOPUS, « *De institutione regis ad Pippinum regem* », in *Documenta Catholica Omnia*, Migne PL, 106, coll. 280-306.

JONAS D'ORLÉANS, *Le métier de roi (De institutione regia)*, Paris, Cerf, 1995.

JOANNIS SARESBERIENSIS, « *Polycraticus sive de nugis curialum et vestigiis philosophorum* », *Documenta Catholica Omnia*, Migne PL, 199, coll. 379-822.

LA FONS, Jacques de, *Le Dauphin*, Paris, 1609.

LA MADELEINE, Jean de, *Discours de l'Estat et office d'un roy, prince ou monarque, pour bien et heureusement régner sur la terre, et pour garder et maintenir les sujets en paix, union et obéissance*, Paris, 1575.

LA MOTHE LE VAYER, François de, *De L'Instruction de Monseigneur le Dauphin au Cardinal Duc de Richelieu*, Dresde, 1756 (1re éd. 1640).

LANCRE, Pierre de, *Livre des Princes, contenant plusieurs notables discours*, Paris, 1617.

LA PERRIÈRE, Guillaume de, *Le miroir politique, contenant diverses manières de gouverner et policer*, Paris, 1567.

LA PRIMAUDAYE, Pierre de, *L'Académie françoise*, Lyon, 1577.

LA TAILLE, Jean de, *Le prince nécessaire*, *Œuvres*, Genève, Slatkine, 1968 (1re éd. 1572-1573).

LE CARON, Louis, « Le courtisan, ou que le Prince doit philosopher, ou de la vraie sagesse et royale philosophie. Dialogue premier. », *Les Dialogues*, Paris, 1556.

LE MOYNE, Pierre, *De l'art de régner*, Paris, 1665.

L'HOSPITAL, Michel de, *De sacra Francisci II. Galliarum regis initiatione, regnique ipsius administrandi providentia*, 1559.

L'HOSPITAL, Michel de, *Discours sur le sacre de François II, contenant une instruction excellente, comme un roy doit gouverner son état*, traduit par Claude Joly, Paris, 1825, (1re éd. 1560).

L'HOSPITAL, Michel de, *Discours sur le sacre de François II, roi des Gaules, et sur sa prévoyance dans l'administration de son royaume*, texte édité et traduit par Loris Petris, in *La plume et la tribune : Michel de L'Hospital et ses discours (1559-1562)*, Genève, Droz, 2002, p. 335-358.

LIPSE, Juste, *Politicorum sive civilis doctrinae libri sex*, Leyde, 1589.

LIPSE, Juste, *Les politiques ou doctrine civile ou il est discouru de ce qui appartient à la Principauté*, traduction de Simon Goulart, Tours, 1594.

LIPSE, Juste, *Les maximes politiques du docte Juste Lipse*, Cologne, par Nicolas Schoute, 1682.

LIPSE, Juste, *Politica, six books of politics or political instruction*, edited, with translation and introduction by Waszink Jan, Bibliotheca latinitatis novae, Assen, Royal Van Gorcum, 2004.

MACHIAVEL, *Discours sur la première décade de Tite-Live*, traduction de Jean Vincent Périès, texte établi par Ch. Louandre, Charpentier, 1855.

MACHIAVEL, *Œuvres complètes*, introduction par Jean Giono, texte présenté et annoté par Edmond Barincou, Paris, Gallimard, 1952.

MACHIAVEL, *Le Prince*, introduction, traduction, postface, commentaire et notes de Jean-Louis Fournel et Jean-Claude Zancarini, Paris, PUF, 2000.

MACHIAVEL, *Le Prince*, traduction, présentation et notes par Marie-Gaille-Nikodimov, Paris, Classiques de la philosophie, 2000.

MACHON, Louis, *Apologie pour Machiavelle, ou plustost La politique des Rois, et la science des souverains en faveur des Princes et des Ministres d'Estat*, Paris, 1643.

MAUGIN, Jean, *Le Parangon de vertu, pour l'institution de tous Princes*, Lyon, 1556.

MÉZIÈRES, Philippe de, *Le Songe du vieil pèlerin*, édité par Coopland G. W., 2 volumes, Cambridge, Univ. Press, 1969.

MONET, Philibert, *Invantaire des deus langues, françoise et latine : assorti des plus utiles curiositez de l'un et de l'autre idiome*, C. Obert, Lyon, 1636.

NAUDÉ, Gabriel, *La bibliographie politique du Sr. Naudé, contenant les livres et la méthode nécessaire à étudier la Politique*, Paris, 1641, (1re éd. 1633).

NAUDÉ, Gabriel, *Considérations politiques sur les Coups d'État*, précédé de « Pour une théorie baroque de l'action politique » par Louis Marin, Paris, Éditions de Paris, 1988 (1re éd. 1639).

PATRIZI, Francesco, *De regno et regis institutione*, 1484.

PISAN, Christine de, *Le Livre des faits et bonnes mœurs du roi Charles V le Sage*, traduit par Hicks Eric et Moreau Thérèse, Paris, Stock, 1997.

PISAN, Christine de, *Le Livre du corps de policie*, édité par Lucas Robert H., Genève, Droz, 1967.

PLATON, *La République*, *Œuvres de Platon*, traduction de Victor Cousin, Paris, 1833.

PLUTARQUE, *Sur la manière de discerner un flatteur d'avec un ami*, *Œuvres morales*, tome premier, traduction D. Richard, Paris, Hachette, 1870.

PONTANO, Giovanni, *De principe*, 1490.

PRIEZAC, Daniel de, *Discours politiques*, 1652.

RIVET, André, *Instruction du prince chrétien*, 1642.

RONSARD, Pierre de, *Institution pour l'adolescence du roy très chrestien Charles neufviesme de ce nom*, Lyon, 1563 (1re éd. 1561).

SALIAT, Pierre, *Déclamation contenant la manière de bien instruire les enfants des leur commencement. Avec ung petit traicté de la civilité puerile (d'Érasme). Le tout translaté de Latin en François*, Paris, Simon de Colines, 1537.

SENAULT, Jean-François, *Le monarque ou les devoirs du souverain*, Paris, 1661.

SÉNÈQUE, *De Clementia*, *Œuvres complètes*, traduction de J. Baillard, tome second, Paris, 1861.

SÉNÈQUE, *Lettres à Lucilius*, *Œuvres complètes*, traduction de J. Baillard, tome second, Paris, 1861.

SÉNÈQUE, *Questions naturelles*, traduction de Joseph Baillard, Paris, Hachette, 1914.

SEYSSEL, Claude de, *La Grand Monarchie de France*, Paris, 1519.

SMARAGDUS ABBAS, « *Via Regia* », *Documenta Catholica Omnia*, Migne PL, 102, coll. 932-970.

TALPIN, Jean, *Institution du prince chrestien*, chez Nicolas Chesnaux, Paris, 1567.

THÉVENEAU, Adam, *Les morales où est traitée de l'institution du jeune prince. Des vertus qui luy sont requises quand il est Prince et quand il est roy*, Paris, 1607.

THÉVENEAU, Adam, *Advis et notions communes*, Paris, 1608.

THILLARD, Jean Helvis de, *Le miroüer du prince chrétien, posé sur les deux colonnes royales de piété et justice*, Paris, 1566.

THOMAS D'AQUIN, *Du gouvernement royal*, traduction du *De Regno* par Claude Roguet, Paris, Librairie du Dauphin, 1931.

THOMAS D'AQUIN, *La Royauté*, texte latin introduit, traduit et annoté par Delphine Carron avec la collaboration de V. Decaix, Philosophies médiévales, Paris, Vrin, 2017.

XÉNOPHON, *Cyropédie*, *Œuvres complètes*, tome premier, traduction d'Eugène Talbot, Paris, 1859.

BIBLIOGRAPHIE

ANTON, Hans Hubert, *Fürstenspiegel und Herrscherethos in der Karolingerzeit*, Bonn, Bonner Historische Forschungen 32, 1968.

ARMISEN-MARCHETTI, Mireille, « *SPECVLVM NERONIS* : un mode spécifique de direction de conscience dans le *De Clementia* de Sénèque », *Revue des Études latines*, 84, 2006, p. 185-201.

AUBENQUE, Pierre, *La Prudence chez Aristote, avec un appendice sur la prudence chez Kant*, Paris, PUF, 1963.

AULOTTE, Robert, « L'Institution du Prince selon Antoine Godeau », *Antoine Godeau, de la galanterie à la sainteté*, actes des journées de Grasse, 21-24 avril 1972, publié par Y. Giraud, Paris, Klincksieck, 1975, p. 205-220.

BADY, René, *L'homme et son « institution » de Montaigne à Bérulle : 1580-1625*, Paris, Les Belles Lettres, 1964.

BALDINI, A. Enzo, « Le *De regia sapientia* de Botero et *De la naissance, durée et chute des Estats* de Lucinge », *Astérion*, 2, 2004, p. 259-273.

BALSAMO, Jean, « Un livre écrit du doigt de Satan. La découverte de Machiavel et l'invention du machiavélisme en France au XVIe siècle », *Le pouvoir des livres à la Renaissance*, COURCELLES, Dominique de (dir.), Paris, Publications de l'École nationale des chartes, 1998, p. 77-92.

BARBEY, Jean, *Être roi : le roi et son gouvernement en France de Clovis à Louis XVI*, Paris, Fayard, 1992.

BARRAL-BARON, Marie, « Place et rôle de l'histoire dans l'*Institution du prince chrétien* d'Érasme », *Le Prince au miroir de la littérature politique de l'Antiquité aux Lumières*, sous la direction de Frédérique Lachaud et Lydwine Sordia, Publications des Universités de Roue et du Havre, 2007, p. 351-367.

BEAUD, Olivier, *La puissance de l'État*, Paris, PUF, 1994.

BELL, Dora M., *L'idéal éthique de la royauté en France au Moyen Âge*, Paris, Minard, Genève, Droz, 1962.

BERGÈS, Michel, *Machiavel, un penseur masqué ?*, Bruxelles, Complexe, 2000.

BERGES, Wilhelm, *Die Fürstenspiegel des hohen und späten Mittelalters*, Leipzig, Hiersemann, 1938.

BERNS, Thomas, « Bodin : la souveraineté saisie par ses marques », *Bibliothèque d'Humanisme et de Renaissance*, 62, n. 3, Genève, Droz, 2000, p. 611-623.

BERNS, Thomas, *Souveraineté, droit et gouvernementalité. Lecture du politique moderne à partir de Bodin*, Paris, L. Scheer, 2005.

BIRELEY, Robert, *The Counter-Reformation Prince. Anti-machiavellianism or catholic statecraft in early modern Europe*, Chapell Hill, London, University of North Carolina Press, 1990.

BLOCH, Ernst, *La philosophie de la Renaissance*, traduit de l'allemand par Pierre Kamnitzer, Paris, Payot, 1994.

BODART, Diane H., « Le prince miroir : métaphore optique du corps politique », *Le miroir et l'espace du prince dans l'art italien de la Renaissance*, sous la direction de Philippe Morel, Rennes, Presses universitaires de Rennes, 2012, p. 123-142.

BŒUF, Estelle, *La bibliothèque parisienne de Gabriel Naudé en 1630*, Genève, Droz, 2007.

BOISMENU, André, « *L'Institution d'un prince* de Jacques-Joseph Duguet : tradition et modernité dans la conception de la fonction royale à l'aube des Lumières », *Diffusion du savoir et affrontement des idées 1600-1770*, Festival d'histoire de Montbrison, 30 septembre au 4 octobre 1992, Association du Centre Culturel, p. 413-436.

BOITEL-SOURIAC, Marie-Ange, « Quand vertu vient de l'étude des bonnes lettres. L'éducation humaniste des enfants de France de François Ier aux derniers Valois », *Revue historique*, PUF, 2008/1, n. 645, p. 33-59.

BONNET, Stéphane, « Botero machiavélien ou l'invention de la raison d'État », *Les Études philosophiques*, n. 66, 2003/3, p. 315-329.

BONNET, Stéphane, *Droit et raison d'État*, Paris, Classiques Garnier, 2012.

BONTEMS, Claude, *Le Prince dans la France des XVIe et XVIIe siècles*, sous la direction de Bontems Claude, Raybaud Léon-Pierre et Brancourt Jean-Pierre, Paris, PUF, 1965.

BOOZ, Ernst, *Die Fürstenspiegel des Mittelalters bis zur Scholastik*, Fribourg en Br., Wagner, 1913.

BOREL, France, *Le peintre et son miroir : regards indiscrets*, Tournai, La Renaissance du Livre, 2002.

BORN, Lester Kruger, « The perfect prince : a study in thirteenth and fourteenth century ideals », *Speculum*, 1928, p. 470-504.

BORN, Lester Kruger, « The specula principis of the carolingian Renaissance », *Revue belge de Philologie et d'Histoire*, XII, 1933, p. 583-612.

BORN, Lester Kruger, *The education of a christian prince*, New York, Columbia University Press, 1936.

BORRELLI, Gianfranco, *Le Côté obscur du* Léviathan. *Hobbes contre Machiavel*, traduction de Thierry Ménissier, Paris, Classiques Garnier, 2016.

BOUREAU, Alain, « Le prince médiéval et la science politique », *Le savoir du prince du Moyen Âge aux Lumières*, sous la direction de Ran Halévi, Paris, Fayard, 2002, p. 25-50.

BREDEKAMP, Horst, *Stratégies visuelles de Thomas Hobbes. Le Léviathan, archétype de l'État moderne*, Paris, Éditions de la Maison des sciences de l'homme, 2003.

BROOKE, Christopher, *Philosophic pride. Stoicism and Political Thought from Lipsius to Rousseau*, Princeton, Princeton University Press, 2012.

BUTTAY, Florence, *Fortuna : usages politiques d'une allégorie morale à la Renaissance*, Paris, Presses de l'Université de Paris-Sorbonne, 2008.

CANZIANI, Guido, « Politiques pour le Prince. Traités et manuels au début du règne de Louis XIV », *L'état classique, regards sur la pensée politique de la France dans le second XVIIe siècle*, textes réunis par H. Méchoulan et J. Cornette, Paris, Vrin, 1996, p. 93-111.

CARABIN, Denise, *Les idées stoïciennes dans la littérature morale des XVIe et XVIIe siècles (1575-1642)*, Paris, Champion, 2004.

CARTOUX, Aliénor, ORSINI, Sarah, « Introduction – Le miroir du Prince dans l'Antiquité : le paradoxe d'un genre inexistant ? », *Interférences*, 11, 2018, p. 1-30.

CASANOVA-ROBIN, Hélène, « La Rhétorique de La Légitimité : Droits et Devoirs Du Prince Dans Le *de Principe* de Pontano. », *Rhetorica : A Journal of the History of Rhetoric*, vol. 32, no. 4, 2014, p. 348-361.

CASSIRER, Ernst, *Le mythe de l'État*, traduit de l'anglais par Bertrand Vergely, Paris, Gallimard, 1993 (1re éd. 1946).

CATTEEUW, Laurie, « La polymorphie de la raison d'État », *Revue de synthèse*, 5e série, 2006/1, p. 185-197.

CATTEEUW, Laurie, « La modernité de la raison d'État et le masque du temps », *Revue de synthèse*, tome 128, 6e série, n. 3-4, 2007, p. 369-394.

CATTEEUW, Laurie, *Censures et raison d'État. Une histoire de la modernité politique (XVIe-XVIIe siècle)*, Paris, Albin Michel, 2013.

CAZALS, Géraldine, *Une civile société. La république selon Guillaume de La Perrière (1499-1554)*, Toulouse, Presses de l'Université des Sciences Sociales de Toulouse, 2008.

CÉARD, Jean, « Les visages de la royauté en France à la Renaissance », *Les Monarchies*, sous la direction d'Emmanuel Le Roy Ladurie, Paris, PUF, 1986, p. 73-89.

CÉARD, Jean, « Conceptions de la royauté et institution du prince en France au XVIe siècle », *La formazione del principe in Europa dal Quattrocento al Seicento*, Actes du colloque de Ferrare, 19-20 avril 2002, Roma, Aracne, 2004, p. 59-74.

CHARTIER, Roger, COMPÈRE, Marie-Madeleine, JULIA, Dominique, *L'éducation en France du XVIe au XVIIIe siècle*, Paris, SEDES, 1976.

CHAUFOUR, Marie, « Jean Baudoin, le translateur et le portrait du prince idéal », *L'interprétation du/au XVIIe siècle*, actes du colloque international de la *Society for Seventeeth-Century French Studies*, Pierre Zoberman (dir.), Cambridge, Cambridge University Press, 2015, p. 119-125.

CHAUNU, Pierre, « De l'éducation du Prince », *L'apologie par l'histoire*, Paris, O.E.I.L., 1988, p. 464-471.

CHEVALIER, Jacques, *Histoire de la pensée*, Paris, Éditions universitaires, 1992.

CHOPIN-PAGOTTO, Myriam, « La prudence dans les Miroirs du Prince », *Chroniques italiennes*, n. 60, 1999/4, p. 87-98.

CHRISTIN, Olivier, *La paix de religion. L'autonomisation de la raison politique au XVIe siècle*, Paris, Seuil, 1997.

CONSTANT, Jean-Marie, « Chapitre XIII. Les idées politiques d'un gentilhomme protestant dans les guerres de Religion : l'exemple de Jean de La Taille », *La noblesse en liberté : XVIe-XVIIe siècles*, Rennes, Presses universitaires de Rennes, 2004, p. 209-216.

CORNETTE, Joël, *Le roi de guerre. Essai sur la souveraineté dans la France du Grand Siècle*, Paris, Payot et Rivages, 1993.

COTTRET, Monique, « L'*Institution d'un prince* de Jacques Joseph Duguet (1739). Le dernier miroir ? », *Le Prince au miroir de la littérature politique*, sous la direction de Frédéric Lachaud et Lydwine Scordia, Publications des universités de Rouen et du Havre, 2007, p. 393-403.

CROUZET, Denis, *Les guerriers de Dieu : la violence au temps des troubles de religion (vers 1525 – vers 1610)*, 2 tomes, Paris, Seyssel, Champ Vallon, 1990.

CROUZET, Denis, *La nuit de la Saint-Barthélemy. Un rêve perdu de la Renaissance*, Paris, Fayard, 1994.

CROUZET, Denis, *La sagesse et le malheur. Michel de L'Hospital chancelier de France*, Paris, Champ Vallon, 1998.

CROUZET, Denis, *Le haut cœur de Catherine de Médicis. Une raison politique aux temps de la Saint-Barthélemy*, Paris, Albin Michel, 2005.

DALEY, Tatham Ambersley, *Jean de la Taille (1533-1608). Étude historique et littéraire*, Genève, Slatkine Reprints, 1998 (1re éd. 1934).

DAMIEN, Robert, *Bibliothèque et État. Naissance d'une raison politique dans la France du XVIIe siècle*, Paris, PUF, 1995.

DAMIEN, Robert, « Des mythes fondateurs de la raison politique. Gabriel Naudé ou les bénéfices de l'imposture », *Corpus*, n. 35, p. 1999, p. 51-71.

DAMIEN, Robert, « Chapitre XXIII du *Prince*. Machiavel et le miroir brisé du conseil », *Machiavel.* Le Prince *ou le nouvel art politique*, Paris, PUF, 2001, p. 169-208.

DAMIEN, Robert, *Le conseiller du Prince de Machiavel à nos jours*, Paris, PUF, 2003.

DAMIEN, Robert, *Éloge de l'autorité. Généalogie d'une (dé)raison politique*, Paris, Armand Colin, 2013.

DARRICAU, Raymond, « La spiritualité du prince », *XVIIe siècle*, numéro 62-63, 1964, p. 78-111.
DARRICAU, Raymond, « Miroirs des princes », *Dictionnaire de spiritualité ascétique et mystique*, tome X, Paris, Beauchesne, 1980, coll. 1303-1312.
DAVID, Marcel, *La souveraineté et les limites juridiques du pouvoir monarchique du IXe au XVe siècle*, Paris, Dalloz, 1954.
DELANNOI, Gil, « La prudence en politique. Concept et vertu », *Revue française de science politique*, 37e année, n. 5, 1987, p. 597-615.
DELANNOI, Gil, *Éloge de la prudence*, Paris, Berg, 1993.
DELANNOI, Gil, « La *prudence* dans l'histoire de la pensée », *Mots*, septembre 1995, n. 44, p. 101-105.
DELARUELLE, Louis, *Guillaume Budé. Les origines, les débuts, les idées maîtresses*, Paris, Honoré Champion, 1907.
DE MATTEI, Rodolfo, « Il problema della "ragione di stato" (locuzione e concetto) nei suoi primi affioramenti », *Il problema della « ragion di Stato » nell'età della Controriforma*, Milan, Naples, Rocciardi, 1979, p. 1-23.
DEN UYL, Douglas J., *The Virtue of Prudence*, New York, Bern, Peter Lang, 1991.
DESCENDRE, Romain, « Introduction » à Botero Giovanni, *De la Raison d'État (1589-1598)*, édition, traduction et notes de Pierre Benedittini et Romain Descendre, introduction de Romain Descendre, Paris, Gallimard, 2014, p. 7-57.
DESCENDRE, Romain, *L'état du monde. Giovanni Botero entre raison d'État et géopolitique*, Genève, Droz, 2009.
Devenir roi. Essais sur la littérature adressé au prince, sous la direction d'Isabelle Cogitore et Francis Goyet, Grenoble, ELLUG, 2001.
Dictionnaire de l'Académie française, chez Coignard, Paris, 1re éd., 1634.
Dictionnaire de l'Académie française, Paris, 1762.
Dictionnaire de l'Académie française, Paris, 1986.
Dictionnaire de l'Ancien Régime, sous la direction de Lucien Bély, Paris, PUF, 2003.
Dictionnaire Gaffiot, latin-français, Paris, Hachette, 1934.
DUBOIS, Alain, *Claude d'Espence (1511-1571) et sa réflexion sur la « République »*, Mémoire de licence présenté à la Faculté des Lettres de l'Université de Fribourg (Suisse) sous la direction du Professeur Mario Turchetti, Décembre 2002.
DUBOIS, Alain, « La place de la religion chez Claude d'Espence », *Revue d'Histoire de l'Église de France*, Société d'Histoire religieuse de la France, Paris, 2006, tome 92, p. 47-71.
DUBOIS, Alain, « Claude d'Espence et la figure du prince », *Un autre catholicisme au temps des Réformes ? Claude d'Espence et la théologie humaniste à Paris*

au XVI*e* *siècle. Études originales, publications d'inédits, catalogue de ses éditions anciennes*, édité par Tallon Alain, Turnhout, Brehpols, 2010, p. 101-145.

DUBREUCQ, Alain, « Introduction » à *Le métier de roi (De institutione regia)* de Jonas d'Orléans, Paris, Cerf, 1995.

DUBREUCQ, Alain, « La littérature des *specula* : délimitation du genre, contenu, destinataires et réception », *Guerriers et moines. Conversion et sainteté aristocratiques dans l'Occident médiéval (IX*e*-XII*e* siècle)*, études réunies par Michel Lauwers, CNRS, Centre d'études Préhistoire, Antiquité et Moyen Âge, Collection d'études médiévales, volume 4, Antibes, APDCA, 2002, p. 17-39.

DUMONT, François, « La Royauté française vue par les auteurs littéraires au XVI*e* siècle », *Études historiques à la mémoire de Noël Didier*, Paris, Montchrestien, 1960, p. 6-92.

EBERHARDT, Otto, *Via regia. Der Fürstenspiegel Smaragds von St. Mihiel und seine literarische Gattung*, München, Wilhelm Fink, 1977.

FALVO, Giuseppe, « *The Art of Human Composition in Giovanni Pontano's* 'De Principe Liber' », *Modern Language Notes*, vol. 129, no. 3S, The Johns Hopkins University Press, 2014, p. 21-34.

FERRIER-CAVERIVIÈRE, Nicole, *L'image de Louis XIV dans la littérature française*, Paris, PUF, 1981.

FERRIER-CAVERIVIÈRE, Nicole, « Louis XIV et le Prince idéal dans la littérature française de 1660 à 1685 », *L'image du souverain dans les lettres françaises. Des guerres de Religion à la révocation de l'Édit de Nantes*, Actes et colloque, n. 24, Colloque de Strasbourg 25-27 mai 1983, Paris, Klinsksieck, 1985, p. 69-79.

FINZI, Claudio, « *Il principe e l'obbedienza. I primi scritti politici di Giovanni Pontano* », *Théologie et droit dans la science politique de l'État moderne*, Actes de la table ronde de Rome (12-14 novembre 1987), Rome, École Française de Rome, 1991, p. 263-279.

FLANDROIS, Isabelle, *L'Institution du Prince au début du* XVII*e* *siècle*, Paris, PUF, 1992.

FLÜELER, Christoph, *Rezeption und Interpretation der Aristotelischen* Politica *im späten Mittelalter*, 2 volumes, Amsterdam, Philadelphie, B. R. Grüner, 1992.

FOISIL, Madeleine, *Journal de Jean Héroard*, Paris, Fayard, 1989.

FOISIL, Madeleine, *L'enfant Louis XIII : l'éducation d'un roi (1601-1617)*, Paris, Perrin, 1996.

FOUCAULT, Michel, *Sécurité, territoire, population. Cours au Collège de France (1977-1978)*, édition établie sous la direction de François Ewald et Alessandro Fontana, par Michel Senellart, Paris, Gallimard/Seuil, 2004.

FRICKE, Dietmar, *Die französischen Fassungen der « Institutio principis Christiani » des Erasmus von Rotterdam*, Genève, Droz, 1967.

FUMAROLI, Marc, « En relisant Juste Lipse », *Commentaire*, 2010/4, numéro 132, p. 895-902.

Fürstenspiegel der frühen Neuzeit, édité par Mühleisen Hans-Otto, Frankfurt am Mainz, Stammen Theo et Philipp Micheal, Insel, 1997.

GABRIEL, Frédéric, « Roi mineur et naissance de la majesté dans les discours auliques. Une raison d'État encomiastique », *Revue de synthèse*, tome 130, 6e série, n. 2, 2009, p. 233-265.

GADOFFRE, Gilbert, *La Révolution culturelle dans la France des humanistes*, Genève, Droz, 1997.

GALLOUÉDEC-GENUYS, Françoise, *Le prince selon Fénelon*, Paris, PUF, 1963.

GAUCHET, Marcel, « État, monarchie, public », *Miroirs de la Raison d'État*, Les Cahiers du Centre de Recherches Historiques, 20, 1998, p. 9-18.

GENDRE, Xavier, « Les miroirs des princes au reflet des idées politiques de leurs temps : machiavélisme et raison d'État », *Des Miroirs des princes aux princes dans le miroir. De l'éducation religieuse des monarques à la laïcisation du pouvoir en Europe du Moyen Age à nos jours*, in *Revue française d'Histoire des Idées Politiques*, Paris, L'Harmattan, 2021, p. 57-71.

GENDRE, Xavier, « Des miroirs des princes à l'idéal-type de la souveraineté », *Hobbes. Le pouvoir entre domination et résistance*, Y. Ch. Zarka et L. Pang (dir.), Paris, Vrin, 2022, p. 11-21.

GENDRE, Xavier, « Un machiavélisme déguisé : les traités d'éducation politique dans l'Espagne des XVIe et XVIIe siècles », *Être enfant dans l'espace de la monarchie ibérique. Éducation, formation, enseignement au Moyen Age – Siècle d'Or*, Paris, e-Spania [en ligne], Revue interdisciplinaire d'études hispaniques médiévales et modernes, 44, février 2023.

GENET, Jean-Philippe, « L'évolution du genre des miroirs des princes en Occident au Moyen Âge », *Religion et mentalités au Moyen Âge, mélanges en l'honneur d'Hervé Martin*, Rennes, Presses universitaires de Rennes, 2003, p. 531-541.

GILBERT, Felix, « The Humanist Concept of the Prince and the *Prince* of Machiavelli », *The Journal of Modern History*, 11, 4 (December 1939), p. 449-483.

GOYARD-FABRE, Simone, « La notion de souveraineté de Bodin à Hobbes », *Hobbes et son vocabulaire*, sous la direction de Yves Charles Zarka, Paris, Vrin, 1992, p. 207-230.

GOYET, Francis, « La prudence entre sublime et raison d'État », *Devenir roi. Essais sur la littérature adressée au prince*, sous la direction d'Isabelle Cogitore et Francis Goyet, Grenoble, ELLUG, 2001, p. 163-178.

GOYET, Francis, *Les audaces de la prudence. Littérature et politique aux XVIe et XVIIe siècles*, Paris, Classiques Garnier, 2009.

GRANDEROUTE, Robert, « Le livre de l'institution du prince dans la dernière décennie de l'Ancien Régime », *L'Institution du prince au* XVIII*e siècle : actes du huitième colloque franco-italien des sociétés française et italienne d'étude du* XVIII*e siècle tenu à Grenoble en octobre 1999*, éd. par Luciani Gérard et Volpilhac-Auger Catherine, Centre international d'étude du XVIIIe siècle, Ferney-Voltaire, 2003, p. 63-71.

GUENÉE, Bernard, *L'Occident aux* XIV*e et* XV*e siècles. Les États*, Paris, PUF, 1971.

GUION, Béatrice, *Pierre Nicole, moraliste*, Paris, Honoré Champion, Genève, Slatkine, 2002.

GUION, Béatrice, « Le *Miroir des Princes* à Port-Royal : transformations d'un héritage », *Morales et politique*, actes du colloque international organisé par le Groupe d'Étude des Moralistes, Paris, Honoré Champion, 2005, p. 99-121.

HADOT, Pierre, « Fürstenspiegel », *Reallexikon für Antike und Christentum*, Stuttgart, Hiersmann, 1972, tome 8, coll. 555-632.

HANCE, Allen S., « Prudence and providence : on Hobbes's theory of practical reason », *Man and World*, vol. 24, n. 2, 1991, p. 155-167.

HEATH, Michael, « The Education of a Christian Prince : Erasmus, Budé, Rabelais – and Ogier le Danois », *Humanism and Letters in the Age of François 1er : proceedings of the fourth Cambridge French Renaissance Colloquium 19-21 September 1994*, Cambridge, Cambridge French Colloquia, 1996, p. 41-54.

Henri IV. Le roi et la reconstruction du royaume, volumes des actes du colloque Pau-Nérac, 14-17 septembre 1989, colloque III, Pau, J&D Éditions, 1989.

HERMAND-SCHEBAT, Laure, « Pétrarque et Jean de Salisbury : miroir du prince et conceptions politiques », *La bibliothèque de Pétrarque*, Brepols, La Brasca F., 2001, p. 177-195.

Histoire raisonnée de la philosophie morale et politique, sous la direction d'Alain Caillé, Christian Lazzeri et Michel Senellart, Paris, La Découverte, 2001.

HOCHNER, Nicole, « Le Premier Apôtre du mythe de l'État-mécène : Guillaume Budé », *Francia. Forschungen zur Westeuropäische Geschichte, Frühe Neuzeit, Revolution, Empire, 1500-1815*, Band 29/2 (2002), p. 1-14.

HUGEDÉ, Norbert, *La métaphore du miroir dans les Épîtres de saint Paul aux Corinthiens*, Neuchâtel, Paris, Delachaux et Niestlé, 1957.

IBAÑEZ, Ricardo Marin, « Juan Luis Vives (1492 ?-1540) », *Perspectives : revue trimestrielle d'éducation comparée*, vol. XXIV, n. ¾, 1994 (91/92), p. 775-792.

Jean Bodin. Nature, histoire, droit et politique, sous la direction de Yves Charles Zarka, Paris, PUF, 1996.

JOUANNA, Arlette, *Le pouvoir absolu. Naissance de l'imaginaire politique de la royauté*, Paris, Gallimard, 2013.

JOUANNA, Arlette, *Le prince absolu. Apogée et déclin de l'imaginaire monarchique*, Paris, Gallimard, 2014.

KALMAR, Janos, « Le rôle de l'éducation de l'empereur Charles VI dans la formation de ses principes du gouvernement », *Les Princes et l'histoire du XIVe au XVIIIe siècle : actes du colloque*, organisé par l'Université Versailles-Saint-Quentin et l'Institut historique allemand, Paris-Versailles, 13-16 mars 1996, sous la direction de C. Grell, W. Paravicini, J. Voss, Bonn, Bouvier, 1998, p. 591-597.

KNECHT, Robert Jean, « François Ier et le miroir des princes », *Le savoir du prince du Moyen Âge aux Lumières*, sous la direction de Ran Halévi, Paris, Fayard, 2002, p. 81-110.

KRYNEN, Jacques, *Idéal du Prince et pouvoir royal en France à la fin du Moyen Âge (1380-1440) : étude de la littérature politique du temps*, Paris, Picard, 1981.

KRYNEN, Jacques, *L'Empire du roi. Idées et croyances politiques en France, XIIe-XVe siècle*, Paris, Gallimard, 1993.

KRYNEN, Jacques, « Le droit : une exception aux savoirs du prince », *Le savoir du prince du Moyen Âge aux Lumières*, sous la direction de Ran Halévi, Paris, Fayard, 2002, p. 51-67.

LACHAUD, Frédérique, « L'idée de noblesse dans le *Policraticus* de Jean de Salisbury (1159) », *Cahiers de recherches médiévales*, 13, 2006, p. 3-19.

LACOUR-GAYET, Georges, *L'éducation politique de Louis XIV*, Paris, Hachette, 1898.

LA GARANDERIE, Marie-Madeleine de, *La correspondance d'Érasme et de Guillaume Budé*, Paris, Vrin, 1967.

LAGRÉE, Jacqueline, *Juste Lipse et la restauration du stoïcisme*, Paris, Vrin, 1994.

LAGRÉE, Jacqueline, *Le néostoïcisme. Philosophie par gros temps*, Paris, Vrin, 2010.

La raison d'État : politique et rationalité, ouvrage publié sous la direction de Christian Lazzeri et Dominique Reynié, Paris, PUF, 1992.

La vertu de prudence entre Moyen Âge et âge classique, sous la direction d'Évelyne Berriot-Salvadore, Catherine Pascal, François Roudaut et Trung Tran, Paris, Classiques Garnier, 2012.

LAZZERI, Christian, « Le gouvernement de la raison d'État », *Le pouvoir de la raison d'État*, ouvrage publié sous la direction de Christian Lazzeri et Dominique Reynié, Paris, PUF, 1992, p. 91-134.

LAZZERI, Christian, *Force et justice dans la politique de Pascal*, Paris, PUF, 1993.

LAZZERI, Christian, « Prudence, éthique et politique de Thomas d'Aquin à Machiavel », *De la prudence des anciens comparée à celles des modernes. Sémantique d'un concept, déplacement des problématiques*, publié sous la direction d'André Tosel, Paris, Les Belles Lettres, 1995, p. 79-128.

LE BLAY, Frédéric, « Nuages et miroirs : à propos des *Questions sur la nature* de Sénèque », *Nues, nuées, nuages. XIVes Entretiens de la Garenne Lemot*, sous la direction de Pigeaud Jackie, Rennes, Presses universitaires de Rennes, 2010, p. 57-71.

LE BLAY, Frédéric, « Miroirs philosophiques : vertus et perversions du reflet de soi », *Miroirs. XVes Entretiens de la Garenne Lemot*, sous la direction de Pigeaud Jackie, Rennes, Presses universitaires de Rennes, 2011, p. 193-203.

LEFORT, Claude, *Le travail de l'œuvre. Machiavel*, Paris, Gallimard, 1972.

LEFORT, Claude, *Écrire. À l'épreuve du politique*, Paris, Calmann-Lévy, 1992.

LE GOFF, Jacques, *Saint Louis*, Paris, Gallimard, 1996.

LE GOFF, Jacques, *Héros du Moyen Âge, le Saint et le Roi*, Paris, Gallimard, 2004.

L'enjeu Machiavel, sous la direction de Gérald Sfez et Michel Senallart, Paris, PUF, 2001.

Le pouvoir de la raison d'État, ouvrage publié sous la direction de Christian Lazzeri et Dominique Reynié, Paris, PUF, 1992.

Le Prince au miroir de la littérature politique de l'Antiquité aux Lumières, sous la direction de de Frédéric Lachaud et Lydwine Scordia, Publications des universités de Rouen et du Havre, 2007.

Le savoir du prince du Moyen Âge aux Lumières, sous la direction de Ran Halévi, Paris, Fayard, 2002.

LESSAY, Franck, *Souveraineté et légitimité chez Hobbes*, Paris, PUF, 1988.

LESSAY, Franck, « Souveraineté absolue, souveraineté légitime », *Thomas Hobbes. Philosophie première, théorie de la science et politique*, sous la direction de Yves Charles Zarka, PUF, Paris, 1990, p. 275-287.

Le Stoïcisme au XVIe et au XVIIe siècle. Le retour des philosophies antiques à l'âge classique, sous la direction de Pierre-François Moreau, Paris, Albin Michel, 1999.

Les princes et l'histoire du XIVe au XVIIIe siècle, actes du colloque organisé par l'Université de Versailles-Saint-Quentin et l'Institut historique allemand, Paris/Versailles, 13-16 mars 1996, sous la direction de Chantal Grell, Werner Paravicini et Jürgen Voss, Bonn, Bouvier, 1998.

L'HEUILLET, Hélène, *Basse politique, haute police. Une approche philosophique et historique*, Paris, Fayard, 2001.

LIGNEREUX, Yann, *Les rois imaginaires. Une histoire visuelle de la monarchie de Charles VIII à Louis XIV*, Rennes, Presses universitaires de Rennes, 2016.

L'image du roi de François Ier à Louis XIV, sous la direction de Thomas W. Gaehtgens et Nicole Hochner, Paris, Éditions de la Maison des sciences de l'homme, 2006.

L'image du souverain dans les lettres françaises : des guerres de religion à la révocation de l'Édit de Nantes, Actes du colloque organisé par le Centre de philologie et de littératures romanes de l'Université de Strasbourg du 25 au 27 mai 1983, par Hepp Noémie et Bertaud Madeleine, Paris, Klincksieck, 1985.

L'Institution du prince au XVIIIe siècle : actes du huitième colloque franco-italien des sociétés française et italienne d'étude du XVIIIe siècle tenu à Grenoble en octobre 1999, édité par Luciani Gérard et Volpilhac-Auger Catherine, Centre international d'étude du XVIIIe siècle, Ferney-Voltaire, 2003.

Machiavel. Le Prince *ou le nouvel art politique*, coordonné par Yves Charles Zarka et Thierry Ménissier, Paris, PUF, 2001.

MANENT, Pierre, *Naissances de la politique moderne. Machiavel, Hobbes, Rousseau*, Paris, Gallimard, 2007.

MARGOLIN, Jean-Claude, « L'Institution du Prince chrétien », *Guerre et paix dans la pensée d'Érasme*, Paris, Aubier, 1973, p. 186-196.

MARGOLIN, Jean-Claude, « Érasme entre Charles-Quint et Ferdinand Ier, et le modèle érasmien du Prince chrétien », *Mélanges de l'École française de Rome, Moyen Age-Temps modernes*, Rome, 1987, Tome 99-1, p. 275-301.

MARGOLIN, Jean-Claude, « Érasme (1467 ?-1536) », *Perspectives : revue trimestrielle d'éducation comparée*, vol. XXIII, n. 1-2, 1993, p. 337-356.

MARGOLIN, Jean-Claude, *Érasme précepteur de l'Europe*, Paris, Julliard, 1995.

MARIN, Louis, *Le portrait du roi*, Paris, Éditions de Minuit, 1981.

MARIN, Louis, « Pour une théorie baroque de l'action politique », préface à NAUDÉ, Gabriel, *Considérations politiques sur les Coups d'État*, Paris, Éditions de Paris, 1988, p. 5-66.

MÁR JÓNSSON, Einar, « La situation du *Speculum regale* dans la littérature occidentale », *Études germaniques*, 42, 1987, p. 391-408.

MÁR JÓNSSON, Einar, « Le sens du titre *Speculum* aux XIIe et XIIIe siècles et son utilisation par Vincent de Beauvais », *Vincent de Beauvais : intentions et réceptions d'une œuvre encyclopédique au Moyen Âge*, Actes du XIVe Colloque de l'Institut d'études médiévales, 27-30 avril 1988, Paris, Vrin, 1990, p. 11-32.

MÁR JÓNSSON, Einar, *Le miroir, naissance d'un genre littéraire*, Paris, Belles Lettres, 1995.

MÁR JÓNSSON, Einar, « Les "miroirs aux princes" sont-ils un genre littéraire ? », *Médiévales*, 51, automne 2006, p. 153-166.

MASSING, Jean-Michel, *Erasmian wit and proverbial wisdom. An illustrated moral compendium for François I. Facsimile of a dismembered manuscript with introduction and description*, London, The Warburg Institute University of London, 1995.

MAULDE, René de, « Introduction » à De La Taille Jean, *Le prince nécessaire*, in *Œuvres*, Genève, Slatkine, 1968 (1re éd. 1572-1573).

MEINECKE, Friedrich, *L'idée de la raison d'État dans l'histoire des Temps modernes*, traduit de l'allemand par M. Chevallier, Genève, Droz, 1973.

MELCHIOR-BONNET, Sabine, *Histoire du Miroir*, Paris, Imago, 1994.

MELLET, Paul-Alexis, *Les traités monarchomaques. Confusion des temps, résistance armée et monarchie parfaite (1560-1600)*, Travaux d'Humanisme et Renaissance, CDXXXIV, Genève, Droz, 2007.

MÉNAGER, Daniel, *Ronsard. Le Roi, le Poète et les Hommes*, Genève, Droz, 1979.

MÉNAGER, Daniel, *Introduction à la vie littéraire au XVIe siècle*, Paris, Dunod, 1997.

MÉNAGER, Daniel, « Érasme et ses *Apophtegmes* », *Littératures classiques*, n. 84, vol. 2, 2014, p. 119-129.

MÉNISSIER, Thierry, « Chapitre XV du *Prince*. La vérité effective de la politique et les qualités du Prince. », *Machiavel.* Le Prince *ou le nouvel art politique*, Paris, PUF, 2001, p. 105-131.

MESNARD, Pierre, « Érasme et l'éducation des princes », *Études*, numéro 6, 1936, p. 602-620.

MESNARD, Pierre, *Érasme : la philosophie chrétienne*, Paris, Vrin, 1970.

MESNARD, Pierre, *L'essor de la philosophie politique au XVIe siècle*, Paris, Vrin, 1977.

MEYER, Jean, *L'éducation des princes en Europe du XVe au XIXe siècle*, Paris, Perrin, 2004.

MEYERS, Jean, « Dhuoda et la justice d'après son *Liber Manualis* (IXe siècle) », *Cahiers de recherches médiévales et humanistes*, 25, 2013, p. 451-462.

Miroirs de prince de l'Empire romain au IVe siècle, anthologie éditée par Dominic O'Meara et Jacques Schamp, Paris, Cerf, 2006.

Miroirs et jeux de miroirs dans la littérature médiévale, sous la direction de Fabienne Pomel, Rennes, Presses universitaires de Rennes, 2003.

MOLNAR, Peter, « Saint Thomas d'Aquin et les traditions de la pensée politique », *Archives d'histoire doctrinale et littéraire du Moyen Age*, Paris, Vrin, volume 69, 1, 2002, p. 67-113.

MOLNAR, Peter, « De la morale à la science politique. La transformation du miroir des princes au milieu du XIIIe siècle. », *L'éducation au gouvernement et à la vie. La tradition des « règles des* vie » *de l'Antiquité au Moyen Âge*, Actes du colloque international, Pise, 18 et 19 mars 2005, Centre d'études byzantines, néo-helléniques et sud-est européennes de l'EHESS, Paris, 2009, p. 181-204.

MORMICHE, Pascale, *Devenir prince. L'école du pouvoir en France (XVIIe-XVIIIe siècles)*, Paris, CNRS, 2009.

NAJEMY, John, *Between Friends. Discourses of Power and Desire in the Machiavelli-Vettori Letters of 1513-1515*, Princeton, Princeton University Press, 1993.

NEVEU, Bruno, « Futurs rois très chrétiens », *Le savoir du prince du Moyen Age aux Lumières*, sous la direction de Ran Halévi, Paris, Fayard, 2002, p. 197-233.

Penser la souveraineté à l'époque moderne et contemporaine, sous la direction de Gian Mario Cazzaniga et Yves Charles Zarka, 2 tomes, Pise, ETS, Paris, Vrin, 2001.

PERRET, Noëlle-Laetitia, *Les traductions françaises du De regimine principum de Gilles de Rome*, Education and Society in the Middle Ages and Renaissance, volume 39, Leiden, Boston, Brill, 2011.

PETRIS, Loris, *La plume et la tribune : Michel de L'Hospital et ses discours (1559-1562)*, Genève, Droz, 2002.

PETRIS, Loris, « Le théologien et le magistrat : Claude d'Espence et Michel de L'Hospital », *Un autre catholicisme au temps des Réformes ? Claude d'Espence et la théologie humaniste à Paris au XVIe siècle. Études originales, publications d'inédits, catalogue de ses éditions anciennes*, édité par Tallon Alain, Turnhout, Brehpols, 2010, p. 193-211.

POCOCK, John G. A., *Le moment machiavélien*, Paris, PUF, 1997.

POST, Gaines, « *Ratio publicae utilitatis, ratio status* et raison d'État (1100-1300) », *Le pouvoir de la raison d'État*, sous la direction de Christian Lazzeri et Dominique Reynié, Paris, PUF, 1992, p. 13-90.

QUAGLIONI, Diego, « Il modello del principe critiano. Gli *specula principum* fra Medio Evo e prima Età Moderna », *Modelli nella storia del pensiero politico*, dir. V. I. Comparato, Florence, Olschki, 1987, p. 103-122.

Raison et déraison d'État. Théoriciens et théories de la raison d'État aux XVIe et XVIIe siècles, sous la direction de Yves Charles Zarka, Paris, PUF, 1994.

RENAUDET, Augustin, *Érasme et l'Italie*, Genève, Droz, 1998 (1re éd. 1954).

REYDELLET, Marc, *La royauté dans la littérature latine de Sidoine Apollinaire à Isidore de Séville*, Rome, Bibliothèque de l'École française de Rome, 1981.

RICE JR., Eugene F., *The Renaissance Idea of Wisdom*, Cambridge, Harvard University Press, 1958.

ROSANVALLON, Pierre, *Le bon gouvernement*, Paris, Seuil, 2015.

ROUILLER, Dorine, « Théories des climats et cosmopolitisme dans la *Sagesse* de Pierre Charron », *Modern Language Notes*, numéro spécial « *Climates Past and Present : Perspectives from Early Modern France* », vol. 132, n° 4 (September 2017, French Issue), p. 912-930.

Royautés imaginaires (XIIe-XVIe siècles), actes du colloque, 26-27 septembre 2003, sous la direction de Colette Beaune et Henri Besc, textes réunis par Anne-Hélène Allirot, Gilles Lecuppre et Lydwine Scordia, Turnhout, Brepols, 2005.

SABATIER, Gérard, *Versailles ou la figure du roi*, Paris, Albin Michel, 1999.

SCHMIDT, Hans-Joachim, « Spätmittelalterliche Fürstenspiegel und ihr Gebrauch in unterschiedlichen Kontexten », *Text und Text in lateinischer und volkssprachiger Überlieferung des Mittelalters*, Freibuger Kolloquium 2004, Tübingen, Eckart Conrad Lutz, 2006, p. 377-397.

SCHMITT, Jean-Claude, *La raison des gestes dans l'Occident médiéval*, Paris, Gallimard, 1990.

SCHULTE, J. Manuel, *Speculum regis, Studien zur Fürstenspiegel-literatur in der griechisch-römischen Antike*, Münster, Lit, 2001.

SCIACCA, Enzo, « *Institutio principis* : vicende di un genere di letteratura politica nella Francia del Cinquecento », *Studi politici in onore di Luigi Firpo*, a cura di Silvia Rota Ghibaudi e Franco Barcia, Franco Angeli, Milano, 1990, volume primo, ricerche sui secoli XIV-XVI, p. 227-255.

SFEZ, Gérald, *Machiavel, le Prince sans qualités*, Paris, Kimé, 1998.

SFEZ, Gérald, *Machiavel, la politique du moindre mal*, Paris, PUF, 1999.

SKINNER, Quentin, *Machiavel*, traduction de l'anglais et postface de Michel Plon, Paris, Seuil, 1989.

SKINNER, Quentin, *Les fondements de la pensée politique moderne*, traduit de l'anglais par Jerome Grossman et Jean-Yves Pouilloux, Paris, Albin Michel, 2009.

Specula principum, édité par De Benedictis Angela, Frankfurt am Mainz, Klostermann, 1999.

STEGMANN, André, « Le modèle du Prince », *Le modèle à la Renaissance*, édité par Balavoine Claudie, Lafond Jean et Laurens Pierre, Paris, Vrin, 1986, p. 117-138.

STOLLEIS, Michel, « *L'idée de la raison d'État* de Friedrich Meinecke et la recherche actuelle », *Raison et déraison d'État. Théoriciens et théories de la raison d'État aux XVIe et XVIIe siècles*, sous la direction de Yves Charles Zarka, Paris, PUF, 1994, p. 11-39.

SUTCLIFFE, F. E., *Guez de Balzac et son temps. Littérature et politique*, Paris, Nizet, 1959.

SUTCLIFFE, F. E., *Politique et culture 1560-1660*, Paris, Didier, 1973.

SUTCLIFFE, F. E., « La Notion de Raison d'État dans la pensée française et espagnole au XVIIe siècle », *Staatsräson. Studien zur Geschichte eines politischen Begriffs*, Herausgegeben von Roman Schnur, Berlin, Duncker & Humblot, 1976, p. 213-223.

TALLON, Alain, *Conscience nationale et sentiment religieux en France au XVIe siècle. Essai sur la vision gallicane du monde*, Paris, PUF, 2002.

TARRÊTE, Alexandre, « Jules César dans les *Politiques* de Juste Lipse (1589) », *Cahiers de recherches médiévales*, 14 spécial, 2007, p. 111-125.

TEISSEYRE, Charles, « Le prince chrétien aux XVe et XVIe siècle, à travers les représentations de Charlemagne et de Saint Louis », *Actes des congrès de la Société des historiens médiévistes de l'enseignement supérieur public*, 8e congrès, Tours, 1977, *L'historiographie en Occident du Ve au XVe siècle*, p. 409-414.

The Cambridge History of Renaissance Philosophy, general ed. Schmitt Charles B., ed. Skinner Quentin, Kessler Eckhard, associate ed. Kraye Jill, Cambridge, Cambridge University Press, 1988.

THIEULLOY, Guillaume de, « Le prince dans les traités d'éducation jansénistes », *Le savoir du prince du Moyen Age aux Lumières*, sous la direction de Ran Halévi, Paris, Fayard, 2002, p. 261-293.

THIROUIN, Laurent, « L'originalité philosophique de Pierre Nicole », *Port-Royal et la philosophie. Chroniques de Port-Royal*, 61, 2001, p. 129-147.

Thomas Hobbes. Philosophie première, théorie de la science et politique, sous la direction de Yves Charles Zarka, avec la collaboration de Jean Bernhardt, introduction de Raymond Polin, Paris, PUF, 1990.

THUAU, Étienne, *Raison d'État et pensée politique à l'époque de Richelieu*, Paris, Armand Colin, 1966.

TINELLI, Elisa, « *Introduction to the critical edition of* De regno et regis institutione *by Francesco Patrizi from Siena* », *Critica Letteraria*, 47, 2019, p. 113-134.

TUDOR, Henry, « L'Institution des Princes chrestiens : *a note on Boaistuau and Clichtove* », *Bibliothèque d'Humanisme et Renaissance*, Genève, Droz, 1983, Tome XLIV, n. 1, p. 103-106.

TURCHETTI, Mario, *Tyrannie et tyrannicide de l'Antiquité à nos jours*, Paris, PUF, 2001.

TURCHETTI, Mario, « Jean Bodin théoricien de la souveraineté et non de l'absolutisme », *Chiesa cattolica e mondo moderno*, scritti in onore di Paolo Prodi, Bologna, Società editrice il Mulino, 2007, p. 437-455.

TURCHETTI, Mario, « 1592, *Instruction du Prince chrestien* de Benoît du Troncy. Une traduction oubliée de *l'Institutio Principis Christiani* d'Érasme et étrangement absente des bibliothèques de France », *Bibliothèque d'Humanisme et Renaissance*, Genève, Droz, 2011, Tome LXXIII, n. 1, p. 93-116.

Un autre catholicisme au temps des Réformes ? Claude d'Espence et la théologie humaniste à Paris au XVIe siècle. Études originales, publications d'inédits, catalogue de ses éditions anciennes, édité par Tallon Alain, Turnhout, Brehpols, 2010.

VASOLI, Cesare, « A proposito della *Disgressio in Nicolaum Machiavellum*. La religione come "forza" politica nel pensiero di Botero », *Botero e la Ragion di Stato*, Florence, 1992, p. 41-58.

VASOLI, Cesare, « Machiavel inventeur de la raison d'État ? », *Raison et déraison d'État. Théoriciens et théories de la raison d'État aux XVIe et XVIIe siècles*, sous la direction de Yves Charles Zarka, Paris, PUF, 1994, p. 43-66.

VINCENT, Auguste, « Les premières éditions de l'*Institutio principis christiani* d'Érasme », *Mélanges offerts à M. Marcel Godet*, Neuchâtel, 1937, p. 90-96.

Vincent de Beauvais. Intentions et réceptions d'une œuvre encyclopédique au Moyen Âge, actes du XIVe colloque de l'Institut d'études médiévales, 27-30 avril 1988, sous la direction de Monique Paulmier-Foucart, Serge Lusignan et Alain Nadeau, Saint-Laurent, Bellarmin, Paris, Vrin, 1990.

VON GIERKE, Otto, *Les théories politiques du Moyen Âge*, Paris, 1914.

WASZINK, Jan, « Introduction » Lipsius Justus, *Politica, six books of politics or political instruction*, edited, with translation and introduction by Waszink Jan, Bibliotheca latinitatis novae, Assen, Royal Van Gorcum, 2004, p. 3-213.

WEBER, Dominique, « Le "commerce d'amour-propre" selon Pierre Nicole », *Astérion*, n. 5, 2007, p. 169-195.

WEILL, Georges, *Les théories sur le pouvoir royal en France pendant les guerres de Religion*, Genève, Slatkine, 1971 (1re éd. 1891).

WERMINGHOFF, Albert, « Die Fürstenspiegel der Karolingerzeit », *Historische Zeitschrift*, 89, 1902, p. 193-214.

ZANTA, Léontine, *La renaissance du stoïcisme au XVIe siècle*, Genève, Slatkine, 2007 (1re éd. 1914).

ZARKA, Yves Charles, « Raison d'État et figure du prince chez Botero », *Raison et déraison d'État. Théoriciens et théories de la raison d'État aux XVIe et XVIIe siècles*, Paris, PUF, 1994, p. 101-120.

ZARKA, Yves Charles, « État et gouvernement chez Bodin et les théoriciens de la raison d'État », *Jean Bodin. Nature, histoire, droit et politique*, sous la direction de Yves Charles Zarka, Paris, PUF, 1996, p. 147-160.

ZARKA, Yves Charles, « Deux interprétations de Hobbes » Hobbes et la pensée politique moderne, *Le Débat*, 1997/4 n° 96, p. 92-100.

ZARKA, Yves Charles, *Philosophie et politique à l'âge classique*, Paris, PUF, 1998.

ZARKA, Yves Charles, « L'idée d'une historiographie critique chez Gabriel Naudé », *Corpus*, n. 35, p. 1999, p. 11-24.

INDEX DES NOMS

TABLE DES MATIÈRES

DEUXIÈME PARTIE

LE MODÈLE DES *INSTITUTIONS DU PRINCE*

TROISIÈME PARTIE

LA RUPTURE MACHIAVÉLIENNE

QUATRIÈME PARTIE

SOUVERAINETÉ ET RAISON D'ÉTAT

CINQUIÈME PARTIE

PRUDENCE ET VOIE MÉDIANE

SIXIÈME PARTIE

LE PRINCE ABSOLU

COLLECTION « BIBLIOTHÈQUE D'HISTOIRE DE LA RENAISSANCE »

La collection « Bibliothèque d'histoire de la Renaissance » se donne la mission de publier les recherches de pointe relatives à l'histoire du XVIe siècle, dans une perspective ouverte à tous les paradigmes méthodologiques et herméneutiques, toutes les aires culturelles et toutes les connexions transdisciplinaires. Elle souhaite ainsi participer à une vitalité des mises et remises en questionnement, qui sans transiger avec l'érudition, appréhende l'histoire sous l'angle d'une lutte contre l'anachronisme et d'une nécessité du débat critique.

Retrouvez tous les titres de la collection en scannant ce code QR :

Et pour recevoir nos dernières actualités, abonnez-vous ici :

Achevé d'imprimer par Corlet,
Condé-en-Normandie (Calvados),
en Septembre 2024
N° d'impression : 185539 - dépôt légal : Septembre 2024
Imprimé en France